21世纪新闻传播学系列教材

U1015287

新闻采访教程

张征 著

中国人民大学出版社
·北京·

《21 世纪新闻传播学系列教材》编委会

主　编　方汉奇

副主编　（按姓氏笔画排列）

丁淦林　何梓华

郑兴东　周瑞金

赵玉明　郭庆光

童　兵

总序

PREFACE

中国人民大学出版社策划出版的这部“21世纪新闻传播学系列教材”，是一部在新闻传播学领域内，皋牢百代，卢牟六合，贯穴古今，笼罩中外，密切联系新闻传播工作的实际，广泛吸收新闻传播学的最新研究成果，高挹遐揽，取精用宏，供新世纪的高等院校新闻传播院系教学使用的系列教材。

上个世纪初以来的100年，是世界新闻传播事业飞速发展的100年。这100年来，随着科学技术的不断发展，继报纸、期刊、通讯社之后，广播、电视、网络和多种新媒体相继问世，新闻传播的媒介日趋多元化，新闻传播的手段日趋现代化，“地球村”变得越来越小，新闻传播事业对世界政治、经济和文化的影响则变得越来越大。

这100年，也是中国新闻事业飞速发展的100年。其中最近的30年，即中国改革开放以来的30年，发展得尤为迅猛。据上个世纪末的统计数字，截至上个世纪的最后一年，即1999年，全国已有公开发行的报纸2 100种，通讯社2家，广播电台1 200座，有线和无线电视台3 000

多座。其中，报纸年出版总数达到195亿份，广播人口覆盖率达到88.2%，电视人口覆盖率达到89%，电视受众超过9亿人。与此同时，全国各类新闻从业人员的总数也已超过55万人。

进入新世纪以后，中国新闻事业发展的势头更为迅猛。报纸、期刊、通讯社、广播电台、电视台的数量在宏观调控下，虽无大变化，但软硬件的实力，都有了很大的进展。据2008年的最新统计数字，全国报纸的期发数已达1.07亿份，稳居世界第一位。全世界发行量最高的100家报纸中，中国占了25家（大陆24家，台湾1家）。电视受众超过了12亿，覆盖率达到了97.1%。宽带网的上网人数超过了2.23亿。手机的拥有量超过了5.39亿，手机短信的发送量超过3 500亿条。手机的功能已进入3G时代，由一般的通话，发展到手机短信、手机报和手机电视。与此同时，新闻传播业的产值也大大提高，超过了5 440亿元人民币，成为国民经济的第四大主导产业。中国在以上统计数据中的后几项数字，都已稳居世界的前列。

这样大的发展规模，这样快的发展速度，在世界和中国新闻事业史上都是空前的。回顾既往，盱衡未来，新闻传播事业在21世纪还将会保持着旺盛的发展势头。新闻传播，作为上层建筑和意识形态的一个重要组成部分，在全面准确地宣传党的基本理论、基本路线和基本方针以及各项决策，反映人民群众的伟大业绩和精神风貌，以及推动改革开放和社会主义现代化建设等方面，必将继续发挥着重要的作用。

与新闻传播事业的发展相配合，这100年来，为中国的新闻战线培养和输送人才的中国新闻教育，也有了相应的发展。中国的新闻教育起始于上个世纪初，迄今有近90年的历史。新中国成立前的30年，虽然先后在个别院校中设立了新闻系或新闻专科，但规模都不大，设备也不够完善，在校学生的人数，最多的时候不超过400人，30年间累计培养出来的毕业生还不到3 000人。新中国成立后，为了为新中国的新闻事业培养人才，新闻教育有了新的发展，但到20世纪60年代中期为止，全国的新闻教育机构也还只有14家。当时全国只有343家报社、78座广播电台和13家电视台，革命老区来的新闻工作骨干，正当盛年，足以支撑大局，新闻系和新闻专业的学生统招统分，基本上能够满足中央和省市以上新闻单位梯队建设方面的需要。“文化大革命”爆发后，新闻事业进入低谷，新闻人才的培养也被迫中辍。拨乱反正之后，新闻事业有了飞速的发展，但新闻工作的人才却出现了断层，明显供不应求，因而极大地推动了新闻教育的发展。中国的新闻教育得以重振旗鼓并得到空前迅猛的发展，主要是改革开放以来的这

30年间的事情。这30年来，中国新闻教育和中国新闻事业同步发展。截至1999年，全国设有新闻传播学类院、系、专业的高校已由改革开放之初的两三所增加到60所以上，各种类型和层次的专业教学点已不下600个。新闻专业的教学已从单一的大学本科教育，发展到博士生、硕士生、本科生、大专生、成人教育、函授教育等多层次的格局，个别院系还设置了新闻传播学方向的博士后流动站。改革开放之初，全国在校的新闻系科学生总共只有500来人，现在仅本科生就有6 000人，加上大专生和研究生接近10 000人。30年间累计向新闻单位输送的毕业生超过30 000人。办学层次、办学规模、办学水平都有了很大的提高。进入新世纪以后，随着新闻传播事业的加速发展，和新闻战线人才需求的不断增加，中国的新闻教育还将会有更大幅度的发展。

一般说来，新闻教育质量的高低，起决定作用的，主要是两个因素：一个是师资，一个是教材。两者之间，教材的作用更大。这是因为，师资的多少和良窳，往往受办学主客观条件的限制，而教材一旦完成，就可以直接嘉惠于学子，风行四海，无远弗届。进一步说，一部好的教材，不仅可以满足教学的需要，培养出一大批人才，而且还可以同时拥有一定的学术含量，推动新闻传播学研究的发展。1919年出版的徐宝璜的《新闻学》，1927年出版的戈公振的《中国报学史》，就是这方面的很好的例子。两书都是作者在高等学校从事新闻学理论和新闻史教学时作为教材编写出来的，出版之后，立即引起世人的关注和推崇，几十年来一再重版，历久不衰，至今仍然是公认的新闻学理论和新闻史方面的传世之作和经典之作。正因为这样，新闻教育的前辈们，历来十分重视教材的建设。新中国成立初期的十来年，坊间出版的新闻学方面的书籍，绝大部分都是教材。改革开放以后，新闻传播学研究空前繁荣，新闻学方面的书籍大量问世，但教材仍然在其中占了很大的比重。这些教材，覆盖了新闻传播学的方方面面，经过出版家和众多作者们的长期努力，门类和品种基本配套齐全，曾经为同时期的新闻教学做出过重要的贡献。但是，随着时间的推移和新闻工作实际的飞速发展，这些教材的体例日显陈旧，观点和内容也亟待调整和更新。一些属于学科前沿和科技含量较高的新开课程的教材尚付阙如，使现有的教材出现了不少缺口。在新世纪已经到来之际，集聚力量，重新编写出一套体系完整，门类齐全，能够为新世纪的新闻教育和新闻人才培养服务的新闻传播学的系列教材，已经成为人们的共识，和新闻业界及新闻教育界的迫切需求。

呈现在读者面前的，就是应这样的需求产生的一套系列教材，它将涵盖新闻学、传播学两个二级学科的方方面面内容，满足新闻、广播、电视、广告、媒体经济、多媒体等多个专业的教学需要。负责这些教材编写工作的，是中国人民大学、复旦大学、北京大学、清华大学、中国传媒大学、中国青年政治学院等多所著名院校长期从事新闻传播学方面教学与研究工作的专家学者，其中有相当大的一部分编写者，都是相关学科的国家级的学术带头人，堪称一时之选。收入本系列的教材中，既有国家级的重点教材，也有部级的重点教材，其他的也都是经过严格筛选的精品，所以，它们的质量是有保证的，它们的权威性也将会得到社会的认同的。

21 世纪是一个高度信息化的时代，是信息经济和知识经济占主导地位的时代。信息经济和知识经济有两大支柱，一是以高新科技为代表的传播技术产业，二是从事新闻和信息产品生产的媒体产业。新闻传播学作为将这两大领域有机联结的桥梁，在今后的国家建设和社会发展中必将发挥越来越重要的作用。中国人民大学出版社经过精心策划，隆重推出这套系列教材，是具有高度的前瞻性和战略眼光的。在这里，我谨代表编委会和全体作者向中国人民大学出版社表示由衷的感谢。

这部系列教材开始策划于上个世纪的最后一年，本世纪初起陆续问世，迄今已编写出版了近 50 种。在体例和内容的创新和开拓等方面，远远超过同时期出版的同类教材。其中的有些教材，还根据整个新闻传播理论与实践的发展，和新闻传播学教学与研究的发展，陆续作了必要的补充和修订，重新出版，实现了内容的与时俱进。

21 世纪，中国的新闻传播事业和新闻教育事业都将有一个大的发展。这批系列教材的问世，将会为新闻传播事业和新闻教育事业的发展和繁荣、为新世纪新闻传播人才的培养做出其应有的贡献。这是出版者和全体作者共同的一点希望。是为序。

方汉奇

于中国人民大学宜园

2008 年 7 月 20 日

目录

CONTENTS

第一章 采访的定义及基本方式

CHAPTER 1

记者：为什么将近两年的时间，没有想到过主动把自己吸毒的情况告诉妻子，自己最亲密的人？

戒毒者：那个时候觉得，她可能什么都可以接受，但是吸毒她肯定不会接受。

记者：你妻子第一次知道你吸毒之后，什么态度？

戒毒者：哭了，木了。

记者：……

——引自中央电视台《新闻调查》栏目：《戒毒者自白》

第一节　采访的定义

新闻采访是指新闻工作者出于新闻报道的目的，通过访问、观察等方法，收集资料、认识事物、发掘报道素材的活动。

采访的定义有三个要素：

(1) 采访是新闻工作者的职业活动。

(2) 采访的目的是为了向大众传播。

（3）采访活动包括三项内容：收集资料、认识事物、发掘报道素材。

一、采访是新闻工作者的职业活动

采访的主体是新闻工作者，采访活动是新闻工作者代表公众的利益所进行的公开的、经常性的活动。这是采访的第一个必要条件。所谓职业新闻工作者是受过系统新闻教育和新闻培训的，经过新闻的准入制度批准的专业人员，他们了解新闻媒体的社会功能，了解新闻报道的规律，掌握了采访、写作、编辑的专业技能，这些人进行的采访活动才能是真正意义上的采访。

在现代科技手段日益发展的今天，很多人都掌握了录音机、摄像机、照相机、手机等科技手段，可以自由地采集社会信息，有些非职业新闻人还用自己的设备随时拍照、录音，制作成小的新闻图片、小的DV作品向媒体投稿，但是，这些非职业新闻人所采集的那些新闻素材和作品必须经过职业新闻人从职业角度的审核、编辑方能进入大众传播领域，因为前者看问题的视角、采集素材的方式以及他们的作品的价值取向和材料标准等常常不符合新闻传播的规律。因此，有些媒体在采用这些稿件的时候，往往要问清楚这些稿件的出处，来自于何人，他们是不是专业记者。这一点之所以特别重要就是因为采访是一项严肃的工作，不是外界所看到的仅仅是一问一答或简单地收集材料，而是有着内在规定性的一种职业行为。虽然表面上记者是在与个体交谈，在空前自由地提问。但是，记者不是代表自己在交谈，也不代表自己提问，而是代表受众，代表公共利益在交谈、提问。

二、采访的目的是为了向大众传播

采访的目的是为了向大众传播，这是采访最不同于其他调查研究活动的地方。这个目的有四层意思：

（一）采访得到的材料是为了广泛传播

这是新闻工作者必须时刻考虑的业务目的，即我们是用向大众传播这样的手段来服务社会的，作为一个记者要时刻思考，一个事实是否适合传播，它适合怎样去传播，它传播之后会有怎样的社会效果，这种社会效果是否符合新闻工作的根本目的——促进社会进步。现在有些媒体总是想方设法用刺激眼球的内容来吸引受众的注意力，这固然使媒体得到了经济上的收益，却违背了新闻工作的根本目的。既然我们采访的目的是为了传播，那么就要考虑一个事实在传播过程中会产生什么影响。新闻中常常有这样的现象，即真人真事传播出去之后却缺乏真实感，或者传播者推崇的社会行为遭遇受众的反感，或者传播者反对的社会行为得到受众的同情，等等。总之，新闻事实传播出去后的效果并不总是媒体想要的效果。

（二）传播的目标是大众

大众是什么人？大众是包括普通百姓、领导、专家等在内的整体公众。有些人习惯于写公文，那是面向领导的传播；有些人习惯于写论文，那是面对专家的传播。而新闻报道不仅仅是面向领导和专家，更重要的是要面对数量最大的社会公众，这个社会公众包括各个社会阶层、各种年龄、各种心理的人，这就使我们传播者的任务变得十分艰巨。

（三）采访的选题应当是大众关心的问题

既然采访的目的是向大众传播，那么传播的选题就应当是大众关心的，是大众共同感兴趣的事，比如说社会中的热点、焦点问题。记者要随时把握大众需求的脉搏，因为大众的心理需求随时随地都在产生着微妙的变化，那么记者每时每刻都要关注热点话题的变化来把握选题。人们说，“新闻只有一天的生命”。今天采访的选题或许只适合于今天，因为到明天大众关心的热点就有可能转移到新的话题上。

比如 2008 年春节前，我国南方大部分地区遭受长时间的雪灾，这时候正值春运高峰，成千上万的人都要赶回家过年，人们最先关心的热点是这种天气有没有大的变化，继而关心的是被堵塞的公路、铁路能否及时修复，以及大面积的停电会不会影响家人过一个温暖的春节，最后人们还关心到底在节前能不能回到家，如果回不到家怎么办，等等。于是我们媒体的报道随着关注的热点不断地推出政府的应急预案，展现各级领导一线现场办公、解决困难，展现电力职工在一线奋力地抢修和交通警察在一线维持交通，继而又展现不能回家的民工在务工所在地如何过春节，当地政府如何解决他们的困难和安排他们的生活，以及受灾地区人们之间的互助行为、自救措施、人情关爱，等等。总之，我们采访的选题是随着大众共同关注的热点在不断变化的。

（四）采访的材料必须通俗易懂

采访的目的既然是向大众传播，那么就要考虑使用大众听得懂的语言来进行传播，这就牵涉到怎么传播的问题，牵涉到用什么样的材料去表达大众关心的热点问题。每种传播媒介，如报纸、广播、电视都有适合自身传播的语言，记者在采访中就要有目标地收集这些素材。比方说，要刻意收集丰富的背景材料来说明新闻事实，加强受众对新闻事实的理解；要刻意收集现场的新闻素材，加深受众对新闻事实的感受，才能做到有效传播。

三、新闻采访活动包括三项内容

新闻采访活动包括的三项内容分别是：

（1）收集材料。

（2）认识事物。

（3）发掘报道素材。

新闻采访的三项内容有别于社会上的其他调查研究活动。无论是公安人员还是法官、律师，无论是党政机关的政策研究人员还是企业的产品推广策划人员，他们进行的工作，都被称为调查研究，都符合调查研究的定义，即“出于一定的目的，收集材料、认识事物的活动”。公安人员通过收集犯罪事件的材料使案件真相大白；法官和律师的任务在于通过收集原告和被告的相关材料来认定案件中民事责任或刑事责任的承担者，以便作出公正的审判；党政机关的政策研究人员的工作在于通过各种调查手段收集到社会生活的各种情况，从而为制定相关政策作参考。

新闻记者的采访活动在收集材料、认识事物方面类似于上述各种调查研究活动，即记者通过收集新发生的事实材料，来认识事实真相并对事实进行新闻评价。但是，记者还有另外一项十分重要的采访内容——发掘报道的素材。

在对事实真相和新闻价值有了较明确的认识之后，采访的另一项内容就是要围绕着报道主题收集相关的报道素材。这种对报道素材的发掘活动或许可与之前的收集材料认识事物的活动合二为一，即记者在确定主题之后可以从先前收集到的材料中发掘报道素材，也可以将采访分为前后两个阶段：前一阶段主要是收集材料，这个收集是为了认识事物。记者要广泛地了解事实的各个侧面、各个层面的信息，从而完成对整个事实的认识和新闻价值的判断。在新闻主题确立之后，记者的采访就进入了第二个阶段，根据这个新闻主题和设计出来的报道结构，再深入到事实和当事人当中去，专门发掘有说服力的、典型的、更生动的素材。

在这种收集材料的过程中，平面媒体（如报纸的记者）和电子媒体（如广播电台、电视台的记者）的方法略有不同：平面媒体的记者在认识事物的时候所收集的材料也可以用作后期的新闻报道素材，他们收集材料的方法是把访问和观察得到的材料记录下来。具体哪些材料可以用做写作中的素材，可以等到主题确定后，再对记录下来的材料加以挑选，从而进入写作阶段。而电子媒体的记者特别是电视台的记者因为摄像设备（如电池和录像带）的限制，常常在收集材料和认识事物的阶段不使用摄像设备，只有到主题和节目的结构确立之后，才用摄像机去专门摄取可以用作报道素材的事实材料。

下面我们看一看新华社的一篇报道《药价追踪》的采访过程：

20世纪90年代中期之后，老百姓感觉生活负担越来越重的一个方面就是药价越来越贵，媒体上也多次报道了某些患者治病过程中反映出的高药价问题，有的患者仅仅是感冒咳嗽，看一次病就得花费几千元钱。在广大农村地区，老百姓普遍负担不起高药价，只好有病拖着不看，以至于小病拖成大病甚至丧失生命，出现大量的因病破产、因病致贫、孩子因病失学的社会问题。

这个问题引起了一些记者的关注，于是他们开始进行调查，调查的中心点就是药价是在哪个流通的层面“蹿”上去的。几位新华社记者对这个问题做了大量艰苦的调查，就医院的药价、药店的药价、患者负担的药价，调查了相关的药厂和药品管理机构。这些采访过程概括起来也就是前面我们所说的八个字：收集材料，认识事物。

记者在大量收集材料的基础上，对药品在流通领域中的暴利现象有了清楚的认识：医院是药价暴利的中心环节。如果是药监局的专职调研工作者，他可以就此写出翔实的调查报告，可以从成千上万种药品价格的统计数字中计算出百分比，做出相应的分析，还可以用社会学的研究方法计算出老百姓收入增长与药价增长的比例，来证明高药价的不合理。但是作为新闻工作者，其调查最大的一个特征就是要把这些复杂的事实跟老百姓讲清楚。因此他不能写调查报告，他只能用通俗、简洁的新闻作品，把这样一个复杂的问题清晰明了地展现给老百姓。一个国家大量药品问题的研究报告是非常复杂的，是需要用许多数据来说明的，它和新闻报道的通俗、简洁形成了巨大的反差。为了创作新闻作品，就要在调查研究的基础上找出要报道的主线，设计出便于大众接受的报道结构，再为这个报道结构专门去收集适合于大众接受的新闻素材，这就是采访工作的第三个方面——“发掘报道素材”。

从《药价追踪》这篇报道中我们可以清晰地看到，为了便于传播，记者在采访中对作品结构的设计：

切入点——一瓶眼药水。

调查的脉络——从医院到药厂对药品价格的逆向“搜索”。

药价追踪

谁也不能保证不生病，谁也不能保证不吃药。可是，药品价格居高不下，甚至不断攀升，成了堵在老百姓胸口的一块心病。一次求医买药的经历，使记者有机会透过一种普通眼药水的价格，发现了药价蹿高的一个侧面——

药价高是一种普遍的现象，药的品种何止成千上万，但是记者只抓取了一种眼药水作为表达的素材来切入这个问题，是一个精巧、有说服力又低成本的展示方法。

不同地方不同价

最近的一天，因为眼睛轻微不适，记者前往北京市方庄第一医院就诊。医生诊断的结果是结膜炎。她说："这是小毛病，用点眼药水就行了。"

她在处方上开出的，是江西萍乡制药厂生产的5毫升装盐酸环丙沙星滴眼液眼药水。这家社区医院划价每支15.7元。

记者随后来到与方庄第一医院相距百米的方庄购物中心，看到药品柜上一模一样的滴眼液售价仅为6.6元。两个价格相差2.3倍。

几天后，记者又来到堪称国内最高规格的一家三级甲等医院，想在这里得到一个放心的药价。几经打听，结果有些出人意料：病还是这个病，但这种滴眼液又派生出一个新售价——12元。

出厂价最多每支3.8元

一种药品到患者手中，一般有两个途径：药店零售或医院开药。这两种途径各有多重环节。在这些环节中，既存在国家规定的正常差率，也存在一些非正常的折扣和回扣。

主要用于结膜炎、角膜溃疡、沙眼等眼疾的"盐酸环丙沙星滴眼液"，也不例外。

按照环丙沙星滴眼液中的使用说明书，记者按图索骥拨通了江西萍乡制药厂的电话。接通电话后，记者问：如果想经销这种眼药水，按什么价格能拿到货？这个厂销售科彭科长报出了出厂价："一次进货一箱以上，每支价格3.8元。"

记者问："如果多进货，这个价格还有商量余地吗？"

彭科长回答："可以，但是优惠不了多少，顶多也就是几毛钱。"

记者从一个具体的医院通过暗访的方式拿到一支眼药水，从这支眼药水的价格开始追踪。

记者在这里展示了具体的调查过程，从医院直接打电话到药厂，了解到这支15.7元的眼药水的出厂价是3.5元，这中间巨大的利润差额令人震惊。

记者几经辗转与这个厂负责北京市场的业务员取得了联系。这位业务员说，如果从他那里进货，每支滴眼液的价格可以降到3.5元。

北京市场规定零售价为6.6元

那么，这种商品在北京市场的规定价格是多少呢？

据北京市物价局主管药品的农副食品价格处副处长安群介绍，江西萍乡制药厂生产的5毫升装盐酸环丙沙星滴眼液，属于企业按规定的作价办法自定价格的药品，它必须先到北京市物价局进行登记后才能销售。这种药品在北京市场登记公布的价格是：每支批发价为5.75元，零售价为6.6元。

安群说，在北京市场上销售的同一厂家同一品种同一规格的药品，无论是在药店还是在医院出售，可以低于北京市物价局公布的药品价格，但绝不允许高出。谁高于这个价格，谁就应当受到查处。

正常差价是多少

药品从生产到批发再到零售都有差价，通俗理解就是加价部分。据安群介绍，一般情况下，厂家按不同的剂型给批发商20%左右的进销差率，批发商再给零售商15%的批零差率。此外，对企业按作价办法定价的药品，可以有5%的工商让利。这些都属正常的经济行为，是药品价格管理办法允许的。

如果按厂家报的实际价格进行推算，环丙沙星滴眼液的批发价大体上应为4.75元，零售价应为5.46元。那么，这种眼药水在北京的规定价格，已按市场规律充分照顾到了各个环节的利益，都应该满足了。但事实并非如此。

展示了一支眼药水的正常差价应该是多少，给读者提供了一个价格评价的参照系。

实际赚头更大

采访中，有知情者告诉记者，业务员拿到江西萍乡制药厂生产的环丙沙星滴眼液的价格在每支3元以下，批发商到手价格在每支4元以下，零售商到手价应该在4.5元至4.8元之间。

通过与江西萍乡制药厂负责北京市场的业务员“周旋”，记者了解到，他给批发商的价格为每支4元。

为了问到价格，记者拨通了这种药品在北京的两家批发商——燕京医药公司和燕京第一批发部的电话。接电话的两位女同志都不愿意透露从厂家的进价，但比较爽快地报出“批发价”：规定批发价——每支5.75元的八六扣（即打八六折），就是4.95元。

燕京第一批发部接电话的女同志说：“我们一般是八六扣，最低八五扣，如果是现款，可以给八四扣。”

记者问：“你们给医院的价格呢?”

她说：“一般都是八六扣。”

至此，记者了解到，环丙沙星滴眼液进入医院的价格每支不超过5元。而在有的医院却都抬高到十几元。看来，药价蹿高症结在医院。

通过对这支眼药水价格一路蹿升的展示，找到了药品抬价的重点环节——医院，也找到了促使药品抬价的动力——医院的回扣。

折扣之外还有回扣

按安群介绍，在北京市药品销售中，医院渠道占总销售额的90%。而且，绝大多数由医生介绍给患者——你来看病，开什么药、开多少药都由医生说了算。患者几乎没有任何自主权，就等着掏钱吧。

正因为这样，药厂都把目光盯住医院，请吃请喝请旅游，送车送钱送设备。医院则越来越“狮子大开口”。据介绍，北京的大医院普遍要求批发商提前支付两到三年的药品折扣。有的医院的办公大

追踪这支眼药水价格攀升的“旅行”，可以看到医院在涨价过程中所扮演的角色。中国有13亿人口，有千千万万所医院，有成千上万种药品，而药价的秘密就被记者披露的这一种眼药水的价格“旅行”完完全全地揭示出来。

楼、宾馆，就是由药品的折扣堆积而成。有的医生不管三七二十一，专开贵药、回扣高的药，造成多开药、开药的“大处方”现象久禁不绝。

据业内人士透露，相比药店零售而言，医院开药的中间环节要复杂得多。一般情况下，厂家聘请医药代表或业务员，由他们负责向各医院进行“公关”。一所医院需要攻下的关口至少有：医院负责人、负责进药的主管和经办人、相关科室负责人和医生。每个关口都要暗地里“奉送”一定的回扣，从2个百分点到15个百分点不等。这是绝对违法的，也是绝对“保密”的。

知情者称，医生开出一支环丙沙星滴眼液，可提取占零售价10%的“好处费”。

最高价是这样定出的

以出厂价每支3.5元计算，环丙沙星滴眼液在方庄第一医院卖到15.7元，抬高4.4倍多，那么，方庄第一医院的价格是怎么定出来的？

记者随着北京市物价检查所工作人员来到这家医院。检查发现，这家医院从一家医药经销中心交叉进了两种环丙沙星滴眼液，其中浙江一家药厂生产的8毫升装的零售价是每支15.7元，医院在给患者开药时存在以低就高的现象，将应为每支6.6元的萍乡制药厂生产的5毫升装环丙沙星滴眼液，以浙江产的8毫升装的价格收费。

不知院方这种“以低就高的现象”是有意还是无意，反正，吃亏的是消费者。

一次平常的求医问药，蕴含着如此多的问题和难题。记者在采访中接触到的各界人士普遍认为，必须尽快加大改革力度。改革，才是医治这一顽症的灵丹妙药。①

记者从一支眼药水的价格调查入手，清晰地展示了高药价的背后是一种圈内人士的利益链条。记者通过解剖这个事实的链条展示的社会问题和社会危害已经非常清楚了。事实是最有说服力的材料，最后的评价虽然只有轻轻的两句话，但它的分量却是沉甸甸的。

① 载《新华每日电讯》，2006-06-12。

第二节　采访的基本方式

采访主要有四种基本方式：

（1）访问。

（2）现场观察。

（3）体验。

（4）阅读文献。

一、访问

访问是采访最主要的也是最重要的一种方式，它指的是记者通过向新闻事实的知情人以询问的方式来收集材料的活动。

访问主要可分为以下几种类型：

（1）一对一的访问，即一名记者对一个知情人所进行的面对面的访问。这是访问中最惯常使用的一种方式。

（2）一对多的访问，即开座谈会进行采访。所谓一对多就是一名记者对某个群体进行采访的一种方式，这种时候记者一般是一个人，而采访对象是三五个甚至十几个人，但数量不宜太多，以10个左右为宜。

（3）多对一的访问，通常是指记者招待会上的采访。因为在这种招待会上，新闻发言人通常都是一个人，而采访的记者却是很多人，如每年人大、政协“两会”结束后，都要举办的总理记者招待会，通常有几百名记者同时参会，大约有十几名记者能够有机会向总理提问，回答问题的常常只有总理一个人。

另外，在记者访问新闻人物或先进模范人物的时候也通常出现这种多对一的访问，即多个记者同时去采访某一个新闻人物、新闻发言人、官员、专家或先进模范人物，形成的局面是提问的人多，提的问题也多，但回答问题的通常只有一个人，记者们把它称作采访的“大锅饭”。

访问的基本步骤有：

（1）明确采访目的。

（2）进行采访的预约。

（3）进行背景材料的准备。

（4）与采访对象见面，建立轻松、融洽的访问气氛，提一般性问题。

(5) 提问敏感问题。

(6) 结束采访，与采访对象告别。

访问的基本形式可分为以下两种：

(1) 公开式访问。在采访活动中，公开式访问占绝大多数。所谓公开式访问：第一，要明确告知采访对象记者的身份，包括记者所服务的媒体、记者的职务和姓名等。第二，要明确告知采访对象采访的目的以及准备进行哪些报道，在什么时候刊出或播出。

(2) 隐蔽式访问。隐蔽式访问即暗访。有时出于新闻报道的需要，记者常常使用暗访的手段向知情人索取信息，特别是用公开式访问的手段难以得到的材料。比如，一些批评性和揭露性报道的采访，记者一般不告诉知情人自己的身份和所服务的媒体，也不告诉他自己的记者身份，而是常常作为一个旁观者或者假扮与采访对象有关的角色。如采访一家商场时，记者假扮为一名顾客；采访医院时，记者假扮为一名患者等，用这种手法常常能够获得用公开式采访得不到的材料。

二、现场观察

现场观察指的是记者依靠感官在新闻发生的现场进行采访的活动，通常称为“用眼睛采访”，现场观察是除了访问之外的另一种重要的采访方式。

现场观察的基本要求是：

第一，记者必须要到新闻现场去采访。仅坐在办公室里采访是不行的，依靠电话采访也不行。

第二，记者是依靠自己的眼睛和其他感官，如鼻子、耳朵，通过看、嗅、听来收集材料的。展示一个新闻事件的发生，通常不仅仅有靠知情人所谈出来的材料，更需要记者到现场亲眼看到的这些“第一手”材料。所谓“第一手”材料，就是不经过任何中间环节，由记者靠自己的感官直接收集的材料，这类材料因为是靠感官收集来的，常常很有特点。在传播的过程中，这类材料也显示了极大的优越性：一是它可信，二是具有吸引力。在记者能够有条件采访到的动态事件中，使用现场观察写出的报道，如观察记、现场素描和描述性的场面是新闻报道中可读性最强的一类稿件。

如下面这篇报道：

世界杯走进布达拉宫

［美联社拉萨2006年7月7日电］在西藏最神圣的寺庙里，年轻的僧侣们早上3点就起床了——不是为了祈祷，而是为了看世界杯。

布达拉宫里闪烁着灯光，而本周法国队也击败了葡萄牙队，将于周日在决赛中对阵意大利队。

剃着光头的27岁的洛桑张着嘴微笑着说道，僧侣们看的是21英寸的彩电，喝的是可乐，吃的是方便面。他说："我非常高兴，非常兴奋，因为我能看到那么多著名的球员。"

西藏的僧侣虽然不鼓励踢足球，但他们能够看球赛。在普通的西藏人中，足球赛非常流行，他们对体育运动的热爱不逊于中国的其他地方。

曾在西藏足球队踢后卫的边巴说："大多数西藏人喜欢足球，也爱踢足球。"边巴目前在布达拉宫工作，为游客提供帮助，同时也看管着这里的珍宝。

拉萨那些彻夜营业的餐馆里挤满了看球的藏族人和汉族打工者。

在大昭寺，年轻僧侣们宿舍的墙上挂着贝利、罗纳尔多、卡洛斯等人的海报。僧侣们称他们是"足球皇帝"。

一名年轻的僧侣坐在地垫上，专心致志地读着足球杂志，上面的文章讲述着有关英格兰队的贝克汉姆以及其他球星的故事。

来自布达拉宫的洛桑说："足球这种活动带来了欢乐。它对谁都没有坏处，它能把人们团结在一起。"①

这是一个西方记者眼中的西藏布达拉宫的僧侣的"现代化的生活"场面，远在世界屋脊，看起来与世隔绝地生活在另一种文化中的僧侣们正在关注一场世界杯球赛：

他们"看的是21英寸的彩电，喝的是可乐，吃的是方便面"，"墙上挂着贝利、罗纳尔多、卡洛斯等人的海报"，僧侣们坐在念经的地垫上"看着足球杂志"……

这些视觉材料把一个现代化的西藏展示在西方人面前，也展示了西方记者善于运用眼睛采访的特点。

---

① 载《参考消息》，2006-07-09。

三、体验

体验式采访是指记者深入到现实生活中，以一个参加者的身份，始终身临新闻现场，靠观察和询问进行采访。这种采访通常需要比较长的时间。

体验式采访多用于人物报道。比如报道一个农民工生活的艰辛、报道一个艾滋病孤儿的心灵渴望、报道一个空巢老人凄凉的晚境，没有和被报道者共同生活的体验，是难以彻底理解这些人的生存状态和心灵状态的。特别是报道一个先进模范人物，很重要的一点就是展示其精神境界。那么前提是记者首先必须了解到采访对象本身的精神境界，而这通常只在采访对象的“原生态”状况中才能自然而然地流露出来，仅仅靠一两次短暂的访问很难挖掘到这种深层次的材料。记者必须靠在与新闻人物的共同的生活中“身临其境”，才能体味和理解新闻人物的生活环境，也才能理解新闻人物的精神生活。

在体验式采访的过程中，“身临其境”不仅仅对记者理解新闻人物有切实的帮助，也使新闻人物在这种熟悉的、放松的环境中触景生情，愿意向记者“敞开心扉”。

如著名记者郭梅尼采访张海迪时，就是通过和张海迪共同生活的体验，感受到一个残疾人如何迎接命运的挑战，如何树立精神上的“支柱”的。

在去山东报道张海迪的时候，郭梅尼陪同张海迪同车奔赴济南。

> 我挨着张海迪坐下，汽车驶出了聊城。
>
> “郭阿姨，你挤着我点，要不，我这边支不住。”海迪轻声对我说。原来，她脱开了轮椅，手臂不能支撑在扶手上，上身便失去了支撑，就瘫软下来。“你摸摸，我这边的肋条拿掉了，能摸到肝脏。”我伸手摸着那没有肋骨的软绵绵的胸部，心里感到一阵难受。她后背因为脊椎变形不能支撑，前身的右侧又没有肋条，这20多年，她是靠什么支持这旺盛的生命的呢？
>
> …………
>
> 到达北京的第二天，我陪一位医生去给海迪检查身体。
>
> 当替她推车的姑娘帮她脱下衣服时，我的心嗖地一下紧缩了。
>
> 她这还能叫脊椎吗？已经完全弯曲变形了。脊椎两侧，一条条长长的刀伤疤痕，那大概是动过四次大手术留下的吧。
>
> “看，脊椎都歪到边边上来了，怎么能支撑身体呢？”医生感叹地说。

接着，医生拿出银针，扎着她的皮肤，检查她的知觉。

“有感觉吗?”医生问。

“没有。”海迪回答。

银针一点点朝上扎着，从脚尖一直扎到膝盖。

“没有……”

“没有……”

银针过了腹部，过了心窝……

“没有……”

“没有……”

还是“没有”。太可怕了！我屏住呼吸，期待着那肯定的回答。

“有了!”这是胸二椎的部位。

这就叫“三分之二的躯体失去知觉”啊!

走出门后，医生长叹一声，对我说：“我见过的瘫痪病人，她是最严重的。”她，完全是靠精神支撑着啊!

当你在人民大会堂看见海迪精神焕发地作报告，听到她动情地唱着“生活多美好”时，你可曾想过，就是这样的一个身躯，在支撑着她的生命![1]

郭梅尼正是通过这样的体验式的采访，才真正“感受”到张海迪精神层面的灿烂。

“一个人能发挥作用，能把学到的知识奉献给人民，这是最大的欢乐”。张海迪虽然是一个脊椎严重残疾的人，但她的心灵并不残疾，她是一个生活中的强者。

郭梅尼最后将这篇报道的题目定为《生命的支柱》。报道发表之后，在20世纪80年代初的中国引起了强烈的反响。

四、阅读文献

采访中的“采”就是采集材料。可以用眼睛去观察，用嘴去询问。那么阅读文献也是一种必要的采集方法。

所谓文献，大概指以下几类材料：

---

① 载《中国青年报》，1983-03-01。

（1）被采访单位制作的宣传稿、公关稿、会议材料、工作总结、可行性报告等。

（2）与被采访的行业相关的一些知识性的资料，包括专业介绍、行业背景及其相关的专业书籍。

（3）某些相关报道的材料。

（4）目标新闻人物的背景介绍。

对这些材料的阅览、研究、整理、分析，是新闻资料的一个重要来源。

阅读材料是一个坐冷板凳的硬功夫。有些记者看材料没有耐心，或仅仅把某些材料如相关的文件、鉴定书、总结等修改一下直接当作新闻报道发出去了。而有些记者却十分注重文献资料库，他们在看材料的时候，主要进行了以下四项工作：

（1）熟悉相关知识，了解必要的术语，迅速建立起自己理解此类事实的分析框架。

（2）对相关的背景材料整理分析，找出关键性信息，以便设计报道思想和报道方案。

（3）根据材料中的一些信息，设计采访中的提问。

（4）从材料中找出新的报道线索。

新华社记者解国记曾经写过一个影响较大的报道，其信息来源就得益于他在研究相关资料和文献的时候下的工夫。

1986年，全国作文研究中心、文心出版社《作文》杂志搞了一场中小学学生作文邀请赛。《作文》主编王素英找到解国记，希望能就这场比赛发一条消息，以扩大影响。

> 我比较为难，因为从题材上来讲，毫无新鲜可言。当时各种竞赛、邀请赛等已经很滥了，一个作文邀请赛算得了什么，总社会发吗？恐怕连分社这一关都过不去。从时效性上讲，更不行。比赛进行过那么长时间——约两个月了吧——集子都出来了，还叫新闻吗？基于这种考虑，我没答应个痛快话儿，说材料留下考虑考虑再说。
>
> 王主编走后，我就陷入了思考。这条消息即使要写，也就是个三五行便交待了，没有什么好讲的。于是匆匆草如下稿：

1986年全国中小学学生作文邀请赛揭晓

［新华社郑州1986年11月9日电］全国作文研究中心与文心出版社《作文》编辑部举办的1986年全国中小学学生作文邀请赛评选最近揭晓，上海马翊亿、天津李正辉、河南郝红梅、浙江王卉和江苏杨明同学获得一等奖。另外还有10名同学获得二等奖，17名获得三等奖。

写了个底稿后，又觉得实在说不过去，就扔在一边，再慢慢地想，并不经意地翻阅孩子们写的那些作文。几十篇作文翻过，被其中一篇题为《名声》的文章所打动。

在排列顺序上，《名声》并未排在首篇位置，而是随意地夹在了数篇作文中间。但它的感染力却超过了前面的作文。

于是，我把第一稿推倒，专门把《名声》的梗概、情节浓缩成一条导语，并且反复地修改推敲，最后成了下面这个样子：

像萌发的幼芽破土而出　似带露的鲜花芬芳四溢
全国中小学生作文邀请赛获奖作品受到赞扬

［新华社郑州1986年11月9日电］一个学习成绩优秀的农村女孩子，因借给男同学一支钢笔而被同学嘲笑为这个男生的"媳妇"。她的座位还贴上了红纸剪成的"喜"字，评"三好"也吹了灯。她怕这个"名声"传到父母耳朵里会被"勒死"而差点寻了短见，最后在日记里写道："将来……我要当一名教师，绝不让第二个女生像我一样不幸！"

这是河南省商丘花坟中学郝红梅同学取材于现实生活的作文《名声》的梗概。这篇作文在最近揭晓的1986年全国中小学学生作文邀请赛活动中获一等奖。评委们称赞它是"对封建残余思想的血泪控诉，发人深省，堪称佳作"。

与郝红梅同时获一等奖的还有：上海嘉定镇第二中心学校马翊亿、天津市新华南路小学李正辉、杭州市一中王卉和南京一中的杨明同学。

1986年全国中小学学生作文邀请赛是由中国教育学会中小学语文研究会作文研究中心和文心出版社《作文》编辑部今年5月开始举办的。全国有100多所中小学、20余万名学生参加了比赛。除一等奖之外，还有10篇获得二等奖，17 篇获得三等奖。

这些作文立意新颖，格调清新。评委们称之为“像萌发的幼芽，破土而出；似带露的鲜花，芬芳四溢”。①

此稿先后被《人民日报》、《河南日报》用显著的标题登了出来，随即引起很大反响：《人民日报》发了这条消息的第二天，在头版“今日谈”专栏发表大保的文章：《为了孩子》；12 月 18 日，《人民日报》又在同样的位置发表孙盛琳的文章：《不要冷了孩子们的心》，从不同角度谈《名声》作文思想的意义。

接下去便形成一场“名声”之风：

《河南日报》就把这篇作文调出来，在头版头条以半个版的篇幅全文刊登，同时发表记者《调查附记》，谈了《名声》的成文经过，配发了评论员文章：《我们不能无动于衷》。接着，开辟了“《名声》发表后的反映”专栏，摘发读者来信。

那一篇篇来信，几乎都是用泪水写成的。

再下来，引发了一场大讨论：《河南日报》在第三版开辟了讨论专版，从 11 月份开始，直讨论到第二年的 1 月 13 日，专版连续发表讨论文章。

讨论结束的时候，还请著名专家学者如曲啸等发表了文章，《河南日报》写了讨论结束语，结束语的题目是《讨论仅仅是开始》。

与此同时，《名声》的作者郝红梅同学收到更多的读者来信，《商丘日报》也辟栏进行了摘发：“《名声》的回声——郝红梅收信摘篇”，并发表了报道《名声》产生过程的报告文学《青春的证言》。

接着，河南电影制片厂、文心出版社和河南省省教委联合录制了一部同名电视剧《名声》。这部电视剧放映后，在后来的“飞天”奖评奖中获得二等奖。这个例子说明，那些老记者总是能从那些看似平常甚至杂乱的材料中，发现新线索，捕捉新选题。

---

① 载《人民日报》，1986-11-10。

第二章 采访在新闻工作中的地位

CHAPTER 2

你用三分的力气去采访，你的报道就只能得三分；你只有用十分的力气去采访，你的报道才可能得十分。

——郭梅尼

第一节 采访是新闻作品产生的依据

在现代社会中，新闻业发挥着沟通信息、监测环境、监督社会和教育公众的作用，对于新闻功能的论述，不同的国家有不同的侧重点和不同的理解，但是，无论什么样的新闻功能都要通过公众有效地接收新闻作品，从而产生认知、态度和行为上的改变而实现。因此，每一篇新闻作品都肩负着实现新闻功能的特殊使命。所有能够让人信服的新闻作品都有一个共同的“根”——客观真实，即它是对真实发生的事实的报道，而不是空穴来风。新闻报道不允许张冠李戴，也不追求笔下生花，只有真实才是最有说服力的。

举一个很小的例子：

中央人民广播电台记者向菲在她主持的节目《新闻会客厅》中，曾经先后劝说了五名在逃的案犯到公安局去自首。在2005年2月22日播出的这期节目中，向菲报道了一名叫辜海军的案犯做出抉择，到公安局去自首。节目播出之后，向菲接到了一个人的来信，此人是吉林省辽远市人，在煤矿当工人，由于老婆离家出走，他到老婆的娘家去要人未果，便处心积虑地要报复他老婆的娘家人——

> 买了一桶汽油，买了一瓶农药，都准备好了，打算是在今年的正月十五先放火，把他老婆的娘家人都烧了，自己最后再喝毒药，已经安排好了。在他等待时机的过程中，他得靠捡拾垃圾维持一天的生活。
>
> 非常凑巧的就是，他在垃圾桶里面捡了一个没有后壳的收音机，安上电池之后还能出声。
>
> 又非常凑巧的是，2月22号我播出的辜海军的那期特别节目《抉择》，那天是正月十四，其实就是在正月十五的凌晨，他听到了这期节目。听了节目之后，他给我来了一封信，他说，向菲，辜海军所做出的选择是自首，我做出的选择是放弃——放弃杀人。①

仅仅听到了这样一期节目，这位准备实施犯罪的人就马上改变了态度，一期节目制止了一场人生悲剧。这个小例子可以表现出新闻传播的力量。

新闻报道之所以有这种力量，根本在于人们相信媒体所报道的事实是真实的，这是媒体公信力的力量。媒体的公信力来源于新闻记者的每一次扎扎实实的采访。如图2—1所示，从客观事实到新闻作品，在新闻生产的过程中，采访成为从事实到报道，也就是从客观到主观的唯一桥梁。

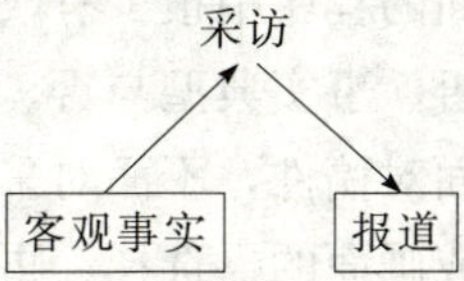

图2—1 新闻生产过程图

这座桥梁的通行质量就成为新闻报道的基础。大多数新闻事实发生时，记者不可能在场，只是在事后才获知新闻线索，记者要了解到事实的真相，必须通过访问当事人，或通过到现场调查的渠道了解事实的真相，所以说，采访是新闻作

① http：//www.cctv.com，2005-10-03。

品产生的依据，是新闻作品得以面世的通行证。

第二节　采访是新闻写作的基础

采访是新闻写作的基础，是保证新闻作品质量的第一位的工作。如何衡量新闻作品的质量？一般来说，有四个标准：

（1）真实性。

（2）价值性，即具有较高的新闻价值。

（3）时效性。

（4）可读性和可视性。

一、采访的质量在很大程度上决定着后续业务环节的质量和最终稿件的质量

以报刊的生产程序为例，它们依次是：

记者的采访、记者的写作、编辑的改稿、排版配评论、送到印刷厂印刷、进入发行环节，最后报纸才送达读者手中（图 2—2）。

记者→采访→写作→编辑改稿排版→印刷→发行→读者

图 2—2　报纸生产的工作程序

报纸的工作程序可以表明：采访是传播者和事实之间的唯一通道。采访起着关键的作用：采访的错误在后面的程序中很少有改正和扭转的可能性——如事实真实与否、事实表现得充分与否、事实典型与否、事实生动与否。编辑的工作是受到极大限制的，因为编辑只面对稿件，不面对采访对象和现场，他只能在记者的稿件基础上进行结构、词句或画面的再选择、再创造，而很少可能从事实的来源上根本性地改变稿件质量。

采访和写作的关系就如同采购员和厨师的关系。人们常说“巧妇难为无米之炊”。一个一流的厨师总是十分关心采购材料的质量和品种结构，他们知道，只有好的材料才能做出好菜。在这里，采购和采访的道理非常接近。我们的记者因为在采访中没有拿到真实全面的材料，没有找到生动的例子，或在采访中拿到的材料偏颇、片面，那么就不可能写出全面的、生动的、深刻的报道。

因此，可以说，如果采访的质量高，后期的写作和编辑的质量高，新闻作品的质量就绝对高（材料好，写得也好）。

如果采访的质量高，后期的写作和编辑的质量不高，新闻作品的质量就有可能不高（材料好，写得差）。

但是，如果采访的质量低劣，后期的写作和编辑质量再高，新闻作品的质量也不可能高（采访差，写作不可能好）。

与新闻的后期制作如写作和编辑相比，采访具有决定性的意义。是采访决定写作，而仅靠写作是难以挽救不合格的采访的。

《解放军报》资深记者江永红曾经去采访一位深受战士喜爱的基层干部，写出了通讯《老山有个孙干事》。在这篇通讯中，他给自己订了戒律：从头至尾完全用事实说话，不加任何一句议论，尝试着完全用白描的手法，展示他采访到的事例和细节：

老山有个孙干事

孙才，老山前线某团政治处组织干事。

孙干事来了

在全团最前沿、最艰苦、最危险的三连阵地。他，用通播电话发表演说：

“弟兄们：

你们辛苦了！我是老孙。团长和政委让我转达对你们的亲切问候！你们打得好！你们是部队的骄傲，你们是无敌的！

从今天起，我和你们一起战斗。让我们一起多打胜仗，望同志们多多保重！……”

1. 现场镜头：老孙的见面礼。

他的话音刚落，电话中便传来了各个哨位争先恐后的问候：“老孙你好！”“老孙，你来了我们特别高兴。”“我们既欢迎你，又不欢迎你，这里太危险了！”

谁都熟悉老孙。

这里最前沿的哨位离敌人只有 7 米，两个山头已被敌炮火打成一片焦土，的确危险。

2. 现场细节：哨位离敌人只有 7 米。

正因为三连危险，才特别需要机关干部去。

“我去。”孙才对团长说。

“你?”孙才在临战训练时因病住了院，没等痊愈硬跟着部队来到前线。在进行爬山训练时，他曾经晕倒在山坡上。他去三连能受得了吗?	3. 现场细节： 老孙请战， 老孙的背景， 老孙的态度：“我不能光用笔来写团史。”
“还是我去吧!”孙才写过两年团史，知道这个团解放战争时期有两任政治处主任都是带尖刀连冲锋时牺牲的。“我不能光用笔来写团史，”孙才说。	
“好。你这次去，是作为团首长、司令部和政治处的共同代表。你要保重。”临行前，团长、政委和参谋长一起给他谈了话。他录了一盘遗言，自己又掏了50元，买了烟、糖、麦乳精等，加上机关干部赠送给前沿战士的东西，用一个绿色纤维袋背着，便朝三连去了。	4. 临行前的三个细节： 留了遗言， 给战士们买了烟和糖， 用一个绿色纤维袋背着。
将心比心	
孙才在阵地上遇到了许多想象不到的困难。 他出洞去解溲，刚一露头就被敌人的炮弹打了回来。如此四次，真见鬼!只好和前沿战士一样，解在罐头盒里。面对这样一种特殊情况，孙才打电话给团里，要来防臭剂和香水，改善了阵地的卫生条件。	5. 现场细节： 刚一露头就被炮弹打回来， 在罐头盒里解溲， 老孙要来防臭剂和香水。
雨季，战壕里和猫耳洞里积有半尺深的水。太阳一晒，战士们泡在水中，如坐蒸笼，加上蠓虫咬，蚂蟥叮，烂脚烂裆，满身红疙瘩和脓疮。孙才上来不几天，很快就尝到了这种滋味，还得了“疲劳综合征”。 “这些问题一定要解决。”上级听了他的反映，送来了治皮肤病的新药和一批防病物品。	6. 现场细节： 猫耳洞里的积水，浑身溃烂的战士； 上级听了老孙的反映，送来了治皮肤病的新药等。
孙才的一封家信仅从团收发室到阵地就走了七天。他深深地理解到了前沿战士盼家信望眼欲穿的情感。在他的建议下，团收发室决定隔日给阵地上送一次信。	7. 背景细节： 一封家信从团收发室到阵地走了七天， 老孙建议隔日给阵地送一次信。

战时为了保密，要求前沿的战士不留字纸；同时由于猫耳洞内潮湿，有纸也很快霉烂了。因此，战士很长时间不能给家里写信。孙才身带信纸深入哨位，帮助战士写家信。有些哨位一时难以到达，他便通过电话为战士代写家信。战士江先知家里有困难，常常挂念，孙才写信给地方政府反映后，困难得到解决。在不久前的一次战斗中，江先知负伤不下火线，荣立二等功。重伤员何宜生在后送途中还托人捎口信，对孙才说："……我虽然断了一条腿，但我并不悲观，在今后的生活道路上，我还要走闪光的路。请帮我写封信告诉家里，免得他们惦念。"

9月28日是孙才30周岁生日，爱人来信提醒他一定要把过生日的情形写信告诉她。从爱人的提醒中，他联想到了战士也有生日。他和连队干部商量后，逐一查看了花名册。从此，战士们在阵地上也吃上了生日鸡蛋。蛋壳上写着："祝你生日愉快！祝你当英雄！"

战士们感谢孙才为阵地解决了不少问题。孙才说："我只是将心比心地做了一点工作，真正伟大的是你们。"

"他是谁?"

有过这样一个小战例。×月×日，十号哨位向连指挥所报告："6个敌人向我哨位摸来。"

"沉着！仔细观察，把敌人放近了打。"连指挥员命令。

"敌人离我不到10米了！"

"给他一个'大饼'（定向地雷）吃！"

"大饼"爆炸后，连指挥员又命令："给他几瓶'啤酒'（手榴弹）喝！"

"敌人向西南凹部退去。"

"'土豆'（六〇炮），十号西南凹部五发，放！"

8. 背景细节：

把纸带到哨位，帮战士写家信。

9. 小故事：

委托地方政府解决家里的困难。

10. 现场细节：

战士的爱国激情。

11. 现场细节：

逐一查看花名册给战士过生日，蛋壳上写："祝你生日快乐，祝你当英雄。"

12. 现场细节：

孙才的原话："真正伟大的是你们。"

13. 现场镜头：

指挥战斗的原生态还原——老孙指挥战斗。

一起敌特偷袭被粉碎了。但是，团作战室听出三连指挥员的声音既不是连长又不是指导员，好生奇怪，便打电话来追问：“刚才指挥的是谁?”“孙才。”

孙才在三连代理了半个月的指导员，替换连长指挥8个夜晚，指挥打退了敌人13次偷袭。他当排长时参加军里比武，曾获八二无坐力炮射击第一名。

14. 背景：
孙才替连长指挥8个夜晚，打退敌人13次偷袭，孙才曾获八二无坐力炮射击第一名。

“孙二圣”

孙才对全连说过：“我保证把大家的事迹如实反映给团党委，绝不能让大家当‘靳开来’。”

他在猫耳洞先后整理上报了三连8个干部战士的事迹材料，其中周慎辉还应邀参加了我军英模事迹汇报团。

上阵地时，他身带两部照相机，和指导员分别为绝大多数战士照了相。

15. 现场故事：
给绝大多数战士照了相。

由于战士们长期在前沿坚守，处于紧张的战斗状态，生活枯燥乏味。他想，如果没有笑声，的确很难坚持得住。他和指导员商量，除了深入猫耳洞正常工作之外，还要利用通播电话给大家一点欢乐。孙才忽动灵感，编出了大型广播连续剧“西游记（续篇)”，说的都是连队的好人好事，语言风趣幽默，寓教于乐，连长孙喜发扮演“孙大圣”，指导员姚庆合扮“姚大仙”，如此类推。

16. 现场故事：
导演“西游记续篇”活跃战地生活气氛。

中秋节，三连奉命向敌军投送月饼，想不到敌军误以为是一种新式武器，反而炮轰三连。就在这天的通播电话中，广播了孙才的现编段落：“众‘小猴’明大义两军阵前送月饼，××兵不领情回赠‘土豆’震耳欲聋。”各哨位一片笑声。

×月×日，连长指挥全连打退了敌人进攻，孙才马上又编了一集：“‘孙大圣’神机妙算坐镇水帘洞（连部)，众‘小猴’奋勇当先歼敌花果山。”

17. 现场镜头：
战地上笑声不断，
“孙干事”变成了“孙二圣”。

战士们愉快地听着，哈哈地笑着。

如此这般，孙才与指导员姚庆合轮流执笔，随编随播。在这段日子里，阵地上笑声不断。应战士们的要求，姚庆合给孙才也编了一集："孙二圣爱弟兄四上'猴山'（阵地），众'小猴'迎老孙喜泪涟涟。"此后，"孙干事"变成了"孙二圣"。

"搂着我"

孙干事一上阵地就两次误入雷区。算他运气，敌人连打七枪也未能击中他。但是，等他气喘吁吁地钻进一个工事时，敌人的第八枪响了，冒险钻出工事为他指路的战士小刘牺牲了。

18. 现场故事：
战士小刘为孙才指路而牺牲，孙才和战士的生死之情。

孙才哭了。他第一次亲身体会到了什么是生死之情。

在这段生死与共、相濡以沫的日子里，孙才深深地感到自己的感情已经和战士维系在一起。

九班长王广生病倒了，高烧近40度，孙才劝他下阵地住院。"不！孙干事，我对这儿最熟悉，我咬咬牙就过去了。"孙才坐在他身旁陪着他。他见王广生病得坐不住，便用手托着他，和他一起坐在猫耳洞里。"孙干事，你赶快下去吧。""不！我和你在一起。"

19. 现场细节：
照顾生病的九班长王广生。

六班长马兴辉浑身溃烂，还坚守在哨位上。孙才给他搽药后，他全身上下几乎都裹上了纱布。在难以忍受的火烧火燎般的痛苦下，他请求："孙干事，你搂着我。"马兴辉说罢用胳膊紧紧搂着他的脖子。在很长一段时间里，他俩就这样搂着，谁也没有说话，只有热泪滴滴。最后马兴辉一下推开了孙才，坚强地说："你回团里去吧！这里太苦，太危险。你要信得过我们，你就回去。有我们在，就有阵地在。回去了别忘了咱们就行了。"

20. 现场细节：
搂着浑身溃烂的六班长马兴辉。

21. 现场细节：
战士对孙才的承诺。

不久前，三连全体同志集体为孙才请功。①

① 载《解放军报》，1986-02-20。

通讯只有2 000多字，一共写了21个故事和细节，全是“干货”，使“孙干事”的形象丰满、可信。如果没有前期扎实的采访，写起来绝不能如此潇洒自如。

资深记者江永红在采写这篇报道之前，下决心改变某些人物报道“米不够水来凑”，采访不下工夫，在报道中大话连篇、形容词堆积的毛病，他高质量的采访为这篇生动可信的人物报道打下了材料的基础。

第三节　采访是防止报道失实的第一道防线

如果记者不到一线采访，或者是采访不到位，就很容易产生失实报道。《新闻记者》杂志从2000年起每年年初都会评出国内媒体上刊出的“十大假新闻”。这样的评选栏目虽然规模不大，在新闻界却产生了极大的冲击力，因为它不仅刊出了假新闻的内容，而且指出了发表假新闻的媒体、采写假新闻的记者，尽管年年评选，年年刊登，但是，每个年度里还是存在众多的假新闻。在刊出“2007年十大假新闻”时，《新闻记者》的编辑们在编者按中说：“又是年终岁尾时。每年此时，正是我们深感无奈、痛苦难熬的时光。本刊的新闻打假已历经7年，虽然使我们的神经多多少少有些麻木，但面对又一个年度里如此众多的假新闻，作为传媒人，我们仍然痛并羞愧着。这样的‘年度十大假新闻’评选何时是尽头？”

2007年的十大假新闻是：

(1) 2007年4月16日中新网刊出的《美国校园枪击案凶手初步认定为中国留学生》。

(2) 2007年4月《廉政瞭望》刊出的《河南新郑市原副市长出狱后卖烧烤》。

(3) 2007年5月25日《安徽日报》刊出的《武警苦练船艇操作技能》。

(4) 2007年6月《杂文月刊》刊出的《兵妈妈认了176个兵儿子》。

(5) 2007年6月15日《家庭导报》刊出的《退役冠军摆摊为生》。

(6) 2007年7月8日北京某电视台播出的《纸馅包子》。

(7) 2007年7月15日江西某电视台播出的《史上最恶毒的后妈虐童》。

(8) 2007年9月17日《楚天金报》刊出的《华科大3 000学子宣誓“成人”，每人获赠安全套》。

(9) 2007年11月3日《半岛都市报》刊出的《社科院公布全国主要城市白领工资标准》。

(10) 2007年12月9日《现代快报》刊出的《英皇高层证实功夫巨星洪金宝去世》。[1]

以上的假报道出现的原因几乎清一色是采访的问题，或者是捕风捉影，拿传闻当新闻；或者是道听途说就写稿子，没有去核实；或者是因为用新闻采访的手法拿不到确切的事实，就滥用文学手法来创造新闻事实，比如“纸馅包子”的假新闻就是这类的例子。记者听说社会上确实有人用废包装箱掺入包子馅中以假充真，但是又苦于找不到这样一个正在做假的实例，另外，用电视摄像机来拍摄这类犯罪新闻确实难度很大，于是，竟然使用了做假的方式，指使一个人当场用包装箱的纸掺入包子馅中，制作纸馅包子，从而完成了一个制假过程的拍摄，播出之后造成极坏的影响。

新闻的力量首先在于它的真实性，报道的真实性形成了媒体的公信力，而真实性的基础是记者扎实的采访工作。

假新闻或失实的报道给媒体的公信力造成了极大的伤害，它们同样伤害了我们这个社会的道德水准和精神上的尊严，只有把住了采访这一关，才能在假新闻前面竖起一道防线。

一线的采访是保证新闻真实性的基础，但是，到一线去采访费时间、耗体力，财力的成本也很高，但记者绝不能在采访上节约成本。

比如，让被报道单位自己送来宣传稿、公关稿，记者改一改就发表了。记者没有到一线去采访，没有切切实实地“收集资料、认识事物、发掘素材”，而是变成了“编者”，真正接触事实原生态的却是社会上不同单位的宣传工作者、公关工作者、产品推广和策划人员。这些人员没有受过系统的新闻教育，不熟悉基本的新闻操作方法，更重要的是他们送来的稿件的观点或角度往往有悖于新闻报道客观、真实、公正的要求。他们看问题的视角是从本单位、本公司的传播需求出发，而不是从公众的需求出发，因此，他们的稿件往往自我宣传的味道很浓，很多“稿件”其实就是一则广告，记者直接使用这些文稿，将之作为自己的报道，通过大众传播媒体传播出去，是新闻工作者的失职。

例如《新闻与写作》2006年5月11日刊载了一篇北京市新闻出版局办公室专门接待记者的工作人员陈晓红的一篇文章，谈到他所接待的记者中存在的普遍性问题：不到现场采访，靠改别人的宣传稿充作新闻稿件。

---

① 载《新闻记者》，2008 (1)。

记者不注重现场采访值得关注

无论是老记者还是年轻记者，恐怕都有这样的经历：到某单位或基层采访新闻，都可以得到被报道单位提供的一篇已经写好的新闻通稿，不管记者自己是否熟悉、了解被报道单位的情况，有了这篇新闻通稿，就可以轻而易举地完成报道任务了。有的记者更是连新闻现场都懒得去，更懒于提笔或电脑打字，要求被报道单位提供新闻稿件的电子邮件，这样更省事、又省心，只要在电脑上对稿件稍加改动标题和删节相关文字，或凭主观臆断进行添加、修改、编辑，也不管改动是否合理，也不与被报道单位对有关问题再进行核实，就交编辑发排，毫不费力地完成了自己的采写任务……

笔者作为基层单位的一名普通宣传干部，就经常被迫成为上述记者的“枪手”，为了能让本单位的新闻顺利发表，笔者也十分愿意讨好记者而不计较自己的署名或稿酬得失。但对记者中出现的不注重新闻现场采访一手资料的现象，着实认为与从事新闻记者职业的身份和素质要求很不相称。如笔者在接待记者当中，也出现过这样的现象：当邀请某记者去采访某新闻事件时，他（她）先问是否有“信封”或“红包”或给什么“东西”，而不是问被报道的内容。如果告之什么也没有，干脆就找借口或理由，不去新闻现场了，鉴于还要保持与被报道单位的联系和关系，便让你把预先写的新闻稿件以电子邮件的方式发送给他，至于能不能发稿，得看关系程度；有的记者甚至对提供的稿件正文一字不改，只改标题和署名（署上记者的名字）就发稿了；有的记者即便到了新闻活动现场，在完成了签到、领取新闻材料或纪念品（或红包）后，就溜之大吉。

…………①

在这位工作人员眼中，记者的形象很不好：

不负责任——把得到的背景资料直接当作新闻稿；

不劳而获——将别人的成果据为己有。

但是，还有更重要的一个问题没有被指出来：记者拿到被访单位的稿子作为自己的稿子直接发，等于让渡了采访权，而记者是无权让渡这个采访权的。采访工作是新闻记者的职业活动，需要有系统的职业教育和职业培训，新闻工作有严

① 陈晓红：《记者不注重现场采访值得关注》，载《新闻与写作》，2006（5）。

格的职业准入制度，因为记者们对社会承担着重大的信息责任。新闻采访环节是不能随随便便被省略掉的。

一、采访材料的要求

依据新闻作品的质量标准，我们对采访材料的质量有如下要求：

（1）材料的真实性。

（2）材料的深刻性。

（3）材料的生动性和可信度。

（一）材料的真实性

真实性是采访的第一要求，但是要做到其实并不容易。我们在面对事实的时候，真实的材料并不是一览无余或别人拱手相送的，它常常隐藏在不真实的表象之下，需要记者的“慧眼”来识别它，特别是一些复杂的事实，往往呈现出众说纷纭的情况。另外，一些负面事实的真相是当事人尽力掩盖的，如果记者没有对于事实的识别能力，常常会受到蒙骗。

如中央电视台《焦点访谈》曾经播出过一个《劣质课本进课堂》的节目，记者展示了课本印刷粗糙、缺页、字迹不清以及书后的答案错漏百出等问题。

记者跟踪到印刷厂，印刷厂的厂长面对记者居然哭穷似的说：“原因是我们的印刷设备太落后，没有钱更新改造……”

记者的提问就此打住了，没有再向前追问。

分明是不负责任的态度和利欲熏心的行为，却被厂长一句“设备落后”给搪塞过去了。如果认真想一下，就会发现那本错误百出的课本不可能是因为设备落后的原因所造成的，记者的采访停留在了表层，错过了一个深入事实、获得真相的机会。

相反，一个善于发现的记者就会从这些表层事实中发现破绽，直逼真相。

《焦点访谈》资深记者曲长缨的采访就是如此。他在调查山西省临汾尧都区阳泉沟煤矿发生的瓦斯爆炸矿难时，没有轻信当地一些人公布的“事故死亡人数是8人”的说法，而是深入矿区，找到了当地安监部门的负责人，了解到这次事故发生的原因是矿主违反规定，没有安排人员专门监测瓦斯和打开井下风扇。但如果仅仅依据这些事实做节目，充其量能做成一期谴责矿主不负责任、安全设施不完备、由于疏忽造成悲剧的很平常的节目，甚至还很可能由于事件的“不够典型”而导致这个选题被放弃。这时曲长缨没有放弃，他一直在四处搜寻和打听——没有轻信表面的证据，没有让那些显而易见的表面事实给轻而易举地蒙骗过去，这恰恰是一个优秀记者所应具备的素质。①

经过到现场的搜寻式的调查，曲长缨最终找到两个证据：

一个是在黑乎乎的矿工宿舍的炕角找到一个破破烂烂的小通讯录，通讯录的主人已经在矿难中死亡，但这个人却不在矿主所报的死亡名单中。

另一个是在矿山询问当地人时，一个过路人随便念叨出来的几个死亡矿工的名字，也是死亡名单上没有的。

寻着这些蛛丝马迹，记者对这些证据咬住不放，追踪调查，终于揭开了阳泉沟“12·2矿难”的真相——死亡矿工的人数是31人。

《焦点访谈》资深记者曲长缨在讲到这次艰难的调查时告诉我们：

怎么进行下去？从什么地方找到蛛丝马迹呢？我们当时就从一些群众的反映中得到启示：矿工死了以后，他们的一些遗物被矿主们都给当垃圾扔了。我当时就想看看这个垃圾扔在什么地方？能不能到现场再去一下，看一看有没有带字的纸片？

我到了出事现场，一个一个房间地看。结果走到大概是第三个还是第四个房间，我记不很清楚，那个房间的窗户上玻璃都没有了，透过窗户，看见一块破布放在床上。因为够不着，我就拿那个棍把破布扒拉开了，里面露出一个小本。我把小本弄到手随便翻了一下，有电话号码，有吕世文的名字，这个人名恰恰是在安监局给我们提供的几位遇难矿工的名单当中没有的。

在里面除了他的名字以外，我们还发现了这里头写了这样两个字：陶庙。“吕世文”?“陶庙”? 我们想，这个陶庙就是与吕世文有关的地方。我们试着拨打上面的一些电话号码，看看这些电话号码能不能给我们提供一些线索。

打到第八个还是第九个的时候，终于接通了其中的一个电话。当时我就说：“是吕世文的朋友，想了解一下他的近况。”

对方立刻说：“吕世文？他的近况？他不是被闷在井下了吗?”

对方感到很奇怪。

听了对方的话音及语态，我们当时可以断定：吕世文就是在这个矿难中遇难的矿工！

为了进一步核实准确，我们就在电话中继续问：“你说的那个吕世文我们还要认定一下，是不是我们认识的吕世文。”

---

① 参见孙玉胜：《十年——从改变电视的语态开始》，94页，北京，三联书店，2003。

对方说："你认识的那个吕世文是哪儿的？"

我说反正不是北方的。对方便问："是不是安徽界首的？"

这正是我们急于要找的信息！我们一直苦于不知道陶庙是什么地方而无从进展，这下终于得知安徽界首有个陶庙。

这个电话给我们的调查找到了通道。所以说这个电话本对后来的调查起了非常关键的作用。①

曲长缨找到的那个小通讯本，只有手心那么大，脏乎乎的，在几块破布的下面。但正是这个手心大的小本，却揭开了阳泉沟矿难瞒报的黑幕，在这里我们不能不佩服这位记者现场采访的眼光和敏锐的搜索力。资深记者曲长缨因此被称作调查性报道中的"大侠"。如果记者不到一线，绝对拿不到被蓄意掩盖的真实材料。

一线采访常常是记者采访的基本功。但有些记者来到一线，由于关注视角的不同，或由于脑子里固有的新闻价值观念的陈旧，也容易使他的观察视角狭窄，取材偏颇、片面。

比如我国的灾害报道，长期以来总是一个模式，即着眼于如何抗灾，如何救灾，以及救灾中的好人好事和英雄行为的报道。但是灾难毕竟是灾难，它损害的是大批老百姓的切身利益。比如在洪灾泛滥的时候，为了顾全大局，为了保铁路线、保城市，很多农村是常常要被作为行洪区来舍弃的，那么这些老百姓的状况也应当得到媒体的关注。但是，长期以来媒体难以报道出来这些情况，因为记者往往在采访的时候就把这部分的真相忽略掉了。

例如在2003年7月的淮河流域防汛救灾过程中，为了泄洪，防汛指挥中心决定要把安徽省颍上县唐垛湖大堤炸开。这一炸，十多万亩良田和房屋将被淹，农民辛苦劳作了大半年，不仅粮食会没了，而且也将无家可归。既然炸堤泄洪会给当地农民造成如此巨大的损失，那么对于炸堤这一决定，当地农民肯定会有想法。可是《新华每日电讯》2003年7月11日4版《一位工兵营长的两次分洪经历》一文，描写的却是老大娘拉着工兵的手让他炸堤，周大爷抹着泪心疼良田说出了"舍小家为大家"的道理。在7月16日的《家淹了，但心是暖的！》这篇报道中，每个被采访的人居然都表现出信心十足的精神状态。面对媒体的采访，被淹地区农民似乎对洪水所造成的这种巨大的灾难一点担忧都没有，这种报道很令人相信。

---

① 转引自徐惟诚编：《讲述》，174～175页，北京，中国大百科全书出版社，2004。

相反，《中国青年报》1991年的一篇报道，就真实地再现了邱家湖地区那些被迫舍弃家园的老百姓撕心裂肺的疼痛，显示出了老百姓为保全大局不得不选择牺牲和奉献的沉重。

含泪再炸邱家湖

"要炸，他们自己去，我不当这个坏蛋！"安徽省颍上县半岗区委书记两眼血红，火爆爆地冲着报话机嚷。尔后，他甩掉话筒，看也不看在场的省防汛指挥部来人一眼，转身奔邱家湖指挥护堤而去。

报话机仍开着。县防指负责人语调硬如铁："为确保下游两岸煤矿、津浦铁路和重要城市安全度汛，邱家湖炸堤必须执行。工兵即刻就到。"

"明白了，我们执行！"正在接待记者的副区长杨淑华赶紧抓起话筒替书记回答。话未落音，这位女区长已泪湿衣襟。

为了全局的利益，邱家湖人民的牺牲已经够大了。6月16日的第一次炸堤行洪，已使88个自然村、5万多亩耕地顷刻化为汪洋。近3万人栖身庄台土墩，缺柴断粮，疾病流行。再次实施扩大口爆破，便意味着要再进行数万人大迁徙，更多的村庄及土地再被吞没，将来复建大堤时，需付出千百倍的辛劳。

然而，事关全局，命令如山。干部们在感情与理智的煎熬中深明大义，担起重任。

文前那位"胆大包天"的区委书记，昨夜里就摸着黑带领干部下到湖里，逐村逐户地动员、组织群众迁移。他忙乎了通宵，也受了通宵的气，有人指着鼻子骂他："你是只会保乌纱帽的坏蛋。"

"坏蛋"们踩着齐腰深的水帮老乡们搬运行李，转移牲畜，领着乡亲们走进刚搭起的简易窝

这篇报道的主要作者是《中国青年报》记者胡野秋。在回忆起这篇目击新闻的时候，这位记者依然感到那些活生生的历史场面浮现在眼前。

1991年大水，确实是百年不遇。

靠着这形形色色的交通工具，我到了受灾最重的地区，看到浮在水面如水瓢的古城寿县，目睹20分钟被灭顶的三河镇。

目击，目击，全是目击、那些坐在家里无论如何也意想不到的场景、情节和人物，教会我什么是现场新闻。

那是在一次暴雨间隙期，我来到了邱家湖。

别的记者在邱家湖歇歇脚就走了，我和郭许两个同伴却悄悄地"潜伏"下来。

果然，我们亲眼目睹了一幕不可复制、撼人心魄的历史场面：两眼血红、火爆地冲报话机嚷着不愿再当炸堤坏蛋的区委书记；泪湿衣

棚。这就是我们的基层干部，为服从大局，他们默默咽下了几多委屈。

执行爆破任务的解放军某部工兵船向邱家湖驶来，船至堤口，被疲惫的群众包围。

“好人啊，手下留情吧！再一炸，俺那破房子就要震倒了！”一个大嫂拽住扛炸药箱的战士苦苦相求。

“不能再炸了，你们走了可知俺们修堤取土要遭多大罪？”一个汉子怒吼着抓起一束雷管扔进湖里。

面对四面人墙，执行人员和区乡干部耐心地向他们解释。省防指派来的工程技术人员，索性摊开地图，比比划划地从上游说到下游。

工兵部队的那位团长，做思想工作算到了家。他拍着汉子的肩膀，笑眯眯地告诉群众：“这湖里的雷管可是隐患，将来万一谁家的孩子不小心碰响了还了得？”说着，团长转身命令战士下水打捞，两名战士一次次潜入冰凉的河底，憋得脸色青紫，直到捞起雷管。

扔雷管的汉子后撤了。群众慢慢地、慢慢地向外退。

“是呵，下游的人家也需要保，俺们已经遭了灾，再熬一阵吧。”人们互相簇拥着站到土台上，噙泪向自己的家园投去最后一瞥。

一声惊天动地的巨响，邱家湖行洪堤中口门豁口再次贯通、拓宽，淮河水向圩区内长驱直入。

下游的人们哪，记下这些上游农民兄弟姐妹的牺牲吧！①

襟，不得不表示“明白了，我们执行”的女区长；怒吼着“不能再炸了，你们走了可知俺们修堤取土要遭多大罪”的汉子把一束雷管扔进湖里，以及最后相互簇拥着站到土台上的群众，噙泪向自己的家园投去的最后一瞥。邱家湖人民在感情与理智的煎熬中深明大义、担起重任，选择了牺牲与奉献。

还需要更多的笔墨吗？用白描的手法把这一切忠实地记录下来，这便是我的唯一初衷。

…………

什么是新闻？什么是记者？我经常自问，每隔上一段，我总习惯地搬出这个巨大的困惑，好生折磨自己一阵。

应该说，是一场大水，激发了我的新闻敏感，教会了我新闻的本质：真实，新闻的第一要义，它只能来源于真实的生活。

…………

① 载《中国青年报》，1991-07-13。

正如同记者胡野秋所看到的那样，在舍弃家园的时候，老百姓是泪眼汪汪，甚至是怒气冲冲的。在保全大局的选择面前，行洪区的农民是在感情和理智的煎熬中选择了牺牲和奉献。这就是新闻报道中真实性要求的难度。衡量真实有太多的评价角度，也有人们的立场和情感的因素。然而，记者的职业责任首先是真实地再现这个事件，特别是再现常常被忽略甚至是被掩盖的真实的生活和历史的瞬间。

（二）材料的深刻性

高质量的采访素材，不仅要满足于表现浅表性事实，更应该追踪造成这些事实的深层原因。一般来说，不仅应该了解到事件的结果，更应该了解到这些事件背后的原因。因为有些事实是浅表性的，其价值和意义容易理解，而造成这一事实的原因及其过程，则需要调查和挖掘，而且，这些背后的事实和因果关系往往比事实本身更具认识和思考价值，换句话说，报道的意义更大。

以前面的“追踪矿难瞒报真相”的记者曲长缨的采访为例，他调查出矿难的实际死亡人数与矿主和矿长所承认的死亡人数有四倍之差，那么，紧接着就要深入事实的背后，来了解为什么会出现死亡瞒报的问题。这个节目随着记者的调查走向深入：

（1）记者首先发现这种严重的死亡事故是由于责任事故造成的，而责任事故的后面是矿主对矿工生命的敷衍和轻率，悲剧是他们不负责任、不讲职业道德的“恶性牟利”的动机造成的。

（2）再深入一步，为什么这些“恶性牟利”的行为没有人监管，为什么为所欲为一路绿灯，其后面又追查到了监管部门的责任。

（3）调查监管部门的责任时，又了解到这些部门不仅仅是失职，不仅仅是查监不利，而是明查暗帮：事故发生之后，相关管理部门甚至主动“替人消灾”、参与瞒报造假，掩护矿主并伙同矿主威吓死者家属，甚至帮助矿主修改矿工花名册，销毁火葬场尸体焚烧记录。这些事实都说明，这起重大的矿难瞒报事故在根本上是由官商勾结、权钱交易而导致的。

显然，与单纯的死亡数字相比，这一连串的利益链条，对于人们认识此次矿难、杜绝此类事故的再次发生，更具有深刻的、普遍的意义。

（三）材料的生动性和可信度

采访材料的第三条标准是它的生动性，具体生动的材料，是增强报道可信度的必要因素。因为记者采访的目的是向大众传播，而人们最容易接受的是那些具象的、感性的材料，而不是那些说教的、理性的材料。因此，追求生动的素材成了记者采访最有别于其他调查研究工作的一个目标。而在采访中获取生动的材料难度相当大，因为人们在事后可以很理性地来总结事实发生的经过，却很难主动地向记者展示事实发生时的图像资料和具体的过程，因此记者在获取材料的时候要有准确的判断力和足够的耐心，要有善于与人打交道的能力，才能够使那些当事人靠回忆来描述他们当时的“其情其景”。另外，记者要学会到现场去采访，用眼睛去捕捉那些生动的画面。

下面是新华社记者采写的一篇目击式报道：

巴勒斯坦人民喜迎自己的警察

［新华社加沙（巴勒斯坦自治地区）2004 年 5 月 11 日电］一名年轻的巴勒斯坦警察今天在加沙地区与阔别多年的母亲相逢时，由于兴奋和激动，开始几秒钟竟连话都说不出来。

这名警察叫阿卜杜拉·穆罕默德，今年 21 岁。他在童年时代被迫离开家乡，今天作为第一批进入加沙地区的巴勒斯坦警察的一员，返回故里，从以色列方面接管治安工作。

他的母亲今天穿着黑袍，专程从附近农村赶到加沙市以南 20 公里处的德尔市，迎接自己的孩子和其他警察。当这位母亲见到当警察的儿子时，母子俩一时都说不出话来，只是眼眶中泪水直流，接着是大笑，然后是互相拥抱。

这是记者今天在德尔市的巴勒斯坦警察司令部见到的许多动人场面中的一个小镜头。

司令部设在市中心的一幢三层小楼内。今天一大早，小楼围墙上、院子里、院子外的街道上，人山人海。有的举着巴勒斯坦解放组织的黑、白、绿、红四色旗，有的举着阿拉法特的画像，有的在唱歌，有的在跳舞，有的在高呼口号，有的在敲击乐器，有的在同警察亲切交谈……许多充满笑容的脸上都留着泪痕。大家在欢迎自己的亲人——今天凌晨 3 时许从埃及进入加沙的首批 150

关于离开家乡的细节：“童年时代”被迫，让读者感觉母子相逢时的激动与兴奋合情合理。

此处没有“激动”、“兴奋”字样，但“说不出话来”、“泪水直流”、“大笑”、“拥抱”等细节说明了一切。

记者从“人山人海”中拎出了几个特写的镜头加以突出：

多名巴勒斯坦警察部队。

一名叫哈桑的警官，今年50出头，来自驻苏丹的巴武装部队，他今天见到了从几十公里外赶来的两位女儿和她们的孩子。他对记者说："我们非常高兴回到故乡，我们今后的任务是维护巴以和平，保护巴勒斯坦人民。"

他的一位女儿说："我喜悦的心情无法用语言来表达。27年的等待终于有了结果。以前的梦想变成了现实。"

巴勒斯坦人民从1948年以来一直为谋求自己在地球上的一席之地而奋斗。在1967年的第三次中东战争中，以色列占领了加沙、杰里科和其他巴勒斯坦土地。

巴勒斯坦解放组织同以色列去年9月13日在华盛顿签署了历史性的和平协议，该协议规定巴勒斯坦人先在加沙和杰里科实行自治。今年5月4日，巴以双方又在开罗签署了实施自治的具体协议。

今天抵达加沙的首批警察中，有的来自巴驻埃及的武装部队，有的来自苏丹。巴在加沙和杰里科的警察总人数将达9 000名，其中2 000名从当地居民中选拔，7 000名来自外部。加沙人民把自己警察部队的到达视为实行自治的具体开端。巴警察原定于5月8日进入加沙，但由于一些技术问题以及巴以双方协调未妥而推迟至今。

为了迎接自己的警察，近三天来每天都有成千上万的巴勒斯坦人涌向同埃及交界的拉法边关，希望早一分钟见到亲人。

记者目睹了这几天激动人心的场面。在欢迎人群中，一位叫札克雅的中年妇女说，她的家庭中一人在起义中牺牲，两人被驱逐至今未归，一人被关押，据说将获释。她说："和平终于开始了，能不高兴吗？"一位叫沙阿斯的年轻小伙子

一名叫哈桑的警官见到了自己的孩子。

警官女儿所讲的她的梦想变成现实的心情等，效果就像电视画面中的特写，强化了报道的主题。

在成千上万希望早一分钟见到亲人的巴勒斯坦人中，展现了一个中年妇女和一个小伙子的兴奋之情，突出了长期的对抗和战争之后巴勒

说，三天来他每天都到靠近边关的路旁等候警察。他还说他一定支持巴警察，相信警民会团结一致，把加沙建设好。[1]

斯坦人渴望和平的极度欣喜的心情。

材料的生动不仅仅是为了在传播中吸引人的眼球，它还可把读者带入他不可能到达的新闻现场。这些现场的材料，给人以"如临其境，如见其人，如闻其声"的心理体验，具有很大的可信度。而可信度则是媒体的立身之本。

① 转引自马胜荣、薛群：《描述世界——国际新闻采访与写作》，500～502页，北京，新华出版社，2004。

第三章 采访的基本特征

CHAPTER 3

在我们新闻界，我只相信那些穿着磨损的鞋的人。鞋面上的划痕和尘土、磨平的鞋跟，所有的这些都是进行调查的证明。磨损的鞋显示了一个记者的事业心。

——［美］塞缪尔·G·弗里德曼

采访活动是记者的职业活动，是新闻报道的基础。

记者的采访活动有以下四个基本特征：

（1）采访活动追踪新近发生的事实。

（2）采访活动时刻处于时效的压力下。

（3）采访活动要贴近事实，贴近现场。

（4）采访活动使用的是社会交往的方式。

第一节　采访活动追踪新近发生的事实

新闻是对新近发生的事实的报道，因此，采访活动就要始终瞄准新近发生的事实和当前存在的现象。这也就是说，采访有很强的时效性，它要求记者要时刻注视着社会上的新变化、新动向、新事件、新事物、新问题。特别是采访动态新闻的记者，要有非常灵敏的新闻“触角”，特别广阔的信息网络，以便随时去追踪报道新发生的重大事件。

人们常说新闻是历史的秒针，好的媒体就是负责任的史官，一个合格的记者要守住“今天”这扇历史的大门，不能放过任何重要的事实，即不能漏报新闻。然而，今天的世界将会发生怎样的变化，明天又将如何发展，没有人能预测。正所谓“历史常常比故事更富于戏剧性”，所以，记者的采访活动注定具有突发性和不可预测的特点，有人因此说：记者是随时待命的职业，记者是闻风而动的职业。

2008年1月中下旬，大多数人已经在准备迎接春节的到来，各媒体开始着手制作春节期间的特别报道，记者们也盼着过年能歇上几天。但是，天有不测风云，中国南方几省突降50年不遇的大雪，一向是四季常青的江南，突然变成了冰雪世界，白天的气温也降到零度以下。罕见的冰雪给人们的日常生活造成了巨大的困难，特别是给交通运输造成了巨大的灾难，几个省的春运陷入瘫痪：火车停运、飞机停飞、高速公路封闭。紧接着是大面积停电，成千上万条输电线路遭到毁坏，不少地方人们的生活陷入冰冷和黑暗之中。

突如其来的雪灾打乱了不少媒体的报道计划，一些时效不强的选题被延后甚至取消，让位于雪灾报道。许多准备回家过年的记者也改变行程，奔赴雪灾报道的一线，走向了冰天雪地的车站、机场、公路、村庄……

这就是采访活动的特点，在突发的事实面前，它是缺乏计划性的，类似的事实还有矿难、车祸、冲突、战争，等等。事实的发生就是记者的出发令，不论何时何地有何困难，记者都要力争在第一时间赶到现场。

除了由于事实发生、发展的不可知所带来的突发性，采访过程本身也具有相当的不可预测性。突发性的事件自不必说，许多时候，记者出发前甚至都不知道具体发生了什么事，采访的过程就是弄清事实真相的过程；即便是一些有策划、有准备的选题，不管之前你有多少种预测，都不可能与事件的真实情况完全吻合。所以，记者们常常说：现场总会有你意想不到的新闻。

第二节　采访活动时刻处于时效的压力下

记者要追踪和报道最新发生的事实，在采访过程中就要做到“快速”，即：

快速地奔向车站或机场；

快速地找到下一步的交通工具；

快速地进行采访的准备；

快速地熟悉被采访事实的背景；

快速地运用你的情报资源——朋友网；

快速地寻找知情人；

快速地打破和被采访人的隔阂；

快速地设计提问提纲；

快速地变换采访方案；

快速地寻找最佳观察点；

快速地用笔记录、用设备拍照和拍摄；

快速地分析你所得到的材料；

快速地提炼报道的主题；

快速地设计报道的结构；

快速地寻找你所需要的素材；

快速地与编辑部联系，协商报道方案；

…………

总之，“快速”就是采访的特点。尤其在抢发动态新闻的过程中，记者始终在时效的压力下采访。

在各类新闻采访中，对速度要求最高的是事件性新闻，特别是突发性事件，包括各类突发的自然灾害、战争和冲突等；另外要求速度的就是体育新闻。因为这几类事实本身就具备很大的新闻价值——灾害的程度及生命财产的损失、战争或冲突的场面、体育赛事的结果等，受众需要的是在第一时间得到事件的真实结果，这就使记者的采访具有快速、紧急的性质。为此，各媒体往往利用各种办法抢时效、抢第一落点，因为时间差就意味着报道的“独家”性，而“独家报道”已经成为媒体实力的重要体现。

1991年的海湾战争期间，美国有线电视网CNN独领风骚，在各国媒体都迫不得已撤离伊拉克首都巴格达的时候，CNN的老记者阿纳特坚守在那里，成了全世界公众关注的焦点和唯一的消息来源。几十亿人通过电视看到了巴格达夜空中被弹道导弹划出的光影，目睹多国部队对伊拉克发起的“四周内出动飞机7.6万架次”的空前规模的空中打击。正是由于对这个重大国际新闻的即时报道，使CNN奠定了在电视界国际新闻的王牌地位。

2001年纽约世贸大厦遭受恐怖袭击时，凤凰卫视的记者恰巧在现场拍摄外景，那些震撼世人的袭击的镜头被记者瞬时捕捉下来，凤凰台快速调整了当天节目的内容，全盘转入对“9·11”事件的现场实况报道，这使凤凰台在传播界中的地位大大提升。

拼抢是新闻采访的重要特征和要求，但是，新闻的要求不仅仅是“快”，还要“真实”，要有深度，而这“快”和“深”、“快”和“真”之间常常产生矛盾：速度太快，常常影响记者对事实深度的挖掘；速度太快也常常影响到对事实真实性的审核。解决这些矛盾的办法，只能靠记者提高自己的采集本领和认识能力，以及在采访前的充分准备，尽可能地兼顾速度与真实、速度与深度。

第三节　采访活动要贴近事实、贴近现场

既然新闻报道是对事实的报道，那么记者的采访活动就要尽可能地接近事实、接近现场，这是采访活动的第三个特点。

一、跑现场

人们常说记者是“坐在第一排的观众”，要尽量离得近，才能看得清楚。发生了爆炸事件，别人都往外跑，记者却要往里跑，尽可能地到现场目击事实。发生了凶杀事件，女孩子们都避之唯恐不及，而年轻的女记者们却要硬着头皮，壮着胆子深入凶杀现场，因为只有到现场才可能了解到事实的真相，才可能拿到生动的素材。为此，记者们常常以“我们在现场”而自豪。

无论是车船不通的边远山区，还是战火纷飞的国度，哪里有新闻，哪里就有记者的身影，这就使得遥远、艰苦和危险成为现场采访最鲜明的坐标。

2008年2月14日，中央电视台《新闻联播》对南方地区雪灾现场采访的一线记者进行了报道：

【正文】

这些生动感人的图片，是《人民日报》记者李舸、张悦在冰雪封冻的公路上跟随大货车走了4天3夜拍下的，2 200多公里的路程，曾经连续20多个小时没有食物和热水。

【同期】《人民日报》记者　李舸

只要有些热源或者热水，我们首先是给电脑保温，让它保持正常的工作。

…………

【正文】

在罕见的灾害中，新闻采访困难重重，各路记者想尽办法发回最新报道。

【同期】湖南电台记者　冉照福

有时候为了发一个报道，在冰天雪地里要步行几公里甚至十几公里，找到有（手机）信号的地方。

【正文】

这是中央电视台记者王涵在京珠高速郴州段的一次直播报道，连续5天，她发着高烧完成了30多次报道。

【同期】中央电视台记者　王涵

当时我记得我说到最后一句结束语的时候，眼前已经发黑了，然后我就听到导播在耳机里的声音，是告诉我这边郴州的现场信号已经切走了，就在那一瞬间，我才突然觉得整个人撑不住了。

现场报道的艰苦常常能够换来报道的可信性、生动性和现场感，这是那些坐在办公室里，靠打打电话、靠改写主管部门提供的材料的记者们绝对做不到的。所以，贴近一线的现场采访，不仅能保证报道的真实性，还能大大提高报道的可读性。只是在现场采访中，记者们要多付出几倍的艰辛。

《湖北日报》资深记者江作苏在谈到采访的时候，特别强调了现场采访中运用"四化"的方法，即：

化远为近；

化静为动；

化虚为实；

化硬为软。

他认为，在采访中使用"四化"的原则，就能够使读者对新闻报道具有亲近感和接近感。

带着责任融入传媒改革

1995年初，我接触了一个反映工作成就的题材，即湖北省向香港输出生猪30年，取得了经济效益和政治影响的双丰收。这个题材如果按常规办法处理很容易，只要到外贸主管部门了解一些数字，再向有关的官员采访一下，写一篇居高临下的

记者决心采用"化远为近"的原则，到现场去采访，

宏观报道是很容易的，弄得好，还可以上一版头条。但是我想，这样报道普通读者不一定会关心，事情虽然是群众做的，但这种俯视的报道会让他们产生一种距离感，觉得无关自己的甘苦和痛痒。

于是，我就想到了运用“四化”。运了多少头猪的数字是静态的和让人感到遥远的，那么记者到现场去看一看，不就可以写出活场面的动态感吗？

…………

按照这个方针，我们制订了化静为动的现场报道计划。

我们在有关部门了解到，湖北生猪输往香港主要通过两条渠道，一是由武汉铁路口岸启运，行程 1 300 公里，50 余小时；二是由江西九江铁路口岸启运，行程 1 700 公里，80 小时。为了反映最艰苦和运距最长的活猪运输路线，我们决定从九江登上运猪货车，直到深圳交货点。

为了让读者看到他们喜爱的鲜活的新闻，我们决定沿线随时发稿，形成一个现场短新闻系列，系列的题目就叫《鄂猪南运记》。

我们两个采访的记者当了临时猪倌，这在当地也成了一个不大不小的新闻。当地干部劝告我们说，运猪非常辛苦，又脏又臭，何必吃这个苦头，要是想看深圳口岸交货现场，买飞机票送你们去就是了，费用全包！我们谢绝了好意，因为我们想，稿件要想写得贴近群众，行动先要贴近群众，这个采访的切入面如果丢了，稿件就成了干巴巴的几条筋。

登车采访之后，按照我们原定的设想，是“要在矛盾中反映事物艰难曲折”，做好了遇到乱设卡、乱收费及铁路沿线车匪路霸等思想准备。但在几天几夜的漫漫旅途中，一路上平安无事。于是，我们从实际出发，调整了报道思路，把采访方针改为“再现环境，写人状物”。《猪车纪事》、

使让离读者很遥远的“输出生猪”的这个概念变成了很贴近读者的运输活猪的过程。但是，这种“化远为近”的报道方式需要记者付出很多的体力和很多的时间。

记者当了猪倌，坐在又脏又臭的运猪车上，吃尽了苦头。但是，记者的现场目击报道却“化虚为实”，把整个生猪的输出过程，押运工人的辛苦实实在在地展现在读者面前。

《子夜，我们向南驶去》和《车到广州》就是向读者再现了我们在押运途中的情景。

在艰苦的押运途中，押运员们从不为困难艰辛而流泪，可是当记者和他们在荒郊野外利用停车间隙围坐时，他们的眼睛湿润了。在江西向塘车站，列车重新编组，我们的猪车从驼峰滑向另一轨道，在这里，与赣北地区的几个押运员聚在一起，他们一听说我们是随车采访的新闻记者，便滔滔不绝地讲述押运员的酸甜苦辣。

车到湖南株洲，列车再次重新编组。我们步行数公里将稿件发回编辑部后，拖着疲惫的身体回到猪车旁。这时我们发现，列车实际上已成为牲畜专列，来自鄂、沪、浙、赣四个省市的输港活猪、活牛都在此汇合。押运员们用不同的语音，诉说各自的衷肠，使我们心里更加踏实。三百六十行，押运恐怕算是最苦的行当，我们随车采访，不写他们又写谁呢？于是，《押运心曲》酝酿成熟。每写成一篇，我们都利用编组、停车待命的时间，跑步或雇三轮车到附近邮局打电报或电话发稿。

我们此行的目的地是深圳，猪车经过 80 小时的漫长旅行，于 1 月 23 日下午到达深圳站，因当日猪交不出去，我们只得在猪车里再待上一夜。这一夜，我们虽不受寒风侵袭，却饱受了臭气的熏扰。到过深圳的人也许很少知道北站这个地方。这是一个有着 20 多条轨道的货车站，专门停靠大陆输港各类鲜活品的列车。车到站后，押运员们第一件事就是对牲畜进行最后的清扫，因此，粪便污水淌得满地都是。夜风一吹，难闻的气味直往鼻孔里灌，熏得我们久久不能入睡，但我们毕竟只是一次，与长年累月忙碌的押运员相比，又算得了什么呢？远处，摩天大楼的霓虹灯在夜

这是一次艰苦的体验式采访，和押运员同吃同住同劳动，自然拉近了记者和采访对象之间的距离，使这些基层的甚至是被人看不起的押运员因为感动而流泪，因为感动而掏心窝子。记者收集到了这些宝贵的故事，使原来硬邦邦的工作性报道——“向香港输出生猪”，变成了一篇篇老百姓喜闻乐见的生动新闻。

空中闪烁，身旁，响起的是生猪互相撕咬的嗥叫声，这一夜，给我们留下的印象最深。

次日一大早，我们便守候在猪车旁，采访动物检疫员和边检人员，待一切检疫手续完毕后，9时许，我们目送猪车向罗湖桥香港方向开去。接着马上在铁路边的小杂货店抓起直拨电话，在隆隆的车轮声中向编辑部口传稿件。

时令已值腊月二十四，深圳有些单位已经放假过春节，为了抢时间，我们未及洗去旅途中的尘垢，径直奔向湖北省粮油进出口公司深圳公司采访。在与副总经理的座谈中，获得了大量的生猪出口市场信息。有了沿途的感性认识，又有了面上的情况，我们对湖北生猪出口香港的事业有了更深的认识，提炼出了“漫漫生猪出口路，多少心血浇筑成”的主题，写成了《接力向香港辐射》，作为这组系列报道的结束篇。[①]

有了跟车押运猪的体验，能够激发记者的灵感，有利于主题的提炼。

这组《鄂猪南运记》系列报道共发稿七篇，特色是现场感强，时效性快。武汉读者微风来信写道：“这组报道，不仅在形式上是一种尝试，而且，记者深入采访的作风，也让读者感动。读着这样的报道，仿佛能闻到押猪车上的独特气味，看见记者坐在窄小的工作间里，伏在填满稻草的饲料袋上写稿的情景。”[②]

二、访问知情人

新闻采访贴近事实、贴近现场的特点，还体现为记者对知情人的访问。

在采访实践中，很多新闻事实，尤其是突发性的事件，记者很难亲眼目睹，亲身经历，经常是事后才得知线索。要获知事发当时的情况以及事发原因等背景材料，除了亲自到现场进行观察之外，一个很重要的途径便是采访新闻事件的当事人，通过他们的讲述和介绍弄清事情的来龙去脉。很多时候，能否找到当事人

---

① http://www.chinaxwcb.com，2008-05-19。

② 转引自孙富忱、黄振声、雷明德主编：《知名记者谈新闻采写》，531～534页，北京，中国社会科学院，1997。

和知情人，是采访成功与否的关键；反过来说，看一次采访是否深入、是否到位，往往要看记者是否采访到了权威的知情人。

有时候，你不知道谁是见证者，特别是，谁是权威的当事人？只能在采访中悉心寻找，从一个知情人那里打听到下一个知情人，一步一步追下去，直到找到权威的知情人。这时候，记者的韧性和新闻敏感是最重要的。

1982年11月下旬，新华社记者邹爱国接到采访第五届全国人民代表大会第五次会议的任务。这次会议一项重要议程是通过恢复《义勇军进行曲》为中华人民共和国国歌的决议。

记者的责任，驱使我一定要写一篇配合这项决议的文章。文章怎么写？我面前有两条路：一、根据资料编一个情况介绍，这不太费劲，因为有关同志已经写了一个初稿；二、访问人大代表、政协委员，抓活材料，这种采访可能会费力不讨好。

走捷径，是懒人的作风，我不甘心。我决心沉到会议里去，访问一些"知情者"。访问谁呢？一时我又没有找到合适的对象。眼看人大通过这项决议的日子临近，我心中颇为着急。一天深夜，我采访归来，躺在床上睡不着，便拿出几份介绍《义勇军进行曲》的创作过程的剪报看起来。突然，一段文字跃到我的眼前：

"田汉在写出《风云儿女》影片的故事和主题歌之后，就被捕了，后来由夏衍替他改写而成……作曲的任务交给了聂耳。"

我的目光停在这段文字上，脑中在翻滚：《义勇军进行曲》就是《风云儿女》影片的主题歌。词作者田汉、曲作者聂耳都已作古，现在最了解情况的无疑是这位改写电影剧本的夏衍了。让历史的见证人谈这首名曲的产生经过，比死板的资料介绍不知强多少倍。我主意拿定：去访问夏衍。

想到这里，我连忙拿起电话，寻找夏衍的踪迹……

在人大和政协会议召开之际，正是夏衍最忙之时。作为全国政协常委，他每天客人不断，要想和他详谈是不可能的。当我打电话找到夏老时，他说很忙，只能抽空安排。最后我们商定11月28日上午10点访问。为了使访问直截了当，我拟定了三条提纲：

一、当年《义勇军进行曲》词曲的创作情景；

二、《义勇军进行曲》的巨大影响；

三、现在恢复《义勇军进行曲》为国歌的深远意义。

11月28日，我准时来到夏老的住处，果然夏老的客人还没走，只得又改在11点半。到了11点半，正巧在门口又遇到了出席人代会的广东省委负责人，一交谈才知道他们也是来拜望夏老的。我只好和客人一起进入客厅。我一边听夏老和客人交谈，一边在稿纸上工工整整地抄下了我的三条采访提纲。客人和夏老寒暄过后，谦虚地让我先谈，并说，现在会议正在讨论这项决议，他们也想听听这首名曲产生的经过。这样，我便将提纲递给夏老。

夏老看了提纲，沉思片刻便讲开了："《义勇军进行曲》高昂激奋，鼓舞人心，催人前进，重新把这首亿万人民喜爱的歌定为国歌，深得人心。"

回顾往事和已故的战友，夏老兴致很高。他从《义勇军进行曲》的创作情景，谈到这首歌在抗日战争、解放战争中产生巨大的影响，谈到现在恢复它为国歌的意义，时而激奋，时而高昂，时而挥动着手臂。他还特别提起1978年修改的国歌歌词，实在不成样子。说到这里他又十分痛心。

谈话快结束时，夏老深情地说："无论你走到哪里，在全世界，只要你听到《义勇军进行曲》那振奋人心的旋律，你就会感到这是中华民族的歌，是伟大新中国的象征，一种民族自豪感就会油然而生。"①

访问结束后，只用了两小时，邹爱国就写出了一篇2 000字的通讯——《我们万众一心，前进！——夏衍谈〈义勇军进行曲〉》。由于报道采访的是田汉、聂耳的战友——夏衍，人物很具权威性；又是在第五届全国人民代表大会第五次会议通过恢复国歌原歌词决定的当天——12月4日发出的，故而此报道收到了很好的社会反响。通讯很快被《人民日报》、《解放军报》等30多家省以上报纸刊用。

记者在谈到采访体会时说：

记者应该有高度的新闻敏感，要善于思考，善于捕捉采访线索。抓住线索后，要穷追不舍，不要怕"夭折"而退缩。如果因害怕失败而畏缩不前，就没有尽到记者的职责。②

这就是权威知情人的力量。

---

① 转引自孙富忱、黄振声、雷明德主编：《知名记者谈新闻采写》，339～341页。

② 转引自上书，343页。

在新闻报道中，记者不能只把自己调查得出的结果“概括性”地告诉受众，而是要通过一个个新闻知情人的叙述来向受众展现事实的真相，因为只有他们的叙述才是权威的、最有含金量的材料。

也许是由于访问当事人存在一定的难度——他们或许很难找到，或许非常繁忙，或许很不善言辞，不愿意接受采访，于是，有些记者在采访时便偷工减料图省事，希望靠摘摘编编别人的材料写报道。尤其在网络兴盛的今天，一些记者“采访”，竟然能不去现场、不去见当事人，仅靠网络上的二手、三手、四手材料，仅靠粘粘贴贴来写报道。

一些记者职业意识薄弱，他们惧怕艰苦，贪图享受，常常逃避去一线采访。《海口晚报》总编辑张仲彩就总结了这类记者的“通病”：

> 我们不少记者太偏爱“现成”，若干记者太受宠，有的记者太被动。
>
> 太偏爱“现成”，就是到了一个地方、一个单位，伸手索要“资料”，自困于会议室、接待室、写作室之中，自囿于文件、批件和过去的报道、总结之中，所见皆是采访对象精心安排的地方，所闻皆是对方头儿或者头儿指定的角儿的描述，舒舒服服地“看戏”而后又轻轻松松地搬出“戏文”充“新闻”，眼睛“退休”了，耳朵也“半退”了，犹如在鸡笼鸭棚羊圈里“打猎”，轻松则轻松矣，“猎获物”也就称不出斤两了，写出来的东西保险则保险矣，却实在无颜也无资格称作“新闻”。因为新闻的固有品格是新鲜而有闻，光写“现成”的东西，要我们记者干什么！记者本身又能长什么见识，显什么本事，建什么劳绩！
>
> 太受宠，官儿们赏识我，“款儿”们、“腕儿”们倚重我，美食安居，前呼后拥，到头来弄得只能“喂什么吃什么”，自己不会“找食吃”，十足成了供人赏玩的“宠物”。何以运用党和人民赋予的权利！何以履行“耳目喉舌”的职责！
>
> 太被动，哪儿“请”上哪儿去，人家叫说啥就说啥，怕碰钉子，怕吃“闭门羹”，怕受冷遇坐冷板凳，更怕挨骂挨棍子挨鞭子吃官司，那还会有什么出息！须知，影影绰绰中往往藏“猎物”，“大红请帖”里难得有“新闻”，守株待兔者绝难成为“名记者”。
>
> 我不是崇洋媚外者，我也不相信“外国月亮比中国圆”的奇谈怪论，我到过的一些国家，包括美国、日本这样的发达国家，那里的月亮同我们平常看到的并无二致。但是，我佩服许多外国记者“钻天打洞”的劲头和本事，

就如同佩服我国老一辈新闻工作者不畏艰险、不怕牺牲采写真正的新闻的劲头和本事一样。现在还活跃在新闻战线的许多国内国外同行，冒着炮火、冒着艰险去攫取新闻的劲头和本事，也令我深深折服。

…………

相比之下，我们一些同志太热心当花瓶，太得意耍笔头工夫，太陶醉送往迎来觥筹交错，太满足天天见报偶尔发出几声空洞的呐喊，太迷恋“别人吃过的馍”，太习惯“坐在屋里想点子，关起门来写稿子”，太孤芳自赏，实在令人扼腕叹息，更不用说为正直的人们所不齿了的醉心于吃请，醉心于拿红包吃回扣的少数“走穴记者”。许多把新闻视为神圣事业的记者，时刻也没有忘记传达党的声音、为人民群众奔走呐喊的天职，他们是会以跋涉天涯、索求真理、追寻真知为乐趣的。至于我自己，所思所佩者多，所行所得者少，不免成为人生遗憾，但这遗憾，却也正是对自己奋斗和弥补不足的鞭策。①

这里还有一个例子，也说明了这个问题。

在节目中劝说数位在逃人员归案自首而成为新闻人物的中央人民广播电台主持人向菲，就曾讲到过这样一次经历：

2005年末，在办公室接到了某杂志一名记者的电话，他说，想对我进行人物专访，当时因为年底工作太忙，我婉转拒绝了他。几天后，我又接到了这位记者的电话，至今，对那段对话仍然记忆犹新。

“我是某杂志的记者，专访我已经写好了，现在需要你的照片，请发一张给我，或者我到你们电台给你拍摄。”

“我并没有接受你的采访，你的专访从何而来?”

“不用采访，从网上查的资料足够了，我写了4 000字左右。”

“对不起，在这种情况下，我无法提供照片，同时请您不要刊发未经采访的报道。”

“你为什么有时间与逃犯谈心，就没有时间让我给你拍张照片呢?!”②

对此，向菲说：

---

① 转引自孙富忱、黄振声、雷明德主编：《知名记者谈新闻采写》，336～338页。

② 向菲：《我是谁，我在哪儿，我该做什么》，载《新闻与写作》，2007（5）。

> 对于这位记者的“指责”，我无言以对……最终，我没有给他照片，也不知道他是否刊发了那篇所谓的“专访”。我想，这位同行或许忘记了他是谁，他在哪儿，他在做什么；他也忘记了作为一名新闻记者应该遵守的最基本的从业原则——尊重事实。不采访当事人也能写出一篇专访；对事件经过，不进行核实、咨询，单凭自己的主观臆断去写；为了满足猎奇需求，用一些刺激、低俗的题目吸引受众的眼球……缺失了社会良知，缺失了社会责任，忘记了自己的角色和位置的人不可能成为一名好记者。①

的确，访问当事人，了解事实真相，对事件的经过进行核实、咨询，是记者接近事实的必经之路，是新闻采访的本质和必须遵守的原则。违背这一原则，于记者，是失职；于新闻报道，可能是失实；而对于我们整个新闻事业来说，失去的将是媒体的公信力。

三、及时完整的记录

新闻采访贴近事实还有一个表现，便是记者及时完整地记录事实材料。

记者在采访中，除了询问、倾听和观察以外，还有一个很重要的任务，就是要把看到的和听到的完完整整地记录下来，而且要反复进行核实，确保所记录内容的准确性与真实性。

新闻写作的基础是采访到的事实材料，是记者用笔或用摄影、摄像设备记录下来的材料。采访的深入细致固然关键，但记录的准确无误也是采访活动的一个重要环节。

比如新闻报道中人物的引语，如果是间接引语，原话有出入是允许的，但意思不能出错；如果是直接引语，也就是使用引号的人物语言，不仅意思不能错，被采访者的原话，也必须一字不差。如果记录不完整、不准确，反映在报道中，就是新闻的不准确，甚至不真实。

当事人的原话通常是最难记录的。不少记者有这个毛病，访问的时候不用心记录原话，或者认为只记个大概就行，到写作的时候，记不清的地方只好自己生

---

① 向菲：《我是谁，我在哪儿，我该做什么》，载《新闻与写作》，2007（5）。

编硬造，望文生义，往往与被采访人的原话有很大差距，成了失实报道。

第四节　使用社会交往的方式

采访活动的第四个特征，就是记者以使用社会交往的方式向采访对象索取材料。

美国著名教育家卡耐基先生曾指出：一个人事业的成功，只有15%是由他的专业技术决定，另外的85%，则要靠人际关系。特别是对新闻工作者来讲，缺乏社交素养，是很难当好一名记者的。

记者的采访对象，上至高官，下至街头乞儿，可以说遍布三教九流，什么人都有。著名记者艾丰曾经用"繁杂"两字来形容其数量和异质性。任何人，只要是作为采访对象，他们就是平等的；所有采访对象，与记者也是平等的。记者应该"出得庙堂，入得草房"，上不畏达官，下不嫌布衣，等而视之。这是社会交往活动的特点决定的。

与此同时，记者虽然有采访任何人的权力，但采访对象接不接受采访，却没有任何行政和法律上的约束。这个时候，采访考验的首先就是记者的社会交往能力。

《中国青年报》资深编辑李大同在谈到记者的交往能力时说：

> 记者这个行当不是知识构成的，是能力构成的，其中最重要的能力就是与人交往沟通的能力。一个陌生人，要在非常短的时间内完成采访。有些人非常容易做到；有些人去了10次也不行，就是不能让人信任，缺乏这种与人交往沟通的能力。记者要有上天入地的能力，今天你在采访国家领导人，明天你就在采访农民，你要跟两个阶层的人都能对话，这才是真正的记者。因此，交往沟通能力非常重要。比如，问一个问题，被采访的回答不上来，有的记者就会说："你怎么连这么简单的问题都听不懂？"你想这样交往能好吗？有的记者就会说："对不起，我换种说法，你看这样行不行？"这就显示出了差距。①

---

① 转引自方芳、乔申颖主编：《名记者清华演讲录》，120页，北京，人民日报出版社，2003。

刚学习采访的人，遇到的一个最大难题，常常不是新闻理论，也不是新闻写作，而是采访中所必需的交往能力。学会和采访对象平等交往，学会和任何采访对象平易近人地谈话，学会很快地和采访对象搞好关系，这是采访工作所要求的必要条件，也是成为一名新闻记者必须具备的素质。

记者和采访对象交往的困难，主要源于三点：繁杂性、双向性和对等性。[①]

一、繁杂性

一般人的社会交往都倾向于与自己社会阶层相近的人交往，比如年轻人的朋友大多都是年轻人，小孩子的朋友都是小孩子，知识分子的朋友都是读书多的人。但记者的交往就不一样了，他没有选择交往对象的余地。采访对象可能来自各个阶层，他们的年龄、信仰、民族各不相同，与记者交往的目的也各不相同。不同的采访对象，性格和谈话兴趣可能会有很大的差异，记者必须要学会应变。而且采访活动时效性强，不允许记者对采访对象“日久见人心”，而是要在短时间内去适应可能与自己相差很大的人群，把握采访对象的心理，这些使得记者与采访对象的交往难度大大增加。

所以，人们常说，好的记者应是一个优秀的社会活动家，要能调动不同类型的采访对象与你交往的欲望，而且要能在交往过程中，主动引导，达到自己的目的。

在这一点上，著名记者范长江给我们树立了一个典范。

1936年，他只身前往西北五省进行采访。那时的西北，政治黑暗，民生凋敝，疾病流行，是一个连蒋介石的中央政府都难以管辖的地方。范长江没有任何介绍信，他仅仅凭着几个朋友的关系，和作为一个社会活动家的个人素质，周旋于西北的国民党高官、藏族土司、军阀马步芳、国民党败兵、人口贩子、流落街头的饥民等各色人物之间，了解到大量的有关西北的政治、经济、历史、文化、山川地理等方面的情况，写成了《中国的西北角》一书。此书第一次揭开了中国西北深重的黑暗和危机，使许多有识之士了解了祖国这块灾难深重的土地，也预测了在日本侵略者占领东部中国之后，中国向何处去的大问题。

---

① 参见艾丰：《新闻采访方法论》，2版，163页，北京，人民日报出版社，2007。

二、双向性

平等交往的特点是谈话双方相互影响。在这种交往中，双方不仅要交流信息，而且要交流情感。记者必须懂得“投桃报李”的社会交往原则。

你对采访对象是热情或是冷淡、尊重或是轻视、欣赏或是厌烦，都将对采访活动产生明显的影响。

你热情就可能带动对方的兴致；

你的亲切可能使对方放松；

你尊重对方，对方也回报你的尊重，容易配合你的采访。

但在采访过程中，记者无权要求采访对象尊重记者，也不可能让采访对象表现出记者期望的素质，也就是说，不管采访对象是不是记者所喜欢的类型，记者都要做到尊重采访对象，而且态度要诚恳。

正是因为采访具有社会交往的性质，所以记者如果掌握了社会交往的本领，就如同给自己打开了采访各种事件、各种人物的一个通道。当然，我们需要逐渐锻炼和培养掌握这种本领的能力。俗话说“物以类聚，人以群分”。正如前所述，记者要做到与任何自己喜欢或不喜欢的人都平等相待，诚恳交谈，谈何容易？这就需要我们有意识地克服交往时的心理障碍，同时学习一些必要的交往技能。所有新闻系的学生以及任何有志于成为一名优秀记者的人，都应该努力加强自己的交往训练，利用一切社会交往的机会，迅速丰富自己的社会生活经验，了解各种人群的生活和心理状态，为日后更好地开展采访活动做准备。

三、对等性

酒逢知己千杯少。

资深记者艾丰认为，对等性的含义是——合格的对话者。

人们和有共同语言的人才容易交谈，才容易谈得多，谈得深。在采访的时候，我们只要求采访对象是了解情况的人，是知情人，而不能要求采访对象和自己有共同的兴趣和爱好。相反，记者却要努力寻找和采访对象的“共同语言”，寻找共同的兴趣点，做对方的“合格的对话者”。

在这方面，记者的努力是很“功利”的：记者和采访对象搞好关系，是为了获取真实的材料。这一点也不必讳言。但是，记者的工作是为全社会的公共利益服务的，这就使记者的采访具有了合理性的前提。

记者采访的对象具有“繁杂性”的特点。那么，记者在不同的采访中，要做这些繁杂的对象的“合格的对话者”，是一个非常艰巨的任务。“见了秀才说书，见了屠夫说猪”这句话对于记者来说并非贬义。见什么人说什么话，和不同的人谈不同的话题，这应当是记者采访中的常态。

第四章 采访的基本任务和步骤

CHAPTER 4

记者目不转睛地盯着事实，他发现事实、了解事实、选择事实、核实事实、参加（检验）事实、追踪事实，最后报道事实。记者采访的哪一种、哪一步可以离开事实呢？

——艾丰

第一节 采访的基本任务

采访的任务，是依据报道思想，迅速地采集到真实的、有新闻价值的、典型的事实材料。[①]

在采访任务中，包含着五个要素。这就是：

（1）拿到事实。

（2）拿到真实的事实。

（3）拿到有新闻价值的事实。

（4）拿到典型的事实。

（5）迅速地获取事实。

---

① 参见艾丰：《新闻采访方法论》，2版，15页。

一、采访任务的第一个要素——拿到事实

采访的任务是拿到事实材料，这个任务说起来似乎是缺乏意义的，但是，并不容易做到。无论记者面对的是什么样的新闻线索，只要是新闻采访，它的基本任务就是要想方设法拿到新闻事实的材料。

著名记者艾丰说："记者目不转睛地盯着事实，他发现事实、了解事实、选择事实、核实事实、参加（检验）事实、追踪事实，最后报道事实。记者采访的哪一种、哪一步可以离开事实呢？"①

我们通常所说的采访，其基本任务就是拿到事实。在这一点上，新闻记者和文学家的取材方式差异巨大。通常的情况是，文学家可以设计一个事实，在从A到Z的事实链条中，他可以塑造一个人物、创造一个惊心动魄的现场。与文学家相比，新闻记者的工作就要受限制得多。如果他拿到的一个事实的结果是Z，那么他就必须要向读者展示结果所产生的原因，即他必须要去弄清楚由Z到A的一步一步的事实链条。这个事实链条不能靠创造，而是靠一步一步地"挖掘"。所以说采访是一场硬仗，每一个材料都要靠扎扎实实的工作，用当代记者的话说叫"死磕"。

可能有些记者的文笔并不太好，或许新闻写作经验不够丰富，但是，在采访中无论受到怎样的挫折，可能受尽"冷遇"，可能历经"千难万险"，但只要拿到了事实，拿到了确确凿凿的新闻事实，记者的报道就获得了"准生证"，就有了传播的基础。

有些记者的采访是预约采访，甚至是"三包"采访，被采访单位车接车送，领导接待，主动汇报，秘书把稿子都已经写好了，记者的任务就成了接受被采访单位的招待，住高级宾馆，吃山珍海味，安排旅游和娱乐项目，最后少不得大包小包的礼品和暗自送上的红包。这些满载而归的记者似乎什么都拿到了，但唯独缺少事实，缺少有价值的事实。这种"采访"叫做旅游也好，叫做探亲访友也行，叫做采购也行，唯独不能叫采访。

不少记者甚至已经习惯了把被采访单位所奉上的材料当作事实，他们习惯在材料上寻找新闻，习惯了在这些材料上修修改改，然后写上自己的名字，将之当

---

① 艾丰：《新闻采访方法论》，2版，16页。

作新闻发表。实际上，这些材料不等于事实，甚至有时与真相距离很远。这是因为：

第一，这些材料是被采访单位写的，他们看问题常常不是记者的视角，即不是出于公众的利益，而是出于被采访单位和被采访个人的自我宣传的目的。

第二，这些材料并非出自记者之手，常常是秘书写的，又常常以领导的口吻讲话，把一些鲜活的材料变成了书面的概括性文字，有很浓重的年终总结报告的味道，不适合受众的接收规律。

在如今的网络时代，一些记者过分地依赖网络来解决采访问题，他们自己不去一线取材，希望在网络上通过搜寻粘贴，便可以轻松地完成稿件。殊不知网络只是信息传播的一个技术工具，是信息总汇的一个平台。网络媒体目前没有采访权，他仅仅是把别人报道的东西在这个平台上展示而已，也就是说，网络上缺乏原创的信息。这是网络信息生命力的界限。另外，由于网络上的信息是大家粘粘贴贴，相互发布的，在这种传递过程中，容易产生大量的错误信息。很多从书中摘取的背景材料，出现了不同的版本，非常容易以讹传讹。一些人有一个误解，似乎材料一上网，就具备了某种权威性，实际上通过网络传递的错误信息比比皆是。所以，真正的记者一定要自己努力去采集原始信息。社会生活是丰富多彩且瞬息万变的，要给受众提供一个更真实的生活画面，必须要靠记者到一线去采集事实，而不是在别人提供的公关稿件或网络中去抄袭“事实”。

美国学者威廉·哈森在《世界新闻多棱镜》一书中指出：“网络上的新闻贩子不仅能迅速得到更多的新闻，而且还能接触到一整套轻率而不负责任的信息，其中包括种种未经证实的传闻、臆想、评述、讨论，甚至阴谋理论等。”他还说：“互联网和 24 小时播出的有线电视虽然能极大地加快新闻传播的速度，但却是以损害传统的新闻规范，如证实新闻来源等为代价的。”由此可以看出，如果一家媒体要有权威性，那就必须有相当数量的准确、真实的“原创信息”。①

真正在一线采访的记者，常常要付出很高的成本。有些记者在采访中遇到重重障碍，受尽了刁难和冷遇，常常弄得心力交瘁，疲惫不堪，但是如果他们最终拿到了关键性的事实，他们就成为了胜利者。

《南方周末》记者邓科在调查“天津扎针事件”时，对这一点深有感触。

2001 年底，差不多整个天津城陷入了恐慌当中，越来越多的人听说，在公

---

① 参见马胜荣、薛群：《描述世界——国际新闻采访与写作》，492 页。

共场合有人用装有含艾滋病病毒血液的注射器扎市民，目的是报复社会。这个传闻越说越具体，越听越真实，一个文明的城市，几乎成了流言盛行的摇篮。传言的速度从慢到快，几近饱和，有时在一个办公室里就有不少个版本，弄得天津市人人都很紧张。

邓科到天津去采访时，看到天津的街道呈现出罕见的冷清，市民的眼中也增添了从来没有过的警惕，“扎针”成为天津市民口中出现频率最高的词。但是，这个传言是真是假，到底谁被扎了？用作扎针的注射器里是否带有艾滋病的病毒？

新闻向来是传闻的天敌。只有权威的信息才能制止传闻，让它失去令人恐怖的传播力。邓科因此奉命前往调查。

2002 年 1 月 20 日（星期天）傍晚，邓科就赶到了流言笼罩的天津。当时他手头知道的信息少得可怜，又没有时间去做大范围的调查，因报社给邓科采访的时间不到两天半。1 月 23 日（星期三）早上，他就必须把完整的稿件发到编辑部，因为星期四报纸要上报摊。

邓科心里十分没底儿，不知道自己能了解到什么。

“一到天津，我一下子感觉天津变样了，空气中弥漫着一种压抑的味道，街上几乎看不到什么人，出租车司机在我上车前都要上下打量一番。”

但此时，邓科手上有关“天津扎针事件传闻”的资料跟一个普通天津市民知道的差不多。他开始凭经验分析，至少可以从两个层次入手来展开调查：

(1) 艾滋病扎针传闻产生并无限夸大地传播后，天津市被改变的现实有哪些，这些应该可以比较直观地表述出来。

(2) 努力接近事实的核心，试图揭示真相到底是什么？因为目前社会上的说法都是猜测，当然各种说法本身也是应该记录的。

有了对事实的基本判断，邓科的心中已经有了调查的基本方向。

晚饭后，邓科去“逛街”。他发现：此时的天津，人与人之间都保持着“安全的”距离，只要稍一靠近，立即会引起对方的警觉。街上商铺很早就关门了。

这种压抑的气氛多少也感染了邓科：“我听着听着，心里也紧张起来，对啊，万一被扎中一下，一辈子就完了。我走在天津街头，发现一个流民模样的人老是跟在我后面，弄得我也像当地人一样，走几步就转头四顾。”

以下是邓科在天津的采访路线：

晚上，邓科去找天津的媒体同行了解情况，决定先了解两个关键点：

(1) 到底有没有人“扎针”?

(2) 到底有没有人被扎?

当然这两个问题是有关联的。

第二天，他先调查的是“到底有没有人被扎”。

采取的方式开始是随机访问市民。传闻本身给采访增加了难度，人们都保持着一定的距离。为了孩子的安全，甚至连中学的校门口都是接送孩子的家长。邓科试图追踪一个传闻的传播过程，最后找出它的信息源。作为新闻，如果他能完整地解剖一个传闻，那他的稿子也就有了支撑点。但他没有成功，往往调查到一半就断了。

在又一次分析以后，他决定朝三个方向努力去接近真相。

(1) 采访市政府。当然这里碰运气的成分居多，在调查结果没有出来之前，按照传统习惯，政府极可能采取“不说”的方式应对记者。

(2) 借助自己的社会资源平台，通过国家公安部的朋友，联系采访天津市公安局：当一个地方处于公共危机时，公安部门是主要的危机消除机构，这是一个记者起码的常识判断。

(3) 通过民间渠道，寻找见过“扎针”事件的人或被扎的人。

方向细化后，邓科立即又开始行动，到天津市政府询问。

天津市政府果然很敏感，邓科得到的答案是：“调查结果没有出来，不好说。”

邓科又来到市公安局。公安局的答案也是如此。但在这里他确认了一个重要的事实——内部人士告诉他，天津确实有人在扎人，也有人被扎。

通过民间渠道邓科又得知，医院承认有人被扎，但是否有艾滋病病毒，则要等几个月后才能检测出来。

至此，第一个层面的调查结果已经有了。

最有价值的信息是：有人在扎人和有人被扎。

但扎人的人是否感染上了艾滋病呢？这需要邓科再深入调查。

他随后又去了对艾滋病防疫比较权威的防疫部门进行询问，但一位工作人员对他说：“我为什么要跟你讲?”邓科与他吵了起来。

邓科第二次去卫生防疫部门。这次他改变了方法，以一个心理极度恐惧的天津市民的身份，跑到防疫部门问：“到底怎么回事?”这招奏效了。面对一个普通的市民，那儿的工作人员（当然不是前面那一位）做起了耐心的说服工作。从那里，邓科了解到了一个重要的事实——“扎针”事件尚未完全查清，但确实有人被扎了，而且公安部门已经抓了几个嫌疑人，到底是否会传染，防疫部门仍未查出，建议他少出门。

邓科在这种情况下不得不使用了隐性采访的方法，以消除对方的防范心理。

邓科很兴奋，这坚定了他要去找到被扎人的决心。

借助社会资源，他在一家媒体给中国高层官员的材料中看到了一名被“扎针”妇女的姓名和小区名称。

他满怀希望地找到了那个小区，但他并不知道那位女士的具体住址。在问了十几个人之后，他终于打听到了她的地址。但她家里大门紧锁。从上午一直等到下午3点多。

这位女士终于回家了，但她一知道邓科的身份和意图，立即拒绝：“没什么好说的。”邓科完全可以理解这位女士，因为她也有被感染艾滋病的可能。即使没有，她被扎的事实一旦公开，她就会失去正常的生活，周围的人们就会对她投来异样的目光。但邓科怎么会轻易放弃呢？他又软磨硬泡了好长时间，再三申明不透露姓名，还可以让她“审稿”。甚至邓科已经说服了她，进入了她家。但由于她的老公也反对，邓科只好先撤了。

采访的原则是在双方自愿的基础上进行的，采访对象不愿意谈，记者只能作罢。

第二天，他又去这位女士家门口等。

“怎么又来了？”那位女士很诧异。

邓科趁她愣住的时候，赶紧给她分析利弊：

第一，采访她绝对不会损害她的个人利益，因为可以隐去姓名与小区名。

第二，如果她说了“被扎”的过程，可以让公众知道真相，让谣言止步。

第三，把随身携带的《南方周末》拿给她看，告诉她，这是一张很严肃的、负责任的报纸。

第四，向她和她的家庭写了书面的保证书，重申这只是一次采访，不会损害她的利益，如有意外，“本报及我个人负一切法律责任”。

有时记者需要很耐心地解释自己的采访目的，因为一般人对出于维护公众利益的采访还是比较容易理解的，也愿意给予支持。当然，作为严肃报纸的《南方周末》的公信力也帮了记者的大忙。

于是邓科得到了这位姓吴的女士提供的核心事实——“被扎的经历”：

1月15日下午，吴女士到家对面的菜市场去买菜，这个过程她走了大约10分钟。在菜市场，她准备买点咸菜，但当她伸出手去拿时，突然发现手上有一个“针眼”，“针眼”旁边是一道细细的划痕。吴女士赶快来到附近一个小卫生院，她说，医生从她的伤口挤出了一点血，涂了一点碘酒，然后报了“110”。警察把她带到天津市高级法院，法医给她做了检查。检查的结果是没有问题，手上的伤口可能是铁丝、竹刺等尖锐物划伤的，让她不要担心。虽然如此，吴女士还是不能完全放心。她说，她出门没碰到任何东西，不太可能是别的东西给划伤的。她还说，自己50岁了，并不怕艾滋病，主要是为小孩担心。[①]

邓科认为，找到一个核心的事实很关键，这样文章才有了支撑点，新闻事实就存在了，而不再是单纯的传闻了。这样的事实即使很难得到，你也不能轻易放弃。“有时做新闻就是靠两条腿跑出来的，要想深入地采访，必须要有耐心，要有咬住不放的毅力。”

然后，邓科自然地联想到找“谁是扎针人”，他们是否为艾滋病病人？

他已经从防疫部门得知，公安部门已经抓了几个扎针的犯罪嫌疑人，于是，他又去找天津市公安局，但案件不明朗，谁也不敢“说”。不过也不是没有收获，他知道了天津市政府为了安抚人心，公安部门曾“公布”案件侦破的一些结果，还印制了通告，发到了一些单位，但范围不大。

他又装作一个外地游客上了一辆出租车，唉声叹气地对司机说：“本来与女友想在天津好好玩一下的，来了才发现竟然碰上了艾滋病病人扎针，我女友吓得躲在宾馆里不敢出来。”就这样，他与司机说上了话。讲着讲着，他装作无意间说到，听说政府有个通告，说公安部门已抓了扎针的人，要有这个东西多好啊，就可以说服女友出来玩了。

邓科不得不又使用了隐身采访的方式，有时候这种方式是很有用的。

邓科在司机那里打听那个“通告”是有目的的，因为出租车司机往往有复杂的社会关系。

果然，司机说他跟某派出所的民警关系很好，能帮忙搞到这东西。就这样，

---

① 转引自谢春雷：《揭开真相——〈南方周末〉知名记者报道手册》，270页，杭州，浙江人民出版社，2004。

拿到了一份从官方正面拿不到的通告，这个事实后来写入了稿件中：

> 1月17日，天津市公安局公布了该案件的一些初步情况，这是官方就此事的第一次表态。根据通告，目前公安机关已抓获了数名作案分子，案情如下：
>
> 1月12日下午2时许，犯罪嫌疑人孙某手持注射器在某商厦伺机作案时被抓，从其随身携带的包中搜出针头。犯罪嫌疑人安某某，曾因猥亵幼女被劳动教养一年，于今年1月7日6时许，手持针管在河东区扎伤一女中学生，公安机关接报后迅速将其抓获。犯罪嫌疑人韩某、陶某某，1月16日上午10时许，手持装有红色钢笔水的注射器闯入女青年刘某某家，并威胁实施抢劫，公安机关接报后将这两人抓获，并缴获了作案工具及赃款。
>
> 公安部门表示，经对报案人身体检验，绝大部分未发现被针扎的痕迹，少部分人虽被针状物扎中，但未发现任何附着物。经审讯作案人证实，其扎人时所用的针状物未接触过艾滋病病毒。①

到此时为止，这些通过紧张的采访得到的事实材料完全可以组织成一篇像样的调查稿了。但邓科不满足，他梳理了材料以后发现，还可以再往深处挖一下。

最后，邓科还要去调查“是否艾滋病病人在扎针”。

为什么会出现艾滋病病人扎针的传闻？

…………

邓科整整跑了两天半，找了近百人采访，受尽了冷遇和拒绝，但是，这位记者的顽强精神终于结出了果实：他拿到了关键性的事实。在2002年1月24日《南方周末》头版上刊出了邓科写的：《天津扎针事件调查》的长篇报道，对于制止谣言的传播，稳定公众的情绪起到了重要作用。

从《南方周末》这位记者艰难的调查过程，可以感受到记者跑现场的艰苦程度。在记者采访的过程中，“核心事实”始终是第一目标。

在“天津扎针事件”的采访过程中，邓科先后采访了数十个人，才找到了那个有“被扎”经历的吴女士；又找了很多人询问，才终于拿到了那一份关键的“通告”。在很多关键的时刻，一个记者的顽强性格会帮他的大忙，使他克服绝望情绪，

---

① 转引自谢春蕾：《揭开真相——〈南方周末〉知名记者报道手册》，273页。

不断地尝试，不断地努力，才可能找到关键的采访对象，采访才可能发生“奇迹”。

正是由于千千万万的记者在一线采访奔波，他们风餐露宿，日夜兼程，忍受着艰苦和劳累，随时出现在事发现场，将千里之外、纷繁复杂的事实真相及时呈现在受众面前，将公众的感官延伸，使他们看到原本看不到的现场，听到原本听不到的声音，新闻事业才显示出了它在现代社会中的不可须臾离开的桥梁作用，新闻工作者才尽到了作为社会瞭望者的崇高职责。

我们常常看到记者那些下意识的动作：

下雨的时候，摄影记者首先是拿塑料布包裹他的相机——因为相机里有宝贵的镜头；摄像记者则用唯一的雨衣先把摄像机遮盖起来，宁可自己站在风雨中——因为摄像机里有千辛万苦拍摄到的素材；文字记者常常把笔记本揣到最贴身的口袋里，而不敢放在托运的行李中——因为他们怕丢失辛苦采访获得的第一手材料。

这些记者在他们的小本子上、在他们的摄像机或照相机中采集到了最珍贵的东西——事实真相。他们懂得，对于记者来讲，最珍贵的东西是新闻素材；千辛万苦的目标是拿到事实真相。只有这样，他们才算履行了记者的真正职责，完成了典型意义上的采访任务。

中国人民所熟悉的美国记者斯诺，在 1936 年完成了他的充满历险色彩的陕北之行。1937 年他对陕北苏区的纪实性报道集《西行漫记》（原名《红星照耀中国》）问世，在世界上产生了振聋发聩的效果。《西行漫记》第一次打破了国民党政府对陕北苏区的新闻封锁，使西方特别是美国政府，注意到了中国共产党这支坚决抗日的力量的存在。

在陕北苏区采访的几个月中，斯诺每日奔波不停，把看到的和听到的一切都记录了下来。

1936 年 10 月 25 日，当他带着装满了访问记录、日记、笔记和胶卷，而且侥幸通过检查的提包，活着回到北平时，他意识到，自己已站在了成功的边缘。下一步的事情，就是如何整理、锤炼它们，使之尽早公布于世了。

斯诺的妻子海伦·斯诺后来生动地描绘了斯诺当时“满载而归”的喜悦心情：

在台阶上，站着我的丈夫，他那长满了灰色胡子的脸上挂着胜利的欢笑。

“恕我冒昧，您就是利文斯通太太吧？”他鞠躬问道。

> “你看来就是吞了猫的金丝雀了，”我回答道。
>
> ……他走进了屋子，把他带回来的大大小小的一束束一包包的东西放在地板中央。他从其中一个包里拿出了一顶灰色的旧帽子，上面有一颗褪了色的红星。他把帽子歪戴着，满屋子地欢跳着。戈壁和金吉（均为狗名——笔者注）也随着他一起蹦跳。他满是成功带来的自豪，充满了活在人世的欣喜。①

从这个历史的镜头中，我们可以看到这位伟大的记者以大无畏的精神、以生命为代价，换来的那“大大小小的一束束一包包的东西”和那顶“灰色的旧帽子”，那里面珍藏着揭开历史真相的大量珍贵的事实材料。那些事实材料为西方人认识中国“打开了一扇窗户”。斯诺作为记者已经站在了历史的一个制高点上，这也奠定了他成为一个“伟大的记者”的基石。

二、采访任务的第二个要素——拿到真实的事实

在新闻这个领域里，“真相”的价值是至高无上的。记者拿到的事实在多大程度上可以经受得住真实性的检验，是每个记者在采访中时刻要考虑的问题。

对新闻真实性的要求具体指以下几方面：

（1）指每个事实的要素要真实。

（2）指每个事实所发生的背景和环境材料要真实。

（3）指每个事实的深层原因要真实。

要保证事实的真实，记者要做到贴近现场，找到当事人，进行有效的采访，还要做到全面地了解事实，因为片面的事实也是不真实的。如果有可能，记者还要设法穷尽这个事实背后的原因。记者如果由于主客观的原因，采访所得材料或者片面，或者肤浅，或者采访时干脆就听信了别人的谎言，就不能说他完成了采访任务。

伊拉克战争期间，美国女兵林奇的传奇故事广为流传。

下面是《华盛顿时报》有关林奇的两篇不同报道。

第一篇是美国《华盛顿时报》2003 年 4 月 3 日的报道：

---

① 转引自张功臣：《外国记者与近代中国》，223～224 页，北京，新华出版社，1999。

她一直战斗到底

美国官员昨天说，本周二从伊拉克医院中获救的陆军一等兵杰茜卡·林奇在美国陆军第507机修连遭到伊拉克部队的伏击后勇敢作战，击毙了好几名敌军士兵，直到她用完子弹为止。

一名官员说，年仅19岁的林奇在3月23日的战斗中身受多处枪伤，亲眼目睹她周围的几位战友相继阵亡，但仍然不断向伊拉克军队开火。这名官员说："她一直战斗到底。她不想被活捉。"

特种部队在纳西里耶萨达姆·侯赛因医院中救林奇时找到11具尸体。特种部队在医院太平间里找到两具尸体，其他9具被草草埋在医院外面。美国官员说，他们相信至少有一些是美国士兵的尸体。

…………

遭到伏击后，第507机修连有7名士兵失踪。其他5名成员——4男1女——被俘。伊拉克电视台曾播出这5名被俘士兵和至少4名在战斗中阵亡的美军士兵的画面。[①]

在伊拉克战争期间，美国女兵林奇曾被美国媒体塑造成了一个英雄。有报道称她在战斗中英勇顽强，在射尽最后一颗子弹后遭枪击和刺伤，最后不幸被俘，但后来又被成功营救。事实上，林奇受伤是由于车祸而非枪伤，她并没有发射过一枪一弹，伊拉克人给了她最初的治疗。而为了追求轰动效应，战地摄制组拍下了特种部队把伤痕累累的林奇抬上飞机的画面。

另一篇是美国《华盛顿时报》2003年7月9日的报道：

陆军将于明天发表一份有关第507机修连在伊拉克遭遇伏击的报告。该报告表明，一等兵杰茜卡·林奇和另外一名女兵的受伤原因是事故，而不是伊拉克士兵的袭击。

3月23日发生在纳西里耶的战斗也许是战争期间最知名的事件。有报道称，林奇向袭击者射尽了两把左轮手枪里的子弹，在遭到枪击和刺伤之后被俘。陆军这份15页的报告正式批驳了这种说法。

---

① 转引自马胜荣、薛群：《描述世界——国际新闻采访与写作》，407～409页。

事实上，在躲避伏击的过程中，她乘坐的军车中弹。当时开车的是一等兵洛丽·安·皮斯特瓦。军车中弹使她失去了对车的控制，汽车撞上了一辆废弃的牵引拖车，皮斯特瓦身受重伤。

有传言说，23岁的皮斯瓦特当场被伊拉克人杀害。不过，五角大楼人士说，她是后来在纳西里耶的一家医院死去的，原因就是在撞车事故中受伤过重。

林奇也被送进了同一家医院。一位知情人士说："由于伊拉克人及时治疗，林奇才活了下来。"一周后，她成为了战争中最广为人知的名人。战地摄制组拍下了特种作战部队用担架把伤痕累累的她抬上飞机的场面。①

真相披露之后，把这位女兵塑造成英雄的《华盛顿时报》不得不发表了更正的报道。

所谓真实性的检验，主要指的是两层含义：

（一）与事实相关的知情者对报道的真实性的检验

新闻报道的特点是"笔写真人"、"笔写真事"。报道中的真事刚刚发生过，相关的知情者还记忆犹新；报道中的真人绝大多数都活着。这些被报道的新闻人物和事实的知情者是报道真实性的最权威的检验者，是最有权利对报道的真实性提出质疑的人。

在我们的新闻实践中常常出现这种情况，对某事或某人的褒扬性报道，如果记者在报道中夸大了事实，夸大了当事人的成就，一般不会受到当事人的指责，因为这种夸大没有损害他的利益。比如一个人做了一件好事，但报道中说他做了三件，这个人一般不会来追究记者"失实"的责任。但如果记者在批评性报道或揭露性报道中，对被批评的某人或被揭露的某事夸大了事实，或报道与事实有出入，这就可能夸大了当事人的错误或罪行，那么这类报道往往会遭到当事人激烈的反驳，记者常常要面对"失实"，甚至"诬陷"、"造谣"的指责，可能要与当事人对簿公堂。

这也是大多数记者或媒体视监督性报道为畏途的一个重要原因。

另外，在某些监督性的报道中，当事人对事实的真相会极力掩盖，那些官场的腐败和社会的黑暗现象最怕见到的就是阳光，最怕听到的就是社会舆论。但

---

① 转引自马胜荣、薛群：《描述世界——国际新闻采访与写作》，407～409页。

是，如果记者在采集事实的时候，缺乏证据意识，所使用的事实材料缺乏证据学的认可，就会常常被当事人在事后诬陷为“失实”，或大闹媒体，或诉诸法庭。这对记者的监督性报道是一个非常大的压力，对媒体正常的舆论监督活动也是一个很大的压力。

（二）社会实践对新闻报道的检验

人们常说，“新闻是历史的秒针”。新闻报道也常常要受到历史的检验，受到社会实践的检验。在我们的报道中，尽管绝大多数的新闻要素都是准确的，但是由于受到记者编辑的认识水平的局限，以及当时当地传播环境的限制，对某些新闻事件或新闻人物的理解和评价，对某些新闻事实的深层原因的分析，常常会出现较大误差。那么这些新闻报道在社会实践的检验面前，常常会在真实性方面显现出问题。比如，人们看几年前甚至是几个月前的报道，常常会发现，有些报道的认识很片面，有些报道的新闻价值扭曲，有些分析甚至很荒谬。

对于新闻作品的历史检验，《人民日报》记者凌志军曾有过如下的思考：

> 20世纪80年代，我好像已经有一种势如破竹的能力，这时候的标准是以数量争胜，不断地写作和不断地发表，而且一定要经常地出现“通八栏”乃至“半版”之类的文章方能感到“英雄本色”。我由此在1988年初得了一个“高产奖”，并且认为这已经是记者的很大的成功。但在其后的一年中，我的心情渐由兴奋走向冷静。因为我发现一个好的记者并不会满足于自己稿子的发表，甚至也不会在任何时候都能“高产”，他更可能拿下面这一个问题来约束自己的笔：你的文章是否写出了真实？
>
> 到了90年代开始的几年，这个问题在我心里所引起的苦恼未消反长。记得1992年的五六月间，我心血来潮地研究了一阵中国的报纸，这实际上是我1984年至1986年研究工作的继续。但是这一次与上一次的心情已经大相径庭。我将几年来的报纸逐一地翻看，结果发现记者们可能最害怕一件事，这就是回过头去看你自己写的东西。我们都会说“经得起历史检验”这句话，但你若能真的“回过头去”将那白纸黑字衡以历史的尺度，不要说几百年几十年，就是几年的时间，你是否经受得起？这问号令我感觉到一种实实在在的深重，整整一天不吃不喝盯着天花板苦思闷想也不得要领。①

① 转引自孙富忱、黄振声、雷明德主编：《知名记者谈新闻采写》，286页。

所以说，历史的检验是一个媒体能够建立公信力的基础。如果一个媒体对事实的报道，不仅能做到要素上的准确，还能做到事实分析上有深度和预测中具备历史眼光，那么这个媒体的公信力就能逐渐建立起来，成为社会主流人群所依仗的信息来源。所以说，报道的真实性是对新闻记者的一个相当高的要求。

三、采访任务的第三个要素——拿到有新闻价值的事实

记者在采集事实之前和采集事实之中，始终都要考虑的主要问题是：

这个事实有没有新闻价值？

有多大的新闻价值？

事实的哪一部分具有新闻价值？

这个事实还需要哪些材料才能衬托出它的新闻价值？

以上的问题当然是在确定采访选题的阶段就应当部分地决定了，但是，记者对新闻价值的这种思考、提炼和追踪的思维要始终伴随在他的采访过程中。我们判断新闻线索的时候，有时感觉其有很大的新闻价值，但是在采访中，发现这个事实与线索中所呈现的事实不一致，原来所盯住的那些新闻价值的要素不存在了；或者说，在采访中又发现了新的事实，这个新的事实具有更大的新闻价值。这些都会使记者抛弃了原来的报道设想，而转向更有价值的新闻事实的挖掘。这是记者采访时对新闻价值思考的一种常态。当然，能够准确判断新闻价值，要靠记者有比较清晰的新闻价值观。这包括要熟悉受众的共同兴趣，熟悉社会普遍存在的问题，熟悉党和政府在某一阶段的中心工作，这些都是他判断新闻价值的一个坐标系，坐标系越清晰，新闻敏感就越强，就越具有新闻发现力。

当然，如果记者所依据的新闻价值标准不同，那么对同一事实的新闻价值的认知和判断也将不同，以党的方针政策为中心尺度的价值标准和以受众的共同兴趣为中心尺度的价值标准，对同一个事实所做的新闻评价常常是不一致的。

另外，如果媒体采取以自我盈利为中心尺度的新闻价值标准，常常就会挑选那些“另类”的、“骇人听闻”的和利于新闻炒作的事实作为采访的重点。

四、采访任务的第四个要素——拿到典型的事实

所谓典型事实，有以下四个特点：

（1）典型事实必须是真实发生的，而不是虚构和夸大生造出来的假事实。

（2）典型事实一般都是感性的事实。它常常是一个故事、一个场面、一个活生生的人物，是最容易被受众注意到的事实。

（3）典型事实是蕴含着理性的感性事实，是代表宏观的微观，是人们最有可能从中体味出道理的感性事实。我们通常所说的新闻手法“用事实说话”，指的就是这类事实。

比如“摸着石头过河”，我们常说的最能代表邓小平的改革方法的一句话。

比如“我们穷得就剩下钱了”，形容个体工商户不满足于他们精神生活的贫乏所发出的呼喊。

（4）典型事实是具有代表性的事实，体现为典型的行为、典型的场景、典型的人物和典型的语言。它是从社会生活“面”上选出的“点”，是从带有普遍意义的“广泛事实”中选出的“代表”。这种“代表”不是“耸人听闻”的事实，也不是用“人造平原”的方法“造”出来的事实。

河北人民广播电台2001年7月29日播发的广播新闻，报道的就是一个典型的新闻事实：

四个月没死人　村主任丢了官儿

今天上午，曲周县河南疃镇朱口村村委会主任朱自强被迫向镇里交了辞职报告，他是因为村里四个月没死人丢的官儿。

曲周县殡葬改革今年出了个新规定，按千分之五的自然死亡率给村里下“火化指标”，差一个就罚5 000块钱。朱口村1 100来口人儿，一年是5个指标。今年3到6月份朱口村一个人也没死，镇里就三番五次找村干部催罚款。

朱自强说：

（出朱自强录音）

“四个月应该是1.76个，一个是5 000，五七3 500，这就是8 500。”

除了这8 500，朱口村每个人还得交3块火化钱，才能凑够12 000的任务。昨天快黑了，朱自强又被镇里的孙守现副书记堵在家里：

（出朱自强录音）

“孙书记说没多有少哩，12 000没有就拿10 000，10 000不中拿8 000。我说别8 000了，8分我也没有，村里不死人，我去哪儿给你弄这个火化费呀？咋为这个我还得给你弄死两口子噢？我说得不好听，孙书记一家伙急了眼了，说河南疃镇34个村都死人，就你们这人都吃了长寿药了，贵贱一个也不死？没钱儿，赶明儿了你给我写辞职报告！”

昨天晚上，朱自强就写了辞职报告。他把自己选上村主任两年多修路打井建学校这些事儿都摆了摆，末了说，计划生育朱口村年年当先进、三提五统都是提前完成，可“死人指标”他实在完不成，就为这个不让干了真是想不通。

记者好不容易才打通河南疃镇党委副书记孙守现的电话，他说让朱自强辞职不是他个人的意见。

（出孙守现录音）

“以前开会呀说死这事儿了，谁交不上来钱谁就别干。镇里也没办法儿，那县里给咱压着任务哩。”

得到线索后，记者一个多小时就赶到村里采访。半天时间，记者采访了村干部、农民、县乡有关领导，返回后又打了几十次电话，几经周折才采访到乡党委副书记的几句精彩录音，并于当晚播出。

稿件播出后，曲周县委、县政府及时改正了用“政策”变钱的错误做法。河北省纠风办、省民政厅很快联合发出通知要求各地以此为戒，坚决纠正殡葬改革中类似的错误做法。

这个事实既真实确凿，在同类事实中又显得出奇的“荒谬”，因此有很强的讽刺意味。它把一些基层干部不择手段在百姓身上“敛财”的行径暴露在阳光之下，给人留下很深的印象。这就是“典型”事实的力量。

典型事实很有传播价值，但也很难找。在长期的新闻实践中，选择典型事实经常存在误区：一是虚构，二是夸大，以后者居多。

夸大的手法常常有几种：

（1）夸大事实法。

如某人刻苦学习，每天“只睡6小时”被夸大成“只睡3小时”；

如某人累得“痰中带血”被夸大成“大口大口地喷血”。

（2）人造平原法。

如为了突出某个干部的业绩，经常用否定历史的办法凸显其业绩，如：这里十年九旱，群众饮水如何如何困难，前几任书记都没有解决，只有×××书记来了之后，这个问题终于……

再比如，为了突出某个学生刻苦学习的态度，以贬低他周围同学的学习态度为手段，如：“星期天别的同学都去逛街、打球等，唯有他像钉子一样坐在阅览室的椅子上苦读英语……”

这种人造平原法所形成的典型，第一不真实，第二容易伤害被报道人物周围的人，从而伤害了他的人际关系。报道结束后，记者出了名，新闻人物却遭了殃。

五、采访任务的第五个要素——迅速地获取事实

这是完成采访任务的一个最基本的特点。因为新闻“只有一天的生命”，如果采访的速度慢，报道的时效性就差。要迅速地获取事实，以下四条是必备的：

（1）做好采访前的准备，有准备才能提高速度。

（2）要依靠各方面的朋友和熟人的帮助。

（3）要有比较强的交往能力。

（4）要有较强的认知能力和表达能力。

第二节 采访的八个步骤

采访的八个步骤是：

（1）获得新闻线索。

（2）确定报道选题。

（3）采访的策划与准备。

（4）联系访问事宜。

（5）建立融洽的访问气氛。

（6）提问。

（7）现场观察。

（8）结束采访。

一、获得新闻线索

采访是一个成本很高的专业活动，记者需要花专门时间，有时还要花高额的交通费用、差旅费用，因此对采访项目的选择，就是一个非常慎重的工作前提。也就是说，采访的前提是必须有一个质量比较高的、比较可靠的新闻线索。

新闻线索是新闻事实的苗头和信号，即事实发生后，能够传递给记者的一些信息。有了好的新闻线索，记者的采访才能有目标、有把握，成功率高，所以，优秀的记者，都是捕捉新闻线索的能手。他需要有广阔的新闻触角，能够及时地得到各种事实的信息，为自己的新闻判断提供可靠的基础。另外，新闻工作的专业水平，要求记者善于分析新闻线索，分析一个线索中的真实事实的可能性以及它所蕴含的新闻价值，分析对一个新闻线索进行实地采访和报道的可能性，做到出手有把握。

二、确定选题

有了充分的新闻线索，就要做采访决策了，确立采访选题就是第二个关键步骤。在评价一个新闻作品的时候，最重要的一个标准就是选题标准，就是看这篇新闻作品是在报道什么，它报道的事实是普遍性的存在还是仅仅只是个别例外，报道的事实是否可能引起受众的广泛关注，是否能代表社会上的热门话题，新闻选题的内容是否符合党的相关政策。因此，对于每一个媒体、每一个记者编辑来说，最关键的一个环节就是选题，特别是做某些有深度的报道，采访成本高，动用了大量的人力、财力，如果选题有偏差，所做的报道不能符合大众的兴趣，或是产生了不良的社会效果，都将给媒体和记者编辑带来巨大的损失。

三、策划与准备

选题确定之后，就要围绕这个选题的采访，进行周密的策划和准备。在这种策划准备中，以下是四个关键程序：

第一，明确采访目的，你到底需要什么样的信息？谁能为你提供这些信息？在做采访准备的时候，这些问题必须弄清楚。

第二，你准备去采访谁？一般来说，记者选择的采访对象应当是知情人、见证者、主持者。有一点要避免的是，在决定采访对象的时候，要坚持找到最权威的人，而不是谁好找就找谁，谁好说话就找谁采访。因为在报道中，采访对象的身份，比如说见证者、主持者、负责人连同他们所谈的内容，都可以成为权威的信息，它能使新闻更加可信。当然确立采访对象的时候，还要考虑到采访的可能性，某些政界人士、商业大腕、社会名流，他们的谈话可能具有吸引力和权威性，但是很难约到这些人接受采访。

第三，所选题目的背景调查。即对采访的题目要进行研究，尽量找到与这个题目相关的各种资料。不但要阅读有关的专业文献，如年度报告、工作总结、相关文件，还要注意查阅媒体的相关报道。难度最大的是了解某个行业或某个单位的知识背景、发展概况、现存状态、存在问题以及今后预测，这是相当费时费力的一个过程，但又是相当必要的一个过程。意大利《晚邮报》记者奥里亚娜·法拉奇在访问邓小平之前，阅读了“两尺高”的材料，包括《毛泽东选集》、大量的历史文献、有关党的会议的决议、各种研究文章和邓小平的传记，她说自己紧张得“和学生大考前夕一样”。

第四，准备提问方案。最佳的采访，要力求达到与采访对象之间畅通的交流（这需要记者见机行事、临时应变，很多话题是在谈话过程中产生的），但是采访毕竟是一项严肃的工作，倘若全靠记者的临场发挥是难以完成任务的，所以，记者需要在采访前设计一个思路缜密、全面的提问提纲，既适合于调查真相，又能满足取材需要、适应新闻作品的后期制作。因此，制订采访提纲的时候，要紧紧围绕采访目的，兼顾采访对象已有的信息量或认识水平，收集针对这个题目的、新闻作品所需要的素材类型。

四、联系采访

从人们交往的原则来看，每个人都没有接受采访的义务。采访活动的本质是一种社会交往活动，它没有行政和法律的约束力，是在双方平等协商的气氛中达成的一种口头契约，而且采访的过程要花费采访对象的时间和精力，对于那些社会精英人士来说，成本显得很高。所以说，除了有求于媒体的采访对象，说服别人接受采访并不是一件轻而易举的事。当然，某些大媒体或声誉好的媒体，某些资深记者，由于他们的良好声誉可能会为预约采访打开方便之门，但是我们仍然要去努力说服对方来接受我们的采访。从新闻媒体的性质来讲，最有说服力的理由之一，就是采访所形成的报道会对社会产生有益的影响。

在我们联系采访受阻的时候，利用某些官方的力量或采访对象的朋友、熟人的关系，也是说服采访对象接受我们采访的方法之一。

五、建立融洽的访问气氛

记者在采访的时候，遇到的采访对象大多数都是陌生人。他们与记者在人生的这一时刻相遇，也完全是某种巧合。人们在和陌生人打交道的时候，气氛往往是僵硬的、生疏的、有提防之心的，在某些场合下甚至是怀有敌意的。俗话说："路遥知马力，日久见人心。"但是短暂的采访时间，不可能给我们提供"日久见人心"的条件，即慢慢熟悉、预热的机会。记者必须在采访开始的时候，设法打破僵局，建立融洽的访问气氛。

打破僵局最常用的手法是先谈一些轻松的话题——或者天气，或者景色，或者交通情况，或者最近的新闻，或者采访对象感兴趣的一些话题，这些话题常常是富有人情味的，能有效地软化两个陌生人之间的僵硬的气氛，也可以使对方产生一种信任感，让采访有一个友好的、更具有人情味的开端。

六、提问

记者的第一句提问是最重要的，它给整个访问定了调子，让对方知道你到底要什么。中央电视台《新闻调查》节目曾播出一期节目《从市长到囚犯》，是著名记者钱钢采访因犯受贿罪入狱的原河南省鹤壁市市长朱振江。钱钢在这次采访中主要想弄清楚，这个贪官是怎样由于内心的堕落，一步步滑向他人生的反面，着重想描绘一个贪官堕落的人生轨迹。因此，他的第一个问题就是："当你第一次走进市长办公室的时候，你心里想的是什么？"第二个问题是："有权和没权有什么不一样？"这两个提问就把采访的调子定了下来。

在提问中，我们一向遵循的规律是先提最近发生的、相对简单的问题，后提以前发生的或相对复杂的问题。在最关键的时刻就要提问那些深层的，特别是令采访对象有些尴尬的问题，如上述钱钢的采访中，他问朱振江：

第一次收钱是在什么时候？
收谁的钱？
为什么收这笔钱？
为什么没有及时退还这笔钱？
没退钱仅仅是怕得罪人吗？

一般在提出令对方尴尬的问题之后，访问气氛开始紧张，那么记者在随后就要提些相对轻松的问题，以缓解气氛，否则采访很难继续下去。

记者要了解一个自己很陌生的且不在场时所发生的事实，除了询问知情者以外，没有更好的办法。提问是记者获取素材的最主要的方式之一，因此所有的访问，在表面上看都显示出一问一答的特征。记者一边提问，一边还要记录，还要不断地分析素材，控制采访进程。提问中所得到的材料，可以为我们打开通往真相的大门，也可以使我们得到丰富的、生动的写作和编辑的素材。

七、现场观察

现场观察是一种重要的采访方法，即记者亲临现场，用自己的眼睛来捕捉素材。在采访中，不少记者只习惯于在访问中索取材料，就是说只习惯于用耳朵采访，经常忘记了眼睛也是一种重要的采访武器。当然，记者如果到了现场，应该全方位地打开感觉器官，耳朵听到的，眼睛看到的，鼻子闻到的以及双手触摸到的，都是记者感受新闻事件，从而了解新闻事件的最好的方法。

现场观察有利于记者接触到最真实的画面，可以纠正某些传闻中的虚假信息。

另外，人来到现场便是“身临其境”，这使记者对新闻事件产生切身的感受，有助于激发报道的灵感，增加写作的冲动。很多时候，记者可能在办公室里写不出来，到了现场，就知道该怎么写了，因为那里总有最触动人的东西。

在现场观察时，记者还可以看到很多有代表性的细节和画面，而这些感性的素材最容易吸引读者的眼球。

八、结束采访

当记者感到所拿到的材料已经达到完成新闻作品的要求时，或者认为某个问题已经弄清楚的时候，或者记者感到已经没有可能性从采访对象那里索取更多材料的时候，一次短暂的采访就可以结束了。如果事先有约定，比如说一小时或一个半小时的采访，记者应当主动停止采访，看看采访对象有没有什么要补充的材料，或者提出想核实的问题，或者核实一下采访记录。为了防止采访后又要补充素材，不能把告别的话说得太死，最好留下名片或电话号码。某些西方的采访著作常常提醒记者，在结束一场严肃采访的时候，告别的时候双方是最有人情味的，最有价值的话往往出现在站在门口说再见的时候，这时的采访对象刚刚从紧张的谈话中缓过劲儿来，可能会提供一些新鲜的见解和最具引用价值的总结语。此时记者一定要认真倾听并设法记录下来。

第五章 获得新闻线索

CHAPTER 5

划分“穷记者”与“富记者”的一个重要标准，就是每个记者手头掌握的新闻线索的多寡。要使自己由“穷”变“富”，就应该尽量多记一些“线索笔记”。

——南振中

第一节 高质量的线索是高质量选题的前提

一、新闻线索的作用

新闻线索是采访的开端，也是引发记者灵感的一个触角。绝大多数的新闻事实都是在记者不知晓的情况下发生的，记者都是在事后才得到关于事实发生的信息，然后再循着这个事实的脉络，决定选题、策划采访、进行报道。新闻事实发生的苗头或信号，我们称为新闻线索。

新闻线索是新闻记者发掘新闻题材的一种凭据，也是新闻记者进行采访活动的出发点。新闻线索一般比较简略，甚至一鳞半爪，要素不全，但有经验的记者往往能由小见大，追根寻源，发掘出更重要的完整的新闻事实来。这就是说：

（1）新闻线索首先告诉记者哪里有新闻，新闻或者已经发生，或者正在发生，或者即将发生。

（2）新闻线索是一个简单又不完整的信号，需要记者去发现和挖掘。

（3）发现新闻线索要求记者有高度的新闻敏感。

记者寻找新闻线索不单限于采访之前，它还贯穿于采访的始终。记者在采访前和采访中，都得不断地发现新的新闻线索，发现得越多，新闻才能不停留在表面或某一点上。所以，发现新闻是一个连续持久的过程。没有线索，记者不停地找；有了线索，记者仍旧苦心寻找：寻找知情人，寻找物证。

是否掌握丰富的新闻线索，决定了一个记者的工作状态。掌握丰富的新闻线索，可以使一个记者“眼观六路，耳听八方”，成为一个消息灵通人士。这样的记者对社会上所发生的大事，要事能够紧追不放，能够及时地捕捉到重大新闻，在采访中可以同时兼顾几个新闻线索，可以有较充裕的时间收集材料、积累思想，以便有采访任务时可以主动出击，“磨刀不误砍柴工”，这样他们在确定选题时才能够游刃有余，采访时才能够左右兼顾。

而有些记者往往靠编辑提供的线索吃饭，这一个线索报道完了，下一个线索还不知道在哪里，吃了上顿没下顿，是个穷记者。所以，记者要保证采访的选题全面、有概括力，就必须保证有一个丰富的新闻线索网，能够源源不断地提供新的事实信息，新的观点变动和新的思想火花。

怎样才能成为“富记者”？坐在办公室里等采访任务、等人邀请、等人报料，自然无望，记者必须主动寻找线索。然而世界之大，社会之复杂，事实之广泛，仅凭记者单枪匹马，力量终究有限。在这种情况下，记者就需要建立一个广泛、快速的新闻线索网，为自己提供丰富的、新鲜的新闻事实“情报”。

二、高质量线索的标准

高质量线索至少要符合以下三个标准：

（1）线索丰富。

（2）线索可靠。

（3）线索及时。

（一）线索丰富

高质量的新闻线索，要求记者有丰富的线索来源，即新闻线索来自社会各个层面，有来自高层的、决策层的新闻线索，也有来自基层老百姓的新闻线索。高层的新闻线索，往往使记者增加大局意识，了解制定政策的事实依据；而来自老百姓的线索，又非常鲜活，非常多样，因为基层百姓是离事实最近的人。

（二）线索可靠

高质量的新闻线索，要求新闻线索高度的可靠性，因为要根据新闻线索作出选题决策，那么就要对线索的可靠性把关，进行甄别。

记者对线索可靠性的甄别环节通常有四个步骤：

（1）要核实线索的来源，如核实线索是否来自党政机关，譬如宣传部门、正规媒体等，或是否来自可靠的朋友。

（2）要核实线索的合理性，看线索是否合乎逻辑，是否合乎常识，这对记者的知识水平是个考验。如果鉴别起来有困难，就要想办法借助“外脑”——找专家咨询。

（3）要从事发当地，从可能对这个事实产生影响的侧面进行核实。

（4）要到现场观察核实。

（三）线索及时

在目前的通讯环境中，相机、手机的使用率极高，及时通报线索很方便。而通报线索中最关键的是记者要和线索的提供者能有很默契的关系，能够保障及时得到相应的线索。如果线索的提供滞后，它就常常成为无用信息。

第二节 获得新闻线索的渠道

通常，记者可以通过以下几个途径获取新闻线索：

一、报纸杂志、广播电视等传统新闻媒介

即便是互联网高度发展的信息时代，报纸杂志、广播电视等传统媒体仍然是大多数人获取信息的主要渠道，换句话说，传统媒体仍然是我们这个社会的信息传播的主体。一个国家的政治、经济、文化、体育等各种信息，都会通过传统媒体这座立交桥，四散传播。

因此，传统媒体不仅是公众不可离开须臾的信息中心，也是记者重要的新闻情报库。

具体说来，新闻报道中传播的各种信息，有利于记者耳聪目明：了解国内外大事，明白哪些是社会热点，哪些是问题焦点。而有时候，新闻报道本身也是一条新闻线索，比如：短消息中是否含有深度报道的价值？事实报道是否有评论的必要？一篇从A角度出发的报道，如果从B角度报道是否另有意义？异地的新闻现象或问题在本地是否也存在？个别现象是否普遍存在？……这些都是记者采访的宝贵线索。

2004年春季，安徽阜阳发生了劣质奶粉事件，一些无良商人制造的奶粉，蛋白质等营养成分严重不足，使数十名婴幼儿食用后导致营养不良，并造成数名婴儿死亡。《东方早报》记者董小恒较早介入和采写的关于阜阳奶粉残害婴幼儿的报道，最终引起了国家领导人和有关各方面的重视，进而推动了一场遍及全国的奶粉市场专项整治，使制假、售假者得到应有的惩罚，给受害者带去精神和物质上的安慰，让千万个小生命不再遭受“黑心奶粉”的摧残。这条新闻线索，就是记者从一条广播消息中获得的：

> 4月初的一个中午，习惯于晚睡晚起的我依旧是一边懒散地刷着牙，一边漫不经心地收听着广播，一边思量着今天应该做的选题。
>
> “自去年以来，安徽省阜阳地区就出现了不少‘大头娃娃’……致病原因却是一些‘滋养’他们的奶粉。近日，一位婴儿的父母已经向法院起诉……”
>
> 也许是去年一位朋友给我讲过国内乳品行业的一些“内幕”，广播的这条不足半分钟的消息立刻触发了我那根作为一个新闻工作者的敏感神经。
>
> 大头娃娃——劣质奶粉——安徽阜阳，这几个关键词一下子就印在了我的脑海里，激发了我立即前往采访的强烈欲望。
>
> 用电话询问了上海的几家电台后，我没能找到这条消息的口播稿，就和一个在安徽合肥一家媒体工作的朋友联系，请他调动其人脉资源，为我搜集一些前期资料。①

---

① 董小恒：《在阜阳，感受震撼和责任》，载《扬子早报》，2004-05-17。

得到线索后，董小恒立刻奔赴阜阳，经过4天的采访，走访了阜阳8个县市区中的6个，采访了近20个患病婴儿，终于写出了第一篇报道《阜阳“空壳奶粉”之祸，众婴儿成劣质奶粉受害者》，引起了社会各界的广泛关注。

作为消息灵通人士，一个记者必须有收听收视媒体报道的习惯。从全国不同地区，不同层次的媒体中涌现出来的大量的新闻线索，可以极大地丰富记者的新闻线索库，并使记者从中获得新闻选题的灵感。

二、互联网、手机等信息传播工具

在展现社会生活方面，有一种比传统媒体更全面、更快捷的渠道，那就是互联网。当今世界有三大类媒体，即报纸期刊等纸质媒体、广播电视等电子媒体和网络等新媒体。整个新闻工作已经形成了一个巨大的网络。一个国家的政治、经济、文化等各种信息，都要在新闻这座立交桥上汇集起来，再传播开去，因此，新闻媒介不仅是公众不可须臾离开的工具，而且也是新闻记者不可须臾离开的线索来源。不论是看报纸、听广播还是上网，一个记者都应当有自己比较固定的使用方便的信息索取方式。通过新闻媒体的报道，记者不仅像公众那样得到自己所需的信息，而且从这种信息中，也可以得到各种启发，及时了解社会热点和舆情变化，及时了解其他媒体的各类报道，让自己耳聪目明、胸有大局。互联网是第三类媒体，它现在已经不仅仅是一种大众传播平台，更是作为一种工具渗入到社会个体的生活中，成为一些群体——特别是都市年轻人社会生存的重要方式。近几年迅速发展的互联网，给整个新闻界提供了一个巨大的新闻线索库，是现代记者不出门而晓天下的一个重要渠道。

记者不仅可以通过各媒体的官方网站看到当天或以往的新闻报道，而且可以通过网络上的论坛、BBS、博客、播客平台，了解到传统媒体没有报道过的新事、新人、新知、新观点……记者可以从中发现具有新闻报道价值的线索。并且，互联网传播的开放性与互动性，使得网络信息从一开始就比较全面，作为新闻线索，它更有利于记者对其报道的可能性进行判断。

除了互联网，近年来，手机也成为信息传播的新兴工具。各种各样的手机新闻、手机报纸更加及时、快速地传播着各类信息。这对于需要从广泛信息及时获取新闻线索的记者来说，自然是一个眼观六路、耳听八方的好工具。

三、各种会议及新闻发布会

纵观目前的新闻报道，尤其是各级党政机关的机关报和广播电视的新闻节目，会议新闻仍然是重头戏之一。但对于记者来说，各种会议不仅应该是新闻报道的对象，而且应该成为获取更多新闻线索的“富矿”，记者应该学会从会议内容中挖掘新闻。

按对于会议报道的态度划分，有这样两类记者。一类记者图的是会议举办方的接待，是红包或礼品。会上想来就来，想走就走，只等会议结束，抄两份会议资料或是通稿，凑篇报道交差。还有一类记者，则视会议为宝，从会议内容、参会人员中搜索新闻线索。

各类会议一般有两个共同的特点：

第一，信息集中，特别是一些专业会议，它的报告、简报、发言稿、论文集，往往集中了本专业领域所有最新的信息。

第二，人才集中，尤其是一些规格较高的会议，与会者大多是本部门、本行业、本专业领域的最高领导或顶级人物，可谓名人集中、专家集中、领导集中。

一些有经验的记者，往往会盯住会议发出的各种文件，收集与会者的名单、简历以及他们在会议中的活动信息，从中搜索有价值的事实，并利用开会前后、会间休息或是吃饭时间，与参会者直接交流，获取更多的新闻线索。常听一些记者说，会议采访虽然吃了宴请，却是“饥肠辘辘响如鼓，回家还得下挂面”，原因就是饭桌上他们根本顾不上吃，而是忙着与那些名人、专家、领导联络感情、“套取”信息。这样的宴请吃罢，腹中空空，脑中却是满满的，回家可以就着面条慢慢梳理自己的“战果”：哪些可以作为会议消息立即报道，哪些可以采访后做个深度报道，哪些可以放一放等时机一成熟就可报道……真可谓“吃一抓二眼观三”。

四、政策文件及领导人讲话

各级政府和各行业的新政策、新法规，是新闻报道的一类重要内容。因此，各部门的政策文件、领导讲话，是记者发现新闻的又一个重要途径。

具体说来，那些关于新的政策、法规出台的文件，本身就是新闻，可以直接报道。

而有些政府文件里往往透露出某些政策、法规准备或即将出台的信息，这个信息就有了新闻报道的可能性，对记者来说，它就是一条新闻线索，需要做的，只是对报与不报、什么时候报的判断了。

还有一种情况，一项新的政策、法规出台之后，有关部门往往还会出一些解释性的文件，比如某些条款的特殊含义、政策法规具体怎么实施、对实施之后可能出现的影响怎么处理等，这些内容，都是记者可以作为新闻线索来考虑的。

除了新政策、新法规，各级、各地、各部门的文件之外，尤其要注意统计部门的统计报告里经常会出现的一些统计数字、发展趋势预测以及问题分析等内容，这些内容往往具有很高的新闻价值。

以上提到的所有信息，除了出现在各类文件中，还可能由各级、各地、各部门的领导在各种场合的讲话、发言中传递出来，因此，记者应该紧盯领导活动，从中发现新闻。

五、受众来电来信

受众来电来信，是记者获得新闻线索的另一有效途径，尤其是那些直接反映问题、寻求媒体帮助的电话或信件，提供人往往是参照了之前的报道，认为自己所反映的问题、所遇到的困难与许多新闻所报道的事情相似，也可以或应该受到媒体的关注。因此，这些主动送上门来的线索、俗称“报料”，往往新闻价值很大，或者更符合相应媒体或栏目的编辑方针或报道风格。

因此，记者应该好好利用并善待这一新闻线索源，除了认真对待每一个电话、每一封信件之外，还要尊重提供新闻线索的读者、观众、听众，比如真诚接听每一个电话，尽可能地给提供新闻线索的人一个答复。监督类新闻线索，如果要进行报道，还要注意对提供线索的人进行保护。一个好的记者往往会和他的受众成为朋友，而他又总能从这些朋友处得到新的采访线索。首届范长江新闻奖唯一一位来自最基层的获奖者——四川省金堂县广播站编辑杨登榜，4 年里处理听众来信 7 880 件，解答了 3 000 多个问题，个别回信 1 800 多封，就在解答听众来信问题的同时，他也从中获得了大量的新闻线索。

原《焦点访谈》制片人梁建增曾经谈到该栏目处理来信、来电的方法：

> 综观观众给《焦点访谈》的来信、来电、来访，一般是有规律可循的。其

中有50%左右反映的是常年的“热点”问题——腐败。比如：农村基层组织的腐败、企业负责人的腐败、地方政府领导尤其是司法机关的腐败。很多观众甚至将法院的判决书一并寄来。有20%左右是反映个人蒙受冤屈或个人利益受到损害的。对于这些信息，《焦点访谈》一般采取的是用对比的方式，在大量同类信息中严格筛选，也就是典型中选典型。另外有30%左右的线索具有变移性，一个时期、一个阶段，反映的问题明显不同。比如，春耕时节，有关农资问题的反映会激增；到秋收时，关于加重农民负担的举报又会大量传来；假期会有大量家长反映孩子课业太重；开学前，往往又是举报学校乱收费的高潮期。一叶知秋，基层群众这种“季候性”反映的问题，当达到一定量的积累时，就意味着群众关心的热点问题已经形成。这是《焦点访谈》分析民情的重要依据，它可以提示我们在一个时期、一个阶段的选题方向。①

六、“新闻线人”

竞争和发展，使媒体主动或有偿征集新闻线索成为一种新的新闻现象。在这种情况下，出现了专门为媒体提供情况的“新闻线人”。这些人常常是事件的当事人或知情者，常常握有重要的新闻线索，能够保证媒体获得最核心的新闻内幕。近年发展起来的调查性报道，就常常得力于“线人”提供的线索。这些“线人”之中，有些人是理想主义者，一心想阻止社会弊端的发展，常常冒着危险向媒体举报；有些人则是跟老板闹了矛盾，想借媒体出气整人；还有一些人干脆就是为了获得提供线索的报酬。

有学者把“新闻线人”定义为“通过提供新闻线索而从新闻媒体获得报酬的人”，它的出现是媒体有偿征集新闻线索的结果。

20世纪90年代末，《羊城晚报》等媒体开始向社会征集“猛料”、开通“报料热线”，并对报料人付以薪酬。此后，开通新闻热线、通过线人有偿征集新闻线索，从而扩大新闻来源、扩大社会新闻的报道面，成为全国都市报、晚报和电视台的流行做法。有人统计，当前北京各主要都市报的热线版新闻有80%来自线人报料。更值得注意的是，作为党和政府耳目喉舌的中央媒体，新华社也于2004年6月1日开始向全社会有偿征集新闻线索。

---

① 梁建增：《〈焦点访谈〉红皮书》，204页，北京，文化艺术出版社，2002。

新闻线人的大量出现，使我们的新闻线索，特别是社会新闻的线索更具群众性和民间性，因为这些线人身处百姓中间，是记者耳目的延伸，他们提供的新闻线索贴近现实，贴近群众，是典型的“群众内容”。新闻线人日益受到重视，这突破了我国传统的新闻信息采集获取基本上局限在“官方—记者—通讯员”的框架，使社会信息的流量空前丰富，也大大提高了媒体的竞争力。

近几年媒体常有调查性报道问世，很多深入的、隐蔽的信息都来自于那些隐蔽的和知情的线人。

七、专业信息来源——通讯员队伍

在我国，有着在战争年代形成、新中国成立以来沿袭下来的“全党办报、群众办报”的传统，因此，各地、各单位都有党委宣传部或专门的通讯员，他们既给媒体投稿，又是记者可靠的新闻线索来源。

尽管以新闻稿件的标准来看，通讯员的来稿和来信，很多是不成熟的“毛坯”，但由于这些“毛坯”来自基层，来自生活，反映的往往是一个地方、一个行业或老百姓现实生活中的新问题、新动向，而这些，常常又是记者一两天、三五天的采访较难发现的。因此，有经验的记者不会把这些“不能用”的来稿和来信简单地弃之一旁，而是发现其中的新闻亮点，再作挖掘。

目前，在一些行业报和企事业单位的内部报刊中，通讯员队伍仍是一支不容忽视的新闻力量。

八、广交朋友，建立人际传播的信息网

这里所说的人际传播的信息网就是同行和各类朋友。对记者而言，同行既是竞争的对手，同时也是合作的伙伴，而各界的朋友则是了解情况的渠道，朋友越多、交友面越广越好。

老一代新闻工作者邓拓曾经对记者说过这样一段话：“你们应该走出报社大门，深入群众，广交朋友……有了各方面的知心朋友，和他们休戚与共，通血脉，随时听取他们的意见……这样，报纸就一定可以扩大题材的范围，打开我们的路子。”

2005 年 4 月 25 日，《武汉晚报》社记者胡俊、秦杰采写了一篇很有意思的消息，反映了青少年教育中的一个重大的问题。

3 000 小考生“妖魔化”妈妈

“楚才杯”五年级作文题“给我一点时间”，让3 000名被逼培优的十龄童，不约而同地将妈妈刻画成“变色龙”、“母老虎”、“河东狮吼”的形象……

22日记者在“楚才杯”组委会，发现五年级 4 200 份考卷中，超过70%的孩子选择了一个共同题材——被妈妈逼着整天培优，学习压力大，期望妈妈给自己一点时间。

孩子们被妈妈逼着赶场培优：参加奥赛、练琴学画，做着永远也做不完的练习题。在这些孩子的笔下，妈妈是“会计师”，计算好了他们的每一分钟；妈妈是“变色龙”，考了满分她睡着了都会笑醒，考差了就会大发雷霆；妈妈是“母老虎”，每次出去玩总被她准确地堵回来；妈妈是“河东狮吼”，看一会儿电视她就会发作……

在妈妈们看来，这样做是因为爱，是望子成龙。但孩子们并不领情：“妈妈，你在我心中的地位非常高尚，我不愿因为这而讨厌你，害怕你，我渴望拥有快乐的童年。”

华中科技大学教育专家郑丹丹认为，3 000 考生不约而同地“妖魔化”妈妈，反映了妈妈们在当代社会面临的共同困惑，也说明构建和谐母子关系迫在眉睫。①

这一选题，正是来源于饭桌闲聊。记者与几位母亲热议该送孩子去哪里“培优”，引发了在座一位“楚才杯”作文评委的感慨。他说在批改试卷时发现，大量的孩子因为不堪“培优”之累，在作文里把妈妈塑造成“母老虎”、“变色龙”、“河东狮吼”……他认为现代妈妈们教育太短视功利。大家在饭桌上唇枪舌创，记者则抓住这个话题，从饭桌向报纸延伸。

经调查，记者发现参加“楚才杯”作文竞赛五年级组小考生中，有 3000 人不约而同地通过作文向妈妈发怨气。而这些孩子，只是武汉 100 余万中小学生的代表而已。

这是一个困扰众多家庭的教育难题，关系到家庭的和谐，关系到国家、民族

① 载《武汉晚报》，2005-04-25。

和家庭的未来，当然应该引起全社会广泛关注。所以记者没有将之当成一般社会新闻来处理，而是敏锐抓住这一契机，充分发掘背后隐藏着的教育体制、社会体制存在的弊端，并引导家庭、学校和政府参与讨论，提出各种破解良方，最终让报道有了较大的社会影响力。

“扩大题材的范围，打开我们的路子”，这就是记者广交朋友对职业的帮助。多一个朋友，就多一副耳目，多一根新闻触角，多一个信息源。不少西方记者，为了建立自己的朋友网络，不惜下血本。而在我国，几乎所有的著名记者都是交朋友的能手。范长江善交朋友是出了名的，他的朋友可谓三教九流——上至国民党政府高官，下至平民百姓，甚至和尚、乞丐，无所不交。

著名记者艾丰更是将广交朋友，建立尽可能广泛的、经常保持有效状态的消息来源网，视为记者的“基本建设”之一。他说：“没有这项基本建设，任何人想在记者工作上取得巨大成就，是困难的。”①

记者应该选择哪些人作为经常性的消息来源呢？艾丰提出了以下几条标准：

(1) 了解新闻报道所需要的情况。

(2) 反映情况比较准确。

(3) 反映情况比较迅速。

——这三条是必备的。

(4) 在某方面具有一定的权威性、代表性。

(5) 热心于这方面的工作。

(6) 有做这方面工作的时间和条件。

…………

——这些条件是参考性的。②

而交友有交友之道：

(1) 经常保持联系。不能“用人朝前，不用人朝后”。

(2) 讲信用。对朋友提供的情况，必须按照双方的约定来处理，讲好不能公开报道的事，一定不能违约。

(3) 保护消息来源。一旦新闻报道出现误差，失实或引起了纠纷，记者要勇于承担责任。

而交朋友，一般是从打招呼、问候、交谈开始的，这就要求记者有主动意

---

① 艾丰：《新闻采访方法论》，2版，158页。

② 参见上书，161页。

识，养成见面先与人打招呼、见人喜欢交谈的习惯。

有的记者提出：人脉资源是原创性选题的基础。为什么人脉资源这么重要？因为中国的社会靠熟人办事已经成为一种交往习惯，所以，一个记者要努力营造自己的朋友网。

第六章 新闻选题的重要性

CHAPTER 6

好选题是成功的一半。

——梁建增

第一节 什么是新闻选题

简单地说，新闻的选题就是媒体报道的主要内容。

选择什么样的题材，想报道什么样的内容，取决于媒体人想达到什么样的传播效果，表达什么样的价值取向。

媒体选题的内容纷繁复杂，整个社会每天发生的各种各样的人和事，都可能是它的报道对象。传媒选择提供什么信息，决定着受众瞩目的焦点和范围。

一、选题就是把关

根据传播学的奠基者之一、大众传播研究关于“控制分析”的心理学家库尔特·卢因的观点，新闻媒体在处理新闻的过程中，每个阶段和环节都有“把关人”，这些把关人是记者、编辑和终审总编辑。他们从每日发生的无数事实和报道中进行选择，决定取舍。在新闻制作中判断哪些事实需要简化，哪些事实应该放大，这些事实片段直接影响着受众对信息的理解。把关人决定着信息的质量，掌握着信息的流量、流向以及解释信息的权力。在新闻或信息处理过程中，每个环节上的每个人都是把关人，因为必须经过其选择判断才能进入下一个环节。

以下是《中国海洋报》1999 年 8 月 3 日刊登了这样一则报道：

海上对话

下面是一份真实的海上无线电通讯的副本，记录了 1995 年 10 月 10 日，在加拿大纽芬兰岛附近海域，一艘美国军舰和加拿大人的对话。

美方：为了避免相撞，请将你们的航向向北调整 15 度。完毕。

加方：为了避免相撞，我们要求你们将航向向南调整 15 度。完毕。

美方：这是一艘美国战舰的舰长在和你们通话。我再说一遍，请你们调整航向！

加方：重复，请你们调整航向。完毕。

美方：这里是航空母舰“林肯”号，美国大西洋舰队的第二大舰只。另有 3 艘巡洋舰、3 艘驱逐舰和若干支援舰艇护航。请你们将航向向北调整 15 度，重复，是向北调整 15 度，否则我们将采取必要的手段，以保证“林肯”号的安全！

加方：这里是一座灯塔。完毕。①

以上这则短消息看起来纯属偶然碰到的一个小趣闻，但是在记者似乎不经意的字里行间，却大有韵味。

一位美国海军高级军官，挟强大特遣舰队，又不对附近海域的海图做起码的研究，竟然命令加拿大的一座灯塔为“林肯”号舰母让路，其霸气十足荒唐可笑。加拿大人看来执意调侃这帮美国海军，因而打定主意一开始就不说明自己是一座灯塔，待美国人中了圈套之后才表明身份，使那位舰长徒呼奈何。通篇纯属实录，不加一字置评，而其弦外之音溢于言表。这最后一句实乃画龙点睛，令人绝倒。②

---

① 载《中国海洋报》，1999-08-03。

② 参见周立方：《金玉良言》，183 页，北京，新华出版社，2001。

这样的一则小消息，看似实录，却嘲讽了美国军人的可笑的“霸气”。这是加拿大新闻“把关人”精心选择的结果。

二、选题具有极大的灵活性

与法官、警察所面对的事实一样，记者所面对的事实绝大多数是社会历史事实，即这些事实的行为者都是社会中的各种人。但与法官和警察不一样的是，记者在选题时拥有很强的自主性和很大的灵活性。

选题的灵活性表现在几个方面：

（一）可以选择不同的事实

面对同样一个事实的世界，不同的媒体可能有完全不同的选择：甲报认为有价值的事实，乙报可能认为完全没有价值。

（二）可以选择同一事实的不同阶段

例如报道一个运动会，可以截取运动会的开幕式，也可以截取某场比赛的决赛部分，或专门报道运动会最后的颁奖仪式。

（三）可以选择同一事实的不同侧面

如果报道一场灾难，可以有以下这样几个侧面：

是报道救灾者的英勇行为？

还是报道灾难背后的原因？

是报道灾难给当事人所造成的巨大痛苦？

还是报道灾难留给我们的深刻教训？

这通常称为新闻选题中的“角度”，是最见记者功力的地方。

（四）可以选择同一事实的不同层次

这也是动态报道和深度报道的区别。

动态报道一般报道刚刚发生的显性事实，如新闻的几个要素：

发生了什么事？

什么时间发生的？

在什么地方发生的？

什么人干的？

结果是什么？损害有多大？

而深度报道则是在动态新闻之后，就事件的原因——为什么会发生这件事？这件事背后的故事是什么？——进行调查和报道，具体能报道到哪个层次，要看记者的采访功力和截稿时间的宽容度了。

（五）可以选择纵向串联事实

即以时间为纵线展现某一事件或人物的历史瞬间。

《浙江日报》记者徐永辉坚持45年的追踪摄影就是其中一例：

1950年，年方20岁、当摄影记者仅半年的《浙江日报》记者徐永辉，第一次下乡采访了刚刚翻身的老雇农叶根土一家，并为他家五口人拍了一张合影。从此，徐永辉与这户农民结下了不解之缘。在以后长达45年的时间里，徐永辉先后追踪采访这户农民50多次，互相通信130多次，拍摄照片近千幅。

在1994年中央电视台的春节联欢晚会上，全国亿万观众被荧屏上《一户农家40年》的四幅“合家欢”照片所深深打动。这四幅照片，是徐永辉从他为叶根土一家拍摄的近千幅照片中精心挑选出来的。

第一幅合影，刚刚翻身的农民叶根土一家五口衣衫褴褛，仍然没有摆脱贫困，但男主人脸上那掩饰不住的微笑，恰恰反映了刚刚当家做主人的广大农民对美好生活的憧憬。

第二幅合影拍摄于1959年国庆节前夕，徐永辉再次采访叶根土一家，拍摄了一组反映他家幸福生活的照片，并以《一户农家十年间》为题在报上发表，从一个侧面反映了新中国成立10年间农村翻天覆地的变化。

第三幅合影拍摄于1979年，间隔20年后，徐永辉再访叶根土家，拍摄了他家后代的成长，结合资料，编发了《一曲难忘30年》一组照片，并配一长篇同名通讯，报道了这户农民一家30年来的变化：第一幅合影上叶根土抱着的幼儿，如今长大成人，成为生产能手，叶根土老人已经去世了。

1994年1月7日，正值新春佳节来临之际，徐永辉冒着严寒，专程来到叶根土家为他的老伴及儿女、孙子们拍摄了第四幅“合家欢”：这是一个子孙满堂、充满祥和温馨的普通农家，也是亿万农民奔小康的缩影。这些照片真实地再现了历史并告诉后人：我们的新中国就是这样一步一步走过来的。[①]

（六）可以选择横向串联事实

横向串联事实可用于概貌型或对比型的经验报道或现状报道，如在某项政策的实施过程中，甲地的经验是什么，乙地的经验又是什么。

在2003年全民抗击“非典”的过程中，由于初始阶段主流媒体的信息封锁，致使流言四起，弥漫全国。在信息公开之后，《南方周末》对当时流行于几个省

---

① 参见刘善兴：《新闻采访36式》，136～138页，北京，解放军出版社，2001。

的流言进行了调查，由横向串联事实的手段，将几个省区有关“非典”流言的传播状态写了如下一组报道：

（1）流言，4 天飞传 14 省。

（2）湖北：流言的流变。

（3）河南：流言在城市间跳跃。

（4）贵州：流言传播处处罚。

这组横向串联事实的报道，将各地的耸人听闻的流言，在民众中所造成的恐慌和混乱的场面一一披露，也将这些流言如：“鞭炮驱‘非典’”、“一婴儿出生即能言”、“刘姓哑巴十几年来首次开口，说出防‘非典’秘诀后猝死”、“妇女怀孕两年生子说话，说完就死”的荒谬性彻底曝了光。

（七）在第二落点上选题

例如：1983 年竣工的引滦入津是一项浩大工程，通水剪彩仪式引人关注，各媒体都派出记者，而且当地电视台进行了直播，其视觉第一的力量无法取代。那么，通讯社的文字报道，是不是就没有作为了呢？不是。

当天，新华社记者发出如下一则只有百多字的短消息：“天津市自来水公司化验后宣布，滦河的水质优于国家规定的饮水卫生标准，比北京、上海等城市的原水质要好；天津市民正纷纷购买高档名茶，准备在 9 月 11 日滦河水流到天津时，品尝甜水的味道，欢庆喝苦水历史的结束。”

这条短而新、短而巧、短而抓住人心的稿子，就是一个“你找视觉我找感觉”、在“第二落点”上选题的典型。而且，首发的通水剪彩的电视新闻，由于司空见惯而没有给人留下深刻的印象，反倒是这条第二落点的文字小消息为人所记取。

再比如：20 世纪 90 年代以来，上海的城市建设中出现了许多高层建筑，不断增加的高楼数量和特点成为媒体报道的第一落点。这时候，新华社记者又一次找到了这一选题的第二落点：“国际饭店变矮了”，由此反衬新建的高层建筑之高、之多。

国际饭店曾是远东第一高楼，是上海的标志性建筑。可是经过改革开放后短短一二十年的建设，国际饭店已经被“淹没”在崭新的高楼“森林”之中。这个以国际饭店为参照物的观察结果，具体而直观，新颖而独特，既有历史感，又有说服力，比起仅报道新建了多少高楼的数字，显然更胜一筹。所以，第二落点的《国际饭店变矮了》，比那些第一落点的概貌性报道更为人所称道。

三、选择事实的依据是记者的新闻价值观和对生活的理解力

为什么选择这个事实而不选择那个事实？为什么选择事实的这一侧面而不选择那个侧面？其依据是选择者的新闻价值观，即你认为某个事实或某个事实侧面值得传播，可以收到预想的社会效果。选择事实的前提是评价事实的新闻价值，而这种评价是与选择者自己的价值观和生活理解力紧密相关的。一个城市出身的记者可能对农民工的题材不感兴趣，一个社会责任感不强的记者可能对某种社会弊端表现得很漠然。

有这样一个例子。1997 年 7 月 9 日 12 时，大庆建设银行景园储蓄所员工姚丽、孙海波、李蓬吃午饭时，该储蓄所突然被抢。

当时，储蓄所突然闯进两名男子，其中一人从提包里拿出铁锤，猛砸柜台防弹窗，试图冲进储蓄所内。而另一名歹徒手持尖刀对姚丽等三名女职员进行威胁。姚丽等人在按“110”报警器、拨电话报警均未果的情况下，借口“找钥匙”，与两名歹徒周旋。歹徒冲进柜台内，用尖刀威逼姚丽，声称：如不打开储蓄尾箱就杀了她，并拿走尾箱。面对凶残的歹徒的威逼，姚丽打开了尾箱，将箱内 1.3 万元现金交给了歹徒，而留下了对银行来讲更有价值的票据和公章。歹徒又让姚丽打开保险柜，深知保险柜里有 25 万元现金的姚丽谎称柜内没有钱，没有交出保险柜钥匙。之后，两名歹徒又拿走了孙海波尾箱内的 3 万元现金逃离储蓄所。

第二天，姚丽从家中拿了 1.3 万元钱补齐了公款，大庆市建设银行予以接纳。姚丽的亲朋好友都说姚丽未伤及生命是不幸中的万幸。没想到不久之后姚丽又遭受了不幸。1999 年 8 月 2 日，大庆市建行以姚丽“面对抢劫没有与歹徒搏斗，有损银行形象”为由，对姚丽作出了开除公职的决定。

对于姚丽的遭遇，有两种完全相左的看法：

第一种看法认为：姚丽在歹徒抢劫过程中，没有与歹徒进行搏斗。虽然她机智地与歹徒周旋，用较小的损失保护了国家较大的利益，但无英勇之举，甚至在某些人心目中成了不可饶恕的“罪人”。

第二种看法认为：面对突发事件，首先要保护人身的安全，身体受伤并不是英雄。能够以较小的损失保护国家较大的利益而又保全了自己，这才是成熟的表现。姚丽不是有过，而是有功。

如果媒体要去报道这件事，其实就要对这两种观点进行判断。这便牵涉到怎

样看待职工的生命与国家财产，怎样看待斗争与策略，怎样评价当事人的功与过的问题。

事实上，许多新闻选题，都面临这样的情况：如何评价当事人的行为？从哪个角度去报道？用什么样的新闻观点去判断这个新闻事实？这也是媒体人经常碰到的十分艰难的选择。

以下是两篇有关公交车新闻的短消息。同样是城市公交车上发生的事，记者的报道采取了两个不同的视角，前者是表扬，后者是批评。

公交司机途中猝死
出事前将车停在路边　全车乘客平安下车

昨天上午，一辆特6路公交车在行驶途中忽然靠路边停下，随后司机晕倒，后经抢救无效不幸死亡。在失去知觉前的最后几秒钟，他做的最后一件事是把车安全地停靠在路边，乘客们得以安全下车。

西城交通支队西外队二警区民警刘强称，昨天上午9点25分，发现一辆公交车停在路边。走近时发现车内司机嘴唇发紫、额头冒汗晕倒在车内。刘强立即向领导作了汇报。随后，120救护车及特6路公交车负责人相继赶到现场。

9时39分，120急救车赶到，医生对特6路车司机紧急施救40分钟，但最终医治无效，司机死亡。

北京巴士股份有限公司双层客运分公司徐书记称，这名司机叫苏桂庭，今年49岁。今年3月，他参加了公司组织的体检，身体并无异样。他说，苏师傅昨天早晨5点上的班。司机在出事前，将车停在了路边，保证了一车乘客的安全。昨晚8时许，120急救中心开出的死亡证明称，苏师傅因心脏病突发死亡。①

一个公交司机在开车过程中突发心脏病，在死亡降临的时候，他忍着巨大的痛苦完成了自己最后的职业行为，把车刹住停在路边，没有造成大的交通事故和人员伤亡。这样一个并非重大的新闻事实，显示了一个平凡的司机不平凡的境界：忠于职守第一，个人生命第二。正是千千万万的这些平凡的人，这些怀有职业操守的平凡的人，保障了这个社会的健康运转。这篇报道写出来，比那些空洞地宣传职业道德的口号能更好地诠释职业道德的含义。

---

① 载《京华时报》，2004-06-25。

公交车上连失窃怨声多却无人斥贼

昨天傍晚，一辆正在行驶之中的公交车上连续发生几起手机和手表丢失事件，可当报案后，等待警察前来处理的过程中，“事不关己”的乘客却怨声载道、“各抒己见”，但却没有一个谴责小偷的。

当时坐在车上的徐先生说，他听到一位女乘客大声喊：“车上有小偷，我的手机被偷了。”不少乘客也赶紧查检自己的包，结果又有三位女士发现自己丢了东西。这四位失窃的乘客分处不同位置，车上小偷可能不止一人，了解情况后，乘务员立即报警，司机则将车紧急停靠路边，紧锁车门，等待警方来人处理。

当时路上特堵，乘客等了近 30 分钟。在这期间，车上近百名乘客对此议论纷纷，众多的议论声中，有人埋怨失主对自己的财物保管不善，招来小偷；有人说为这点“小事”，让大伙陪着实在小题大做；有人则嫌警察出警太慢；有人指责乘务员多管闲事。一片指责声中，竟然没有一人谴责小偷。①

在公交车上遇到小偷，车上的人们态度不一，司机报警后紧锁车门等待警察，但有些人却“事不关己，高高挂起”，怨声载道，却无人斥贼。一篇小小的报道，为人群中那些冷漠的灵魂树起了一面镜子。社会公德要靠大家来培育和维持，这是这篇小报道用事实发出的声音。

第二节　新闻选题的重要性

好的选题是报道成功的一半，而且是最重要的一半。衡量一篇报道，最重要的一个指标就是新闻选题。衡量一个媒体的层次和质量，首先要看它的选题结构，看它报道什么不报道什么，支持什么，反对什么，一目了然。在新闻评奖的过程中，评委们大约将一半的注意力都放在稿件和节目的新闻选题上。如果选题

① 载《北京晚报》，2003-03-29。

有现实意义，可操作性强，报道的成功率就高；如果选题本身有问题，即使后面的采访和写作都是高质量的，也挽救不了作品的低质量的命运。

一般来说，媒体的选题与其所承担的社会功能、受众定位和媒体的影响力有极大的关联。

一、新闻选题与媒体的社会功能

选题是把握导向的第一关，也是实现媒体功能的最重要的环节。如果一个媒体要实现它的“宣传功能”，便可能通过大量的政策解读、经验收集和舆论回应这样的选题；如果一个媒体重在实现它的“沟通信息”和“环境监测”的功能，那么它就会将社会生活中瞬息万变的新信息、新动向、新问题、新事物源源不断地纳入其视界之中，使受众可能凭借它的高质量的报道内容，有效地监测环境，实现正确的生活决策；如果一个媒体要实现“监督社会”、“教育民众”的社会功能，那么社会中频频出现的负面现象、老百姓关注的热点问题、社会生活中反映出来但还没有成为热点的问题，特别是一些采访难度很大的官场丑闻、商界黑幕和社会阴暗面等选题，就会更多地被此类媒体所关注。

2007年12月7日，《四川日报》（中国网）有一篇《流行语，一个时代的烙印》的报道，将几家报网媒体联合推出的“网友票选五年流行语”刊出，这十大流行语分别是：

（1）廉租住房制度。

（2）和谐社会。

（3）物权法。

（4）房价。

（5）政府信息公开。

（6）铁路提速。

（7）“神舟”六号。

（8）八荣八耻。

（9）反渎职侵权。

（10）“非典”。

如果说“廉租住房制度”和“房价”反映的是“住”的问题，那么，“铁路提速”则是一个“行”的问题，如果说“和谐社会”和“政府信息公开”、“反渎职侵权”是民众的一种政治诉求，那么，“物权法”和“非典”的背后，则表达了民众对个人财产和生命安全的关注。这一个个已经过时或正在流行的“流行语”背后，是时代变迁的脚步，是社会的深刻嬗变。

《中国青年报》2002年5月6日报道，一项完全由35岁以下的2 000多位网民参与、名为“2001年中国青年十大流行语”的网上评选活动揭晓。参评者在众多候选词语中选出十大流行语排行结果是：

（1）“9·11”。

（2）本·拉登。

（3）申奥成功。

（4）入世。

（5）WTO。

（6）翠花上酸菜。

（7）出线。

（8）QQ。

（9）反恐。

（10）Flash。

尽管入选的词语只有10个，但却从一种独特角度表现了2001年社会心态的主要特征：第一，全球化背景下强烈的世界关怀与问题意识；第二，“中国年”里空前高涨的民族自豪感与发展期待；第三，网络时代对新奇的迷恋与对流行文化的追逐。

1999年《大学生》杂志曾举办了“大学生评选大众十大流行语”活动（样本数1 104），其评选结果为：

（1）下海。

（2）申办奥运。

（3）发。

（4）大哥大。

（5）第二职业。

（6）电脑。

（7）没商量。

（8）说法。

（9）发烧友。

（10）学雷锋。[①]

如果将这一结果与2001年的评选结果加以对照，社会及其心理变迁的程度与轨迹可以清晰地窥见。如果再对照20世纪80年代的“中国特色”、“倒爷”、“万元户”、“迪斯科”、“平反”、“顶职”、“一号文件”等，我们可以清晰地观察到中国改革开放近30年来的社会和社会心理变化。作为一种流变着的符号表征，流行语总是最为敏锐地反映着社会心理的变迁。

不可否认的是，现代社会的这些流行语的产生和变迁，都和大众传媒有关，特别是与传媒的选题有关。报道了什么选题，在一定程度上就是为社会舆论“设置”了一个什么样的议题。

回顾改革开放以来的新闻改革历程，新闻选题的变化是最令人瞩目的。由于民众对知情权的要求，媒体的选题范围得到了极大的扩展，党和政府的重要会议，重要的决策过程由幕后走到了台前，特别是媒体的舆论监督权的实施，使公众对重大事件、公共权力、公共政策、公众人物、社会问题、社会现象都有了切切实实的监督的权利和监督的渠道，这有力地促进了社会公正的实现，促进了国家核心价值观的建设。

另外，在满足公众的知情权和加强舆论监督权的同时，各媒体围绕民生话题的服务性报道、贴近性报道也是近几年新闻选题扩展的重要方向。正是通过这类新闻选题的报道，媒体沟通信息、监测环境、监督社会、服务公众的社会功能得以大大强化。

二、新闻选题与媒体的定位

不同的媒体有着自己的选题倾向和选题范围，这首先是与不同媒体的目标受众紧密相连的。比如与工人这一群体相关的选题，《工人日报》会特别关注；而《农民日报》则会对“三农”题材的新闻格外青睐。

另外，功能定位不同，媒体的选题倾向也会有所差别。如国家级的党报、各省的省报，往往着重从全局角度选题，报道社会的政治、经济、文化大事，重在传达政策、解读政策，收集经验、反映舆论；而都市类和晚报类的报纸，则侧重于本地社会新闻的报道，为公众提供本地社会生活的必要信息。

从不同的评价视角来区分，也可以将报道的选题分作褒扬性的报道与监督性

① 载《北京青年报》，2002-08-05。

的报道。对同样一个事实，不同媒体可以形成完全不一样的评价视角，有不同的选题特征。比如报道火灾，媒体传统的选题方向可能定在对救灾的报道，如：领导的有效部署和得力指挥；消防官兵的高效工作和奋不顾身；医护人员的救死扶伤的精神；老百姓的爱心和互助精神等。这是很长一段时期内，我们国家对灾难性事件报道的选题特征。而目前媒体对于灾难报道的选题倾向则产生了重大的改革，如：一些媒体可能会首先报道灾难给老百姓的生命财产所造成的损失；报道那些遇险或遇难者的家庭所面临的悲惨命运；以及社会对他们的关怀和救助行为等。另外一些媒体则可能选择监督性的视角，重在揭露引起灾难的原因——是当事人的渎职行为？还是相关干部的腐败？是人员的技术素质低劣？还是制度层面的问题所导致的恶果？

正是不同的选题结构，界定了一个媒体的受众层次和价值倾向。事实上，很多时候，读者翻开一张报纸，仅仅从选题的倾向和选题的结构，就能很分明地感觉到这张报纸的价值观和文化品位。

2003年5月12日，在抗击"非典"最艰难的日子里，《中国青年报》刊出了16个版的特刊纪念国际护士节，其中用整整7个版，刊登北京、广东等疫区参加抗击非典的普通医护人员的姓名。对此，5月19日《中国青年报》一篇署名李丁辉的评论《普通劳动者也有名有姓》中说道：

> ....
>
> 让这么多普通从业者的名字上报，在我所见所闻的报刊之中，是第一家，也是第一次。尽管其中没有一个我认识的护士，但我还是同样感动。这不是那种追星捧月的感动，而是对我们身边许许多多普通劳动者的最朴素的感情。
>
> 对我们的媒体，老百姓或多或少有这样的看法：电视、报刊是为领导歌功颂德的，是为顶天立地、十全十美的英雄树碑立传的，是为各类"星"们、"家"们炒作造势的，而普通老百姓，只有顶礼膜拜的份儿，只有随声附和的份儿，只有垫背陪衬的份儿。侥幸露把脸，人家当领导的，当明星的，有名有姓，还有各式各样耀眼的头衔；到了咱老百姓，没名没姓，概以"某地市民"、"某地群众"相称。一场事故灾难上了电视、报刊，领导一茬又一茬，打电话慰问的，到现场作指示的，都是镜头的焦点；至于谁在第一线抢险，谁失去了生命，多少个家庭破碎，事故是怎么造成的，等等，都被一句"正在进一步调查处理中"打发过去了。多少劳动者忠于职守，奉献青

春，只能默默无闻；各类明星的私生活、打情骂俏却频繁在媒体上不厌其烦地被炒作。我们的媒体在做什么？

我们需要月亮，我们更需要星星；我们需要领导，需要英雄，但我们更离不开千千万万的普通劳动者。他们的地位不是很高，报酬不是很丰厚，他们的故事不是很精彩，他们的言行不是很豪壮，但他们确确实实是社会的基石、国家的脊梁。不要“造神”，无须“造星”，只要偶尔让中国普通劳动者的名字得到应有的尊重，足矣。[①]

选择这样的报道内容和这样的评论，与《中国青年报》一贯的“维护社会公正、坚持人文关怀”的办报方针是分不开的。

三、新闻选题与媒体的影响力

选题是一个媒体能够生存的根本，选题的质量决定着一个媒体在公众中的影响力和可信度。不同的选题构成了媒体品质的基础，它是不同的媒体给公众描绘的拟态世界，这种拟态世界最终又会经过公众的检验，经过社会生活的检验，特别是经过历史的检验，而给不同的媒体的选题做出评价。如果我们通过选题构成的拟态世界和这个真实的世界接近的程度高，它就能够使依仗它的受众做出高效的比较满意的生活决策；如果一个媒体的选题质量低，也就是说它所反映的拟态世界和现实世界差距太大，它所提供的信息、所倡导的舆论导向就会使人们在社会生活中屡屡遭受挫折，那么历史也会给这些媒体做出否定的评价。所以说，新闻选题既是媒体实现其社会功能的基础，又是塑造媒体形象、提高媒体公信力的最有效的手段。不同的新闻选题显示了媒体人不同的新闻价值观，也显示了不同媒体的业务实力。

从这个意义上说，选题是决定媒体影响力的最重要的因素，一家媒体关注什么，追踪什么，赞扬什么，贬斥什么，都会在它的选题结构中非常清晰地表现出来。选择了老百姓关心的选题，选择了能针对社会普遍问题的选题，选择了能够引导社会团结向上与和谐进步的选题，便会收到好的传播效果，同时也提升了媒体自身的公信力和影响力。

新华社的品牌效应，来自于其权威“消息总汇”的信息引导和信息服务的

---

① 载《中国青年报》，2003-05-19。

功能。

《中国青年报》的旗帜，来源于其对社会公正的不懈追求和在舆论监督方面对社会黑暗、官场弊病的有力抨击。

20世纪90年代诞生的中央电视台《焦点访谈》、《东方时空》栏目，贴近社会热点，关注百姓议题，使报道频频取得具有震撼力的社会效果，为电视新闻赢得了荣誉。

2001年，《人民日报》和广西电视台冲破重重阻力，率先报道了广西南丹锡矿的矿难瞒报事故，使81名死难矿工的灵魂得见天日，使瞒报者官商勾结的行径得以曝光。

2003年，《南方都市报》的一篇有关孙志刚在某收容所被殴打致死的报道，震撼了当时的舆论界，引起了国务院领导人的注意，也因此促使我国实施了20多年的收容制度发生了根本性改革。

这些重大选题的推出，使舆论监督得以良性发展，使社会公正的理念得以传播。而且，这几年网络新闻的发展，使这些重大的选题扩大了其传播效应，影响了当下的社会舆论，也使这些媒体的影响力和竞争力有了实质性的增强。

第三节　高质量的新闻选题的特征

从新闻操作上来讲，任何一条线索，都可以把它定为新闻选题，关键是看记者编辑选题的眼光、选题的能力和新闻价值取向。

一般来说，好的选题都有以下特征：

一、重大性

重大，是指取材的重大性与重要性。记者传播信息，首先是要选择重大且有轰动效应的信息，在一定时间和地域内为大多数人共同关注的事件。比如，国际上的战争、民族之间的激烈冲突、国家政权的变动、国内党和政府重大政策的出台、重大的突发性事件，等等。此类事实本身和公众的生活有很大的关联，且覆盖面广，影响的程度深，易引起社会的强烈反响，有天然的传播优势。总编为报纸选头条，主要是考虑此类题材。

在2003年“非典”肆虐时，社会上曾经谣言四起。我国媒体传统的做法是“不信谣，不传谣”，当时很多媒体对谣言避之唯恐不及。在此期间，北京一家报纸的记者一反传统做法，“到谣言中心击碎谣言”。记者对这些谣言所涉及的人物、地点和事件进行了逐一的盘查，用谣言风暴中心的事实破解了谣言：

传言一：中关村女职员被盛传得“非典”病逝。

调查结论：传闻已病逝的郭小姐日前出现在传闻已封闭的中关村海龙大厦三层。半个多月前，她因工作出色被公司调到硅谷电脑城担任分店负责人。本来是一次正常的人事调动，结果竟被谣言传成了当事人是因为“非典”离开了海龙大厦，甚至说她已经病逝。面对记者，郭小姐问：“谁说我得‘非典’死了?!”

传言二：“史蒂文·沈”称，北京有“一种尚未被确诊的疫情”正在蔓延，已经“夺去了143人的生命”。

调查结论：北京市卫生局局长金大鹏4月13日发布声明，北京从未有“不明疫病”蔓延。3月初，北京出现第一例输入性“非典型肺炎”，目前已有8位患者痊愈出院。迄今为止（4月13日），死于“非典型肺炎”的患者总计4人。北京从来没有发生“不明疫病”。

传言三：国贸中心18层被封闭。

调查结论：该栋楼并没有封闭，该楼层的几家公司仍在正常办公。办理业务的客户也络绎不绝。保安人员在各楼层坚守着自己的岗位，清洁人员在清理大厦的每个角落。

传言四：招商局大厦15层封闭。

调查结论：招商局大厦物业管理中心的经理耿天舒解释，15层的租户在去年年底就停租搬走了，一直到现在没有人租住。

传言五：中关村已经被封锁。

调查结论：整个大厦的办公区里的工作人员都在正常办公，一楼的饭店、银行都在正常营业。附近海龙大厦里的电子生意也照样红火，市场前的停车位上午就已经满了。在一层的数码大厅里，商家继续做着各种电子产品的促销活动。①

这篇报道并没有太多的评论与注解，只是迎着谣言逆流而上，通过调查的结论一一戳穿了本来就易碎的谣言。中央电视台孙玉胜评论说：“这样的调查是权

① 转引自孙玉胜：《十年——从改变电视的语态开始》，169～170页。

威的，因为它点中的是读者的穴道，那些谣言风暴中心，正是市民心里最大的恐慌所在。”

面对“非典”这样重大的公共卫生事件，作为负责任的媒体，在面对谣言时，就应当义无反顾地站出来，迎面去击碎它。

二、大众关心

有些领导者总认为，行政上的举措天然就具有重大性，比如市里召开了大会，就要求记者重点报道，这常常使我们的报刊上充斥着各种各样的会议消息、领导视察新闻。但是，领导们眼中的轰轰烈烈，不一定有大的传播价值，因为老百姓可能不关心。要让老百姓关心，必须找到社会的舆论热点，找到老百姓普遍关心的事。即使市里召开的会议研究的正是老百姓关心的事项，如果没有把这个价值点突出出来，而仅仅是报道会议的议程，同样不会引起老百姓的关心，因此不能算作好的选题。

新闻选题的视角和老百姓关心的视角常常会出现不一致的情况。例如有关洪灾的报道：受众最直接、最本能关心的是受灾群众的生活状态、灾难的现场、灾后重建等问题。但新闻报道中最多的往往是抗洪救灾的场面，比如这个场站、那个堤坝的情况，更多是从工作角度出发的报道，或者有些媒体上来就是洪灾原因的分析，这与一些灾区受众和非灾区受众的心理需求是不相符的。

所以我们在发掘选题的时候，不论是大事还是小事，都要找到大众关心的那个切入点，都要站在大众的立场上来思考选题的视角。

有时候，一件很小的事实却是一个很好的选题。

［埃菲社罗马 2003 年 7 月 19 日电］意大利一位 91 岁的老人为取得小学毕业证书，决定参加考试。今天他已经同西西里岛一所小学的学生一起参加了相应的考试。

这位老人名叫安东尼奥·索拉，居住在当地已多年。他今天参加的考试科目有意大利语和算术，其中包括欧元计算问题。据他的老师说，他的算术很好。

这位老人准时来到考场，接受生平中第一次笔试。当他来到考场时，在场的电视台和报界记者都感到惊讶，大家纷纷把镜头对准这位不同寻常的考生。

陪同他前往考试地点的有他的儿子和三个孙子。

穆索梅利市市长杰罗·瓦伦扎宣布，将在老人居住的地方举行一次庆祝活动，祝贺他将取得他所期待的小学文凭。对于他能够取得这张文凭，所有人都不表示怀疑。

安东尼奥的经历已经被德国一家电视台制作成特别节目播放。①

无独有偶，2001年高考时，我国也出现了一条引人注目的新闻。

随着教育部关于“高考不限年龄和婚否”这一新规定的出台，南京一位72岁的退休老人汪佚冒着高温，与该市两万多名“孙子辈”的考生们一道参加了高考。由于高龄，老人成为新闻人物，受到特别的关照。出租车公司为老人赴考提供免费车辆服务；招生办在征得周围考生同意的前提下，为他专门备了一台电扇；此外，还有一辆应急车……但是汪老笑言，同样是考生，他在体检、收费、评分和录取等环节上，不应该也不奢望受到特殊照顾。他说：“自己这么大年纪，能作为一个考生参加高考，这本身就很有意义。”②

这条新闻之所以引人注目，并不在于年逾古稀的人赴考会有什么戏剧性的表现，而在于“爷爷级”、“父亲级”考生出现的背后的社会意义。

《人民日报》在随后的评论中指出：

这是时代的进步。相比过去人才培养的工具化特征，这体现着对每个人的日益尊重和人文关怀。折射出每位公民基本权利的获得正在真正成为现实。③

三、独家性

所谓独家报道，是指那些在重大事件发生后，在第一时间赶到现场播发的报道，或者是经过记者挖掘，使那些被掩盖的重要事实得以公之于众的报道。在国

① 转引自马胜荣、薛群：《描述世界——国际新闻采访与写作》，247页。

② 转引自江作苏：《记者心语》，129～130页，北京，中央文献出版社，2003。

③ 转引自上书，130页。

际新闻界，著名的独家新闻，常常是一家媒体得以声名远播、公信力大增的重型武器。这是新闻传播的本质赋予选题的特质。

所谓独家性，是指这样三个吸引眼球的地方：

（一）独家事实

独家事实，首先指的是重大突发性事实的即时报道。

现在媒体竞争日趋激烈，为了获得重大的独家新闻，各国媒体都不惜投入重金、派出尖端记者群前去报道重大新闻。

比如发生在2001年的阿富汗战争，据新华社资深记者马胜荣介绍：

仅战争爆发前一周，各媒体为报道这场战争的支出就已经超过2 500万美元。有人曾列了这样一张清单：

巴基斯坦国际航空公司从纽约飞往伊斯兰堡的经济舱票价为3 133美元；

伊斯兰堡马里奥特饭店的住宿费每晚235美元；

每台卫星通信设备的运输和安装费5万～7万美元；

传输电视信号每15分钟2 000美元；

在阿富汗境内，行驶30公里的出租车费为300美元；

雇翻译一天的费用为150～200美元；

一顶带保安的5平方米帐篷每晚115美元。

报道2003年3月伊拉克战争的费用也不菲。据进入巴格达报道伊拉克战争的中文记者之一、香港凤凰卫视的闾丘露薇透露，她的摄制组在伊拉克和周边国家采访两个月的费用是60万美元。

英国《经济学家》周刊报道，CNN在海湾地区报道这场战争的工作人员有250人，每天的费用是100万美元，还预留了2 500万美元的专项经费。

美国福克斯新闻社的报道战争的预算高达数千万美元；美国新闻电视网的预算更是高达4 000万～6 000万美元。

为报道战争，每次都有上千名记者赶往战场，集结在周边地区的记者不下数千人。他们目标一致，为独家新闻冒险、奔忙。法国《巴黎竞赛画报》记者佩哈尔为进入阿富汗采访，男扮女装，暴露后被投入大牢；《华尔街日报》记者珀尔为采访塔利班，遭诱骗绑架，最后被杀害。在伊拉克战争中殉职的记者有20人之多！①

另一类独家事实，是指记者独立揭露出那些被人着意掩盖的事实。中国人

① 参见马胜荣、薛群：《描述世界——国际新闻采访与写作》，402～403页。

最熟悉的近代著名的独家新闻，就是美国记者埃德加·斯诺在1936年对陕北苏区的报道。斯诺经历了四个月的夜以继日的采访之后，回到北京，便埋头写作。1937年10月，《红星照耀中国》由英国兰戈茨公司出版，在西方世界引起轰动。从1927年大革命失败直到斯诺访问红军近10年里，美国和西方其他国家一直没有有关中国共产主义运动的第一手报道，只能靠国民党政府“剿匪”的陈词滥调来判断中国的政局。而正是斯诺的报道才使西方，特别是美国政府注意到了中国共产党这支坚决抗日的力量的存在。这个由斯诺的勇气、历史的机遇和斯诺的职业责任感所造就的独家新闻，奠定了斯诺成为“伟大的记者”的基础。

在目前的中国，记者的独家报道通常指的是，揭露出那些被人蓄意掩盖的官场腐败及社会黑幕。

2000年7月9日11点30分，本年度高考结束的第一时间，湖南经济电视台生活频道，用一个小时的节目，将湖南嘉禾高考考场舞弊现象公之于众。这时候，《羊城晚报》记者赵世龙和《焦点访谈》的记者仍待在发生考场舞弊现象的嘉禾一中教学大楼旁的观察点上，抓拍考生交卷离场时的种种混乱迹象。镜头里可以看到：结束铃声响后，有些考生仍不肯离场，抓紧时间，比照着别人的试卷，把答案往自己的试卷上搬。对于这则报道的主导者——《羊城晚报》记者赵世龙来说，这最后的时刻同样是非常紧张的。

11点50分，赵世龙等人扛着摄影设备，冲进了高考考场所在的嘉禾一中教学大楼，考室的门已上锁，但有些监考的老师们还未离去。他们直接拿出证件，亮出记者身份，要求老师们马上开门。很显然，此时老师们还未得到媒体已经将考场情况曝光的消息，被突如其来的记者和记者们提出的要求打了个措手不及，不知道如何应对。一间间考室的门打开了，里面满地狼藉。除了草稿纸，地上、桌上，到处落有纸条，记者们打开一张，看见上面写着：“某某某，我一着急第几题做不了了，你赶快给我传过来。”再打开一张，“某某，第二题答案是什么？”再一张：“第五题我不会做。”

给记者们印象最深的，是一些打印出来的小纸条，比如有一张，就是按着题号，排列下来的全套英语试卷标准答案。从选择题到对错题，和题号配合得一丝不差。这种纸条又是怎么出现的呢？是谁能够从容不迫，作弊都能做得如此周到细致？赵世龙想到了开考第一天，他们拍到的那几位离开监考岗位，在考场内外不断串门，甚至趴在窗边跟学生谈心的老师，那些奇怪的举动，现在从这些打印的小纸条上，得到了解释。

…………

湖南经济电视台播出的这篇报道，在嘉禾县引发了一场高烈度“地震”。

下午1点，湖南经济电视台报道结束后半小时，针对此事，湖南省委常委扩大会议紧急召开。

7月9日下午，由湖南省教育厅牵头，湖南省纪委、省监察厅等共同组成专门调查小组赶赴嘉禾进行现场调查。

晚上9点，中央电视台《现在播报》栏目，打破每条新闻稿播报时间不超过5分钟的惯例，用长达十多分钟的时间，播报了嘉禾舞弊案，并配发大篇幅新闻评论。

7月10日，教育部新闻发言人就湖南郴州嘉禾一中考场混乱问题发表谈话，并下发紧急通知，要求严肃查处高考中出现的舞弊违纪行为。

当天，记者赵世龙所在的《羊城晚报》的半版详细报道也刊发出来，全国各地媒体纷纷派出记者，前往嘉禾实地采访……

这个揭露湖南嘉禾一中高考舞弊的独家报道，是赵世龙冒着生命危险策划并组织拍摄的。高考是一年一度举国上下关注的大事。考上大学和考不上大学也许决定了一个人、一个家庭的命运。赵世龙说：“高考就是中国最大的国考，是我们社会中存在的最公平的一种机制，我觉得一定要把它曝光，还社会一个公正。”正是抱着这样的信念，赵世龙不顾别人“20万元买赵世龙人头”的威胁，硬是把这个我国恢复高考以来最大的高考集体舞弊丑闻揭露了出来，使当年嘉禾考点的203名被证实舞弊的考生被取消高考资格，包括县教育局副局长在内的19名涉嫌丑闻案的当事人被查处，分别受到了刑事和行政处罚。

（二）独家分析

独家分析是指媒体在整合事实的基础上，对整个事实的发展态势、因果链条、发展趋势所作的分析或解释。

事实上，在信息社会，媒体获得独家新闻事实的机会越来越少，各媒体的竞争更多地体现在对事实的判断、评价上。独家分析，正在成为许多媒体和栏目的核心竞争力要素。

下面是中国《人民日报》和俄罗斯《共青团真理报》有关俄罗斯首富霍多尔科夫斯基被逮捕时发的消息：

中国《人民日报》的稿件：

莫斯科一家法院昨天根据检察机关的请求向尤科斯石油公司总裁米哈伊

尔·霍多尔科夫斯基发出逮捕令，目前这位俄罗斯首富已被关押在莫斯科第一隔离侦讯看守所内。

俄罗斯总检察院昨天向霍多尔科夫斯基提起刑事诉讼，指控他犯有巨额诈骗、逃税、伪造公文、利用欺骗手段给他人财产造成损失、侵吞财产、拒不执行法院判决等罪行。俄总检察院指控霍多尔科夫斯基的公司及其下属机构非法攫取的资金和逃税给国家造成超过10亿美元的损失。

霍多尔科夫斯基通过自己的律师驳斥了检察机关的指控。尤科斯石油公司也发表声明说，俄司法机构逮捕霍多尔科夫斯基是出于政治目的。

尤科斯石油公司是俄罗斯第二大石油公司，也是世界第四大私营石油公司。据俄媒体介绍，该公司石油日产量达230万桶。①

俄罗斯《共青团真理报》当年11月11日的稿件：

霍多尔科夫斯基的用意十分清楚：他打算由一个99%的财富是油井和基础设施的俄罗斯亿万富翁，变成一个在西方坐拥上亿现金的真正亿万富翁。

霍氏准备以250亿美元的价格向美国石油财团出售尤科斯40%的股权。另有13.6%的股票拿出来公开出售。结果是，购买这40%股权的美国财团将掌握尤科斯公司的控股权。可以确信，美国财团早已买下了10%以上的股份。

霍多尔科夫斯基从这笔交易中得到的是什么，十分清楚。他在解决自己的问题。将以基础设施形式存在的非现金资本套现，从而在俄罗斯境外获得现金。

如果交易成为现实，俄罗斯将得到些什么？霍多尔科夫斯基并非贪得无厌之人，会拿成交金额的一部分纳税。那时，俄罗斯将有80亿美元的进账。其余的钱将进入霍多尔科夫斯基的腰包，尤科斯则有新的主人。

实际上，霍多尔科夫斯基卖掉的根本不是尤科斯，因为尤科斯公司的产油量几乎占俄罗斯的三分之一。在俄罗斯，仅石油出口收入就占政府财政收入的13%～14%。另外还有对石油行业的税收，再加上相关行业，石油部

① 转引自马胜荣、薛群：《描述世界——国际新闻采访与写作》，425页。

门总共为国家财政带来30%～40%的收入，也就是说，在国家预算收入中，尤科斯占10%～15%的比重。

这几乎意味着，对俄罗斯的支配权正转移到尤科斯新主人的手中，因为支配5%～10%的国家财政就是对全国的支配。而尤科斯所有者手中握有在任何时候制造大规模政治危机的最强有力的杠杆，凭借这个杠杆可以向克里姆林宫无限制施压。政府无法顶住这种压力。甚至将其财产国有化也是不可能的，因为私有财产神圣不可侵犯，美国将有充分的道德和法律权利以各种方法（包括军事手段）保护本国公民的私有财产。俄罗斯失去的东西要比250亿美元更多，而250亿美元已经不是个小数目了。

棋局似乎在按霍多尔科夫斯基的设计发展。毫无疑问，被捕列在霍氏的计划之内，不久就能看到他予以回击。其实他已进行了回击：把尤科斯公司交给美国公民管理。①

《人民日报》的报道只是报道了尤科斯公司总裁霍多尔科夫斯基被捕的消息，而《共青团真理报》的报道则通过对霍多尔科夫斯基的所作所为，一层层地进行解剖和分析，一针见血地指出了此事的实质——霍多尔科夫斯基出卖的不仅是尤科斯公司的股权，而是将俄罗斯国家利益出卖给了美国。尽管该报道没有直接写俄罗斯政府为何要对霍多尔科夫斯基采取行动，但根据报道提供的事实和解释，读者不难自己得出结论。很显然，这样的报道要比一般的“消息”深入、耐看。

（三）独家人物

在某些新闻事件发生以后，记者能够迅速找到和这个事件相关的权威当事人进行采访，这一类的专访常常具有独家性。

“文化大革命”之后，当年被诬为“三家村”黑帮并被迫害致死的吴晗得到平反。这消息当然是由那些专门跑这个口的记者从正式渠道得到并首发，但《人民日报》老记者柏生并不放弃这个平反事件题材，她迅速访问吴晗遗属，第一个从人物的角度揭示了事件的深层内涵。她是这样写的：

吴晗同志的沉冤终于昭雪了！然而吴晗同志和他一家人的悲惨遭遇，却给人们留下了难忘的历史教训。

---

① 转引自马胜荣、薛群：《描述世界——国际新闻采访与写作》，426～427页。

在北京永定门外一座偏僻的普通居民楼里，我见到了吴晗的儿子吴彰。经过一场浩劫之后，他是这一家四口唯一幸存下来的人了……[①]

看了这个开头，读者一下就被带入了事件的氛围中，特定人物所具有的接近性，使事件更容易为人所理解。老记者柏生的做法非常值得我们借鉴。

（四）选题的可操作性强

对于选题的可操作性，媒体人常常有这样一种表述：判断一个选题的质量，一是预测其是否“好看”，二是要估计它是否“好做”。这个“好做”，就是指选题的可操作性强。

一个选题是否具备可操作性，可以从以下几个方面判断：

（1）它是否符合当前相关的政策法规和宣传口径。

这是在我国目前的社会大背景下必须考虑的第一个条件，否则，即便选题形成报道，也见不了报、播不出去。

（2）选题中事实本身是否具有可被报道的必要前提。

如主要的当事人和负责人是否可以找到并接受采访，事实中的新闻现场是否可以接近，成本是否太高，这对于特别强调画面感的电视新闻是至关重要的。

比如莫斯科的人质事件，大批军警严密封锁现场，使记者的拍摄几乎没有可能进行，只有广播记者可以录下远方传来的枪声。

再如某些领导人视察的场面，大批安保人员已经在记者和新闻源之间形成一道隔墙，如果没有特别通融的办法，是难以接近现场的。

再如采访的某些当事人，由于情绪、心理等方面的原因，是否愿意接受记者的采访，是否能够承受拍摄和闪光灯的打扰。

再如一些企业往往在黑夜里偷偷向河里排放污水，记者是否能拿到真实的现场资料，等等，这是事实本身所构成的报道条件。

另外，当事人懂不懂汉语，当事人的方言能不能为记者和电视观众所接受，还有对负面现象的报道是否损害了当事人的隐私权，等等，都需要在选题时加以考虑。

（3）媒体及报道的团队和记者的个人能力是否具备相应的报道条件。

如赶赴外地和外国采访，媒体是否能够担负起旅差费用，记者是否具有相应的身体素质和应变能力，相关的发稿媒体是否具备技术上的支持。《中国青

---

① 转引自江作苏：《记者心语》，117页。

年报》记者叶研被称为“三极”记者，他先后采访过南极、北极和攀登珠峰的活动，这首先仰仗于他出色的身体素质——耐寒、耐长途奔波、体能灵活，以及他的探险精神。在野外采访方面，女记者的体力和耐力常常在很大程度上限制了采访活动。

第七章 新闻选题的标准

CHAPTER 7

选择什么样的题材，就是想报道什么样的节目内容，也就是想传播什么样的媒介观点、表达什么样的判断取向。

——梁建增

新闻选题的一般标准，从原则上讲，就是新闻价值。或者说，是以选题者，即新闻的“把关人”所理解的新闻价值作为选题标准的。

确定选题的过程，就是记者编辑对新闻线索中的新闻价值进行评价、判断和决策的过程。

但是，在新闻实践中，很难在操作层面直接应用“新闻价值”这个标准。不同的新闻从业者、不同的媒体、在不同的历史时期对“新闻价值”有不同的理解。这种理解常常以在新闻实践中形成的一定的文化形式、价值观念体系和被制度化、体系化的规范准则为依据，并将之转化为记者自己熟悉的、比较适合当下新闻传播环境的选题标准。

第一节　新闻选题的不同标准

梳理一下新中国成立以来国内媒体新闻选题常用的评价标准和思维模式，大致可归纳为以下三类：

一、以“是否符合党和政府的方针政策”为选题标准

这个标准可以简称为“政策为本”论。

这种新闻选题的评价标准，指的是这种评价的思维模式，即：记者得到新闻线索后，欲判断一个事实是否有新闻价值，是否可以作为新闻选题，首先要看这一事实是否蕴含着能满足宣传党和政府的方针政策的因素。比如经常出现的符合方针政策的新成就、新经验、新风尚，以及违背方针政策的新动向、新问题，便是选题的主要关注点。这种评价标准使得大量的经验报道、成就报道、问题报道的选题都表现出一个特点：围绕党的方针政策转。党的方针政策和不同时期的中心工作就像一束强大的探照灯光束，指导记者去搜寻新闻事实。

在这种选题标准的运用过程中，记者对新闻价值的判断通常依托两方面的信息：

第一方面，来自上头的信息，指党和政府的方针政策和中心工作，形成媒体当下的报道思想及选题方向。

第二方面，来自下头的信息，指当下的社会大背景和老百姓关注的新问题、新动向。

这种选题的思维模式被记者们称作“吃透两头”。

虽然说选题依据的是上下“两头”的信息，但在实践操作中，作为新闻“把关人”的记者们，更多的是以是否有利于宣传党的方针政策作为选题的中心标准和基本尺度的。

这种选题判断的思维模式在我国新闻界运用的历史最长，范围最大，影响也最广泛。

二、以“是否适合受众需求”为选题标准

这个标准也可以简称为“共同兴趣”论。

这是改革开放后新闻选题思维模式的演化结果。

这种新闻选题的评价标准，不是首先以“是否符合党的宣传方针和政策”为价值尺度，而是以“是否符合公众的共同兴趣，能否满足受众需求”为价值尺度。

“共同兴趣”几乎是受众需求的同义词。应当说，“共同兴趣”的标准对于新闻界解放思想，使新闻实践回归新闻的本来面目起到了巨大的作用。它根本性地改变了中国新闻选题的结构，也极大地改变了新闻选题的视角和新闻的语态：

依照共同兴趣，新闻的信息量增加；

依照共同兴趣，选题领域空前扩大，正在伸展到广大受众“感兴趣”的领域；

依照共同兴趣，新闻改变了板起面孔教训人的“语态”：从“我说你听”、“我说你看”，转变为“你想听什么”、“你想看什么”，新闻的语态变成了与受众平等交流的服务话语。

总之，依据共同兴趣，新闻空前地向着它的本来面目——公共性和公益性的义务和责任迈进，也使我们的新闻事业在用“共同兴趣代言人”取代“阶级斗争工具”的角色转换中取得了巨大的发展。

这是新闻业从宣传功能嬗变到新闻功能的观念转型，是对新闻本质的一种回归，是一个历史性的进步。

三、以客体事实属性为选题标准

这个标准可以简称为“事实为本”论。

按照西方的新闻传播理念，人们将新闻事实的属性概括为五种，即：重要性、显要性、时新性、接近性和趣味性。这种选题标准，不是用政策来衡量事实的新闻价值，也不是用舆论热点、共同兴趣来衡量事实的新闻价值，而是看事实本身的“分量”：

事实是否重大——对社会生活的影响面是否广？影响的程度是否够深？

事实是否显要——能不能吸引公众的眼球？

事实是否新鲜——能不能满足老百姓的“信息”期待？

事实是否有接近性——是不是老百姓身边的事情？

事实是否有趣味性——能不能引起不同层次受众的共同兴趣？

这种以事实属性为评价尺度的选题标准，其基础仍然是受众的“共同兴趣”，是以事实是否符合受众需求为评价尺度的。因为，公众是依据媒体提供的信息来

“监测环境”，进行生存决策的，而“重要”的、“显要”的信息是最有参考价值的，因此肯定是公众最感兴趣的。

以上三种选题评价标准是在新闻实践中通过不断的演进和融合历史地形成的，也正在不断地接受新闻实践的检验。

第二节　对不同选题标准的分析

一、对“以政策为本”的新闻选题标准的解析

在我国几十年的新闻实践中，这种政策导向的新闻选题观，对于统一群众的思想，推动社会主义建设的进展，曾经起过并且今天仍然在起着极其重要的作用。而且这种方法并非中国新闻独有的现象，无论东、西方国家的主流媒体，政府议程、政策法规的发布，社会反馈、社会相关实践经验的收集等新闻事实，都是新闻界首要的选题。

记者的做法是：一方面，必须熟悉党的方针政策且密切关注中央的精神和具体政策条文的变化；不仅要深刻了解已成文的政策，而且要对制定政策的现实社会的依据有相当的把握；另一方面，要对现实社会问题或群众呼声有敏感的觉察和深切的理解，才有可能随时在宣传方针政策和不断涌现的新事实之间架起意义的连线。

问题在于，“以政策为本”在很多记者心中仍是衡量新闻的权威标准，甚至是唯一标准。凡是不符合相关政策或没有明确的政策依据，就要先“放一放”，甚至要一律排除以保证新闻选题的“安全”。因此，仅仅以党的方针政策作为衡量新闻的中心价值标准，越来越不适应复杂多变、价值多元的社会现实。

这种选题模式的弊端常常表现在：

（一）对社会问题的关注滞后，形成对某些重要信息的遮蔽

如果记者将确定新闻选题的视野仅仅限于党的方针政策和政府的议事日程的范围内，仅仅以政策的指向作为新闻价值的尺度，那么这样确定的选题，常常使应具有监测环境、社会瞭望功能的媒体，对社会问题的关注滞后。

如，实际生活中已经普遍发生的问题，如果没有引起相关方面重视和政府的行动，常常也不会引起记者的关注。不少记者不是一个独立的社会观察者，而是

习惯于“眼睛向上”，习惯于瞄准政策、紧跟政策、围绕着政策来评价事实、确立选题的宣传者。这常常导致某些社会问题不能及时转化为新闻选题，不能及时引起公众的关注，从而不利于问题的解决。

如媒体对农村问题、农民问题、农业选题的长期忽略，以及对农民的医疗和养老问题，对农村留守儿童的问题，对体制上的城乡断裂所引发的社会问题，对性观念混乱造成的社会后果等问题，都存在选题空白和报道严重滞后的现象。

再比如农民工欠薪的问题。此问题虽然在社会生活中已经存在了很长一段时间，且在有些地方矛盾已经相当尖锐，屡屡闹出了人命案，但在中央没有出台相关的政策之前，这类报道仍然比较少见。此类问题基本上属于边缘性选题。现在此问题已引起了中央的高度重视，中央作出“建设社会主义新农村”的重大政策调整后，媒体开始对农民工的欠薪问题、医疗问题等予以大量关注。可以说，这种思维模式遮蔽了记者的视野，从而也遮蔽了重要的社会信息。

（二）对政策制定水平缺少反思和质疑意识，限制了记者的创造性

“以政策为本”作为衡量事实的新闻价值的唯一标准或最重要的标准，常常会导致这样的结果：有利于宣传政策的事实就可能被选入新闻选题，不利于宣传政策的就排除在选题之外。似乎政策的正确性是不容置疑的。但历史的经验证明，由于决策者对社会实践的认识水平和认识能力受历史条件限制，一些政策，包括国家的大政方针，常常是不完善甚至是有重大缺陷的，有时甚至是完全错误的。这样的决策在社会实践中常常会导致灾难性后果，使国家和人民的利益遭受重大的损失。这在我国社会主义建设的历史中已有过深刻的教训。

这种“以政策为本”的选题模式在新闻实践中还造成了另外一种倾向：限制了记者发现新闻的视野。

选题是“第一生产力”。而对选题的不断发现和开掘是一个媒体保持旺盛生命力的根本动力。记者天天活跃在社会生活第一线，发现新闻的天地极其广阔。但如果记者们只在政策明确倡导的范围内发现选题，这无疑极大地束缚了记者的思维，束缚了记者的发现力和创造性。选题视野的狭窄也会使媒体的影响力受到很大程度的限制。

（三）容易形成“刮风”式报道

凡中央没有对一类具体事物制定出相关方针政策的时候，媒体一般缺乏做这类选题的动力。而一旦中央发布相关的政策或具体的宣传指令，此类报道便会“瞬间”在各个媒体中形成强势选题，席卷全国。这种“刮风式”的报道，除了为宣传和新闻管理部门所下达的指令性任务外，在新闻工作者中普遍存在的“以政策为本”的新闻评价的思维模式不能不说是另一个重要的原因。常常是，中央的政策一出台，相关报道便铺天盖地；中央的政策一变化，相关报道便戛然而止，甚至连正常的后续报道都没有。这种有头无尾、畸重畸轻的“刮风”式选题现象，曾被人讥讽为“东一榔头西一棒，急刹车、脑震荡”。在围绕某个相关政策“刮风式”选题的同时，还伴随着另一种传播现象，即同时期其他的新闻信息常常会销声匿迹，被大面积地遮蔽。

（四）容易形成乱扭角度、“片面提炼”式报道

如果记者们只一味从方针政策出发，去“寻找”相关选题，那么记者在新闻发现时就可能形成一种对某类事实的“期待选择”和“期待同化”，即陷入“从猜测到证实”的思维怪圈之中。当记者用“以政策为本”的“期待视野”接触纷繁复杂的社会事实时，只要事实的内容具有某种与评价标准契合的可能性时，记者的这种“期待视野”便会发生“同化”作用，用某些事实去“证实”自己的猜测。这种猜测与证实之间很容易形成一种相互设定、相互适应的关系，从而表现为一种“自我证实”的恶性循环，即上面有什么样的政策，下面必能找出什么样的事实。于是，大量“贴标签”式的报道应运而生。在我国新闻实践的历史中，这种情况曾大量存在，这也是很多假新闻产生的根源。①

二、对“受众需求”的新闻选题标准的解析

当我们试图分析“受众需求”这个概念时，会发现它的内涵相当广泛：

（1）报道党的方针政策符合受众的需求。

（2）报道社会上的重大事件也符合受众的需求。

（3）有关民生的服务性报道符合受众的需求。

（4）低俗的报道如明星轶闻、大款斗富，似乎更符合受众的需求！

这里的关键问题是：记者是怎样理解受众需求的？他们“应当”怎样理解受众需求？

改革开放以后，“受众需求”这个概念才逐步被业界接受并逐步成为新闻价值观念体系的核心概念。社会生活的热点和难点，老百姓的柴米油盐问题，比如中国农民们最关心的几项个人问题：乱收费、生病、受灾、教育、安全等问题，最关心的几项社会问题：社会风气、治安、物价、户口、污染等问题，才堂而皇

---

① 参见郑先文：《社会理解论》，第五章，武汉，武汉大学出版社，1998。

之地走进了报纸、广播和电视的选题空间。也可以说，以受众的需求作为新闻选题的标准，标志着我们这个人民共和国真正使“民生”问题成为媒体关注的对象。新闻改革的历程，也是“受众需求”这个评价标准不断被发现、不断被认识、不断被重视的历程。

以“受众需求”为选题的标准也可以解释为以“共同兴趣”为新闻选题的标准。这个标准曾极大地拓展了选题的范围，也极大地拓展了媒体引导舆论、服务社会的功能，是改革开放30年来最重要的新闻改革成果之一。

从20世纪90年代媒体进入市场后，“受众需求”、“共同兴趣”被演变成了一个新名词——“卖点”。受众感兴趣的“热点”、“焦点”自然成了媒体的“卖点”。大众的“共同兴趣”成了市场化媒体的生命线。因为按照“受众需求＝卖点”的理论，只要是市场上“好卖”的，就是有新闻价值的。于是，低俗化的选题便大量出现。无论是凶杀暴力案件、色情故事，还是猎奇的奇闻怪事、低俗的明星绯闻，都会在“受众需求”、“共同兴趣”的名义下，成为一些媒体追逐、炒作的目标。因为色情、凶杀、隐私新闻可以超越一切阶级和文化层次，可以满足人们当下的、本能性的信息需要，所以它往往成为媒体“吸引眼球”的杀手锏，时不时要拿来挥舞一番，拯救一下低迷的发行量和收视率。这些媚俗新闻虽然满足了某些受众的信息需求，但是如果从长远来看，它对社会风气所造成的污染、对青少年所产生的负面影响是不难估量的。

对“受众需求”的理解可以分为几个不同的维度，比如说，有的需求属于人们的欲望，而有些需求属于人们的实际需要；有的需求是出于公众的局部视野，而有些需求是出于公众的全局视野；有些需求出于人们的眼前利益，也有些需求是出于社会的长远利益，即整个社会正常运行和发展的需求。

如果我们依据“受众需求”、“共同兴趣”的标准去选题的话，必须考虑以下四个因素：

（一）要分清人们的欲望和人们的实际需要

通常来说，人们的实际需求与人们对这种需求的实际心理反应是有距离的。这同样可以解释人们对信息的需求。人们往往凭借自身的感觉来确定自己的需求，所以常常发生很大的评价失误和判断误差。正是因为存在这种从“实际”到“心理反应”之间的距离，记者对人们信息需求的评价才不能仅仅停留在感觉的水平上。

比如选题时对待低俗新闻的态度就很值得新闻工作者思考。虽然低俗新闻是全世界新闻业内普遍存在的一个现象，但是，在选题时如何去评价这类新闻，如何确立它在新闻选题中的位置呢？

有媒体曾经刊出过一位苏州中学生母亲的信。信中，这位母亲用自己孩子受毒害的经历，诉说了黄色音像制品对少年儿童成长的巨大威胁，发出了新时代“救救孩子”的呼声。

孩子看黄色录像是出于好奇心，但是，看后的结果却是孩子的身心健康受到了极大的损害，有时这种损害是不可逆转的，会影响孩子的一生。在这里，孩子自己的收视欲望和孩子正常成长的需要是矛盾的。

这封信在报纸上发表以后，引起了广泛的社会共鸣，形成了强大的社会舆论，一定程度上促进了扫黄打非运动。

因此，我们在进行新闻选题的时候首先要思考的问题就是：是要以人们的欲望为标准，还是要以人们的实际生存需要为标准？

（二）要考虑受众需求中的局部因素和全局因素

现实生活中人的需要和愿望是多方面、多维度的。这些方面的需求之间也不是完全统一的，有些需求之间甚至会产生矛盾和冲突。比如我们经常看到媒体上报道的杰出专家或先进模范人物，他们在叙述完那些感人事迹之后，常常会表达他们对家庭的愧疚，包括对父母、对妻子、对丈夫特别是对孩子的愧疚。事业对这些人的期望和家庭对他们的需求这对矛盾常常成为一个难以解开的结。

一个人的需求尚且存在着如此冲突，千千万万的受众需求的矛盾冲突就更是在所难免了。

在我们研究受众信息需求的时候，最常接触到的一对矛盾的就是：怎样衡量受众信息需求的局部性和全局性？我们在判断一个事实的价值时，传媒应充当谁的代言人？

2006 年 5 月 22 日，《河南商报》发表了文章《潼关咋就变成了“鬼门关”》，报道了陕西省潼关县工商局在连霍高速公路潼关收费站强行拦截车辆，以货物有质量问题为由进行罚款，数额一般在万元以上，且不出具任何手续，为此不少车主将潼关戏称为“鬼门关”。河南巩义市车主张建勋，因被非法罚款 2.7 万元，不堪重负，回家后服毒自杀。

这篇报道刊出后，其网上转载率极高。该新闻在新浪、网易等新闻排行榜上，连续两周位列前十名。随后，包括央视的《新闻联播》、《大家看法》节目在内的许多主流媒体也报道了此事。网上的舆论几乎是一边倒——谴责潼关县工商局。不到三天，新浪网站的网友留言已超过 2.5 万条，网易上的留言也超过 1.8 万条。

很快，5 月 23 日，国务院纠风办、交通部、公安部成立了联合督办组赶赴陕西，会同陕西省专案调查组对此事展开调查。同日，陕西渭南市工商局对潼关县工商局副局长熊榜奇、经检大队大队长支忠民两人作出停职的处理决定。

但就在调查结果尚未公布的情况下，陕西的传媒发出了不同的声音。

5 月 25 日，《三秦都市报》发表了《潼关工商局报告：罚款均因车主运输冒牌电线》，直接驳斥河南传媒。报道称，从去年 7 月到今年 3 月，潼关工商局根据群众举报，共查处了九起运销冒牌电线案。

5 月 26 日，陕西省工商局一位负责人在当地两家传媒公开宣称，工商打假的主体行为没错，并否认潼关工商高速查车罚款是公路“三乱”。

几乎同时，陕西的《华商报》、《西安晚报》等也纷纷介入，抨击河南方面运销冒牌电线，抨击《河南商报》偏袒河南商贩。

陕西一份报纸还特别对潼关工商局作了正面的高度评价：“潼关是进入陕西甚至西北的东大门，工商人员责任重大，肩负着严守假货入门的重任，应该让潼关成为假冒伪劣商品的‘鬼门关’。”矛头所指十分明确。

5 月 28 日，中共陕西省委机关报《陕西日报》刊发记者调查：《工商公安配合拦车查假有据》。报道认为，河南过来的卡车装有假冒电线，而根据有关规定，潼关工商与公安配合拦车查处假冒商品有规可依。这实际上是全面否定了对潼关工商局的批评。

…………

《陕西日报》报道之后，河南媒体继续对此事做“追踪报道”、“深度报道”，继续公布了详细的采访过程，还派记者暗访西安五金市场受到潼关工商部门违法处理的其他商户，并在报上公布车主原始银行发票、还银行贷款利息的凭证、车主死亡证明等。

但河南的传媒对陕西方面提到的河南商贩运送假冒电线及起因，却始终没有正面回应，一直讳莫如深。

在两省报纸针锋相对的同时，网上的对骂，更是不堪入目。

从已经见诸报端的两省报道来看，双方都有失实和片面之处。“陕西的传媒帮陕西，河南的传媒帮河南”，这是最朴素的说法。其实质是两家传媒为地方利益所驱动，激化了矛盾，扩大了事端，并增加了两地之间的仇视和对立，使一个非常普通的事件复杂化了。

两省传媒所进行的喋喋不休的新闻战，其实反映了近年来传媒界盛行的“异地监督”的恶果。

以上的“潼关事件”说明，部分传媒只是从地域角度出发，从部门的利益和名声出发，置公众利益、公共服务而不顾，在判断新闻价值和做新闻选题时缺乏大局观念，扭曲了新闻媒体的社会角色。

新华社总编辑南振中在谈到“记者的发现力”这一话题时，总强调记者应具备大局观念。南振中说：

> “发现力”并不表现在把随便碰到的事情传播出去，而是表现在对某一典型事物在全局中所占位置能有比较准确的判断……要站在全局高度，努力揭示典型事件在全局中的地位，阐明眼前发生的事件在历史进程中的意义，准确地判断这一新鲜事物对未来社会发展趋势的影响。①

在我们进行新闻选题的时候，是从局部的利益出发，还是从社会公众全局的利益出发，尽管两者都可以依据“受众需求”这个评价标准，但到底应该满足哪一种受众需求就相当值得探讨。媒体是公众的代言人，是社会的监督者和瞭望者，如果仅仅看到局部受众的利益，仅仅满足局部受众的信息需要，如同“潼关事件”中两省新闻媒体的做法那样，那么新闻界维护公共利益的社会功能是不可能实现的。

（三）要考虑受众需求中的眼前利益与长远利益

一般来说，社会的眼前变化多是显性的、容易被受众所察觉的，而社会的长远需求则往往是隐性的、不易被受众感知的、甚至不易引起受众的兴趣。

媒体作为人类社会生存环境的监测者和瞭望者，满足受众的长远需求是其必须担负的责任和义务。

但对于未来需求的思考，对于受众长远需求的预测，往往是对记者认识世界的能力的很大考验。因为，对时间因素与事物关系之间的思考，向来是人类认知上的“暗区”。用物理学教授杜和戎的话说，人类的认知常常呈现出“时盲”的状态。

比如《经济日报》的报道《不吃发菜，少穿羊绒，行不行》，就是用一种长远的眼光来看待人们喜欢吃发菜、喜欢穿羊绒服装这类生活小事的报道。记者从这种眼前消费习惯联系到其背后对环境的破坏作用：挖掘发菜对生态脆弱的戈壁滩有灾难性影响；放养山羊对西北本来就缺草的地区造成难以承受的生态负荷。透过两样生活物品，记者把它与两大环境影响联系在了一起，使小的物品折射出了重大主题。

---

① 南振中：《记者的发现力》，10～11页，北京，新华出版社，1999。

在社会生活领域，同样有许多值得关注的、可能对社会的存在和发展产生“渐变积累”和“滞后发作”的信号等待着记者去发现，譬如农村孩子的教育问题、男女婴儿比例失调问题、公民的精神文明素质问题、环境污染问题等。此类社会问题目前尚未造成很大危害，但如果长时间的积累之后，便会“滞后发作”，造成极大的社会危害。因此，记者在评价新闻事实时，不能总是等到严重的后果显现之后，而要学会预测事实的发展趋势和长远效果，注重社会的长远利益，拒绝“短视”。

2004年年底，广州与深圳先后发生数起歹徒砍手抢劫事件，手段极其残忍。记者傅剑锋在《南方都市报》（深圳版）的一个普通政法报道中发现了这一线索。当时，一个作案的嫌疑人称，他出来砍手抢劫是因为学历太低找不到好工作，工厂报酬低得不合理。但是，他的另一句话使傅剑锋非常震惊。那个嫌疑人说，他们整个村庄的年轻人差不多都到广东抢劫。

> 当时我想，如果只是一个人这样抢劫，那只是个案，但如果他们村庄多数年轻人都抢，一定有某种必然性和一种普遍的推动力。并且我推想，这种推动力极有可能与城市、农村之间的矛盾有着深刻联系。①

傅剑锋进一步了解到，这些抢劫者均来自同一个地方——广西天等县上映乡温江村。一个村庄为什么出了那么多残忍的抢劫犯？傅剑锋决定涉险进入这个村庄去做调查，来了解这种“犯罪村庄化”背后的深层原因。

> 下这个决心需要很大的勇气。因为据我当时推测，这个村庄可能是一个排外强悍、道德崩溃、不以犯罪为耻的混乱社会，甚至会带来人身危险。我一直到抵达这个村庄后，才惊讶地发现自己想错了。
>
> 上映乡温江村人，热情好客，不欺生人，从村到县治安也都不错，有着路不拾遗、夜不闭户的传统乡村社会遗风。甚至，那些在外行事残忍的人，回到村里后照样孝敬父老、种田挖矿，呈现出明显分裂的行为特征。那么，是什么使这群成长于淳朴之地的年轻人，到了城市后却变得张牙舞爪、肆意妄为？
>
> 当一次又一次地走进他们的家，当一次又一次地行走在这个村庄里，倾

① 转引自邓科主编：南方周末丛书第一辑《后台》，125页，广州，南方日报出版社，2006。

听人们诉说悲剧与命运、绝望与希望时，答案也开始显山露水了。

乡村贫困对他们的伤害依然是最根本性的，最直接的莫过于贫困使他们从小无法接受正常的学校教育和家庭教育，因为他们的父母在他们幼年时期就都外出打工去了。我们手头掌握资料的20名温江村抢劫者全部是小学学历，有的甚至连小学都没读完。

与生存现实形成强烈反差的是逐渐形成的城市化生活观念。打工回来的父母讲述着城市，强大的电视文化更是无处不在。而当乡村少年们怀着生活梦想奔向城市时，却发现自己甚至找不到工作，无法生存。巨大的落差催生了偏激的心理。原有的乡村道德体系开始溃败，甚至蜕化出一种更加残忍的生存哲学——不给钱就砍就杀，他人的生命与安全形同草芥。①

通过在城乡之间的深入调查，傅剑锋总结出了“从淳朴的农民发展到凶残的罪犯”的历史轨迹和社会成因：

城乡差距之下的极度贫困、贫困诱发的教育不足、工厂的超经济剥削、城市对他们的习惯化制度化歧视，正是推动这一“犯罪村庄化”的核心因素。于是，我找到了一个“城乡与区域发展之间的断裂”这一大尺度的观察背景。在这一观察背景下，我意识到这是解释“社会断裂与失衡”这一本质事实的比较极端化的样本。②

有了这种思考的视角，傅剑锋写的调查性报道《深圳“砍手党”来自小山村——一个夜不闭户的淳朴乡村缘何成了悍匪的故乡?》就有了一个大尺度的、历史性的观察视角。他不是孤立地看待砍手抢劫的案件，而是把这种案件放在它所处的社会原生态与制度背景中，放在纵深横长的历史坐标上来看待。正是这样的观察视角，不但可以使人明白这一事件与其他事件的联系，还可以使人看到这个事件背后“断裂的城乡关系”的后果——“农民仇恨城市的集体情绪”。如果这种城乡断裂的社会结构不改变，这种犯罪的发展趋势将令人不寒而栗。这个选题绝不仅仅着眼于眼前社会对此类犯罪的防范，更带给读者一种长远的眼光，使其了解要改变这种“城乡断裂”型社会结构的急迫性。

---

① 傅剑锋：《记者手记——“砍手党”背后的农村与城市》，载《南方都市报》，2005-01-25。

② 转引自邓科主编：南方周末丛书第一辑《后台》，125页。

(四)要考虑受众的显性需求和隐性需求

对“受众需求”的分析还有一种视角，即这种“需求”的存在状态：

一种呈显性状态，即舆论热点、焦点；

一种呈隐性状态，即还未引起舆论的重视的问题，可以称为“冰点”。

我们在选题时，不应仅仅局限于显在的“热点”信息，更应当准确把握住普遍存在的“冰点”信息（即关系重大但又未被舆论反映的信息）。在实际的选题过程中，常常出现只注意前者的倾向，因为前者很“显著”，且更易为媒体带来经济效益。

所谓受众的显性需求，指的是受众明确意识到的需求，即对自己信息需求的明确感知和明确反映。一般来说，显性需求比较容易为记者所把握，因为受众已感知，舆论反映比较强烈。符合显性需求的事实通常为以下两类：

(1) 受众身边的、已经形成“话题”的事物，譬如生活中迫切需要解决的问题，常常会引起群众的心理诉求。

(2) 已经积累到一定程度，甚至爆发的社会生活中的矛盾，已经形成社会问题的事物，如我们常说的热点、焦点、难点等亟待解决的“课题”型问题。

对于这两类显性需求，由于呼声高、反映面广，记者比较容易察觉，报道也容易引起决策层的注意。

而受众的隐性需求的待遇则不同了。

受众的隐性需求往往包括：

(1) 某些事实还处于初发阶段、矛盾还未激化或还未显露出来。受众对这类事实的感知不明显，需求也不强烈，显现出某种隐性状态。如果媒体揭出此类矛盾，往往能给受众敲响警钟。

(2) 某些社会问题是全局性的，较复杂，牵涉面较广。有些问题本身属于科学上的“暗问题”，每天都在发生，受众也能感觉到，但一时又把握不准，说不清。对于此类需求的观察和把握，记者需要有生活阅历和高度的洞察力。譬如公众对社会风气的忧虑，对文明社会环境的渴望，就是一些实际存在、关系重大但又一时难以提出清晰诉求的需求。

(3) 有些需求在受众那里也是显性需求，但因这部分受众处于社会弱势状态，通过媒体和政府反映诉求的渠道少，呼声弱，因此在媒体那里，这样的受众需求呈现沉默状态，甚至难以被媒体感知。如前几年的农民工欠薪问题，本已相当严重，但能察觉的媒体并不多，后来矛盾激化屡酿惨祸才逐渐引起各媒体重视。这里很重要的一个原因是记者大多是城市出身，对农村情况了解少，对这部分受众的需求比较隔膜。

从传播效果来说，符合受众显性需求的报道，如对于社会热点问题的经验解读，对众说纷纭、莫衷一是的重大事件真相的披露，其社会效果一般较好。因为受众早已对这些问题熟知，且长期受其困扰，问题萦绕于心，故而对这些问题的报道有极大的心理期待。

对记者来说，虽然隐性需求常常难以察觉，但是隐性需求常常是社会生活中实际存在的信息需求，常常涉及重要的、长远的、全局性的问题。而及时抓住这些隐性需求，可以将一些矛盾在尚未激化时得到及时化解，为社会提出警示，敲响警钟。实践证明，出色的记者是具有洞察力的人，他们思路宽广，志向远大，目光如炬，常常能够发现那些关系全局的、存在潜在隐患的重大问题。

但是，对受众隐性需求的发掘，如对某些社会新动向、新事物的报道，对某些社会事件深层原因的剖析，对社会公平与正义的关注，对公民精神文明素质（如先进模范人物报道）的报道，其传播的社会效果反而不一定强烈，因为这些问题还没有形成焦点问题，社会对此缺乏整体性的感知。

三、对“以事实为本”的新闻选题标准的解析

以事实属性为价值出发点的选题标准，是以公众“知情权”的实现为其合理性基础的。即：对于新发生的事实，不论是否符合政策，也不论公众是否产生了“共同兴趣”，只要是重要的、显要的、有接近性的、有趣味的事实信息，老百姓就有权利知道。媒体报道这些事实，不过是履行自己的社会职责而已。

在改革开放之后的新闻传播实践中，这种以事实属性为选题标准的观念，不仅逐渐为我国新闻工作者部分或全部地借鉴和接受，而且也被部分地消化和修正了。比如，增加了“普遍性”这个事实属性的标准，即评价一个事实的选题价值，不仅要考虑“重要性”、“显要性”等要素，还要看这个事实或此类事实在社会上是否具有普遍性，是否“普遍”地存在着。很多媒体将事实的“重要性”和“普遍性”作为评价新闻选题最重要的客体尺度，其在发现、比较、评价、判断新闻选题的过程中所发挥的作用，已为新闻实践所证实。

（一）重要性与“共同兴趣”

“重要性”作为新闻评价标准，更多是从媒体的社会功能出发，认为凡重要的信息，媒体应当在第一时间忠实地“告之”读者、听众和观众。因为新闻的第一功能是信息服务，它对受众应当承担“通报信息”的责任。也就是说，媒体有

责任将关系到整个社会发展、关系到全体人民生存的重要信息及时告之受众。

此外，“重要性”的标准还标志着媒体担当着另一项同样重要的责任——引导舆论。大众传播媒体，特别是主流媒体，承担着一些“特殊的使命”。《中国青年报》资深编辑李大同将其总结为：“极端地关注社会公正和正义，关注那些使国家和民众健康生存的基本价值观（包括真、善、美）的传递，监督政府的非法行为……预测国家和社会在发展道路上有哪些陷阱……”

也就是说，媒体按照“重要性”的标准所做的选题，并不是顺应某些读者、观众的直接需要，满足其直接兴趣，“像一个采购员一样代表读者去采购事实”，而是要发挥新闻媒体的主体性，独立观察、独立思考，通过报道事实对社会“发言”。

所以，“重要性”和“共同兴趣”，已被新闻界公认为是衡量新闻价值的标准，而且从理论上说，两个要素似乎都不可或缺：报道新闻事实当然要选取对广大受众、对社会生活重要的事实；反过来说，对广大受众、对社会有重大意义的事实，大众自然关心，当然具有“共同兴趣”。

虽然，“重要性”与“共同兴趣”这两个标准，对于新闻选题来说至关重要，但是，在价值判断的实践中，二者有时难以统一，甚至经常存在冲突。

首先，一些具有“重要性”的事实，并未引起受众的信息需求，并不具备“共同兴趣”的特征。一些媒体认为“重要”并加以报道的事实，并不为读者、听众、观众所关注。对此，曾经获得过普利策新闻奖的美国著名记者杰克·富勒认为：

> 重要性和兴趣都可以为某一事件或某条消息见报提供理由，两者提供的理由都很充分。不管有多么少的人对裁军会议缺少兴趣，但这些会议对地球上人类的未来产生的深远意义足使它具有较高的新闻价值。不管迈克尔·乔丹在一家二流棒球队中的表演对美国的历史来说多么不重要，但读者对此事的广泛兴趣完全使它有理由占据大块版面。①

其次，某些受众感兴趣的事实并不一定是对受众的实际生活有重要影响或者说有正面影响的信息。比如对黄色、暴力等的低俗内容，受众可能有着本能的兴趣，但传播的社会影响却是负面的。这是负责任的媒体应当极力避免的。

而在现实中，一些媒体在选题过程中，由于偏重“共同兴趣”的选题倾向，

---

① ［美］杰克·富勒：《新闻的价值》，7页，北京，新华出版社，1998。

而遮蔽了一些对受众来说很重要的消息。对此，美国记者杰克·富勒分析说：

> 记者总爱报道读者感兴趣的消息……即总爱报道一些不好的事情。人们的好奇心表现出对不幸的事较感兴趣。例如人们常提到不幸或灾难，但很少说到好事，因为前者更能使人动情。恐惧和气愤远比仁爱能牵动人心，因此坏消息总是传得很远。一个人得知他熟人的女儿获得一笔优厚的奖学金也许会高兴，但他听到一个素不相识的、远在另一个大陆的某陌生人的儿子被谋杀了，他会不寒而栗。[①]

此外，媒体在选题过程中偏重于"共同兴趣"的评价标准，还有其新闻操作上的原因：

第一，符合受众共同兴趣且涉及重要议题的选题，满足了受众心理期待，比较容易"叫座"，比较容易形成好的传播效果。

第二，满足受众共同兴趣且涉及重要议题的选题，新闻成本较低，比如说它比较好发现、受众比较容易认同、采访素材也比较丰富。反之，满足受众隐性需求的选题，却要面临着受众不感兴趣、报道不叫座、采访成本高的风险。它需要记者具备对社会的洞察力和执著的职业精神，更需要记者掌握专业的表达技巧。

（二）按"共同兴趣"标准选题的误区

新闻实践证明，偏重以受众的"共同兴趣"来衡量选题，往往会出现一些偏颇：

第一，围绕受众的"共同兴趣"确定选题，可能导致重要信息的滞后报道。

很多社会生活中的重要问题，在其发生的早期阶段，因为没有引起社会的广泛注意，没有形成舆论的热点而没有受到媒体的关注。往往等到某些问题发展到严重的程度，社会矛盾冲突激化或成为舆论焦点时，才引起了媒体的注意。譬如全国普遍存在的农民工的欠薪问题、农村工子女的教育问题，基层群众的上访问题，农村出生率畸形性别比问题；再譬如20世纪90年代初就开始蔓延的干部队伍的腐败问题，这些都是关系到群众利益和社会稳定的大问题。但是在问题的初发阶段，虽然这些社会矛盾在孕育过程中已经频露端倪，但都没有引起媒体的足够重视。等到矛盾闹大了，舆论关注了，直至引起决策层注意的时候，很多媒体才蜂拥而至、争相做报道。这样的报道通常是滞后的，常常错过了解决社会矛盾的最佳时机，加大了

---

① ［美］杰克·富勒：《新闻的价值》，8页。

人类社会实践的成本，这个成本的最大承担者往往是普通老百姓。

第二，围绕受众的“共同兴趣”确定选题，常常使受众的盲点成为新闻报道中的盲点。

只有当某些社会矛盾爆发时，或是某个事实有了质变时，人们才会转而关注这些已经存在了很长时间、对他们的生活具有重要意义的领域。例如就我国奋斗数年争取加入世界贸易组织这一事件而言，不管入世成败对广大受众的生活将产生何等重大的影响，在加入 WTO 之前，要想让受众对这个问题感兴趣仍然很难。直到有一天，突然宣布，我国即将加入世贸组织了，加入后可能带来的好处和可能面临的风险，才可能使受众突然对这个问题兴趣骤增。再譬如，一般读者可能对人类的基因研究毫无了解的兴趣，只有等到艾滋病泛滥威胁到人类生命的时候，人们才开始对治疗艾滋病的基因研究有了了解的兴趣，才对艾滋病的防治有了知晓的兴趣。

按“共同兴趣”的选题标准，抢眼的主题会被大量报道，也就是说，有时大量的记者会只重复报道非常有限的几个选题，因为这些选题是受众关心的热点、焦点。而那些还没有引起受众关心的重要的事实也由于不能引起媒体的关注而成为信息的盲点。

美国新闻学者弗里德曼在《媒体的真相》一书中列举的一个国际新闻界的报道案例，很能说明这个问题：

在 20 世纪 90 年代初，国际媒体把大量的采访报道放在南斯拉夫的内战上，特别是放在塞尔维亚人对波斯尼亚穆斯林的袭击上。也许是因为冲突发生在欧洲，也许是因为当事人是白人，也许是因为牺牲者是穆斯林，这个问题在西方很受关注。但是，在 1994 年的仅仅 3 个月中，非洲的 80 万图西族人和温和的胡图族人在卢旺达被胡图军人杀害，媒体的关注程度却远不如前一事件。

> Nexis 的数据库显示，从 1991 年到 1994 年，在对前一冲突的新闻报道中，“波斯尼亚”和“种族清洗”这两个词出现了 12 158 次，“波斯尼亚”和“种族灭绝”这两个词出现了 5 472 次。而在对卢旺达的新闻报道中，“种族灭绝”这个词出现了 2 326 次，“种族清洗”这个词只出现了 347 次，尽管非洲黑人的死亡人数是波斯尼亚白人的 4 倍。
>
> 《纽约客》杂志的作家菲利普·古里维奇在排队参观华盛顿哥伦比亚特区的大屠杀纪念馆时，碰巧看到报纸上的照片，被屠杀的卢旺达人的尸体在瀑布上飘荡。美国媒体报道这种种族灭绝行动，采用的是标准的说法，即年

代久远的氏族仇恨，隐含的意思就是对这些土著居民无能为力。古里维奇认为，这是说不通的。

“正是这种无脸无名的人，忍受着灾难，”他不久后对《爱尔兰时报》这样说，“卢旺达大屠杀被描述为无政府状态和骚乱，但我们得知，100天内就有80万人被杀。在我看来，这既不是无政府状态，也不是骚乱。这种大屠杀是需要大规模组织的。”

最后，古里维奇先后6次到卢旺达采访，给《纽约客》杂志写了不少文章，还写了《我们想告知你，明天我们全家将遭杀害》（We Wish to Inform You That Tomorrow We Will Be Killed with Our Families）这本书。古里维奇用恰到好处的文笔和生动的细节，证明了种族灭绝并不是一种混乱的、隔代遗传的返祖性敌对行为，而是专制政府害怕失去对权力的控制而采取的蓄意安排的行动。这本书对西方国家和忙于他事的媒体充满了怨恨并发出了声讨。①

第三，围绕受众的“共同兴趣”确定选题，容易形成刮风式报道和报道的同质化。

“共同兴趣”对报道选题的引导，使媒体总跟着舆论跑。舆论一热起来，报道就容易“刮风”，不同媒体的报道内容极易雷同，而且舆论本身就有流行、肤浅、偏激的特点，还有一种自我淘汰的机制。正如德国新闻学者伊丽莎白·诺伊曼教授的“沉默螺旋”理论所陈述的那样，由于人们在社会生活圈中害怕孤立的心理起作用，多数人的意愿竟使舆论日益归于同一，反对的声音很快销声匿迹。如果媒体仅仅是跟随舆论，其所代表的声音也容易整齐划一，缺乏个性，陷入同质化的泥坑中。

在新闻实践中，我们发现，如果单单围绕受众感兴趣的热点、难点来确定选题，一些媒体往往容易选择那些有利于炒作的“卖点”作为选题。

比如，对于社会上发生的自杀事件，其因“反常性”常常成为某些媒体必选的目标事实。但是，该不该报道自杀事件？该怎样报道自杀事件？如果仅仅是从一般老百姓的兴趣出发，这类反常事件本身无疑也非常有传播价值，尤其是名人的自杀，更容易吸引受众的眼球。

有位研究者对2003年1到9月的《北京晚报》、《武汉晚报》、《楚天都市报》、《羊城晚报》关于自杀事件的报道做了调查统计，发现这期间，《北京晚报》

---

① ［美］塞缪尔·G·弗里德曼：《媒体的真相》，51～52页，北京，中信出版社，2007。

关于自杀事件的报道总共 57 篇、《武汉晚报》60 篇、《楚天都市报》68 篇、《羊城晚报》57 篇，共计 242 篇。这足以说明自杀事件在媒体报道中所占据的分量。

但是这位研究者发现，在这些有关自杀的报道中，“离奇怪诞”的自杀原因取代“情感问题”成为媒体报道的重点。如：

《嫁九丈夫？吓得她自杀》，当事人因为相信巫婆预言她将来会嫁给九个男人，吓得喝农药自杀了；

《学小燕子上吊，5 岁女童不幸身亡》，当事人“瑶瑶”因为迷恋“小燕子”趁着家人不备，上吊自杀；

《一男子六楼轻生获救》中，当事人自杀的原因竟是其姐姐被骗。[1]

另外还有因“浪漫幻想”、“舍身喂虎”、“救母”，“被人欺负”、“无力救治爱妻”、“阻止建公厕”、“输 50 块钱”等原因自杀的，这些五花八门、千奇百怪的自杀原因往往成为媒体报道的重点。由此看出，媒体对这些自杀原因的报道多以直观性和表面性的原因为主，猎奇的色彩比较重，往往停留在描述现象层面，很少涉及产生各种自杀现象的深层的社会结构、社会文化等原因分析。

有的媒体对那些鲜活生命的逝去显得非常漠然，而应当体现的那种尊重生命、关注生命的人文关怀在报道中很少能看见。对于自杀的反思，以及挽救生命的解决方法也重视不够，报道不足。这可能导致社会对自杀事件见怪不怪的漠视态度，其产生的负面社会效应值得警惕。

还有一个事例也很能说明问题。

2006 年 4 月某新闻周刊报道了北京马路上的“飙车族”，题目是《二环十三郎的生死时速：创北京公路最快传说》。报道中，对这些在晚上九十点钟在二环路上飞车的青年人充满了欣赏和赞叹。

这个新近频受关注的群体，

书写了怎样一种速度人生？

13 分钟。在北京二环路的鼓楼桥，陈震的白色战车像离弦之箭一样射了出去，13 分钟后，车子回到了起点。

二环路全长 37.2 公里，陈震每小时的平均车速达到了 150 公里，是预

① 赵振宇、张强：《媒体自杀报道的观察与思考》，载《新闻记者》，2004（7）。

> 定车速（60 公里/小时～80 公里/小时）的 2 倍，相当于他每分钟蹿出去 2 500米，每分钟超过 266 辆汽车。
>
> 在周五晚上的九十点钟之间，车流量巨大的北京二环路，单凭想象，似乎很难描绘出当时马路上的惊险一刻。
>
> 怕？怕就不要玩车了。说起他和朋友们的飙车体验，陈震神情骄傲，像是一个刚征战回来的英雄。
>
> 这个纪录和荣誉至今仍然属于他和他的飙车朋友们——玩赛道或跑街的改装车主。他们这个圈子的主角们精通机械、好斗、追求刺激。
>
> 13 分钟，陈震确立了在北京飙车族中的地位。江湖中人称其为“二环十三郎”。
>
> …………
>
> 男人都喜欢发动机，迷恋速度。这话用在陈震和他的朋友身上，绝对不过分。
>
> 他们喜欢极速，但总是很难用言语解释清楚那种对速度的感觉，因此总是重复这几个词：“爽啊”、“刺激”、“兴奋”、“如履薄冰”。或者，还有一点点征服。
>
> “必须双手握方向盘，精神高度集中，人和车都感觉浮起来了，下坡超车有时会紧张得心怦怦直跳。”玩过飙车的人都说，这种从极度紧张到放松的体验会让他们上瘾。①

实际上，这些人在高流量的二环路上飙车，完全是违法的，他们是警方围捕的对象。

试想在每天晚上九十点钟，北京二环路上，车流量巨大，交通繁忙，这个时候，飙车族以每小时 150 公里的速度，穿越车辆密集的二环路，37 公里的全程只用 13 分钟，每分钟飞驰 2 500 米，平均每分钟要超过 266 辆车。飙车族们以自己的超速行车自豪，他们玩的就是马路上的“惊险一刻”，但是这种玩法是以自己的生命为代价的，特别是以马路上其他行车者的生命为代价的。

从这里可以看出媒体的炒作心理，什么吸引眼球就报道什么。过分地追求极端和异类，只讲卖点，忽视了自己的责任。

再如近几年国家的反腐力度空前加强，不少被挖出的贪官先后成为媒体报道

① 载《南都周刊》，2006-04-14。

的选题。但有些媒体报道贪官的时候，并不是着眼于他的腐败“轨迹”，挖掘导致腐败的干部机制问题，而是热衷于炒作花边新闻。如报道胡长清（原江西省省长）的女人们，报道成克杰（原广西壮族自治区主席）为了追逐女性，做了双眼皮手术，等等。把一个严肃的选题报道成了花边新闻，这种做法也许可以产生短暂的轰动效应，但经不住历史的评价。

还有，近年来医患矛盾比较严重，目前有些记者对一些手术意外的报道，不是以科学严谨的态度分析和判断事实，不是尊重国际通行的社会行为规范，而是为了吸引读者关注，一味渲染患者死亡和家属悲痛，把意外事故的责任全部推向医生。这种报道除了吸引眼球，直接副作用就是一次次加剧医患之间的矛盾。

以发生在哈尔滨医科大学二附院“天价药费”的报道为例。患者家属率先向新闻界披露了87天花掉550万元药费，患者仍最终死亡的新闻，引起舆论高度关注。

事件一开始，多数报纸都把矛头指向医院，也有人发表了题为“550万医药费，中国最昂贵的死亡”之类的报道。但是，是否真的花了550万治疗费？怎么花掉的？死亡和550万究竟有没有必然联系？谁花的钱多医院就该先对谁施救吗？花550万的患者就一定能被救活吗？在这个新闻曝光的最初一周里，似乎很少有媒体注意或谈及这些问题，舆论的矛头多数直指医院。

随着事件的深入报道，更多的媒体开始回归新闻本位，不满足于耸人听闻的感情宣泄，开始认真追踪，采访医院、采访当事的主治医生、采访参与会诊的专家，等等。“550万中有400多万是自购进口药品和设备的费用”等信息逐渐见诸报道。这些报道的出现恰恰是媒体努力逼近事实真相的体现。尽管最终卫生部的调查证明医院在收费中的确有不当之处，但是，550万的天价医疗费显然是一面之词。

第四，围绕受众的“共同兴趣”确定选题，容易忽略弱势群体的需求和呼声。

社会上的弱势群体，反映需求的渠道是最少的，声音是最微弱的，很容易被媒体忽略。相对来讲，那些政治精英、知识精英、财富精英却有很大的话语权，能使他们的需求成为显性的受众需求。这在目前我国发展和谐社会这一新的强国战略中，是一个必须警惕的行为陷阱。

第三节 选题标准的媒体实践

记者在采访实践中，不同的媒体很难使用同一新闻价值标准来判断选题。根据媒体的不同定位和不同的新闻价值取向，在新闻选题时常常显现出三种价值取向有差别的选题标准。

（1）偏向于政策导向的选题标准。这种选题标准在各级党报和行业报中比较常见。

（2）偏重于“共同兴趣”、“受众需求”的选题标准。这在一些市场化程度比较高的都市报中比较常见。

（3）以关注社会问题为中心的选题标准。这类选题标准既不以政策作为选题的唯一标准，也不以追逐舆论热点为首要标准，而是以关注社会普遍存在的问题作为自己的最高选题标准。很多平面媒体或电子媒体中的某些栏目，某些记者的选题方法属于此列。

中央电视台《焦点访谈》栏目自20世纪90年代中期创办以来，一直宣称其选题原则为：政府重视、群众关心、普遍存在。

《焦点访谈》工作人员自己把这三条称之为选题“三原则”。

《焦点访谈》制片人梁建增说：

> 政府重视，解决的是新闻报道的出发点和归宿点的问题。即舆论监督必须紧紧围绕党和政府在一个时期、一个阶段的重点工作进行；同时，舆论监督的指向，又恰恰是政府迫切希望在工作中解决的问题，也就是说代表党和政府的意志。
>
> 群众关心，解决的是新闻报道的广泛性和接近性问题。也就是舆论监督应该深入到社会生活中去，聚焦在广大人民群众关心的热点问题上，代表他们的利益，也就是民意。
>
> 普遍存在，解决的是新闻报道的典型性问题。这就要求选择题材时注重社会效果，最大限度地发挥舆论监督的社会效益；同时，也要求舆论监督要有善意的态度，不恶意炒作某些极端、孤立的事件，人为制造所谓的“焦点”、“热点”。从这个意义上理解，我们也可以把它当作是《焦点访谈》自身的价值取向问题。①

特别是“普遍存在”这个标准，显示了中国特色的“忧患意识”和“问题意识”。

《焦点访谈》的这一选题模式，是对第一、第二种新闻价值评判思维模式的整合，其与其他模式的实质性差别是将“事实”的“普遍性”放在了一个很高、

① 梁建增：《〈焦点访谈〉红皮书》，188～189页。

很重要的地位，将对事实的性质——“普遍存在”的考察提到了一个很高的位置。他们认为，如果某类事实在社会中是“普遍存在”的，就证明了某类事实已经具有了代表性和典型性。这一点，从《焦点访谈》的线索收集和分析模式中就可以看出来。

> 在操作中，《焦点访谈》对这类变移性信息十分重视，进行了系统的分类管理，制定量化分析标准。对同一类现象，如果连续三天，每天观众反映的线索超过50条以上，策划人员就会建立专档，指定专人监控，并进行调查、分析，如果有报道价值，则会从中筛选报道线索。
>
> 从2001年10月份开始，《焦点访谈》接到的信息中，有关制假售假、违反经济活动诚信原则的线索激增，每天都在200条以上。这提醒策划人员，在目前经济生活中，正在涌动一股暗流，如不迅速制止，必将危及社会经济的正常运行。于是，《焦点访谈》栏目组有意识地加大了相关题材的报道工作，重点报道了一大批引起中央领导重视和社会反响的节目。①

我们也看到，《焦点访谈》虽然以监督社会、揭露负面事件和社会现象赢得了好评，但对事实的选择上很严格，在“政府重视、群众关心”的基础上，紧紧抓住事实“类”的特性作为选题的依据，凸显了媒体作为“社会观察员”的角色意识和实践第一的品格。

三种思维模式，反映了在我国新闻改革过程中，新闻价值观念的发展转变轨迹。它们共存于目前的新闻实践中，促进着整个新闻事业的进步与发展。但目前新闻报道中存在的一些问题，也反映出我们的一些媒体、一些记者在评价新闻价值的思维模式中，存在着一定的问题，主要是对“政策为本”和“受众需求”的认识和理解上存在偏差。

下面再介绍一下媒体的选题中对弱势群体选题的忽视。

《中国青年报》资深记者卢跃刚曾说：“个人的生活方式，只要在法律允许的范围内，不危害别人自由，我认为它就是合理的。但如果媒体一天到晚只去关注一部分人的生活方式，而不对整个社会承担一部分它应该承担的责任的话，就不应该了。就是我刚才讲到的，如果把八九亿人给忘了，那就挺荒唐的了。”②

这里让卢跃刚感到愤怒的，是某些媒体对于占我国人口70%的农民的漠视。

---

① 梁建增：《〈焦点访谈〉红皮书》，204页。

② 转引自方芳、乔申颖主编：《名记者清华演讲录》，96页，北京，人民日报出版社，2003。

据刘祖斌的研究，从2005年12月到2006月6月，武汉市某报刊登的本地信源的农民工报道62篇，而且每月报道的数量较为均衡，一般为8～10篇，最少的一月有6篇，最多的一月16篇。连续跟踪报道的问题有两个，其中一个进行了6次报道。不过，每篇报道的篇幅都相对有限，大部分是“小豆腐块”的新闻，被安排在极不显眼的版面。

涉及的“议程”主要是“欠薪讨薪”、“事故伤亡”、“跳楼犯罪”等内容。其中“事故伤亡”19篇，“滋事犯罪”13篇，“欠薪讨薪（主要是要钱挨打）”10篇，“轻生跳楼（塔）”6篇，上述报道共有48篇，占总数的75%。其中“中性”和“正面”的报道极少。

涉及农民工的实质问题，不少报道是模式化的，所描绘的农民工的形象也是单一、平面和肤浅的。传播者缺少对农民工应有的同情和人文关怀，有些报道是“零度写作”，缺少对农民工应有的温度。

要做好农民工选题，记者必须要接近农民工。这包括身体距离上和心理距离上的双重“接近”。不少农民工在城里做的活脏、重、苦、累、险，他们生活和工作的环境都是人们不愿意“接近”的。从62篇关于农民工的报道里，略分析一下信源就可以知道记者的腿勤不勤了。有60%～70%报道的署名是记者和通讯员（或者实习生），这个数据似乎可以说明一定的问题。当下的记者，不少可能已经“贵族化”和“精英化”了，他们与农民工的情感和生活都有一定的距离，这种“距离”往往从其所写的报道里流露了出来。

不少记者在报道农民工时，看似客观公正，实际冷淡甚至冷漠。他们在写农民工伤亡时用的标题是：《武昌一工地塌方　三农民工被埋——两人身亡一人获救》、《一工地围墙压倒两民工——一死一伤》、《3月高空坠落事件频发　安全意识“淡”民工“很受伤”》。

在对农民工安全事故进行归因时，媒体“归责”于农民工的安全意识“淡”。有一则报道的导语是这样写的：

> 短短11天，12人坠楼，其中11人是民工。据广州军区武汉总医院昨天统计的数据表明，我市民工安全意识十分淡薄。①

“我市民工安全意识十分淡薄”，在语言表达上不是“报告”，而是“判

---

① 转引自刘祖斌：《农民工报道的表面化、模式化问题》，载《新闻记者》，2007（3）。

断”，是记者的“自我投射”。它不仅折射出一种冷漠，而且也是一种错误的“问责”。

可以说，这个判断把其他方面应该担负的责任推卸得一干二净。安全事故不是单方面的责任，如果更理性或者更感性一点，都不会作出如此的归因。农民工没有社会保险可言，农民工受伤死亡，他们的工伤保险权益怎么维护？这些都没有看到相应的报道反映过，在这些方面传媒是“失语”的。

在这 62 篇农民工报道中，涉及农民工的“负面的”、“平面的”报道占了很大比例。这种报道局面并不是自然生成的，而是传媒“有意”设计和安排的。

社会学家兼大众传播学家德弗勒在谈及议程安排的理论时写道：议程理论认为，新闻传媒提供给公众的不是世界的本来面目，而是新闻传媒的议程——是对世界上发生的事情有选择的报道。其实这就是新闻的选择和把关的问题，传媒选择提供什么信息，决定着受众瞩目的焦点和范围。

毫无疑问，每一个传播者都在扮演着“把关人”的角色，问题的关键是，为什么弱势群体会被排斥在传媒的信息内容之外呢？那些通过了传媒把关的“关口”，出现在大众传媒上的农民工，他们有不少在“出安全事故”，在“滋事犯罪”，在“轻生跳楼”……从报道中我们看到，伴随着农民工的是“事故”、“伤亡”、“犯罪”和“轻生”。然而，这些是不是事实呢？如果是，那么在农民工中发生的是不是只有这些事实呢？

另外，从农民工“伤亡”、“讨薪”、“犯罪”和“轻生”等报道来看，也缺少剖析和阐释，报道止于对事件简单的陈述。如果从文化适应的角度来剖析农民工问题应该是一个不错的选择。大量人口从乡村向城市迁移，从落后地区向富裕地区迁移，从少数民族地区向以汉族为主体的城市地区迁移，这在人类学研究中是一种文化适应和文化迁移的现象。这些人离开故土前往他乡，从农民或牧民变为工人或服务员，脱离与生俱来的家乡环境和生活，进入陌生的城市，开始新工作和新生活，这是人生中巨大的变迁，他们要面临着如何适应突如其来的社会、语言、生活方式的改变等问题。因此反映农民工对城市生活的适应过程，如他们是如何克服适应中的困难和障碍等，才是传媒应该“深入”和“深刻”探寻之所在。多报道农民工学习、工作、生活方面的进取和进步，可以给他们提供指导、增强信心。可惜相关的信息少之又少，即使有，重点也不够突出。这与传播者缺少新闻敏感或者缺少深入开掘的能力有关系。[①]

---

① 参见刘祖斌：《农民工报道的表面化、模式化问题》，载《新闻记者》，2007（3）。

第八章 确定新闻选题的操作过程

CHAPTER 8

好的新闻人应该不断修正自己的采访思路，不应主题先行。这就如同一开始你是去挖银子的，现在你看到了金子，那当然先去挖金子了。后来又发现了钻石，你应该马上转而去挖钻石。

——吴晨光

按照不同的新闻选题评价标准，我们可以找出日常新闻选题操作中的选题目标和思维模式。

第一节 选题目标

一、重大事件和舆论热点

根据新闻选题的评价标准，社会上经常发生的重大事件是新闻选题的首选目标。这种重大的事件包括：

（一）重大突发性事件

重大的自然灾害：如地震、水灾、火山爆发、泥石流等；

重大的人为灾难：包括人为的行动引起的重大事件，如火灾、车祸、建筑物倒塌等；

重大的公共卫生事件；

重大的社会冲突事件：包括战争、动乱、犯罪事件等。

（二）重大的政策变动

包括政权的变更、重要领导人的更替、重大政策的出台、重要会议的召开（如每年的“两会”）。

（三）重大的活动

如举办奥运会、重大的庆典、国际会议等。

（四）重大的舆论热点

如关系老百姓生活的物价、房价、社会治安、春运等问题。

无论是重大的突发性事件，还是重大政策变动，大都为显性事实。它们共同的特点是，对社会生活的影响面大、影响程度深，特别是关系到老百姓日常生活的事件，如涉及老百姓所关心的粮食问题、物价问题、人身安全问题、收入分配问题等的事件，很容易被大众感知和察觉。所以说，这些显性的事实是每个媒体都重视的重点选题，特别是在重大事件发生的时候，由于时间紧迫，记者往往在未得到编辑部的报道指示前，就必须迅速冲向现场进行报道，因此，对选题重点的把握是一线记者必备的素质。

1986年，第十届亚运会在韩国汉城举办，中国新闻社记者谢一宁被派往汉城采访。在一次到机场接人时，突然遇到汉城的金浦机场发生的爆炸事件。谢一宁立刻意识到这是一个重大新闻，他冲破了韩国保安的阻挠，马上进行了现场的采访，并在爆炸发生后48分钟时，就发回了独家报道——《汉城金浦机场发生爆炸》。爆炸后不到半小时，美联社、法新社等世界大通讯社的记者和韩国记者也都赶赴现场，但是都没有抢到这个独家新闻。国外报纸纷纷刊登了中新社的新闻，法新社表示要以高价买下谢一宁所拍的现场照片。这篇新闻获得我国当年全国好新闻一等奖。

二、抢发重大新闻的“第二落点”

能够在现场直接目击重大新闻的机会毕竟少之又少，如果重大新闻的第一落点没有抢到，就要设想去挖掘这个重大新闻的第二落点。把新闻发现的目光，投向深层次信息。在新的时间、新的层次、新的角度上作出新的新闻发现。

2001年9月11日这一天，大部分美国人都是在电视机前度过的。在电视直播中，世人同步目睹了“9·11”事件，新闻的第一落点直接进入了观众的眼睛。但是，9月12日，就连平常不大读报的美国人也被报纸上的深度报道，包括一系列的解释性报道所吸引。这些报道内容有诸如：

恐怖主义袭击美国的历史；

关于本·拉登与恐怖主义的联系；

世界贸易中心的设计和为什么会在瞬间倒塌；

四架失事飞机的详细情况，包括AA77号航班为避免飞机撞击华盛顿的某个目标而怎样让飞机坠毁等。

这些报道使当天报纸的发行量急剧增加。据有关统计资料，9月12日《华盛顿邮报》售出了100万份；《明尼阿波利斯明星论坛报》多出售了17.5万份，比平时增加了50%，《洛杉矶时报》是“能印多少就能卖多少”。它平常的星期三刊可卖100万份，那天它多售出了22.7万份。[①] 这些报纸的选题抢的就是新闻事件的“第二落点”，他们在纵向和横向信息方面作了出色的新闻价值开掘，吸引了无数不爱读报的美国人。

“9·11”事件发生之后，中国人最关心的问题是：“有没有中国人死亡?”很快，新华社就报道了权威部门发布的信息：

两位中国公民在美遇难　朱邦造发表谈话

外交部发言人朱邦造今天在记者招待会上说，截至9月13日晨8时，经核实，两位中国公民在此次美国恐怖暴力袭击事件中不幸遇难。

朱邦造说，在此次恐怖暴力袭击事件中，不幸遇难的中国公民分别是：郑于光，男，65岁；杨树荫，女，61岁。二人均系乘坐美AA77航班的乘客。家属报告死亡的中国公民有一人，为陈小兵，男，32岁。失踪的中国公民一人，为王维兵，男，41岁。他说，据悉，纽约世贸中心有18家中资企业，其中已联系证实，全体外派人员安全的企业有11家，有人员受伤的企业一家，没联系上的有5家。另外，不在世贸中心但在领近地区的中资金融机构6家，全体人员平安。[②]

---

① 参见马胜荣、薛群：《描述世界——国际新闻采访与写作》，422页。

② 载《人民日报》，2001-09-14。

这样详细的信息，使很多中国人悬着的心放了下来。

在电视和网络媒体占有越来越多第一落点的情况下，报纸记者不能被束缚住了手脚，感到无所作为。从新闻的形式上来看，电视和网络的最大长处是速度和形象，最大的短处是深度和抽象。如果报纸记者扬长避短，在第二落点上有新的发现，就能取得电视和网络难以取代的地位。

另外，不少新闻事件的信息源出自官方，并非记者能主动发布的，这种第一落点只能让给被授权单位的记者。但是一旦这个事件发布以后，其他新闻单位和记者仍然可以有所作为。如，你先公布事件，我则先发布与事件有关的人物新闻；你报道了会议，我可以报道现场；你首发了动态消息，我可以首发相关背景……总之，在新闻事件的“第二落点”上的选题是大有可为的。[①]

三、注意发现和挖掘普遍存在的非热点事实

正如前面章节中对受众需求的分析所说的那样，社会上普遍存在着的某些问题常常没有及时地引起决策层的注意，有的甚至没有及时引起广大公众的注意，这些事实可能不是重大的、显性的、突发性的事实，但是，它是一些普遍存在的、关系到公众的长远利益和全局利益的根本性的问题，我们把它称为“隐性的热点”，有的人把它称作“冰点”。这类事实的报道常常要借助于某些事件的出现，或某些事实的关节点的出现。如大学生的心理问题可能已经成为普遍存在的一个现象，但是，在报道的时候，往往要抓住某一个异常事件，如某个学校里的某个学生自杀，通过这个事件可以带出这个事件背后的一系列原因，从而突出这个并非热点但却普遍存在的问题。再如社会的公信力问题，如果泛泛而谈，不会吸引公众的注意力，那么如果借助农民刘亮因为买彩票被欺骗而爬到高处扬言自杀这样一个事件，就可以揭示出社会上普遍存在的欺诈行为背后的社会精神层面的问题。

第二节　确立选题的思维过程

新闻实践源自记者的新闻发现。只有发现了好的选题，报道了好的选题，媒体才能实现其应当承担的社会功能。

一个事实信息是否具有新闻价值，不是由这个事实的属性单方面决定的，不

---

① 参见江作苏：《记者心语》，115～116页。

是说某一类的事实就一定是新闻事实。新闻事实主要是由新闻价值主体——受众决定的，新闻事实是受众的需求和事实属性的“视界融合”体。

发现新闻事实是记者的一种创造性的思维活动，也是最有意义、最见记者功力的新闻业务活动。

那么，怎样才能发现新闻事实从而确定新闻选题呢？

发现选题的前提有两个：

（1）占有高质量的新闻线索，即充足、可靠、及时的新闻线索。

（2）具备基本的发现新闻的能力。

新闻线索是新闻事实的苗头和信号。一个记者，如果没有高质量的新闻线索，耳目闭塞，信息不灵通，是不可能发现新闻的。

另外，如果一个记者缺乏新闻敏感，不具备基本的新闻发现能力，即使天天站在新闻事实面前，也不能够使他产生新闻感应。

一、发现新闻的思维过程

一般来说，一个记者在寻找和确定选题的过程中，大约有两种思维过程。

（一）第一种思维过程的特点：比较和选拔

这通常是新手发现选题的特点。

新记者往往缺乏报道的经验，对社会生活也不太熟悉。这使他们在面对新闻线索的时候，处于一种思维的茫然状态，或称思维的“初始状态”。

他们不会像老记者那样，在瞬间就能辨认出新闻事实是哪一个，并很快激发出新闻创作的灵感。

就像一个学生面对一道难题束手无策一样，新记者往往看不出应该往哪个方向去努力，找不到突破口和任何线索。这时候，就需要利用发散思维，退回去，到自己学过的理论知识中找解决问题的线索——按照新闻选题的标准，对线索逐一进行新闻价值的评价：

哪个事实更有利于政策宣传的需要？

受众可能对哪个线索有兴趣？

哪个事实更具有普遍性？

哪个事实更具有典型性？

那个事实的报道预期社会效果好一些？

新记者往往需要在数个线索中采取对比、分析和选拔的方法，去选择新闻事实。当然，必要时要接受老记者、老编辑的指导，或者咨询相关的专家朋友。在这种反复对比分析的基础上，或者用选优的方式，或者用淘汰的方式，选出那些新闻价值重要的事实作为备用的选题。

（二）第二种思维过程的特点："瞄准靶子"

即记者针对社会普遍存在的问题，同时针对公众反映的热点，将某些社会问题视为报道所对准的"靶子"，这等于为搜寻目标事实构成了一个取景器，然后利用这个取景器去等待或搜寻目标事实的出现。

如，将儿童沉迷网络游戏这样一种普遍存在的现象作为"靶子"，来搜寻那些带有典型性的事实。如果正好有一个孩子由于网络游戏而学坏，堕落成扒手或抢劫犯的事例，便可以形成针对此社会问题（"靶子"）的报道，这样的报道有很强的针对性。

图 8—1 是老记者经常运用的一种发现新闻事实的思维过程或思维模式，通常可以称作"搜索式发现"。因为报道欲求好的社会效果，必须有针对性，那么上述这个采访者针对社会生活中的问题所设立的取景框就使报道的针对性有了保障。我们大量的报道以及对新闻事实的发现大多都是通过设立"靶子"后形成的取景框这种思维模式而捕捉到的。

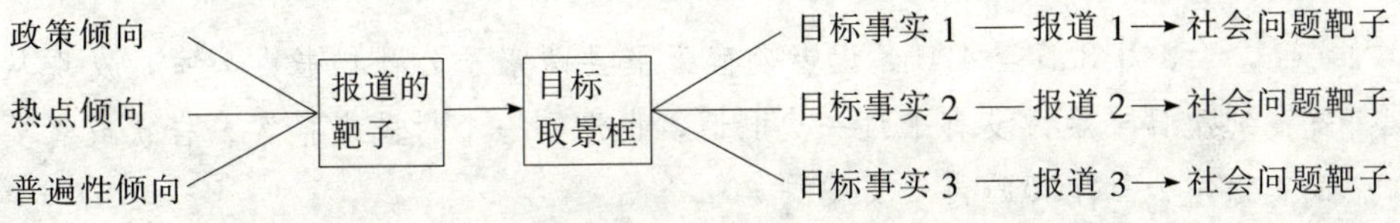

图 8—1　利用"靶子"式思维产生选题示意图

例如著名记者郭梅尼写青年数学家张广厚的报道《勤奋的天才》；例如本书第一章所列举的《药价追踪》。这里必须强调的是，记者报道的事实不是随意碰到的事实，而是悉心找到的事实！老百姓迫切想知道：跟每个人的生命攸关的药价为什么这么贵？到底贵在什么地方？老百姓的活命钱到底让谁抢走了？于是，新华社记者写了《药价追踪》。

《光明日报》记者樊云芳曾以报道许多知识分子的典型事迹而闻名业界。但在一次采访军队先进人物的过程中，由于一时没有找到报道所针对的"靶子"，樊云芳的人物报道也经历了一次"山重水复疑无路"的艰难历程。

1985 年 12 月，樊云芳到广州军区去采写先进人物周培安。由于军队对典型人物报道的高度重视，樊云芳一到达地点，就受到部队隆重接待，并得到部队提供的一大堆先进事迹材料。除了看材料，她还整整采访了一个星期。但由于抓不准人物特点，樊云芳在写作时找不到有特点的主题，就干脆来个一锅煮，把有关周培安的多方面材料堆在一起，起名叫《人生交响曲》，稿子面面俱到，个性不鲜明。出典型的单位是不大理会传播规律的，他们希望把人物报道得越全面越好。

后来又经过反反复复的思考，樊云芳从大量事实材料中，发现了周培安最难能可贵之处在于：他身为一个有名望的微生物专家，却心甘情愿地在基层研究所工作；他虽然没有长篇巨著和轰动一时的科研成果，但是，他把一篇篇国家急需的“论文”写在了祖国大地上，写在了千里边防线上。于是樊云芳重新改写了报道，定题为《没有写在纸上的“论文”》，这就使周培安的事迹具备了社会意义上的针对性。

樊云芳曾经自我总结说：人物个性和特征越鲜明，人物就越典型，就越有传播价值。周培安成稿之难，就是因为“他的事迹面面俱到，应有尽有，很难看出特点和个性，很久没有找到靶子”①。

著名记者范敬宜，曾于1982年到辽宁康平县两家子公社采访，只在公社秘书的值班室里睡了一夜，就写出了一篇意味深长的好稿子。

两家子公社干部能睡安稳觉了

3月3日至4日，记者夜宿康平县两家子公社秘书办公室，发现从就寝到次日早晨，没有来过一次电话，也没有一个村民来报案、告状或者要钱要粮，公社干部睡得安安稳稳。

据当过六年公社秘书的赵富权说，前几年情况不大一样，经常刚刚睡下，电话又响了，不是上面下播种指示，就是追生产进度。冬天只好把电话搬到枕头旁边。随着领导作风的转变，上面这种靠电话指挥工作和搞形式主义的现象大大减少了。

一年前，两家子还是全县最贫穷的公社之一，一年到头，生产队干部和大队干部来公社要贷款、要救济粮、救济款的踏破了门槛，往往天不亮就有人来堵公社党委书记的被窝。现在已经看不到这种情景了。去年他们实行了包干到户的责任制，全社人均收入由原来六七十元增加到156元，有的老“三靠”队达到四五百元。社员生活好转了，不但不再向国家伸手，而且“穷泡”、“穷靠”、“穷打”、“穷闹”造成的民事纠纷和家庭纠纷也越来越少。

---

① 转引自胡志平：《新闻写作创新智慧》，379页，北京，新华出版社，2003。

4日深夜，记者步出敞开的公社大门，遥望沐浴在银白色月光下的远近村庄，显得分外安谧，不禁遐想联翩，成诗一首：劫后灾痕何处寻？月光如水照新村，只因仓廪渐丰实，夜半不闻犬吠声。①

这篇只有400多个字的新闻，虽然不是刻意搜寻的目标，却是他长期以来观察生活和思想积累的结果。实行了包产到户的责任制，农民们不仅在生活上解决了温饱，就连乡间的民风也发生了大变化：从绝望中的“穷打穷闹”，到各自奔自己的好日子，一个安稳觉让范敬宜体味到了农村静悄悄的巨变，这正体现了这位老记者的新闻敏感。这个“安稳觉”也作为反映农村社会大变化的典型事实被载入新闻的史册。

再如：2000年12月16日《北京青年报》记者采写的消息《法警背起生病被告》。法警背着生病的被告出庭受审，这种景观《公安报》记者天天见到却熟视无睹，而偶然来采访经济案庭审的《北京青年报》记者“慧眼识珠”，一把抓走了这个题材。这是因为，《北京青年报》记者心中有个“靶子”，对这类事实具有“心理期待”。

法警背起生病被告

前天，西城法院正常开庭。法警11083号把一个行动不便的被告背上了三楼的法庭。当旁听的市民见到法警背上来一个戴着手铐的被告时，大厅立刻安静下来。

据目击者吴小姐介绍，她在11月29日去西城区法院办事时就看到过这一幕。当时女被告深埋着头，不时地发出啜泣声。背进三楼休息室时，法警的额头已渗出了汗水，女被告则流出了眼泪。

昨天，女被告告诉记者，今年6月她被确诊患有椎管狭窄症，两腿走路十分困难。被法警背起时，她问过法警的姓名，可法警没有回答。

11083号法警叫贾文家，今年26岁，在西城法院已工作6年。昨天，记者采访了他。“我没觉得这个举动有啥大不了。她一个老太太，得了病走路很困难，虽然是被告人，但作为法警帮她这个忙是我的职责。”据他介绍，那天背着老太太从楼下上来时，正赶上大厅里有50多个等候旁听的市民。见他背着个戴手铐的，本来乱哄哄的大厅顿时安静下来。“那会儿，我听见

① 载《辽宁日报通讯》，1982（12）。

背上的老太太哭了，我能感觉到她低下头，把脸靠在我肩膀上。”

目前，该妇女已被宣判犯有贪污罪，判处有期徒刑11年。宣判结束后，已成犯人的中年妇女仍由法警一步步地背下楼梯。

记者注意到，在此之前，我国司法界连续出现了一些意义深远的变化。诸如：罪犯在未受到法院判决前一律改称犯罪嫌疑人；抚顺推出了“零口供”；有些地方刷有“坦白从宽，抗拒从严”字样的墙面被画上了山水画等。这从一个侧面昭示了我国司法制度正在进行着一场前所未有的变革。

为此，本报记者采访了最高人民检察院民事行政检察厅厅长杨立新，杨厅长认为，从罪犯到犯罪嫌疑人称谓的改变以及法警背着行动不便的被告人到庭，反映了我国司法体制改革的进程，更重要的是体现了对人的人格的尊重。①

一般来说，针对报道靶子的“取景框”的设立有以下三个层次：

(1) 发现普遍存在的社会问题中的“类事实”。即通过记者的观察发现社会问题中普遍存在的某一类事实，此类事实极需要找出解决问题的突破口。

(2) 确立针对此类问题的报道思想，如：是做正面报道还是负面报道？是表扬还是批评？是报道动态还是报道深度？

(3) 初步思考和确立报道方式。也就是说，针对某个社会问题，考虑的不仅仅是一种报道思想、报道倾向，而且要找到一个按照报道规律能够有效呈现这种报道思想的方式。尤其是电视、广播等电子媒体，此类媒体报道需要声音、画面，因此，更要考虑这个问题。比如揭露一个干部的受贿问题，用镜头就很难拍下来，电视报道就得考虑通过什么样的画面、怎样来告诉观众其受贿的过程。

以上这三者形成了一个有效的取景框。很多记者在选题时，是用这类有针对性的取景框来搜索目标事实的，因为这种选题的基础有前期的事实依据——类事实，有深思熟虑的报道思想，还有依据事实特征和媒体的操作规律设计出来的报道方式，因此，选题的成功率较高，也容易中靶，达到原来设定的社会效果。

二、预测事实真相：线索的可靠性和经验推理

从线索中发现或选择出新闻事实后，这个线索中的新闻事实能否当作新闻选

① 载《北京青年报》，2000-12-16。

题，必须经过记者预测事实真相这一环节，即记者根据线索和自己的报道经验或者借助专家的判断，来预测或推断这个线索中显示的新闻事实到底有多大的真实性和可靠性。如果对真相的预测，前景看好，即记者认为这个线索提供的事实极有可能是真实的，就可以比较大胆地把它作为备选方案。预测真相的几个依据是：

（一）根据线索的可靠性

记者一般都愿意相信可靠的消息来源的线索。这些消息来源可能是熟人、朋友，可能是官方，也可能是相关的专家，这些消息来源所提供的信息一般来说可靠性高。因为不管是熟人、官方或是专家，在给记者提供新闻线索的时候都受到责任的规范，尤其是官方或是相关专家，他们往往对自己所讲的话负责任，对自己所提供的信息负责任。至于记者的熟人和朋友所提供的线索，是从私人关系上加以保证其可靠性的。

另外，记者还可以从大量的传闻中得到新闻线索。这些新闻线索利弊参半，有利的一面是传闻的新闻线索范围更广，信息的层次更多，而且往往是老百姓关心的话题。它的弊端是传播者所提供的线索往往都是第二、三、四手材料，可靠性小，误差大，在提供线索时只是当作一种闲聊的话题说说而已，他可以不对信息负责任。所以说，这种传闻也是有很大危险性的，记者要善于分析和识别这些庞杂的线索，除对其抱有必要的警惕外，也要珍视其中可能存在的很多有价值的选题。

（二）根据自己的经验判断和推理

哪些事实可能是真的，哪些事实可能是假的或是不够真实的，如果记者有丰富的社会阅历和报道经验，在预测真相的时候准确度就比较高，判断的速度就比较快。

三、进行选题的可行性研究

一个新闻事实是不是能够当作新闻选题，不仅要对它进行价值评价和真相预测，还要对它进行作为新闻选题的可能性研究。所谓选题的可能性研究要考虑以下五个方面：

（一）进行报道效果的审视和预测

播出或刊出的社会效果，是衡量选题价值的首要条件。

《焦点访谈》原制片人梁建增提出：对于工业产品，一些企业为衡量经济效益，采取了“成本倒推计算方法”，即首先确定一种产品在市场上被接受的价格，然后倒过来计算产品的原料成本、每个环节的加工成本、管理成本以及企业利润，如果合适，就生产；如果生产成本高于市场可接受的售价，就是不被市场认可，那么就不要生产。精神产品的生产，也应该采取这样的思路：对于一个选题，先考虑它的播出效果，再来决定是否报道。①

例如《焦点访谈》栏目对几乎每一个舆论监督的选题都需要进行相反的论证。一般情况下，选题论证的要点集中在以下几个方面：

(1) 选题与党和政府的现阶段的路线、方针、政策是否有不和谐的地方。

(2) 选题事实是否包含有可能引起不安定的因素。

(3) 对于基本轮廓清楚的选题事实、关键事实是否存在疑点和不确定性。

(4) 选题所包含的事例是否非常极端，不具普遍性。

(5) 选题是否符合电视新闻的操作规律。

(6) 选题清楚、事实准确、责任明白，但报道后问题能否得到解决。②

(二) 推断找到采访对象的可能性

能不能找到关键的人物？关键的人物愿不愿意谈？这是采访成败的一个前提。记者的报道素材大多数来源于被采访者的叙述、告知和交流，如果找不到权威的采访对象，采访将无从谈起。但是，找到采访对象并非一件容易的事情，在某些报道特别是揭露真相的报道和批判性报道的采访中，选题的性质本身决定了采访对象的态度——躲避、沉默，关闭手机、拒接电话是躲避记者的常用手段，因此，在做选题时就要考虑这一环节能否有可能突破。

(三) 记者是否有完成这个采访的实力

这包括记者的采访能力、分析和把握材料的能力及对报道文体的创作能力。

(四) 估算采访的成本

主要是经费的成本，如果采访对象地处遥远，交通费用和住宿费用就相当惊人，有的电视节目组一出动就是五六个人，包括主摄像、副摄像、录音师、出镜

---

① 参见梁建增：《〈焦点访谈〉红皮书》，211 页。

② 同上书，209 页。

者、一个编务和一个责任编辑，所花费的成本相当大。

（五）考虑时效性限制

采访是有时效性的，尤其是在与其他媒体竞争的环境下。过了时效，前功尽弃。因此，在进行选题的可行性研究时，要考虑到前去采访的记者在多长的时效限制内可能完成找人、采访、编辑、写作的任务。

对以上五点的研究，经常不只是记者个人的任务，而是记者和编辑甚至整个编辑部要讨论的问题。

第三节　选题在采访之后的五种命运

选题确立之后，记者在采访中的第一任务就是调查真相。

因为是在预测的基础上确立的选题，那么记者调查之后就有两种可能性：

（1）真相与预测基本相吻合。

（2）真相与预测有误差，甚至是极大的误差！

面对这两种可能性，采访记者可能有以下五种对选题的处理方式：

（1）真相与预测基本吻合→在掌握真相之后提炼主题→围绕主题选择素材……

（2）在真相与预测基本吻合的基础上，采访中又有新的发现，也就是说本来是去找“金子”，却发现了更值钱的“钻石”→修正选题特别是修正报道思想→在新的选题指导下继续采访……

（3）真相与预测不符，或者差距很大，或完全相反，记者放弃原来的选题计划，根据与预测不符的事实甚至是完全相悖的事实提炼新的主题加以报道。

比如原来去报道某个教师在教书育人方面精神可嘉，但到了教师家中之后，发现这个家仅仅是一个简易的防震棚，教师就在这极简陋的家中，备课、辅导学生、跟学生谈心，维持自己的家庭生活。记者随即改变原来设想的颂扬师德的报道计划，从这个教师的境遇入手呼吁为教师解决生活问题。他所完成的报道已经是完全另外一篇报道了。

（4）真相与预测不符的情况下强扭角度，以适应原来所确立选题的报道思想。

例如：本想去报道好政策提高了农民的种粮积极性、促进了粮食增产，到那里之后却发现并非如此。实际情况是由于当年雨水好，促进了粮食的增产。但记者不愿意废掉选题，于是强扭角度，隐瞒事实，把下雨导致收成好报道成政策导致收成好。

对选题的这种处理方法显然违背了新闻真实的原则，理应被摒弃。

（5）发现真相与预测不一致，甚至完全相背，这时如果在新的事实中找不到新的新闻价值点，那么只好主动放弃这个选题了。

其实，上述五种情况，前三种情况可能最为记者常见和常用，而第五种情况，则特别值得记者和媒体正确认识和对待。因为这种情况无论对记者还是对媒体来说，都是一大损失，但与新闻的真实性比起来，这一损失是新闻工作必须承担的，而且有时候，它也未必全是损失。梁建增在《〈焦点访谈〉红皮书》一书中就曾谈到过这个问题。

不要为调查结果与预想的不一样而懊丧

有一种情况也很可怕，那就是乘兴而起，急匆匆奔目的地而去，记者费了九牛二虎之力，采访调查之后却发现事实并不是原来想象的那样，节目没法做了，只有打道回府，败兴而归……

每年《焦点访谈》遇到这类情况大概有数十次之多，大约占到节目播出数量的三分之一强。这就意味着每一组记者每做两个节目就有一次是“跑空”。按照每做一个节目的周期是10天左右计算，那么这就意味着每两个记者每个月有10天左右的时间是在做无用功……

的确，放弃节目，意味着精力、时间、经费等方面的巨大损失，但是却保持了《焦点访谈》最为看重的品质——用事实说话。同时，跑空的本身就是一次调查真相的过程，也许一条重大的新闻真相就在记者的调查中昭然若揭。

…………

2001年“五一”前夕，国家工商总局有关同志向《焦点访谈》提供了一份材料说，4月13日，上海市工商局查获了一假药地下经销点，至案发为止，没有药品许可证的上海康裕化学试剂有限公司已生产加工假冒药品及试剂40多吨，并说“其经营方式是从浙江、河南等地大批购入各类药品原料，进行分包装后贴上自制的标签，假冒‘上海京华工厂’等企业的名称、药品生产许可证号以及注册商标”。

也就是说那些药品明明不是这些厂家的，却假冒这些厂家。按经验这些药品本身的质量也肯定有问题，至少是以次充好。材料中还说，非法经营的药品和原料有先锋4号、诺氟沙星等百余个品种，以及达克罗宁等剧毒药品，还有假冒从法国、日本进口的药，加价卖到外地。这些假药已销往全国278家医院。国家工商总局已经向全国发出紧急通知收回这批假药。国家工商总局说，我们从来没有见过这么大的假药案件，保证你们是独家，我们把我们《工商报》的报道都按住了。

这真是一个好选题，而且这信息的来源是权威的国家工商总局！记者王文雁、摄像邢旭东第二天立即飞到了上海。

到现场一看，记者更加欢喜。那些被工商局认定的假药已经全部被封存起来，多达69个品种，工商局说他们是在这家公司的仓库、一个没有装修的两室一厅的毛坯房里查到的。查的时候，有几个工人正在把大包装里的药装到小包装里，小包装上贴的就是他们自己制作假冒别的厂家的标签。在现场记者还发现了1万多张印有全国20多个厂家名称的标签，这些标签都是从这个公司自己的电脑里打印出来的，也确实有写着日本制造、法国制造的标签。

“这些是假冒的，这些也是假冒的……”听着介绍，王文雁和摄像邢旭东都来了情绪，不停地拍摄。上海工商局的同志也显得很兴奋，大谈特谈，说这是我们在全国整顿市场经济秩序的斗争中抓的一个大案，我们是如何如何连夜办案，各级政府又是如何如何重视的。

那么这些假冒药的质量究竟如何呢？要知道这可是人命关天的大事啊！记者到上海的第二天下午，检验结果出来了，却出乎记者的意料。上海市药品监督管理局的副局长接受记者采访时明确说：“在工商部门封存的货品里没有发现成品药，也就是说都是用来做药品的原料，而这69个品种中又只有10种纯粹是药品原料，其他的可以做化学试剂也可以做药品原料。我们对这10种纯药品原料和部分可兼做化学试剂的原料做了定性检验，没有发现假药。”

没有发现假药是什么意思？

“说安乃近就是安乃近，而不是其他的东西或别的品种的药品假冒的。”

那么它们的质量如何呢？

“我们又对它们的遮光度做了检验，这些全合格，没有发现劣药。”

不是说有几种剧毒药吗？那又是怎么回事？

“打比方说，砒霜也是剧毒，但它的确是药，这不是一个事。”

看到结果，记者大失所望，不像想象的那么严重，新闻本身就没有那么高的价值了。和记者同去的国家工商总局商标处的同志也感到有点儿意外，不过她说工商局所说的假药的范围比较宽，一种是药本身，还有一种是如果药不是这个厂家的，他打了这个厂家的标签也一样可以认定为假药。如此那就是撇开药品原料本身的质量问题而从另外一个角度做文章的问题了。

就在这时，王文雁接到了制片人柏杨从北京打来的电话，他显得很着急："你拍的那个假药《北京××报》已经发了，说得特邪乎，你听听，'现场缴获多少多少假药，但仍有28吨含剧毒的假药流入全国各地'。"

28吨含剧毒的假药？《北京××报》这样报道是不是太离谱了？就连上海市工商局对这个报道也很吃惊，他们写给国家工商总局的材料上说有达克罗宁等剧毒药品，到了记者那里怎么就变成了有鼻子有眼的28吨了？

看来上海之行又是一趟"跑空"。经过研究，心有不甘的制片人柏杨回电指示记者抓紧时间深入调查，既然已经去了就看看到底是谁在撒谎。

为了赶时间，王文雁和邢旭东把采访计划又重新做了一下，接着是采访这个公司的几个员工，问问他们生产销售的情况。没想到又发现了新的问题。

这些员工一致说，他们只是把从厂家进的货换成了小包装再卖出去，因为那些需要药品原料的医院根本用不了大包装。

"那你们的小包装上贴的标签是哪里的？"记者问。

还是原厂家的，就是说从A厂家进了一公斤原料，但向我们订货的医院只需要0.1公斤的货，所以我们就把A厂家的货分装到10个瓶子里，然后还贴上A厂家的标签，卖到10家医院，不过标签的确是我们自己用电脑打印的，主要是为了让各个医院清楚——康裕公司的员工如是说。

随后记者的调查与员工所言基本相符。康裕公司的小包装上贴有这几个企业的名称，而康裕公司也的确从这些企业进过大包装的药品原料。

虽然涉及的69家企业不可能马上一一查清，但至少还没有证据证明康裕公司经销的药品原料里有张冠李戴的情况。他们只是在经销过程中把厂家的货物分装了一下。写着外国厂家制造的药品原料的进价和卖价根本无从查起，所以工商局所说的加价卖到外地也是无稽之谈。

不能说康裕公司没有问题，因为康裕公司的确没有经销药品原料的许可证，但是它是无证经营，和假药是两回事；没有得到原厂家的许可，康裕公司自己打印原厂家的标识，这也是违法的，但这是假冒标识案，并不是假药案。

可是，上海市工商部门查这个案子已经有半个多月了，怎么就没有发现这些问题？药品监督部门的检验没有出来，他们也没有搞清所有药品原料的进货出货情况，怎么能判断查到的药就是假药？他们给国家工商总局的汇报是不正确的……

就在记者返回北京的前一天晚上，碰巧看到中央电视台晚间新闻也播了这条消息，是上海台送的，说："已有28吨假冒的小剂量成品药流入各地医院"，还有"这个公司从河南等地购回劣质药冒充上海××厂等厂家"的字眼，并说有关部门正在紧急查堵这些假冒药，以免危害消费者。虽然没有把这些药都说成耸人听闻的剧毒假药，但字里行间表现出来的紧张程度不亚于当年的"61个阶级兄弟"。

上海市工商部门的确是结论下得有点太早，包括给国家工商总局的汇报和给上海电视台提供的新闻稿。实际上很多情节有点想当然，比如看到有那么多自制的标识就马上判断是假冒这些厂家等等。当然，是不是有想在整顿市场经济秩序的斗争中凸显一下的思想就不知道了。

上海市药品监督管理局紧急行文给各级有关部门，指出绝不能继续报道这些药是假药了，在是不是假药的问题上，他们的判定具有权威性。而且他们还指出《焦点访谈》的记者已经进行了实地调查，证明这是一条假新闻。而事实上，上海工商部门在最后接受王文雁和邢旭东的采访时，再也没有提假药的字眼，而判定这是一起无证经营和假冒标识案。

一条耸人听闻的假新闻就此在《焦点访谈》的记者这里打住。[①]

这次采访的结果，由于种种原因最终没有播出，不了了之。但是此事却引起了记者王文雁的深刻反思，她说："我想如果我做的也是一个几十秒的新闻，会不会也只采用工商部门提供的稿件而不去做更深一步的调查呢？很有可能。因为我们做节目通常要依赖这些职能部门的查处，我们通常也很信任这些职能部门调查的结论。刚看到这个选题时，我不是也兴奋万分吗？当我看到有那么多贴着各个厂家名称的药品原料，当我看到上万张从电脑里打印出来的标签，我也绝没有想到事情最终会是这样。幸好《焦点访谈》十几分钟的长度逼着我必须去刨根问底，才让我不至于也成为制造假假药新闻的人。"

尽管王文雁也深为自己的空跑感到遗憾，为假假药新闻造成的影响无人去管而痛心疾首，但是制片人柏杨的话让她欣慰了许多："不要为你调查的结果与预想的不一样而懊丧，尽管你空跑了几趟，但是你却是离事实真相最近的人。"

---

① 梁建增：《〈焦点访谈〉红皮书》，273～277页。

第九章 采访的策划与准备

CHAPTER 9

假如你只在需要的时候去找材料，那就好像追一辆公共汽车，可能在你追到站时，公共汽车已经走远了。因此必须积累一些基本资料。

——伊斯雷尔·爱泼斯坦

采访的策划和准备也叫“静态采访”，或采访的“案头功课”，指记者在采访之前针对采访任务所进行的思想准备和物质准备。其中，采访的策划指的是记者对采访活动和报道文体的谋划和设计。而采访准备则偏重于记者对具体材料和物质上的准备工作。

第一节 采访失败的重要原因——缺乏采访前的策划与准备

新华社记者朱玉谈到她指派一个年轻的小记者在党中央召开的“十七大”期间，去采访“十七大”代表、著名播音员方明的故事：

那个小记者问方明："您来参加'十七大'有什么感想？"

方明答："我觉得人民大会堂更雄伟了。"

小记者立刻把方明的话给我发过来，我告诉小记者，你得采访点细节。

小记者又跑去找方明："我们老记者说让你谈点细节。"

方明说："我哪顾得上啊，我又是代表又是工作人员，根本没时间！"

小记者又回来了，跟我说："他说没时间。"

我说，傻丫头，又是代表又是工作人员才是新闻呢，你可以问问他是不是挂着中央电视台的牌去投票？参加大会之前和之后你播新闻有什么新的感觉？党代会的文件有什么新特点？①

这是很多新记者在采访中经常发生的"故事"。

这时的记者还不能称作"记者"，而是一个标准的"事实搬运工"，老记者让搬什么，他就去搬什么。从这个事例中可以看得很清楚，这位记者对"十七大"党代会的文件缺乏准备，对采访对象方明也没有做一点采访前的准备。并且在采访中缺乏对事实的认知能力，也缺乏交往能力。

新记者最大的一个毛病，就是采访前的准备不足，或干脆不做准备。他们有的过分相信自己的临场发挥能力，有的则希望采访时"撞运气"。

大家都熟悉的《意大利晚邮报》记者奥里亚娜·法拉奇，在20世纪80年代初访问邓小平之前，曾彻夜备战，看的材料"摞起来有两英尺高"，包括邓小平的传记、邓小平在各种会议上的讲话材料、邓小平的生平履历材料，以及传奇故事等，紧张得像"学生的大考"一样。

而我们的一些记者在采访策划和准备的环节上，存在很多问题。一些人有时间就做一下准备，时间一紧，首先被"省略"的环节就是采访准备这一环。这里面有缺乏采访经验的问题，也有缺乏敬业精神的问题。有些人，当惯了"事实搬运工"，缺乏采访中的主体意识，其突出的表现就是采访前不做准备，采访时碰到什么材料就用什么材料，操作非常粗放。在新闻实践中我们看到，因缺少采访准备仓促上阵的记者大有人在，他们往往把采访做得一塌糊涂。具体来说，主要有两种情况：

一种是被动式采访。不知道自己到底要什么材料，提不出问题，不会主动挖掘，别人说什么就记什么。拿回来的材料，或者凑成一篇三类稿件，或者干脆就

① 引自朱玉2007年12月在中国人民大学新闻学院的讲座发言。

是一堆信息垃圾，无法用来写作。

第二种，提问时颠三倒四，缺乏逻辑性和提问的艺术。低劣的提问，把采访对象弄得痛苦不堪。而且，这样的采访往往还没有改正的机会，因为采访对象不愿意“重温噩梦”，对这样的记者避之唯恐不及。

目前很多记者低水平采访、被动采访，问题都在于事先缺乏充分的准备。这常常表现在对采访对象的准备不足，对采访题目的思考不足，对采访活动的设计和建构方案缺乏充分的讨论和设想，因此仓促上阵，往往造成提问不对路，气氛很僵硬，只能败下阵来，而采访的一次性特点又不允许记者们“再来一次”、“屡败屡战”，只好放弃，浪费了很多宝贵的采访资源。

第二节　策划和准备是采访前必不可少的环节

从狭义的角度来讲，一篇报道的制作从采访的策划和准备开始，这是新闻生产线上的第一个环节。像其他环节一样，采访前的策划准备与新闻作品的质量、传播力度、传播效果息息相关。高质量的作品必然来自高质量的策划，正如同奥迪车的生产线和夏利车的生产线是完全不同的一样，每一个环节都决定着其最终产品。

为什么说采访前的策划和准备是必不可少的呢？这是因为：

一、采访机会是难得的，甚至是一次性的

一般来说，新闻现场是转瞬即逝的，因此，采访时要能准确抓住现场中的镜头，难度是相当大的。特别是新闻摄影记者，如果没有充分的采访前的准备工作，就可能难以捕捉到事实发生瞬间的现场画面，而与新闻事实失之交臂。同样，记者的访问也是机会难得的，因为，约到一个采访对象，有时候要花费很大的精力。尤其是官员和专家类的采访对象，他们通常没有时间接受采访，费了九牛二虎之力约到的采访机会，如果不在之前精心准备，就很难进行深入的访问和细致的观察。古人云：“凡事预则立”。那么在采访中这个规律则体现得更明显。如果不能抓住新闻现场和采访对象给我们的机会，就是记者最大的失职。采访往往是一次性的——访问的对象都是活生生的人，访问是一个人与人之间的交往过程，交往的特点有三个：信息的交流、情感的交流、双方的交互性所共同构筑的交往活动。因此，一个成功的交往过程，如新闻访问，必须在精心的准备之下才能完成。

二、采访不是可以反复进行的表演活动

带有人际交往特征的采访是心和心的交流，不是表演活动，因此不可以一而再，再而三地进行重复性采访。

采访的现场保存时间很短，通常不可能有第二次、第三次提供现场的机会。人为构造场景，是违背新闻真实性原则的。因此，稿件可以反复修改，而采访活动不能反复进行，也不能反复修改，必须一次成功。因此，我们采访的机会是转瞬即逝的，是一次性的，是难得的，是宝贵的。

2001年9月，中央电视台《新闻调查》栏目受中纪委委托，采访沈阳“慕马大案”。记者董倩去采访慕绥新。慕绥新是原沈阳市市长，曾是一个有魄力、有魅力、敢想敢干的风云人物，媒体甚至一度把他称做冉冉上升的“政治明星”。《东方之子》当年采访过他，那时他还是一个呼风唤雨、权倾一时、潇洒倜傥的市长。但是在董倩采访他的时候，慕绥新已经是阶下囚了。他这种身份、命运的天翻地覆的转变是最吸引人的，这使记者采访前异常兴奋。但是，对于这样的人物进行电视专访，对采访记者的要求也是很高的。董倩曾回忆说：

> 从得知让我采访慕绥新后，我就反复问自己，能不能采访好这个人？采访是可以的，那年我30岁，采访经验有一些，但有限，对事物的认识、洞察能力很浅薄，我不能肯定我能够把握这样一个经历过生活大风大浪的人。我想得很现实也很具体。首先就是，我应该以一种什么样的姿态来面对他。不能小看这个问题，它是采访的关键。慕绥新本人当时也是处在一个很复杂的状态中。
>
> 虽然他已经被剥夺了一切党内和行政职务，但毕竟短短几个月以前他还是一个市长，依照惯性，他的思路还没完全调整过来，他也很可能在问自己：我是囚徒？还是市长？我得把握住他的这种心思。
>
> 另外，他的年龄摆在那儿，是一个经历过很多、洞察了世事的人，他能不能接受我这样一个年轻的女性采访者呢？他会不会认为我根本就不具备跟他对话的条件呢？
>
> 还有，我是中央电视台的记者，我的身份会不会让他心生抵触，不愿意对这样一个媒体说话呢？
>
> 第四，当时的慕绥新已经被查出癌症晚期，病入膏肓，生理和心理双重

致命的打击会让他是一种怎样的心态？上述任何一点都会强烈影响到采访。我能做的，就是在采访前仔细研究这个人，看卷宗。

想到一个很重要的问题，我该叫他什么？怎么称呼他？“慕市长”肯定是不行的，可直呼其名也实在是有些唐突，即便只从年龄上来讲也是不合适的。“老慕”吧，中性，方方面面都说得过去。

如我所预料的那样，采访是很顺利的。老慕没有抵触我，也没有拿我当不懂事的年轻人，我涉及的那些问题，他每一个都很坦诚地回答。采访气氛的融洽，使我得以越来越深入地进入他的内心。我问他的几个问题，让他也是没法躲避的。比如我还记得当时我问他：

“在上任之初，在人大代表面前你曾经庄严承诺要认真履行好市长的职责，要把沈阳市用心建设好。但是不久之后，你就开始接受下属的钱，不给钱不办事。到底哪一个是你真实的想法呢？”

“都是真实的，”他说，“有些事情能避免，有些事情单凭一个人的努力是改变不了的，比如说沈阳市当时的官场环境政治生态，让你不收钱甚至就不能办事。”①

董倩的专访是成功的。

对震惊全国的“慕马案”的主角慕绥新的采访机会是难得的。慕绥新已经是癌症晚期的病人，生命留给他的机会已经不多了。“人之将死，其言也善”，在这个历史的时刻，他对自己的认识是什么？他想留给世人的忠告又是什么？采访机会的难得，要求记者每战必胜。董倩专访的成功得益于她事先充分的策划与准备，这主要包括：对采访对象的定位、对采访对象的称呼、对采访对象的态度以及最关键的对采访对象的提问。董倩的提问显示了记者采访目的的明确，它反映出：慕绥新的巨大的命运转折不仅仅归因于个别干部的腐败问题、个别干部的素质问题，它揭示出的是一个导致腐败的官场大环境。这是一个更值得人们关注的问题。

采访完不久，慕绥新就去世了。记者抓住了这个机会，留下了这个历史人物的记录和一个经典的反腐败教材。

---

① 《新闻调查》栏目组：《“调查”十年——一个电视栏目的生存记忆》，149～151页，北京，三联书店，2006。

三、采访的事实是复杂的，对象是广泛的

这是新闻记者所面临的一个永恒的难题：以一己之知识去面对广泛的社会生活，面对复杂的，千变万化的各类事实和各类人物。事实的复杂性也是采访中的一大难点，记者要学会在短时间的准备中迅速地进入到一个陌生的领域，要对事实的各种背景材料由生到熟，找到突破口。如果记者碰到的选题是负面的，特别是一些深度报道所要求的复杂事实，一般都会遇到知情者的故意掩盖甚至是对调查的顽强抵抗。有时记者必须运用隐形采访，即暗访的方式，那么采访准备的难度就更大了。如果采访中要运用设备，就不仅有难于隐瞒身份的问题，还有如何解决设备隐形工作的问题。因此，幻想着不经事前的准备，等到了采访现场再去熟悉事实和人物，再去酝酿问题，想对策，是绝对来不及的。必须在短兵相接的访问开始之前，做充分的准备。只有事先“做足功课”，方能在采访机会出现的时候，有备而发，抓住机会。

《南方周末》的一位记者曾经谈到她因准备不足所得的教训：一次她去采访印度裔学者斯皮瓦克，那位学者号称是解构主义、女权主义、新马等诸多学术流派在新时代的领军人物之一，与德里达有很深的交往：

> 我问印度裔学者斯皮瓦克的一个问题是：“一位印度女学者在中山大学演讲的时候，介绍了印度社会至今存在的对妇女的种种不公待遇，像你这样以学术为职业，并且以贱民研究为主要方向的女学者，在印度遭到的不理解和不公待遇是不是更多?”
>
> 这位女学者当即的反应是：“你说的这位学者叫什么名字？她的研究领域是什么?”
>
> 汗！我没有记住那个拗口的名字，因为认为没有必要，也没把她的名字列在问题里，只好实话实说。
>
> 斯皮瓦克一触即发，联系起我用中国学者对解构主义的种种批评来请她作回应的那些问题，大放厥词：“类似这样的问题，用我老师的话说，叫道听途说（hearsay）的知识，你没有读过解构主义的著作，就拿别人的观点来问我。”
>
> 更加的汗，一语中的。斯皮瓦克也许不知道，hearsay（道听途说）多多少少是记者的职业病。①

---

① 转引自邓科主编：南方周末丛书第一辑《后台》，146～149页。

这位年轻记者连用了两个“汗”（令人汗颜）字，表明此教训之深刻。这位印度裔学者用“道听途说”这个词来批评中国记者缺乏起码的采访准备，以至于提了一个自己都没有弄清楚的、模糊的问题，捅到了记者的痛处。去访问一个解构主义的学者，记者与之在知识上的差距是显而易见的。这位学者的意思是，“读了解构主义的著作，才有采访的资格”，这个要求虽然看起来太高了，但绝对具有合理性。由此也可以看出，事实的复杂性、专业性对记者采访前准备工作的要求相当高。

另外，采访对象一个最大的特点就是具有广泛性和繁杂性。这些被采访的人，他们有不同的性格，不同的价值观，不同的爱好，因此，每一次访问前记者都要对采访对象做个案的准备。比如对慕绥新的采访，记者董倩要反反复复地考虑慕绥新的年龄、阅历、心理甚至生理境况，以至于在采访前一天晚上“竟然没有睡好觉，梦里全是我问他不答，惊醒了好几次”。

改革开放之初，万物复苏，国家百废待兴。1979 年初，全国召开了科学大会，号召青年们攀登科学的高峰。当时，报告文学作家徐迟去采访中国著名的数学家陈景润，几次准备之后，都感觉找不到同这位性格孤僻的数学家谈话的感觉。当时陈景润住在一间六平方米的小屋里，常常靠馒头泡开水度日，在极其艰苦的条件下，徒笔演绎出了据说是世界数学史上六大难题之一的“哥德巴赫猜想”，彰显了中华儿女自强不息、奋力攀登科学高峰的民族精神。

这位数学家同常人不交往，走路时总是想问题，有一次还撞到了树上。这种性格给记者的采访造成极大的困难。如何和这位满脑子都是数学公式的数学家找到一个起码的谈话的接点，徐迟被逼无奈，只好一头扎进书店，买了一套中学《数学自学丛书》，以 60 岁的高龄，像中学生一样，趴在桌子上，一道一道地解数学题，目的就是为了让自己稍微具备一点数学思维。后来他对陈景润进行了成功的采访，所发的报告文学《哥德巴赫猜想》像一首豪迈雄壮的交响乐，产生了很大的社会反响，让所有的中国人无比自豪了一回。这篇报道至今还激励着不少青年学者和莘莘学子立志报国，生命不息，奋斗不止。

四、记者在采访中的状态——“一身五任”

什么叫“一身五任”？即记者在采访中既是一个交流的主持者，又是一个提问者，既是一个倾听者，又是一个思考者，并且是一个全程的记录者。也就是说，记者在访问中要同时担任这五种角色。

（一）记者是一场谈话的主持者

要建立并维持一个融洽的谈话气氛，随时调节交谈的内容和交谈的速度，并根据采访对象的情绪不断调整自己的态度，以便使这种交谈善始善终。

（二）记者的中心角色是一个提问者

记者要通过提问收集材料、认识事物、探索真相。在整个访问过程中，记者既要按照事先准备的提纲，用合适的口吻，从恰当的角度不断地提出问题，又要根据对方的回答随时调整提问结构，随时转移话题，追问细节，以求拿到更可信、更权威的材料。

（三）记者是一个“全职”的倾听者

他必须靠耳朵收集采访对象所谈的各种信息，并且在倾听中及时地反馈，以鼓励采访对象的谈话兴趣。访问是一个不间断的提问和倾听的过程，即接受和索取的过程。倾听时需要紧张地辨别，还需要快速地设计新问题，快速地关注新亮点，这个过程复杂而紧张，常使记者耗尽心力。

（四）记者在采访中又是一个积极的思考者

要对所得到的材料做快速的分析：哪些可能是真相，哪些可能是假象；哪些符合采访目的，哪些不符合；哪些是有用的素材，哪些是垃圾材料；在这些材料中，是否发现了新的线索……在整个访问的过程中，记者的大脑一直在紧张地思索着。要考虑事实的真相，还要考虑事实的新闻价值，更要考虑怎样为新闻文本捕捉素材。记者在探索真相评价事实的同时，还要考虑构建新闻作品的诸多可能性，比如主题的提炼，通常是在采访中进行，提炼主题之后，又要围绕主题去悉心地通过设计和提问捕捉素材，捕捉可以作为支撑主题的主干事实、细节事实，捕捉可以作为消息导语的关键事实，捕捉可以作为通讯切入点的事实，这又是一个极其复杂且耗费心力的过程。这些紧张的思维活动，常常令记者精疲力竭。

（五）记者还是一个全程的忠实记录者

极少有人有超常的记忆力，能够不用笔和录音机直接凭记忆的材料来写稿。而新闻又要求无可置疑的准确性，才能保证报道的真实性。因此，采访时要用心记录，或者是用笔记录，或者是用录音机记录。如果记录不过关，采访的努力就可能付之东流，到写作的时候，就可能缺乏准确的材料依据。

主持谈话，不间断地提问，全过程的倾听，不断地思索和筹划，准确地记录，一共五项任务需要记者同时完成，是脑力和体力的超常支出，因此访问是一项劳心又劳力的“活儿”。《科技日报》老记者郭梅尼，到中年之后，每次采访完一个大通讯“都要累得病一场”。

由上述的五个角色来看，记者的采访任务繁重，但采访机会又难得，如果想较好地完成采访，唯一的保障就是——访问前做充分的准备工作。正如一些老记者所说：“怎么准备都不过分。”

第三节　采访策划和采访准备的内容

一、报道思想的策划

新闻报道不是社会万象的“反光镜”，而是一项创造性极强的活动。任何事实都不是几个简单的符号可以表述的，而是整个社会关系的凝聚点。因此，在采访之前就要对在选题阶段已经确定的目标事实做更为细化的报道思考策划，只有报道思想先确定下来，记者才知道采访时的目标是什么。采访是一个目的性很强的活动，如果记者采访的目的很模糊，到了现场就不知道该问什么，该看什么，该听什么，该记什么。所以在采访之前，首先要弄清楚——你的采访目的是什么？你到底要什么？当我们面对一个事实的时候，你的新闻理念会告诉你，你要做一个什么样的报道？你在这篇报道中要表达什么样的理念？你的采访目的是什么？怎么才能达到这些目的？采访前的策划和准备工作最中心的任务就是明确报道思想，从而明确采访目的。

对于任何一个事实的采访都可以有不同的视角和不同的向度。在设计报道思想的时候，记者要充分运用自己的发散式思维做最大胆的预测和报道设计，将这个事件可能的报道方案列示出来，再根据相关的限制条件，从中选优。有人将这种思维称作“腾云驾雾法”。这时的发散式思维可以帮助记者最大限度地发挥创造性。当然，这个报道的设想是根据记者的新闻价值观和采访的事实特征来决定的。

下面我们虚拟一个关于火灾的报道思想策划，看看在面对一场突如其来的灾难的时候，我们可以创造出哪些报道角度。

例如，某市的一个夜总会一天晚上突发大火，由于消防通道被堵塞，使困在三楼的人们很难逃生，造成了××人死亡的惨剧。

这种灾难性的惨剧，可以有很多种报道思想指导下的报道方案：

（一）第一种——着眼于救灾的报道

如果你听到了很多救火时发生的感人事迹，如消防队员的勇敢，相关领导亲临一线做了有效部署，当地的老百姓自发动员起来参加援救，那么就可以策划一个以救灾为主题的报道，你的采访方案可能是：

（1）指导救灾的当地领导亲临一线，得力指挥。

（2）冲在一线的消防队员，奋不顾身，整个消防工作的高效、有序。

（3）抢救伤员的医生护士，抢救伤员的事迹和现场活动。

（4）自动伸出援手的当地群众的救人场面等。

（二）第二种——着眼于问责的报道

如果你着眼于这场火灾责任的追究，那么你要采访的目标就可能是：

（1）调查起火的原因。

（2）调查救人和救火的过程。

（3）火灾的伤亡人员的情况。

（4）起火的原因的背景和背后故事，是因为夜总会老板的只求利润而漠视生命？还是由于相关人员的渎职？或者是更深层次的腐败和官商勾结？

（三）第三种——着眼于缅怀生命，思考命运的报道

如果着眼于火灾中死难的这些人，你的采访目标就变成了：

（1）收集火灾中死亡的那些人的具体材料，了解他们生前最后的声音和形象。

（2）死者在灾难中的搏击和挣扎。

（3）死者在救灾中的英雄事迹。

（4）生者对死者的缅怀。

（5）死者身后的世界——他（她）的老父老母，他（她）的妻子（丈夫），他（她）的孩子。

在报道思想的策划中，不同的媒体，不同的记者，不同的新闻价值观和不同的社会角色定位，其具体体现也会不同。虽然是报道同一个事实，也可以有完全不同的着眼点和完全不同的引导舆论的向度。

图9—1和图9—2反映的是国共两党历史上的一件大事：2005年4月29日，中共中央总书记胡锦涛在北京人民大会堂迎接国民党主席连战来访，这是国共两党首脑在海峡两岸阻隔半个多世纪之后的第一次握手。当时，近400名记者手持相机，拍下了这一历史时刻。绝大多数的记者都把这历史时刻定格在胡、连两人握手之后的正面照上（图9—1），而《中国青年报》图片总监贺延光以独特视角，把胡锦涛与连战相向迈步，即将握手的瞬间定格（图9—2），从而揭示了《两党一小步　民族一大步》这在历史性会见的新闻的内涵。此照片也因此脱颖

而出，获得第十六届中国新闻奖一等奖。

图 9—1

图 9—2

贺延光的拍摄虽然是瞬间完成的，但他在采访中报道思想的策划和指向性却是在采访之前就确定了的。记者在新闻摄影实践中，必须对新闻事实有宏观的总体把握，他的思想深度和高超的摄影技巧才能通过他的精心观察和形象选择体现出来。

确定采访目标，是在对事实做基本预测的基础上进行的，采访目标的设计考验了记者的新闻理想和报道能力。

二、采访项目的策划

有了采访目的之后，就要对自己采访的项目加以策划，例如：关键的采访对象的选择、重点事实的确定、采访现场的选择等，都要经过精心的筹划。

2008 年 1 月中下旬，不宣而战的大雪天气让我国南方猝不及防，连续多日的雨雪天气给湘、鄂、皖、浙、赣、沪以及川、贵等省市的交通、电力、供水等造成了不同程度的破坏，群众生活受到严重影响。特别是交通，由于雨雪天气与春运相遇，受灾地区都有大量旅客滞留，其中广州地区旅客滞留量达 20 万。气象部门称南方地区出现的雨雪天气 50 年不遇，是全球气候异常在我国的表现。以下是某电视台 2008 年 1 月设计的有关南方冰雪灾害的报道方案：

内容及报道理念

全面报道各地雨雪情况，突出其“灾害”的性质及程度，包括对交通、供电、供水等市政造成的破坏，反映群众生活所受到的影响，宣传防灾抗灾常识；同时报道各地、各级政府部门抗灾救灾的情况，包括各地救灾措施、抗灾经验，以及雪灾给市政管理特别是城市应急管理带来的启示。以期通过报道，让观众及时了解灾情及各级政府部门抗灾救灾的措施，同时为抗御灾害提供建议和监督，为抗击这场几十年一遇的自然灾害提供信息交流与沟通的平台。

具体选题

1. 天气

各地雨雪天气情况，降雨降雪量，持续的天数，未来天气走势，等等。

2. 灾害

重点反映异常天气所造成的损害，包括以下几个方面：

(1) 交通

其中包括铁路、高速公路及民航所受到的影响，也包括雨雪天给城市公交造成的问题。

(2) 旅客滞留

这个问题本来是交通影响的一部分，但是，在这场灾害中，这个问题因为春运而变得异常突出，因此成为报道的一个重要方面。就目前来看，受关注的一方面是各地火车站、长途汽车站以及机场滞留的旅客；另一方面就是被困在铁路、高速公路上的乘客，其中尤以京珠高速和京广铁路突出。报道时要重点关注这些滞留旅客的安全以及吃住等生活保障问题。

(3) 供电

这个问题分两个方面，一方面由于天气寒冷，城市用电量增强，一些地方的电力出现供应紧张、拉闸限电的现象；与此同时，雨雪天气给不少地方的输电线路造成破坏，许多地方出现停电现象。

(4) 供水

和供电问题一样，这场雪灾天气，给不少省市的供水也造成很大影响，许多地方的供水管道受冻破裂，市民生活用水出现困难。

(5) 商品供应及物价

灾害面前，城市生活用品供应是人们首先关注的，尤其是雨雪天气首先影响的就是交通运输，肉蛋菜等食品的供应是否有保障？物价是否稳定？事关灾区群众的生活大事，自然是我们报道的一大重点。

(6) 灾区群众生活状况

当然，前面所说到的交通、供电、供水及商品和物价，都是反映灾区群众生活的侧面，但其往往是工作视角，而“人”是灾害性新闻的主角，我们应该有从“人”切入的报道，比如选取一户受灾群众，报道其一天的生活，反映他们在交通、供水、供电、物价等方面受到的影响，以及他们所得到的救助等。通过感性的报道使观众对灾区群众生活有一个直观的了解。

3. 抗灾

我们的报道不仅仅是要展示天气的异常、灾害的严重，最终目的是要帮助各级政府部门及当地受灾群众成功抗击灾害。所以，抗灾将是我们追踪报道的一大重点。其中包括：中央及各地、各级政府部门的抗灾精神及政策措施；抗灾救灾的成功经验；抗灾中感人的人和事，包括受灾群众的互帮互助精神和事迹，等等。

4. 救灾

这个选题和“灾区群众生活状况”相似，也是从“人”的视角出发，关注的是灾区群众，特别是生活困难群体所得到的救助，比如解决这一群体的吃饭、冬衣、取暖，政府部门有何政策，他们又是如何落实这些政策的；等等，都应该是报道重点。

5. 反思

这样的大雪尽管对南方地区来说是50年一遇，但对北方许多地方来说，这样的大雪并不算什么，但它为什么会造成如此严重的破坏和影响？这是一场天灾，但就灾害程度来说，有没有“人祸”的因素——我们的市政设施设计是否考虑到了这样的灾害天气？我们的城市应急管理是否起到了“应急”的作用？还有，如此大的雪灾，之前有没有天气预报？如果有，有关部门是否做好了预防工作？等等，这些问题，是观众的疑问，也是我们应该关注的报道重点。

节目形式及播出安排

本栏目将推出“迎战暴风雪”专题报道，除了本台自采新闻，还集纳各地方台的报道，对灾情和抗灾情况进行跟踪报道，同时连线现场记者，对受灾重点地区及救灾最新情况进行实时报道。

至于各具体选题的播出安排，我们将视灾情和抗灾救灾的进展情况而定，并根据相关的宣传政策和报道口径随时调整。

三、新闻作品的文本策划

在做采访策划的时候，不仅仅是要对报道思想、所报道的事实项目加以策划，更要注意新闻作品的文本策划。很多新闻记者新闻敏感性强，富有新闻发现力，他们常常能在一个新闻线索中敏锐地发现那些富有新闻价值的事实片段，他们常常有独家的报道视角，这些都是很可贵的。但是，要完成一条报道，必须做好从构思、采访到写作的每一个环节。只有完成了一个高质量的新闻作品，采访才算有了归宿，新闻才可以发挥他的社会作用。而一个高质量的新闻作品，绝不可能仅仅产生在写作阶段，也绝不是仅靠记者的"文笔好"就可能完成好。一个好的新闻作品，要有正确的报道思想，更要有出色的报道视角，有说服力的报道主线，甚至报道开头的切入点、中间的关节点、事实中的主要新闻人物，都构成了报道有生命力的部分。在采访前如果没有对作品文本的完整构思，就可能使采访活动脱离其最终所归宿的新闻作品的样式文本指导，而变得盲目和失去方向。所以说，采访前对有报道思想的选题，具体从哪个角度、哪种脉络来表达，不是写作的问题，而是采访的问题。

下面这篇报道是1998年《华尔街日报》关于俄罗斯经济的一组报道中的一篇。它细致地记录了莫斯科一个普通家庭的生活状况。这个家庭在7年前曾经在《华尔街日报》上露过面。当时苏联刚刚解体，俄罗斯实行"休克疗法"，西方经济学家曾满怀希望地预言：经过短暂的艰难时期，俄罗斯和东欧的一些国家的经济将会大幅度发展。7年过去了，情况又是怎样呢？如果按照经济学家的说法来报道俄罗斯经济发展7年来的低迷状况，记者泛泛地用几个统计数字也可以说明问题。如果让普通读者也能够形象地了解这种看不见，摸不着的整体经济运行状况，必须要把百姓的生活和整个经济形势紧密连在一起，才能够使报道深入浅出，生动感人。《华尔街日报》正是追踪了这个7年前报道过的俄罗斯家庭的生活，以小见大，远远比几个经济学上的统计数字更生动地反映了俄罗斯经济的真实状况。

在街上，斯维塔娜·斯塔罗勃夫总是设法压抑着她的愤怒。但一旦回到自己的公寓，她总是感到自己近乎崩溃。

午夜时分，这个43岁，体格健壮的卖肉馅饼的街头小贩常常在她的公寓里来回踱步，她的脑海里满是卢布贬值、物价飞升和空空荡荡的商店。她说她的丈夫是个吸血鬼、懒鬼、醉汉，她的丈夫则埋怨她是个唠叨的婆娘。在许多个夜晚，两个

用女主人在生活中的烦恼来回顾俄罗斯7年的经济改革历程：并非如西方经济学家所预言的那样，俄罗斯经济用了西方的"药方"，就能很快爬出"谷底"。

人是分开来过的。他住在他们俩新买的公寓，而她常常在他们过去的公房里凑合着过夜。

当这对夫妻第一次出现在这张报纸上的时候，他们担心的问题是随着社会主义制度的解体，他们在新的市场经济中的生存问题。斯维塔娜形容起那时的情形时说："我们好像是被扔进了一个大缸，然后被告知要自己爬出来。"

有一度，他们俩以为快爬到了大缸的边缘。他们得到了一套新的公寓，买了新的彩电和索尼录像机。他们在私营企业找到了工作，加班加点挣外快。

但是斯维塔娜和其他那些靠工资养家糊口的人们，在市场经济之路上的挣扎，得到的更多是焦虑和疑惑。1991 年，当他们的国家迅速地朝着资本主义迈进的时候，他们担心的是不让自己落伍。现在，他们不知道自己会走向何方，更不知道他们的国家会走向何方。

俄罗斯的金融危机让他们重新回到了大缸的中央。他们的收入锐减，物价却在飞涨。他们在私有化了的企业里没有股票，没有固定的工作。有一度，他们似乎是从经济改革中得到了好处。今年 40 岁的斯塔罗勃夫曾是个建筑工人，他曾为莫斯科一家新开的商业银行铺地砖，赚了些钱。如今，那家银行已经倒闭了。

从一个层面上来说，斯塔罗勃夫夫妇之间的争吵同任何夫妻间的争执没什么太大的两样。但从另一个角度而言，他们之间的矛盾也反映了俄罗斯社会的动荡。社会经济的动荡往往会增加人们生活的压力，甚至影响到人们的健康。最近俄罗斯的报纸上充斥着血淋淋的报道：南俄罗斯的一个锁匠在两年里没有拿到一分钱的工资，就把自己活活烧死了。在首都，一个年轻人的存款随着

从一个家庭的视角来看俄罗斯在市场经济之路上的挣扎：其中不乏被甩到社会边缘上的人们的血淋淋的命运。

银行的破产而消失，他的未婚妻又离他而去，他便以自杀的方式结束了自己的生命。

就像绝大多数的俄罗斯人那样，斯塔罗勃夫夫妇并不准备上街游行以表达他们的不满。他们并不认为推翻现行的制度会给他们带来什么好处。他们希望的是有人能给他们带来一个稳定的社会。那些在位的所谓“民主”人士给他们带来的幸福，并不比共产党人给他们的多。“对于民主，我们还没有准备好，”斯塔罗勃夫说，“我们真的不大懂什么是民主。俄罗斯需要一个强硬的领导，虽然不是像列宁或斯大林那样的，但我们要一个强硬的领袖。”

他们对西方的民主制已经不抱什么希望，因为对老百姓来讲，生活水平是第一位重要的。

斯维塔娜通常在早上9点开始工作。她的工作地是一个人头攒动的集市。工作时，她穿着一件油渍斑斑的围裙。集市里有各式各样的蔬菜和水果摊，空气里弥漫着大蒜的味道。在苏维埃时代，斯维塔娜在一个国营的仓库里拿着一份微薄的工资。她对于市场经济一无所知。

今天，她赚多少完全取决于她能卖出多少肉馅饼。她的老板不再是国家，而是一个中年的鞑靼女人。这个女人经营着一个卖肉馅饼的连锁店。她每天必须卖出70个馅饼，才能挣50卢布。那也意味着她必须一天工作8个小时，中间几乎不能休息。她说她比任何人卖出的馅饼都要多。当没人来买馅饼的时候，她也帮着隔壁的摊位堆堆白菜，赚几个外快。“在旧的制度里，只有那些敢偷的人才能赚几个额外的钱。现在，我为我自己工作。你朝着人家笑，人家也朝你笑。人们都在尝试一种新的生活。”

在俄罗斯经济变革的过程中，人们过着艰难和没有安全感的生活。

她一度梦想自己做生意。但这样的梦想已经烟消云散了。现在又回到了原来的地方：如何生存。她的老板把肉馅饼的价钱从3卢布一个提到了5卢布，那就意味着买的人会减少。

在苏维埃时代，为了买食用油和牛奶，斯维塔娜常常要排几个小时的队。现在，大多数的商品很容易就可以买到，但问题是他们没有足够的钱去买。斯维塔娜的收入从8月中旬起就没有什么变化，而物价却上涨了67%。如果换算成美元，她的收入大约为3.75美元一天。

她的丈夫，也就是斯塔罗勃夫，最近失业在家。由于没人有钱造房子，大多数建筑工人都失业在家。

他们等了16年才得到一套两居室的房子，在13楼。楼房里那窄小的电梯经常出故障，常常停在三楼就下不来了，他们经常得走上三楼，再坐电梯。

在他们搬进这套房子以前，他们和两个孩子挤在一间窄小的公房里。3年之前，他们才得以搬离。现在这套房子以每月250美金的价钱出租给了9个来自乌克兰的工人。

在他们一家搬入新房子的时候，莫斯科的建筑市场正兴旺。斯塔罗勃夫每月能带回家正常的工资。有时候他还能带回家一些额外的钱。他为家里买了新的冰箱、电视。

他从他工作的银行建筑工地上偷了一些粉红色和黑色的大理石，用来装修他们的新公房。来自另外一个装修工地的灰色地毯也铺在了他们家的客厅。斯维塔娜买来了架子、墙纸和照明设备。“都是最便宜的，”她说。

斯积，他们19岁的儿子，睡在客厅的沙发上。7岁的女儿伊莲娜则和他们一起睡在唯一的卧房里。卧房外是一个小小的阳台，里面储存着马铃薯和洋葱之类的东西，都是从斯塔罗勃夫母亲的花园里拿来的。

这里用了很好的对比手法：过去俄罗斯是物资缺乏，买东西排长队成了典型的一景，如今，东西倒是有了，但普通百姓没有钱买。

在厨房里，一个临时的架子一头搭在水池上，一头搭在一把椅子上，上面是肥皂和洗干净了的碗碟。

去年的时候，形势看起来还不错，直到斯塔罗勃夫发觉越来越难准时拿到工资。他为之装修的那家大银行倒闭了。后来，他又为了1 000美金的月收入，离家来到1 800里之外的哈萨克斯坦的一个装修工地，但那份工资并没有像所说的那样汇给斯维塔娜。

所以，斯维塔娜不得已开始卖起了肉馅饼。她原以为依靠丈夫的收入便可糊口了，所以辞去了一份每月280卢布的清洁工作。她从事这份工作是在伊莲娜长到3岁后，国家给母亲的补贴取消之后，她说她痛恨这份工作，因为老板是个自高自大的人。

斯塔罗勃夫从5月起就不停地给那家哈萨克斯坦公司的包工头打电话，想要讨回工资，家里没有电话，他总是去外面的公用电话亭打电话。想要在家装一个电话，要么是等上至少5年，要么是私底下付2 000美金。

包工头欠他6 000卢布。他工作那会儿，这些钱值1 000美金，现在大约只值375美金。

他拨了电话，但没有人接。他决定过几个小时再打，先去商店看看。他身上只剩下了250卢布，他买了一个面包，标价2.7卢布，这是少数几样没涨价的商品。他还买了一罐3个卢布的啤酒和一些价值2.5卢布的大白菜，通常他抽一种L & M牌的香烟，但一条烟的价钱已经从一个月前的3个卢布涨到了15个卢布。

斯塔罗勃夫不能带回家足够的钱以养家糊口，使斯维塔娜心情沮丧，常常发火。每晚疲惫万分地回到家，她常常会冲着他喊，让他赶快找一份工作。“半个莫斯科都是建筑工地，”她说。有时候，她控制不了自己的怒气，两人会在房子里追打对方。

从这个家庭窘迫的居住状况，可以看出这个国家糟糕的经济形势。

在一次吵架之后，她搬回了那套旧公寓。他们之所以能同时拥有两套公寓是因为他们在分得那套新公寓的时候，两人就登记离婚了。这样，两套房子就分别挂在两个人的名下。很多夫妇都这样做。

在斯维塔娜离开后的一天，一个同事上门告诉斯塔罗勃夫，那家哈萨克斯坦公司的包工头答应给他剩余的工资了。

那一晚，他在家喝了很多酒。第二天，他带着伊莲娜去购物。他花了19卢布买了半公斤最便宜的红肠。他还想买些荞麦面，但已经断货了。冲动之下，他还花4个卢布为女儿买了香草冰激凌，给自己买了瓶5卢布的啤酒。

在一个农贸市场，他挑选了一些萝卜和辣椒，各花了他2个卢布。然后他排队买了15卢布的奶油，一星期前，这样的奶油大约值4个卢布。

快到中午的时候，伊莲娜要爸爸给她买些牛肉夹饼。16卢布的价钱让他犹豫了，但最后他还是满足了女儿的要求。

他们的儿子斯积大多数时间是在迪斯科舞厅或电视机前看美国恐怖片和动作片度过的。他已经上完了职业高中，就等着到部队里服役两年。一旦现钱用完了，斯塔罗勃夫就打算把车库卖了。

卖车库的钱还够他们活上一阵子的。另外，他们还有1 000卢布存在国家银行里。现在这些钱只值62美金了。

回到公寓，他试着教伊莲娜如何打开门锁。他告诉伊莲娜她必须学会。因为如果他找到一份工作的话，很可能她就得一个人自己过活了。小女孩试了好大一会儿，但最后，还是她爸爸打开了房门。

"一天天就这样过去了。虽然我表面上是笑着的，但内心里，好像是有一群猫在用它们尖利的爪子挠我的心。"斯塔罗勃夫说。[①]

7年过去了，西方经济学家所预言的灿烂的经济前景并没有出现，老百姓的生活仍然十分窘迫，住宅是狭小的，没有家庭电话，物价太高，收入又没有保障，所有的矛盾集中在一起，导致了家庭的解体。

通篇围绕一个家庭7年来生活的变化为主线，采用了很鲜明的对比手法，展示了普通俄罗斯老百姓的衣、食、住、行的日常生活画面，再真实不过地反映了俄罗斯自1989年实行"休克疗法"以来，经济发展的低迷和百姓生活中的困顿。

① 转引自马胜荣、薛群：《描述世界》，181～186页。

以一个家庭作为切口，来整体地剖析一个国家7年来的经济社会的发展运行轨迹，故事生动，使人印象深刻，这说明记者在反映俄罗斯并不顺利的经济改革的报道思想下，对报道文本的策划是成功的。

四、采访步骤的策划

采访步骤是指对采访活动的安排与组织，例如采访一个人，是先从外围采访还是直接找到本人，在什么地方采访，何时去看现场，何时研究材料等，要有一个基本的安排。

如果几个记者采访，还可以分工，每人采访一部分，或者每人采访一个阶段，写稿子的时候再将材料合成。

对于新闻摄影来讲，要想抓住瞬间的镜头，必须对采访的具体步骤加以周密的策划，才有可能抓住机遇，拍到真正的新闻图片。

1995年3月24日晚，广东南海市大沥公安分局巡警队副队长杨冠生率员追捕歹徒，在与歹徒激烈搏斗时，不幸中弹牺牲。随后，广东几家主要大报都及时报道了这个消息。摄影记者周晓辉得到这个新闻线索后，立即开始策划采访拍摄的步骤：

> 职业的本能使我突然想到：这个题材假如用照片形式来表现，追悼会将是新婚妻子与牺牲丈夫的诀别，很可能出现感人的场面。追悼会何时开？我打算明天一上班就打听。但猛一转念：要是明天就开，岂不错过时机！10时40分左右，我先后拨通了广东省公安厅政治部两位正、副处长和一位政治部副主任家的电话，终于得知他们明天下午就到市殡仪馆参加杨冠生的追悼会。就这样，我主动找到信息，跟上了第二天的活动，抓住了这个富有新意的新闻摄影题材。
>
> 那天下午，我提前了一个多小时来到佛山市殡仪馆。如果说昨晚想到要拍摄新婚诀别这个题材是“想”的第一步，即“宏观”的想法，那么到了现场考虑怎样表现这个题材，选取哪个具体情节、角度等等，这就是“想”的第二步，即“微观”想法。这时我首先想到要了解杨冠生之妻曹秀仪有没有来？哪位是她？在休息室，我见到了容貌秀气，但脸色苍白、精神呆滞的曹秀仪。我先拍摄了领导同志慰问她的镜头。接着，我想到要观察杨冠生遗体

停放的位置，因为这里是吊唁者出现情感高潮的地方，也是最能表现新婚诀别这个主题的地点。装着杨冠生遗体的透明棺摆在告别大厅外的走廊上，殡仪馆工作人员正为遗体布置鲜花。杨冠生的遗容十分完美，给人一种虽死犹生的感觉。我边选角度边想，一定要设法把英雄的遗容和向遗体告别的人收入一个画面中。我在靠近遗体脚部方向选了一个比较好的角度，但觉得矮了点儿，又急忙借来一张凳子，放在紧贴墙角的位置，站上去从照相机取景框内一瞄，正好。当我准备得当时，前来参加追悼会的民警和群众已陆续进入告别大厅。

向遗体告别仪式开始了。我身挎两台美能达照相机，迅速站在预定的位置。当曹秀仪在亲人搀扶下走出大厅来到走廊时，一直不声不响、神态木然的她，一看到停放杨冠生遗体的透明棺，立刻大声哭喊丈夫的名字。亲人们为了防止过分悲痛伤了已有身孕的曹秀仪，使劲把她拦在距遗体二三米远的地方。此时尽管画面不太理想，我还是用广角镜头先抓拍了几张。眼看着曹秀仪被亲人簇拥着已绕过了杨冠生的遗体。就在这时，曹秀仪突然发狂似的一个180度大转身，猛然扑向前，悲痛地抱棺哭喊着："冠生、冠生！"泪水模糊了她的双眼，"看不清呀，看不清呀！"她使劲用手擦棺面。我抓紧时机频频按动快门。为追求真实自然的现场感，我果断大胆地利用走廊正面和右侧面的自然光束拍摄。短短的半分钟内，我用标准镜头，光圈4，速度三十分之一秒，在400°彩色胶卷上留下了那感人的画面：英俊威武的巡警杨冠生躺在鲜花丛中，鲜艳的党旗覆盖在他身上；美貌贤惠的新婚爱妻曹秀仪悲痛欲绝地扑俯在透明棺上，一双泪眼深情地看着丈夫的遗容，我的构想与新闻事实有机地结合在了一起，《新婚诀别》拍成了。①

五、报道策划的误区

采访的策划是对报道的设计和谋划，而不是对新闻事实的改变和创造。也就是说，是策划采访和报道活动，而不是策划事实。前者是新闻事实在前，采访策划在后；后者是策划在前，新闻事实在后，这个事实是"策划"出来的。

我们来看一下刊登在《新闻与写作》2001年第2期上，作者当作成功的经验来总结的一个策划新闻事实的案例。

---

① 转引自孙富忱、黄振声、雷明德主编：《知名记者谈新闻采写》，329～330页。

1999年秋，某媒体的记者找到在河南省新乡市做批零电池生意的一位普通农妇田桂荣，策划她搞“保护环境，回收废旧电池”活动。面对田桂荣“如果回收的废旧电池堆积如山无法处理时该怎么办”的疑惑，记者却认为，“一旦到了那种地步，从新闻角度来讲更具‘卖点’”。在具体实施中，记者帮助田桂荣拟订了近30条标语口号；用绿条幅制作了1 000面三角旗，写上回收废旧电池的地址以及电话，制作了200只透明的废旧电池回收箱和铁皮桶，发放给来商店批发电池的客户，印制了20 000张倡议书，到市内各大、中、小学校发放；记者还以田桂荣个人名义在《新乡日报》刊登了题为《不要再糟蹋地球了》的倡议书，又请来了新乡市内的各家新闻单位对田桂荣进行采访报道；让田桂荣与河南师范大学环保协会的20多名同学一起进行为期10天的下乡巡回宣传。随着知道的人越来越多，近40吨的废旧电池从各个渠道源源不断地流向田桂荣，记者又策划她到国家环保部门寻找废旧电池的处理办法，并策划由当地的一名全国人大代表，将废旧电池回收活动作为一项人大提案，在全国人民代表大会上提交。至此，记者认为：“这一策划活动已取得明显成效”。

在这个案例中，当事人田桂荣所做的一切都是由记者在幕后指挥的，甚至由记者亲自操刀，“事实”的确在一定的时空中发生了，新闻对这样已然发生的事实进行报道好像无可非议，但由于这一事实的发生是由记者事先一手策划的，这实际是记者新闻造假工序的前移——从造假新闻提前到“策划”事实。

当我们说“事实是第一性的，新闻是第二性的”时，所指的事实是独立于记者认识之外的客观事实，它是不以任何人（包括记者）的主观意志为转移，按照事物自身的内在规律发生、发展、变化的。记者只能以客观事实为根据，从客观事物或现象的内在联系出发，认识和反映客观事实，制作出新闻作品，记者无权人为地安排或控制某一事件按照记者的意图发生、发展，不论其目的多么高尚。否则，事实就成了记者的主观的复制品，成了记者手中的玩物，这样的新闻还有什么真实性可言呢？可是，策划电池回收的记者还把这一行为当作成功的经验，在专业期刊上撰文加以总结推广。这种超前于事实的新闻策划是一种动摇新闻学理论基础的做法，无论如何是不应加以提倡的。

第四节 采访前的调查和准备工作

一、访前调查

访前调查有以下三个内容：

（1）对事实的相关背景的了解。

（2）对事实的相关政策的了解。

（3）对采访对象的了解。

对上述情况的了解，主要的途径就是“啃”资料。看书面材料要来者不拒、多多益善。《南方周末》记者有一次去采访海南省省长卫留成。两个记者到海南以后，美丽的南国海滨风光一直没敢去游览，都躲在宾馆里苦读资料。

> 除了卫留成的各类报道和讲话，他到任后制定的《海南省行政首长问责暂行规定》、修订的《海南省人民政府工作规则》、2004 年和 2005 年所作的《政府工作报告》都是“考试”前的复习重点，尤其看“政府报告”是了解省情的捷径。
>
> 通过阅读材料列出很多具体的问题，有些可直接提问，有些需要经过前期的了解、核实再形成问题。
>
> 例如后来在第一次采访时我问的最后一个问题：“你说过‘要努力找到企业家与政府省长的最佳结合点’，你找到了吗？是什么？”这就是看材料直接得出的问题。卫留成回答之后自己不满意，第二次采访一上来就迫不及待地告诉我们，他在随后出席的书记办公会上走神了，一直在思考这个问题，梳理出自己满意的答案，“现在我可以重新回答你……”①

比如对于一个国际会议采访的准备，新华社副总编马胜荣先生对报道业务上的准备归纳了以下三点：

一、了解会议背景

（一）会议召开的背景，对于了解会议本身非常重要。背景有时是某些

---

① 转引自邓科主编：南方周末丛书第一辑《后台》，152 页。

会议召开的原因，有时可以改变会议原定的议题或改变与会方的立场，甚至还可能决定会议的成败。了解了这一点，会议的主旨也就清楚了。如前面提到的美、英、西三国首脑亚速尔会议，当时美国和英国等国家准备对伊拉克实施军事打击，但遭到联合国众多成员国的反对，于是他们决意要绕过联合国使用武力。如果了解这一背景，那么对会议的议题和结果就会有比较准确的判断，如何报道会议就有了比较好的基础。

（二）与会者的背景和他们对会议议题的立场，对于发现新闻非常重要。以联合国安理会关于伊拉克问题特别会议为例，如果在会前对主要国家的态度十分清楚，并了解它们采取这一立场的原因，那么，一旦他们的态度有很细微的变化，记者都会捕捉到，甚至可能挖掘到背后的新闻。

（三）了解关键人物，比如东道国的领导人、会议的主席、重要国家的代表等。这些人的一举一动都是新闻点。对亚速尔会议的三位与会者，如果清楚美国总统布什的父亲老布什就任美国总统时曾发动海湾战争，也许可以在稿件中提上一两句；如果了解英国首相布莱尔过去总是紧跟美国步调的历史，也许可以推测出他在这一次会议上的态度；如果了解西班牙首相阿斯纳尔在国内一片反对声中依然支持美国打击伊拉克，也许就可以在稿件中向人们解释这又是为什么。总之对他们的背景了解得越详细越深入，就越能写出更为丰满、生动的稿件来。

二、了解会议本身

可以同会议主办方联系或访问有关网站。一般来说，目前召开的影响比较大的国际会议都有官方网站，这些网站会为记者提供很多有用的信息，包括会议的主题、主要议题、日程、与会者、有关组织简介，以及会议地点、交通情况、安全情况介绍等。由于这类官方网站一般不会谈论有关会议的焦点问题，不会发布各方分歧等一类的信息，因此还需要访问其他一些非政府组织和研究机构的网站，从他们的评论、研究性文章中，提炼新闻线索。但是，采访会议的记者需要十分注意，除非交代消息来源，否则非官方网站提供的事实必须经过核实才能在稿件中使用，这对于一家媒体的声誉是十分重要的。

三、掌握会议的专门用语

国际会议，特别是专业会议所讨论的内容都有自己的一套语言，这些词语大多是缩略语。与会代表发言时或在记者招待会上，这些词语时常被用到。记者要在准备过程中应尽量多地掌握这些用语。

> 做到以上几点，采访会议的准备工作就可以说做得差不多了。知道了会议将讨论些什么问题，有可能出现什么情况，并对它们进行了研究，那么报道这次会议就容易多了。但是需要提醒记者注意的是，准备工作只是报道会议的第一步，绝不能认为做到这些就够了，就可以顺利完成报道任务了。曾经发生过这样一件事，记者为采访会议做了很好的准备，也与会议主办方取得联系，得到了某位重要人物的发言稿，写出了报道。等稿件发出后才发现那位“发言者”因为其他原因没有到会，于是只好撤销稿件。因此，下一步，也是非常重要的一步，记者需要到现场采访。①

对采访对象的了解是采访前最重要的一个内容。如果在采访前就熟悉要采访的人物，特别是那些比较有身份的采访对象，被访者可能会有两种印象：第一，得到别人尊重的感觉；第二，面对“知情”的记者，采访对象往往有敬畏感。一般来说，我们对采访对象事先要有五个方面的了解：

（1）大致经历。

（2）主要成就。

（3）性格爱好。

（4）当时情绪。

（5）亲友关系。

斯诺夫人韦尔斯曾说过：“要采访一个人，尽可能先了解他，了解得像一个‘未见面的老朋友’一样。”

知识分子一般不愿意花时间聊天，但当你与他讨论或请教他专业问题的时候，他会兴趣倍增，十分慷慨地帮助你。老作家萧乾曾对一位记者说，当你走访一位学者的时候，应当首先研究他的学术观点，否则，不仅没有共同语言，也可能会被人看不起。这位记者牢牢记住了老作家的这番话。有一次他向著名社会学家费孝通组稿前，特意抓时间浏览了社会学有关书籍。当费孝通一口拒绝记者的约稿时，这位记者由于事先做了充分准备，便不慌不忙地打破僵局。他说：“这样吧，文章写不写，今天先不谈……我对社会学是很有兴趣的，也做了一点研究，有几个问题弄不清楚，要向您请教，不知道行不行？”费孝通一听来人想同他一起探讨问题，马上来了劲儿，谈话的气氛也就活跃了。临别时，费老还邀他明天继续攀谈。次日，费孝通同他促膝交谈了新闻学与社会学的关系问题。费孝

① 转引自马胜荣、薛群：《描述世界——国际新闻采访与写作》，123～125页。

通的侃侃论述，不知不觉地给记者提供了一篇内容丰富的访问记的材料。

二、提问准备

（一）问题的准备

问题的准备是将采访目标分解为系列的提问。这种准备的方法是：

首先，把重要的问题分成几类，然后把每一类问题化解成提问时的具体问题。

其次，把这些重要的问题捋成几条主线，排列出一个问题的脉络和序列，记录在笔记本上，这样方便记忆，也方便随时根据脉络来检视提问的方向性和目的性。

中央电视台《新闻调查》栏目曾播出一个节目：从市长到囚犯，由著名记者钱钢出镜，去采访河南省原鹤壁市市长朱振江。针对这位穷苦出身，又受过大学教育的贪官，记者们把报道思想定在揭示贪官心灵堕落的轨迹上。于是将提问的问题列出了三条主线：

第一条，人生线：穷孩子→大学生→技术员→青年技术能手→青年干部→安阳市市长→鹤壁市市长→囚犯。

第二条，心理线：当市长之初想把工作做好→怕得罪大公司而受贿→受贿习惯后，广泛受贿→受贿之后为人搞官→朋友事发之后仍然在受贿，心理上的想法是"刑不上大夫"，自己是高级干部，比较有保障→东窗事发，后悔莫及。

第三条，对贪官腐朽意识的揭露线：

（1）是怕得罪人？还是贪心？

（2）是按组织程序办事？还是权钱交易？

（3）是交朋友？还是傍大款？

这三条主线所设计的提问，使记者提问时思路清晰，不被对方的胡搅蛮缠转移话题。以下是记者钱钢对朱振江腐朽意识的揭露所进行的一系列提问：

> 问：当你第一次进入市长办公室的时候，想过什么？
>
> 问：有权和没权有什么不同呢？
>
> 问：人际关系发生变化了吗？
>
> 问：当时有没有想过手中权力能带来利益，甚至可以换来金钱？
>
> 问：怎么会发生这个变化？

问：你说的是当了安阳市副市长后发生的第一件事？

问：能不能具体说说？

问：当市长不久吗？

问：但是1991年的时候就发生了建筑公司那件事？

问：当时，他们来到你家，提出要求，并拿出钱，你当时的真实感受是什么？

问：这个和你过去对自己的自律不是冲突吗？

问：这个时候，想退（贿赂款）的念头持续了多久？

问：我还是不十分清楚，如果退了钱，在什么意义上会得罪他？

问：他们有没有竞争对手？

问：这个竞争的对手是不是也是你的下属？

问：既然他有自然的竞争对手，你怕得罪了他，会不会有得罪别人的可能性呢？

问：当你收了钱，有些人没有来送钱，他们如果处在竞争的对手（一方）的时候，那你的立场只能是坐在一边，这时候你怕不怕得罪没有送钱给你的人？

问：那你能不能理直气壮地说，我帮建筑公司这个忙，而我不收他们的钱？

问：如果你帮成了这个忙，你对他是有功的，你不收他的钱，谈到什么你得罪了他？

问：那你扪心自问，在建筑公司这件事情上，到底是不是害怕得罪建筑公司你才收他这个钱？

问：你后来遇到的几十次情况，都是因为害怕吗？

问：对于普通的人，害不害怕得罪？

问：那么为什么你也收一些普通人的钱，去帮他们的忙，比如说，帮他们开一个药店，帮他们做一点个人的事情？

问：有些钱是你帮人干成事，别人表示感谢的，也是得罪人吗？

问：当时在收省七建的钱之后，什么时候从不安到心安理得？

问：曾经有过怕得罪人的想法，但是有长达6年的漫长过程。这个过程中，越来越占据主要的原因是什么？

答：那还是想不劳而获地占有别人的财产呗![1]

记者提问的目标是揭露这个贪官的自我辩护，揭开了他认为贪污是无奈的、有理的，是因为“怕得罪人”的面具。朱振江第一笔受贿赃款4 000块钱，是一个建筑公司送的，为了让他帮助承包工程，朱振江一口咬定，他前后贪污的上百笔钱都是因为“怕得罪人”。而记者钱钢的采访目的非常明确，他用各种事实，用一连串的20多个问题追问朱振江：到底是怕得罪人还是贪心致使他受贿上百起？逼得朱振江最后不得不承认心灵深处的那个“贪”字。记者的犀利的提问和贪官的无力辩白，形成了一个完整的逻辑链条，展示了这个贪官心灵堕落的轨迹和肮脏的灵魂。实践证明，这些提问的设计是十分成功的，它的脉络清晰，逻辑前后紧密相连，通过贪官自己的剖白来展示节目所要揭露的目标事实。

（二）提问方式的准备

提问有各种方式，如用开放式还是闭合式？是正面提问还是侧面提问？哪些问题先提哪些问题后提？什么时候提敏感问题？提问敏感问题后如何恢复谈话气氛？这些都要在采访准备的时候事先想明白。

把问题准备好之后，最好记在笔记本或小卡片上，访问时握在手中，可以随时地提醒自己，不要遗漏了重点问题的提问。经验证明，这种方法对于年轻记者很有用。

三、观察性取材的准备

现场观察也要做充分的准备，因为现场观察针对的往往是新闻事件，而新闻事件是不可能重演的。在现场观察的准备中，记者要考虑观察的时间、观察的位置、观察的程序，以及相关的背景材料的收集，才能在观察以后，迅速地写成稿件。

2005年5月1日，温家宝总理专程来到青海格尔木市郊30公里的青藏铁路南山口铺架基地，慰问现场施工人员。《人民铁道报》记者在两天前获知信息后，立即赶往现场，进行了周密的报道准备。在离开北京之前，对于发什么稿、谁来写、每篇多少字、什么时候完成、预留哪天版面、怎么安排稿件位置等，都拿出了具体方案，并得到铁道部主管部门领导的基本认可。

---

① 引自中央电视台《新闻调查》1999年5月21日节目《从市长到囚犯》。

记者对相关的背景如：南山口铺架基地位于“格尔木市郊30公里”、玉珠峰车站“地处昆仑山北麓玉珠峰脚下”、“海拔4 161米”、“在全路首次采用数字无线通信网络”、“是全线25个无人值守车站之一”、“离格尔木站110公里”等，都事先做了周密的调查，并对预想到的几个关键点进行了重点准备，提前采访特殊岗位上的几个特殊人物。比如，在轨枕生产线，站在离厂房大门最近的拉丝女工，很有可能成为首长询问的对象，我们就先把她的姓名、年龄、什么时间来的、从哪来、来了几年等基本情况采访到手。再比如，在混凝土振动工序前的赵真理是个大胡子，外观上比较有特点。于是，我们又把他设想为首长的交谈对象，提前了解相关信息。

5月1日14时30分，温家宝总理出现在建设者面前，令大家惊喜万分，顷刻间，整个工地沸腾了。在周密准备的基础上，记者在5月1日17点就发出了《海拔4 161米：总理跟我们合影》这篇特写型消息。

这篇消息用700多字的篇幅传达了30多个有效信息，是用精短篇幅报道重大事件的一次成功尝试，并获得了当年的“中国新闻奖”。

海拔4 161米：总理跟我们合影

今天16时30分，共和国总理温家宝专程乘坐火车，来到海拔4 161米的玉珠峰站工地，与工人们共度劳动者自己的节日。

今天是第116个“五一”国际劳动节。14时30分，温总理来到青海格尔木市郊30公里的青藏铁路南山口铺架基地。他健步走下汽车，直奔工人中间，与大家热情握手交谈。工地上，欢呼声、掌声响成一片。

“来，我们一起合个影。”总理的提议让早已激动的工人师傅们更加欣喜若狂。青工小夏非常兴奋地说：“真没想到，总理会主动同我们照相，跟做梦一样。”

“和大家在工地上过节，心里感到非常高兴。”总理对这些长年累月工作在“生命禁区”的辛勤劳动者深情地说：“建设这条世界上海拔最高、难度最大的铁路，非常不容易。”“我向大家表示致敬和感谢！”

轨排成品区旁，温总理与70多名劳模合影。站在前排中间的罗发兵、李金城、马新安、程红彬最令人羡慕。他们昨天与总理同在北京人民大会堂出席全国劳动模范和先进工作者表彰大会，今天又和总理在青藏高原相聚。

15时，总理登上一列由两台东风4型高原机车牵引的铁路工作车，沿着尚未运行而被称为“幸福路”的青藏铁路新线，以70公里的时速，穿越戈壁荒滩。90分钟后，列车徐徐停靠在玉珠峰站。

玉珠峰站在全路首次采用数字无线通信网络，是全线25个无人值守车站之一，离格尔木站110公里。

天公作美，这里虽然不像南山口那样阳光明媚，但飘飘洒洒的雪花突然消失了。温总理身穿橘红色羽绒服，和蔼的笑容让大家无拘无束。职工们围在总理身边，用照相机将历史定格在“玉珠峰”站牌前。站台上100多名职工几乎人人都与总理合了影。①

四、物质准备

让我们看看美国已故《纽约先驱论坛报》记者罗伯特·伯德的一段采访经历：

为了获得采访机会，我费了吃奶的力气。一天夜晚，我发现自己走进了离第五大街不远的一幢旧式建筑，在灯光朦胧的图书馆里与爱因斯坦谈论关于原子弹的事。他刚刚在《大西洋》杂志发表了一篇强烈反对使用原子弹的文章。让我经久不忘的与其说是他对于原子弹发表的见解，倒不如说是下面这件事：我那支不争气的铅笔几乎在会谈刚开始就断了。爱因斯坦有支自来水笔别在“V”领领口的毛线衫上，我请他借我一用。他脸色变得十分难看，取出钢笔，慢慢拧掉笔帽，勉强地递给我。我开始用这支笔记录，但是，他向我道了个歉，又从我手里把钢笔拿走，拧上笔帽，重新别到“V”领毛线衫上，说他要给我找支铅笔。

5分钟以后，爱因斯坦就拿着一支铅笔回来了，但此时记者伯德却是在给一位被触怒了的天才做笔记了。“我的印象是他根本不喜欢记者，而由于我这次采访，以后采访他的记者的境遇必更糟。”②

只因少带了一支铅笔，差点儿断送了对这位历史人物的重要采访。可见，采访的物质准备一点儿也不能马虎。应根据不同的采访地区、采访要求做不同的准备，除带好足够资金外，记者的介绍信、记者证等身份证明要带好，笔记本要便携、够用。采访笔记的笔很重要。钢笔容易断水，圆珠笔在气温低时容易不出

① 载《人民铁道报》，2005-05-01。

② 转引自张征：《漫谈新闻采访》，81页，北京，新华出版社，1996。

油，因此，一位老记者谆谆叮咛新手：要多带两支备用笔，并起码带一支铅笔头。万一什么笔都写不出来时，铅笔头便可顶大用。录音机要装好电池，磁带要倒好，事先练习一下操作，以免临场时手忙脚乱出差错。有摄影任务的，要把相机检查好，装好胶卷；闪光灯要装足电池备用。如果是室内摄影，还要带上反光布等必要的设备。如果外出采访时间久，还应注意准备随身的衣物；如果是去偏远地区，应该带上手电筒以应夜晚之急；还要带上指南针、简要地图，以免迷路；必备的药品也应准备，以应急需。

1984 年 10 月，《经济日报》记者罗开富以极大的勇气，开始从福建省徒步沿当年红军长征路北上采访，历时一年，到达陕北。因为白天跋涉艰辛，夜间又要写连续报道，疲惫不堪，很多衣物随用随弃，但身边绝不能少了必要的本子、笔、手电筒、地图册、指南针和急用药品。

第十章 采访对象的分析

CHAPTER 10

在记者的所有社会交往中，最主要、最经常、最具有决定意义的是记者和采访对象之间的关系。

——艾丰

第一节 访问的前提——权威的采访对象

访问的前提首先要选择并找到权威的采访对象。

所谓权威的采访对象：

（1）是指最接近事实来源的人。

（2）是指某些具有事实认定权威的个人或机构。

一、最接近事实来源的人

最接近事实来源的人指的是事实的当事人、事实的目击者和参与者。

比如我们要采访一个事件，就要找到这个事件的当事人和目击者。有时候这个事件已经过去一段时间了，例如记者要做抗日战争时著名的“平型关大捷”××周年的纪念报道，就要设法去找在世的“平型关大捷”的参加者和目击人。这些人或许已经是高龄老人，步履踉跄，反应迟缓，但只要他们意识还清楚，还能够用语言来表达，那么这些人就要比那些能够用流畅语言表达这场战役的非目击者们要权威。因为新闻是对事实的报道，而对报道的第一个衡量标准就是它的“真实性”和“真实感”，事件的目击者给我们的正是这种“真实性”和“真实感”。

如果去做一个工作报道或经验性报道，就要去寻找主持这项工作或创造这个经验的人采访。他们大多是某个单位负责全面管理的负责人，对这些工作和经验的了解胜过一般的工作人员。我们可能从他们那里了解到这个工作的开端，实施的背景，实施过程中所碰到的困难以及解决问题的方法，这些经验被哪些人所认可，有没有其他的教训等方面的材料。

一个实习记者去采访国庆节前的天安门花坛，想了解花坛的设计方案、特点等。在写回的报道中，介绍花坛的设计和施工的采访对象不是园林局的职工，而是一个在天安门前值勤的警察。这位实习记者说警察也了解花坛的施工和观众的评价，等等。但是，从材料的权威性来讲，这个报道所选择的采访对象是令人遗憾的。既然报道花坛的设计，当然是采访最权威的人，即园林局的设计师和负责布置整体花坛的人。

一篇报道在谈到中国教育存在的问题时，写道：“著名经济学家吴敬琏说：教育问题牵涉到千家万户……”很显然，吴敬琏在这里谈教育问题是不权威的，这个问题应该去找教育部和高校的教育学家来谈，或者找一个正在就读的学生家长来谈。这要比这位经济学家来谈教育问题更权威。

如果去报道一个先进模范人物，那么最权威的采访对象就是这个人物本人了。当然，如果要从侧面去采访这个人物的事迹，就要找这个人物最亲近的人，包括他的爱人、孩子、父母、秘书、邻居。这些人或许没有什么文化，没有什么官职，但是在这件事情上，他们是最有发言权的，因为他们最了解这个人物的工作和生活情况。从他们的口中，你可以了解到很多新闻人物自己可能已经忘记了或自己都观察不到的一些故事和细节。

《走下神坛的毛泽东》一书，给我们展示了一位中国人民如此熟悉，却又无比陌生的伟大领袖毛泽东的形象。作者的写作素材依据的是对毛泽东原来的卫士长李银桥的访谈实录。从李银桥口中讲出来的毛泽东在生活起居中所表现出来的性情、人格和喜好，就如同给世人打开了一扇观察伟人的窗户，让人从另一个侧面了解这位伟人。正因为材料出自与毛主席朝夕相处十几载的卫士长之口，其权威性不言而喻。

1997年，一个在日本留学的叫方军的先生，在《中国青年报》的《冰点》栏目中发表了一篇亲历式报道，题目叫做《我认识的鬼子兵》。方军原来是中国陆军的退役军人，在抗日战争的时候，父辈遭到日本侵略者的残酷屠杀，因此，他到日本去留学的时候，就特别关注那些参加过侵华战争的日本老兵。

> 如果我不去和他们交谈的话，许多罪恶和经过半个多世纪沉淀的深刻反思，将会随着他们离世而永远埋进坟墓。①

方军正是怀着这种信念，利用给饭店送外卖的机会，一方面挣钱交学费，一方面有机会接触日本各种各样的人物，其中就包括侵华的老鬼子。

> 他们大都老态龙钟、疾病缠身，行将就木。趁他们还活着的时候，抢救出他们侵华时的日记、照片、物证，了解他们对那场战争的看法和今日的心态，就成为我在日本留学期间的重要任务。②

这些侵华的老兵尽管对于中国人都抱着非常警惕，时而反感，时而忏悔的复杂态度，但方军十分明白："这是历史的最后几页书，""如果我们不抓紧翻看，他们就永远地消失了。"因此，方军在日本留学期间，先后采访了十几个参加过侵华战争的老鬼子兵。写成了一本亲历式报道的集子——《我认识的鬼子兵》。用他那千辛万苦争取来的采访机会，给我们提供了残酷的历史中最真实的一页。

仅仅是为了采访一个叫藤井的"老鬼子"，方军就花了一个月的时间和他"套近乎"。

> 老鬼子藤井我一眼就认出他是侵华日军。因为他有"亢奋"和"罪恶感涌上心头"两种表情。为打开他的心扉，我做好了打持久战的准备。
>
> 第一次我小声问他："你去过中国什么地方?"他浑身动了一下，急忙把目光扫到别处，装听不懂。我感到好笑。
>
> 第二次，我问他："去过中国吗?"他岔开说："肉丝青椒是800日元吧?"所答非所问！这说明他一点儿都不糊涂，我的日语也没问题。

---

①② 方军：《我认识的鬼子兵》，11页，北京，中国对外翻译出版公司，1997。

第三次，我还是小声问："我看您一眼，就知道您去过中国。"他呆了一会儿，说："你快收钱回去吧。"

我不甘心，第四次试探："你一定去过中国！中国是个幅员辽阔的国家，物产丰富。"

他笑了，说："你这人呀，真……"

第五次，他不回答我，只是反问："你为什么来留学呢?"我说："我就是想认识您，所以才来了。"

他说："你可真能开玩笑呀。"

第六次，我问他："您看我和50年前的中国人区别在哪儿呢?"

他仍然沉默不语。

…………

话入正题，我问藤井："我问了你多次'去过中国吗?'你怎么总不回答我呢?"老头儿笑了笑算是回答。我又问："你当年知道去中国干什么去吗?日本国有人管去朝鲜和中国叫'进出'，许多日本老兵回答我他们是为国家而战。日本有个叫'昭和史研究所'的组织认为：'日本历史教科书的自虐色彩逐年增加。'你怎么看这些事呢?"①

在方军锲而不舍的追问中，老藤井终于说话了：

当年日军进攻中国完全是为了掠夺，从将军到士兵没人不清楚这个道理。日本是个岛国，没有煤、没有矿、没有石油、没有木材，只有建立了'大东亚共荣圈'才能把亚洲各国的资源转换成日本人的财富……②

讲一讲当年侵华战争中的罪恶经历，讲一讲他们几十年后内心的忏悔，当然还有那些顽固的强盗逻辑……这些退役的"老鬼子兵"们无疑是最权威的知情者了。而方军也因此成为一个"书写历史"的人。

二、某些具有事实认定权威的个人或机构

这类人一般有以下两种：

①② 方军：《我认识的鬼子兵》，186～188页。

（一）各类专家

在采访一些专业问题的时候，相关的专家常常被认定为权威的采访对象，因为专家对本行业的知识比较丰富，也掌握比较完整的背景材料，所以其在认定事实和评价事实方面较一般人具有权威性。在采访专业问题的时候，记者常常首先要找到这方面的专家，听取他们的意见和评价。在碰到突发性事件的时候，尽管暂时还找不到见证者和参加者作为采访对象，那么找到某方面的专家作为采访对象仍旧是一个比较可靠的补救措施。尽管这个专家不是当事人或见证人，但以其在这方面充分的知识和经验，他对事物的判断就相对比较准确。

1999年5月8日，中国驻南斯拉夫大使馆突然遭到轰炸，三名中国的新闻工作者邵云环、许杏虎和朱颖当即牺牲。在这种突如其来的事件面前，中央电视台记者首先想到的就是采访军事科学院的相关专家，由他们根据自己的知识来判断：这起轰炸事件的炸弹是什么类型的，是从哪里发射的，发射者可能是什么人。当时美国正在打击南斯拉夫科索沃地区的塞尔维亚，我们作为交战中的第三国，为什么会突然受到这样的袭击？在没有更好的信息来源的情况下，找相关的专家来咨询常常成为一个最好的选择。

同样是在1999年，在千年之交到来之际，有关“天体大十字”的流言在国内传得纷纷扬扬：

400年前，法国占星术家诺查丹玛斯写了一本书，名叫《大预言》，其中提到在20世纪末到来之际，太阳系的九大行星将形成十字架的形状，将给地球带来巨大的毁灭性灾难，如海水大幅度飙升、火山爆发、释放大量毒气等。到了19世纪70年代，有一个叫五岛勉的日本人，对这本书进行了解释，说在1999年8月18日，太阳、月亮和九大行星将形成一个十字架的形状，这种“恐怖大十字”将给地球带来巨大灾难。

为了反击这一荒谬的所谓“预言”，新华社国际部经过精心的报道策划，在8月初给国外的有关分社下达了任务，要求他们重点采访这个荒谬“预言”的发源地——法国、日本以及世界上几个发达国家（如英国、美国）的权威天文台和权威的天文学家，针对这个预言进行跟踪报道。8月18日这一天，新华社发出了一篇重量级稿件——《天体大十字预言宣告破产》。

在这篇消息中，记者将所采访到的世界权威的天文台和天文学家对此荒谬流言的驳斥一一公之于众，且引用的都是8月18日这一天的采访材料。如：

法国里昂天文台专家鲁特利接受采访时说：

8月18日太阳系行星位置排列不但没有组成所谓的“大十字”，而且根本没有出现任何特殊的排列。

日本国立天文台副教授渡边润一接受采访时说：

18日这一天，九大行星的排列没有构成十字架的形状。即使九大行星排列成十字架，也不会对地球产生什么影响。它们对地球的引力远不及月球对地球的引力。

英国阿马天文台台长、著名天文学家马克·贝利教授在接受采访时说：

18日是普普通通的一天，“天体大十字”预言不攻自破，这再次证明该预言纯属无稽之谈。他指出：行星的位置排列与地球上所发生的日常事件之间是毫不相关的。

英国拉瑟福德·阿普尔顿实验室的行星研究专家艾伦·彭尼博士指出：

由于行星对地球的引力比月球对地球的作用小得多，行星的排列从科学上来说，对地球根本构不成什么影响。

美国世界观察研究所的新闻官玛丽·科伦接受采访时说：

美国人不相信这些邪说，人们像往常一样工作和生活。

在美国俄勒冈医科大学从事研究的旅美研究人员杨爱玲博士说：

我们应当相信科学，不要相信那些毫无根据的异端邪说。

此外，记者还采访了中国的天文学家。
北京天文台副台长赵刚说：

从科学家的观点来看，18日的天象没有什么特别之处。

南京紫金山天文台副台长严俊指出：

> 每到世纪末都有一些人为了达到某种目的而散布一些耸人听闻的言论，19 世纪末也有类似“世界末日”的说法，事实证明这种预言非常荒谬。

反驳有关天体大十字的荒谬预言，一个普通人的话往往是没有说服力的。即使是在人们平安度过了 8 月 18 日这个恐怖预言中所说的灾难日，事实已经证明这个“预言”的荒谬之后，如果没有恰逢其时地引用权威的天文学家对这一流言事件的批驳，也不能有力地反击这类荒谬预言在社会上的影响。新华社报道的高明之处正在于抓住了最有力的时机——8 月 18 日，让最有权威性和说服力的人——发达国家的权威天文学家出来讲话，说明真相，使公众适时地接受了一次难得的科普教育。

（二）相关方面负责机构

所谓相关方面负责机构，就是对某些新闻事件有行政领导关系的官方发言人。

例如 2008 年初，在中国南方普遍遭遇雨雪灾害的时候，人们最关心的就是气象局所发布的天气信息。

2002 年时，天津市发生了“艾滋病病人扎针”的传言，弄得人心惶惶。到底有没有人被扎？到底扎针的人是不是艾滋病病人？艾滋病病毒会不会以这种方式传播？此时记者必须要采访的权威信息来源，莫过于天津市卫生防疫站和天津市公安局了，因为只有他们的信息才能击碎传言，安定人心。

如果出了矿难事件，人们的聚焦点通常不是矿主所提供的信息，甚至不是当地政府所提供的数字，而是国家安全生产总局的调查结果。

衡量一个产品质量是否可靠，人们往往不看重生产厂家的广告和商家信誓旦旦的保证，而更看重消费者协会的信息，或是电视台《每周质量报告》所提供的检测信息。

针对学校的收费问题，老百姓最相信的大概就是教育部的各项政策信息。

如果有地震传言的时候，地震局的官方说法，是最能说服老百姓的信息。

一个公民要想了解政府的财政资金的使用状况，最权威的信息莫过于审计署所掌握的材料。

2003 年的“非典”事件，给我们国家留下了深刻的信息传播教训。当时，有关“非典”的流言在全国弥漫，人心惶惶。人们一向信赖的最可靠的官方发言人——卫生部部长一再信誓旦旦地向公众表示，“非典”没有大规模传播的可能性，已经在局部的小范围控制住了。而实际情况是，“非典”正在以极快的速度向社会人群蔓延，甚至传染了不知情的医护人员。以至于在这位卫生部部长发言后的较短的时间内，北京的“非典”局势已经相当严重，全城的人瞬间都戴上了口罩。当从官方渠道得到的信息不为人们所信任的时候，流言更加猖狂，恐慌袭扰着社会，严重影响了人们的上学、上班和正常生活。所以，人们听信官方的信息习惯受到了一次严重打击，卫生部部长张文康等也在随后不久被中央问责而辞职。

相关方面负责机构不仅是新闻的重要来源，而且是最经济、最可靠的来源，也是防止新闻失实的一个重要方法。根据党政机关及有关职能部门依职权所发布的公开文件来写新闻，记者就不需要再去核实了，在真实性问题上，媒体可以免责。而且，有的事实是必须等有关职能部门作出必要的文本结论后才能报道的。比如，对于某干部的失职行为，只有等纪委等部门对此事作出调查、处理有结论后方可作报道。再如，对待刑事案件，只有等法院作出正式判决后，新闻媒体才能作定性的结论性的报道，否则就可能成为干扰正常的司法程序、违反宣传纪律的“媒体审判”行为。

第二节　处于不同利益关系的采访对象的类型和态度

记者的访问往往面对的是单个的采访对象，整个访问常常是一对一的谈话。这种访问虽然具有人际交往的性质，却不同于私人间的交往。记者的访问都有鲜明的目的性。采访对象可能是记者肯定的事实的当事人，也可能是记者要颂扬的新闻人物，还可能是记者要批评要揭露的事实的当事人。一般来说，记者和采访对象之间的关系是极其复杂的。我们可以根据与报道处于不同利益关系这个角度，对采访对象的类型和态度加以分析。

采访对象可分成五类：

一、肯定和颂扬型的采访对象

这类采访对象与记者报道的根本的利益和立场是一致的，而记者报道的结果是肯定这类采访对象的行为，一般来说，报道会给这些人带来好处。因此，这类采访对象在接受访问的时候，常常比较信任记者，容易采取合作的态度。这种合作的态度有利于记者顺利完成采访任务。他们往往主动满足记者的要求，主动提供材料，主动解释质疑，而且主动提供新的线索。

但是，在面对这类采访对象的时候，记者也容易犯以下的毛病，比如说“晕轮效应”。

晕轮效应是指人们在认知一个人时，由于对这个人的某些品质或特点有清晰的知觉，印象深刻、突出，从而掩盖了对这个人的其他品质或特点的了解。如果访问对象是个先进模范人物，或者说记者是把他当做先进人物去报道，这时候就很容易片面地强调其先进的一面，先入为主地、一厢情愿地用自己的理解去报道新闻事实，而对某些与原来印象不相符的新事实视而不见，或在报道中有意回避。如 20 世纪 90 年代初，天津市静海县大邱庄的农民企业家禹作敏，在新闻界红极一时，甚至到中央电视台来给全国人民作示范演讲。不少记者在采访大邱庄的时候，已经多多少少发现，这位企业家在大邱庄内外独断专行，唯我独尊，封建意识很浓厚，甚至耳闻他有个别的违法现象，但因为他戴着农民企业家的桂冠，且对大邱庄的经济发展起着决定性的作用，因此，大部分报道众口一词地赞颂这位农民企业家理想远大、管理有方、惠及百姓、造福一方的杰出业绩，而对他独断专行、无视法律的做法闭口不谈。直到有一天，禹作敏私设公堂，非法刑讯，致人死命的犯罪事实公之于众，人们才认清楚这位企业家身上“封建庄主”的本来面目，媒体对他的报道才一百八十度大转弯。这是一个很典型的晕轮效应产生的影响。

二、求助媒体解决自身问题的采访对象

这些人因为在社会上陷入了困境，或受到了不公平的待遇，迫切希望通过媒体把他的问题反映出来，以便使自己脱离困境。这类采访对象一般态度积极主动，反映问题的目的非常明确，提供的材料比较翔实，而且迫切希望记者能够尽快地替他们呼吁和反映。但是，记者对待这类采访对象要注意的是，不能“偏听偏信”，因为这类采访对象以自己的目的为出发点，片面强调本人、本单位、本社区利益的重要性，也可能片面地抨击或责难对他们的利益造成损害的人或群体。记者在访问的时候，要防止“偏听则暗”，做到“兼听则明”，收集材料要均衡、公正，才保证采访材料的真实性。

与这种采访对象打交道，记者要注意的是：不要轻易作出承诺。因为记者不是行政机关的派出者。媒体可以呼吁问题的解决，但绝无直接解决问题的权力。

三、中介型的采访对象

这类采访对象，既不是记者要肯定表扬的，也不是记者要批评揭露的，而是向记者反映情况、介绍背景的中间型的人物。他们可能是领导的秘书，是先进模范人物的同事，也可能是某些事件的见证人，某种社会现象的亲历者。这种采访对象对待采访的态度就比较复杂，他们有的时候很积极热情地配合记者采访，谈事实、发议论、提建议；有时又可能对某些记者的采访采取回避、搪塞的态度："事不关己，高高挂起"，没有兴趣接受记者的访问。这类采访对象所谈材料的伸缩性很大，有真有假，有深有浅，关键是要看他们碰到了一个什么样的记者。如果遇到他们喜欢的记者，话题谈得拢，他们就可能畅所欲言。如果遇到的记者和他们"话不投机"，他们则可能闭口不谈。这类采访对象对采访是配合还是回避，很大程度取决于采访记者的态度和所提的具体问题。如果采访记者能和采访对象搞好关系，如果他的提问能够引起采访对象的兴趣，那么采访可能会得到意想不到的材料，也可能会得到有价值的新闻线索。

四、批评和教育类的采访对象

记者和这类采访对象之间的关系可能就比较微妙了。因为记者对这些人的所作所为是持批评态度的，比如调查农村乱收费中的基层干部，就可能遇到对方的抵触情绪；比如在调查拖欠农民工工资的建筑单位的时候，也可能会碰到当事人的阻碍；比如在批评飞机晚点现象的时候，就可能遇到航空公司人员的消极抵抗。因此，此类采访有一定难度，采访对象很容易采取回避、搪塞或转移视线的态度。

如《南方周末》记者在调查"天津艾滋病病人扎针事件"的时候，首先前往卫生防疫站和公安局调查，因为关系到艾滋病传染的恐慌，最了解情况的，莫过于天津市卫生防疫站和天津市公安局。但是，记者在接触这些机构的时候，都遇到了防范警惕甚至是冷漠的目光。他们或者婉言拒绝，或者严词抗辩。因为这类选题的性质，决定了被采访单位可能是受到质疑，甚至是受到批评的。最后记者只得隐瞒身份，装作被"艾滋病病人扎针"的传闻吓得六神无主的天津市民，跑到卫生防疫站去求助，才解除了防疫站人员的防范心理，勉强告诉了一些信息。而公安局对于艾滋病病人扎针事件的处理情况，还是通过一个出租车司机间接搞到手的。

在舆论监督日益发展的今天，有时，媒体已经不是各单位欢迎的对象，不是各个管理部门和各级政府欢迎的对象，社会上甚至有“防火、防盗、防记者”之说。这集中表现了新闻媒体社会监督功能的普遍化和某些利益集团人群对舆论监督的负面的心理反应。

五、揭露和批判的采访对象

记者和这类采访对象的利益和立场是根本对立的，这就是我们很多监督性报道、调查性报道的采访难关。因为这些人接受记者采访的态度是受采访的选题决定的，而这类选题的目的就在于揭露丑恶、曝光黑幕，打击丑恶行为的当事人，因此，理所当然会遇到这些人的激烈反抗。所以，记者对这些人的访问常常形成一种真正的“较量”。当然，有时这种较量并不仅针对当事人本人，也是针对当事人所代表的社会丑行和腐败的价值观。

比如，记者对于制售伪劣产品的调查采访，对于瞒报矿难的丑行调查，对于官员的贪污受贿行为的调查，都属于最艰难的访问，在访问中常常有最激烈的较量。有时，记者不得不因为正面调查的艰难，而改用隐性采访的手法，即隐瞒记者身份的调查，来获得一些真相。

20 世纪 90 年代中期创办的中央电视台《焦点访谈》栏目，正因为在舆论监督的过程中能够代表民意，监督某些政府管理机构的不当行为，揭露社会黑暗，而被群众称作“焦青天”。但是，《焦点访谈》的记者们也是最辛苦的一群“赶路人”。因为栏目定位的关系，这个节目组的采访处处被严加防范，有些地区凡遇到给《焦点访谈》打的报料电话，或给《焦点访谈》写的反映问题的信件，均一律扣下。在采访事实，调查真相的过程中，记者们更是经历了千难万险，有时甚至有生命的危险。他们与采访对象之间的关系也不可能是和谐的，只要是揭露性报道，被采访单位或个人，极少有主动配合的。这种状况加大了记者获取真相的难度，也使记者常常处于一种巨大的心理压力之中。至于地方上搞舆论监督的媒体，有时更是寸步难行。因为中国人有一个习惯，就是“家丑不外扬”，自报丑闻的记者或地方媒体，常被认为是家乡的“叛逆者”，有些还会遭受打击、诬陷和牢狱之灾。

第三节 研究人们接受采访的心理需要

一般人接受采访或主动向记者反映情况，都是出于哪些心理需要呢？这是记者必须把握的基本事实。

一、为社会代言的心理需要

记者是社会舆论机关派出的代表，是党领导下的宣传工作人员，也是广大群众呼声的反映者和代言人。很多人深知记者的这种社会作用，因此，总是设法通过记者把自己对于社会问题的看法或希望引起社会重视的意见发表出来。这种心理在社会责任感比较强的某些知识分子中比较普遍，在对社会问题敏感、热情而好冲动的大学生中也不鲜见。

那些积极向媒体反映情况的人，认为接受采访是表述对某个问题的立场的一次良机，或是影响和感染他人的一次机会。有些人为了支持某个社会目标或某项社会事业，甚至全然不顾个人的隐私，很大胆地披露个人所忍受的痛苦，希望媒体将它报道出来，以此来警示社会。

1995年11月，苏州的一位普通女工，给江苏省副省长、苏州市委书记杨晓堂写了一封举报信。在这封信中，她讲述了突然发生在她幸福家庭中的一段令人痛心不已的故事，读到此信的人无不为之动容。她也向全社会提出了一个严肃问题，在我们社会主义国家里，难道竟能坐视那些黄色出版物侵蚀毒害我们的青年一代吗？

新华社记者曲志红采写了《一位母亲的呼吁》，通过摘录来信的内容，希望来自这位普通母亲泣血的呼吁，能进一步唤起全社会对黄色出版物所带来的灾难性后果予以足够的重视：

一位母亲的呼吁

我是一位普通的中年妇女，原本有一个幸福的家庭。可近来，我每每以泪洗面，夜不能寐。思前想后，我下决心给您写这封信，因为我相信我们的党、我们的国家、我们的政府。

我和丈夫都在企业中工作，生活条件比较差，但我们认为这没什么，我们有我们的骄傲——我们的儿子。儿子很聪明，读书成绩一直不错，我和丈夫把所有的希望、所有的一切都倾注在他身上。我们希望他能争气、能成材。可是最近发生的一件事，却彻底打碎了我们的梦想。

事情还要从年初说起，儿子从去年开始自学电脑，而且学得不错。丈夫和我商量了半年，终于咬咬牙花了8 000多元钱给他买了一台电脑。我的家庭经济并不富裕，不怕您笑话，家里的电视机还是黑白的，可是我们认为值得。谁想到，事就出在这电脑上。

近两个月来，我发现儿子一直神神秘秘，经常把自己锁在自己房间里，当时也没觉得怎样。可后来发现他近期几次考试成绩直线下降，好几门功课竟只有60多分。问他原因，他一直说粗心，未答好试题。有一天，班主任打电话给我，说我儿子几个月来上课一直不认真，神情恍惚，最近几个下午竟没来上课。我接了电话，气得不行，马上请了假冲回家，打开儿子的房门，发现儿子正和他的两个同学在看电脑放的电影（后来才知道叫VCD）。可待我仔细一看，天啊！那是什么镜头啊。我当时气得手脚冰凉，呆呆站了十几分钟不知该怎么办。

晚上，我丈夫回来了，他一生第三次，也是最狠的一次打了儿子。他问儿子这些黄色VCD是哪来的，儿子说是托人从苏州宝碟激光电子有限公司买的，很便宜，而且就是这家公司生产的。丈夫和我简直不敢相信自己的耳朵，这家公司并不是什么地下工厂，它是一家正式的中外合资企业。前几天我们还在吴江电视台的节目中看到这个企业的领导出现过，而且是介绍先进经验。这难道是真的吗？

可事实回答我是真的。杨书记，我想问一下，在我们国家里，中外合资企业难道可以为所欲为生产这种黄色的东西吗?！这难道不是违反国法吗?！

当然，出了这件事，我们做父母的有不可推卸的责任，但我想，我们共产党领导的社会主义中国也绝不允许有这样的企业。我的儿子只有16岁呀！如果没有好的社会环境，他该怎样走完他的人生啊！[1]

二、代表团体或个人利益的诉求

某单位研制出了新产品，总结出了新经验，遇到了新的问题，往往希望约记者来采访报道，或借以扬名，争取本单位的经济效益或社会效应。或借记者的报

① 转引自《中国新闻奖作品选》（1995年第六届），158～160页，北京，新华出版社，1996。

道引起有关方面重视，尽早解决问题。还有的单位或个人遇到某些难以解决的问题时，希望借助媒体表明立场，将之作为消除误会的一次良机。还有人想借报道提高自己的知名度，达到提升个人的目的。

这种采访对象在接受采访的时候非常主动。但是记者也要警惕：因为出于团体和个人利益的动机，他们可能提供不真实的材料或者提供片面的、只对自己有利的材料。

三、交往的需要

人有一种天生的积极进行社会交往的本能。人际交往是一种本能的需求。尤其在现代社会，耳目闭塞就要落伍。而人们心中的记者很多是消息灵通人士，是个信息的汇总中心。有些记者由于长期从事某行业的报道，已经成了这方面的专家。许多人愿意与记者交往，正因为记者不仅向别人索取信息，而且可以给予采访对象很多信息。常有人说："跟记者聊聊长见识。"有些人把接受采访当做对某个新鲜的、有创意的话题或方法的讨论。也有一些人把接受采访当做自己一次新鲜的交往经历，从而使自己的个性得到张扬。当然，如果记者善于与采访对象交朋友，善于与对方建立和谐的关系，就更能引起对方交往的兴趣。

四、满足内心要成为重要人物的感觉

人人都需要别人尊重自己，特别是那些社会地位较低的人，更需要别人尊重。有些人认为记者采访他，是对他的尊重，是看得起他的表示，因此，比较愿意接受采访。还有人认为，接受采访是获得认可和出名的一次良机，如果被报道，把自己讲的话变成了铅字，多多少少满足了自己成为重要人物的心理需求。

心理学家认为，人的心理需要得到满足时就愉快，否则，就沮丧、焦虑。做记者的，懂得一些采访对象（也就是普通人，因为任何人都可能成为采访对象）的心理特征，并设法满足其正当的心理要求，极有利于融洽交谈的气氛，使双方愉快地相互配合，使双方感情的交流促进双方信息的交流，以完成高质量的采访。

第四节　接受采访的顾虑和拒绝接受采访的原因

在采访的过程中，记者碰到的最大难题，就是因为各种原因造成的采访对象

对接受采访顾虑重重，甚至是态度强硬地拒绝采访。如果对这种现象进行分析，可以分为以下几类：

一、权力阶层的采访对象

这类采访对象是记者接触最多的、有时是不可缺少的采访对象。这类采访对象常常是各级政府机关和相关社会事务的管理机构。记者在采访这些机构的时候，有时是咨询相关的信息，有时是意图问责。这些权力层的采访对象所提供的信息，往往意义重大。这些采访对象的普遍顾虑是：害怕记者过早地透露了相关的信息；害怕记者没有准确理解相关信息而形成了误传、误报；在提供信息时，怕造成不良的社会影响而承担责任。有些权力阶层的人，头脑中还留有“民可使由之，不可使知之”的封建意识，对现代社会老百姓的知情权缺乏正确的理解。特别是在发生社会危机事件的时候，有关部门缺乏处理危机的公关意识，更缺乏与媒体和公众、舆论打交道的经验。当媒体采访的时候，他们大多是三缄其口，尽力推托。当然，有些采访对象，也因反感媒体过去的一些不公正的行为，如媒体的恶意诽谤，错误的引用而拒绝采访。

二、向媒体的调查提供信息的人

这些采访对象所提供的信息大多是负面的，如批评型报道和揭露型报道中的信息。这些人是官场丑闻的知情人，社会黑幕的见证者。他们痛恨这些丑闻和社会黑幕，但是由于自己的弱势地位，又很担心向媒体提供信息后遭受报复。所以，他们在向媒体提供信息的时候，都有着巨大的担忧和顾虑。他们大多是向有公信力的媒体和他们十分信任的记者提供信息，而且常常用极其隐蔽的方式和匿名的方法。这时，记者要设身处地为对方着想，理解他们所面临的社会处境，对他们所提供信息的披露与否，如何披露等问题要详细征求他们的意见，并对他们的真实身份加以保密。

三、各类专家

专家们在接受采访的时候，常常顾虑最多。

第一，是怕记者不了解他的专业，跟记者谈专业问题很费劲，从头解释这个专业又不可能，有时候连术语的解释都是很艰难的。因此，在访问中往往出现记者提问外行、采访对象讲话记者听不懂等问题，致使双方难以沟通，极大地削弱了交谈的愉快感。

第二，是怕记者在采访时没有搞懂，在报道时说外行话，从而使报道失实。有些记者事先不做采访准备，采访中又不善于请教；还有些记者习惯于不懂装懂，满足于一知半解，只了解事物的轮廓，特别是把握不住事物的关键点，在报道的时候就可能频频出错，因果扭曲。

第三，是怕记者对自己的谈话不负责任地乱加解释，使报道中充斥着错误。这常常使这个专家成为同行们的笑柄，被同行攻击为“想出名”。

采访专家，是记者采访中的一个难点。因为对任何一个专业问题来讲，记者都是外行。为了把一个科技问题向老百姓讲清楚，记者必须加以解释，甚至做通俗的比喻，但这种比喻是否恰当，必须征求专家的同意，或者是与专家共同讨论，或者把写好的稿件交专家审查后再发表。《科技日报》著名记者郭梅尼当年去采访核物理学家钱三强和桥梁专家茅以升时，花了大量时间去做访前的准备，甚至读了核物理的科普读物《原子史话》和有关桥梁结构的专业书籍，以求增加一些和这些专家们对话的资格。

四、被媒体表彰的先进人物

按说，这类人物被采访应当是最没有顾虑的，但是，我们大量的新闻实践证明，某些先进人物在接受采访时，被表彰的单位在介绍先进经验时，也仍然顾虑重重。他们有以下几点担心：

第一，是厌倦了记者们的夸张手法。记者在先进人物的报道中，习惯性地夸大事实，拔高人物。新闻传播所需要的“显著性”、“典型性”，常常使记者们在采访事实的时候，总是希望那个事实鲜明一些、特别一些、显著一些，这样才能引起读者的注意力。但是，采访对象在实际工作中要把一个事情做得特别显著，是要花费大量的汗水的。所以有的时候记者往往嫌采访对象所讲的事实“不够典型”、“不上档次”。作为传播者的记者和作为实际工作者的采访对象常常在这方面产生矛盾，被著名记者艾丰称之为“说与做的矛盾”。有些记者不惜在采访材料中做做手脚，在写作的时候夸大采访来的事实，使之做到很显著、很鲜明。但这种显著和鲜明常常是不符合实际情况的。

曾有一个记者去采访一位爆破专家。这个专家为了研究一项新工艺，坚持在爆破现场连续工作，积劳成疾，累得吐了血。但报道出来之后，这位专家极为不满，他说，他本来就累得痰中带血，可是记者还嫌不够严重，在报道中说他“大口大口地喷血”!

第二，是怕记者在报道中，专门突出先进人物个人，由此冷落了他周围的同事、同学和相关领导，以致在报道出来之后，这位被报道的先进人物在本单位受到其他同事、同学的冷落和孤立，恶化了先进模范人物的生存环境。所以，有些先进模范人物拒绝媒体，在采访面前避之唯恐不及。

五、面对年轻记者

按照人们交往的原理，一般人都喜欢和内行的人和谈得来的人说话。所以，很多年轻的记者在访问时，经常会遇到采访对象的“冷落”：因为对方担心这些记者阅历太浅，对自己所要谈的话题缺少把握能力。

六、对于小媒体的记者

如果采访者所属的媒体没什么名气，人们对接受采访就缺乏兴致，常常拐弯抹角地拒绝。

另外，除了上述几种情况外，对记者的报道目的不认同或是对所要谈的话题不感兴趣，采访对象通常也会拒绝采访。还有个别记者在采访中的态度不够诚恳，或言谈举止使对方不舒服，采访也往往会遭到拒绝。

第十一章 访问的原则

CHAPTER 11

大约有99%的新闻是部分或全部以访问——也就是向人提问题——为基础写成的。

——［美］杰克·海敦

我想要强调的是：采访者注意的往往是方法，而受访者注意的往往是记者的形象，或者说是透过方法看形象；最终作用于受访者心理场的是记者的形象而不是方法，即记者的形象在受访者的心理环境中是成为“期望的目标”还是成为“应回避的目标”。说到底是一个是否受欢迎的问题，否则我们就无法解释，为什么用同样的方法，有人成功，有人失败。

——江永红

第一节　访问是记者获取信息的最重要的途径

一、什么是访问？

访问是记者为了获取新闻信息、探讨真相而与新闻事实的知情人进行的谈话。这种谈话是由记者组织并主导的。

记者采访的主要方式是访问和现场观察。

访问这种方式之所以重要，是因为绝大多数新闻事实发生时，记者都不可能在现场，无法亲眼目睹事件的发生。记者只能在事后根据新闻线索，通过询问那些事实的目击者、当事人和知情人来索取事实信息，了解新闻事实的真相。

记者和事实中间最重要的桥梁，就是各种各样的新闻知情人。他们是目击事件的人、参与事件的人、了解事实内情的人或者是受到事件影响的人。

通过访问记者要索取的材料有以下六种：

（1）事件的新闻要素。

（2）事实的背景：历史与环境背景。

（3）事实的原因：浅层的原因和深层的原因。

（4）对事实的评价、观点。

（5）事实中行为人的动机、情感和精神境界。

（6）具有表现力的事实：故事、引语、场景、细节。

新闻中究竟有多少事实来源于新闻知情人，新闻界似乎在这方面没有一个准确的研究答案，但是，公认的结论是：绝大多数的新闻事实是记者向知情人了解到的。

美国新闻学者杰克·海敦在《怎样当好新闻记者》一书中曾说："大约有99%的新闻是部分或全部以访问——也就是向人提问题——为基础写成的。"

美国学者在这里提出了这样一个材料的比例——99%，这或许不是一个准确的统计数字，但它来自于大量的新闻实践，是对事实出处的一个粗略的估计。

访问是一个与人打交道的活动。

记者要拿到这"99%"的事实，就必须具备与人打交道的职业素质，必须进行高质量的访问，才能够拿到高质量的事实材料。

与人打交道不同于与计算机打交道，只要摁了按钮，信息就可以自动调出来。记者访问的对象是活生生的人，是那些各种各样的怀有不同动机，具有不同性格和不同爱好的人。他们与新闻报道和新闻媒体之间有着各种各样的利害关系。记者与他们打交道，就要懂得人类交往的规则，不掌握交往的技巧，在访问面前就可能一败涂地，什么材料也拿不到，或者只拿到肤浅的、虚假的材料。因此，我们必须要了解记者与采访对象（知情人）在访问这类交往中有哪些基本矛盾，要遵循哪些基本原则。

如果没有掌握交往的技巧，记者拿到的材料可能就不是99%，可能是50%、20%甚至1%。拿不来材料自然写不成稿子。拿来的材料如果残缺、如果肤浅、如果扭曲，那么新闻报道肯定也是残缺、肤浅和扭曲的。

二、尴尬的访问

在记者的采访活动中，不同的记者可能遭遇不同的访问境况。由于不谙访问之道，新记者们总是碰到大大小小的尴尬的访问。

有些采访对象讲的是真话，有些采访对象不愿意讲真话，但也未必讲的都是假话，不过大多是些敷衍、搪塞之语。

例如，一名实习生在建筑工地上采访一位进城务工的农民，那位农民工满身泥水，端着一个饭盒。

> 实习记者：请问你们是出来打工的吗？
> 农民工：是啊！
> 实习记者：你们干活累吗？
> 农民工：还可以。
> 实习记者：今天是国庆节你们不放假呀？
> 农民工：不放。
> 实习记者：平常想家吗？
> 农民工：不想。
> 实习记者：为什么不想？
> 农民工：没为什么，就不想。
> 实习记者：家里还有什么人吗？
> 农民工：我到上班时候了，我走了。
> 实习记者：哎，那你们……
> 农民工：我走了。
> 实习记者：哎，请问……

这种生硬的提问和敷衍的回答似乎是一对“孪生姐妹”，常常出现在实习记者的“初战”经历中，且大多“速战速决”。可以看出，这些农民工不喜欢记者的提问，所以采取了规避的态度。同时，这位记者设计的问题让人感到陌生、外行、不知所云。

有位实习记者去采访一个从农村来北京打工的小伙子：

问：你们的生活怎么样？

答：还可以吧，就那样吧。

问：在这里生活还习惯吗？

答：挺习惯的，慢慢适应吧！

打工的小伙子的心里话其实是：我们的生活哪能和你们相比，从早上6点干到晚上8点，一个月才休1天，到北京1年了，还没去过天安门呢！

问：你们工作很辛苦吗？

答：还凑合吧，还可以。

问：挣的钱够花吧？往家里寄钱吗？

答：……嗯，还行吧，有时候往家里寄钱。

其实他心里的话是：什么叫辛苦啊，命苦，又不像你们有爹妈供着上学，我们起早贪黑，一月工资才500多，除去吃饭，剩不下什么钱，天天在外面，风吹日晒，你看我有多黑，找对象都不好找！

问：你们干吗要到北京来打工？

答：家里没有事，到北京来玩玩。

问：到北京来玩儿？北京可得好好逛一逛啊！去什么地方玩过啦？

答：……嗯，有些地方还没来得及去……

其实他想说：到北京不就是为挣点钱吗，哪有心思去玩哪！？我弟还在上学，家里等着盖房子，我爸有病干不了活，我不打工谁挣钱？

大家从这段访问中就可以看出来，这位农民工没有讲真话，态度完全是搪塞、回避，压根儿就没兴趣和这位实习记者谈话，这样的访问得到的材料怎么写稿子？

于是这位实习记者只好回去编稿子：

经过对几个农民工的访问，他们对在北京的生活还基本适应，都基本能找到工作，工作起来也不太累，有些打工仔说家乡的生活也不错，到北京主要是玩一玩。

在采访好人好事或先进模范人物的时候，记者总希望对方有些生动的事例，但直白的提问却令这些模范人物不知所措：

问：给我们讲一些生动的故事行吗？

答：故事？我有什么故事？每天就是干活儿，喂猪呗！

——采访养猪模范

问：你有什么生动的事情吗？

答：啥叫生动？我们这儿穷，没见过这东西！

——采访一位种粮大户

问：你和你爱人之间关系一定很浪漫吧？

答：嗨，就是平平常常，都老夫老妻了，什么浪漫。

——采访一位中年检察官

问：你干了一辈子工人一定很辛苦吧？

答：就那样吧，就是累点，大家都辛苦。

——采访一位清洁工

这种提问往往一无所获，因为先进模范人物本人很难说出自己的“生动”事迹，不少记者的经验证明，很多生动的故事都是从他的身边人那里采访来的。

我们还常见到一种明知故问式的提问：

记者冲到抗洪抢险的一线，看到战士们扛着一百多斤重的麻袋，个个气喘吁吁，记者截住一个战士，劈头就问：“你们累不累呀？”战士喘着粗气，迟疑着：“嗯……不累，不怎么累。”

看到战士们站在冰冷的水中抢修堤坝，嘴唇都冻紫了，记者站在岸边的高地上，又是一个“勇敢”的提问：“你们一定很冷吧？”

战士们相互看了看，一边打着哆嗦，一边说：“嗯……嗯，不，不冷，不冷。”

明明看得很清楚的东西：战士们累得气喘吁吁、冷得浑身发抖，还要明知故问。这种“废话”式提问，只能引来对方的无奈和搪塞之语。

这种种访问，采访对象几乎天天遇到。由于访问的气氛僵硬，提问不当，对方往往难以回答，或者只谈了现象，回避谈原因；或者只谈了现状，而回避谈历史；或者只谈了自己，而回避谈别人；或者只谈了一己之见，而回避谈真相……

采访对象的回答，就是我们新闻稿件的来源。访问对采访对象没有强制约束力，所以，对方说的是真是假、是详细还是概括、生动还是抽象，直接决定了新闻作品的质量。谈出的材料真实，记者才能写得真实；谈出的材料有深度，我们的报道才能有深度；把生动的细节和故事告诉记者，记者才能写出有可读性的稿件。这充分说明，新闻稿件不仅仅取材渠道主要依赖于访问，而且要依赖于成功的访问，依赖于那些敞开心扉、倾其所有，不仅告诉结果而且告诉原因，不仅提供信息而且告诉记者没有机会看到的思想、动机、情感的高质量的访问。

三、访问是记者业务的一道难关

初学者采访时常遇到的困境主要有以下四点：

（一）不知道问什么

更确切地说是不知道采访的目的是什么，自己到底想要什么。所以，访问前常常要绞尽脑汁地“编问题”，访问中又常常因为提不出新问题而不得不中断采访。

（二）不会用交谈的方法去提问，与对方交流不起来

一些新记者往往把访问变成了僵硬的一问一答式的采访“表演”，他们不会跟采访对象交谈，不能理解对方的话题，进入对方的生活。这种问答式的访问也常常只有一个回合，对方回答完一个问题，记者提不出延伸性的和挖掘性的问题，因此只能又“宣读”下一个问题。

（三）不会主动采访

不少新记者不会主动地索取素材，只会被动地倾听。访问中的情形像是在课堂上听课，对方说什么，记者就记什么，掌握不了采访的主动权。访问的结果是，材料不符合报道的要求，或是缺乏骨干事例，或是材料肤浅、模糊，或是见解“一边倒”。

（四）采访与写作脱节

由于对报道文体不熟悉，对文体所要求的主题和素材心中无数，因此新手们在采访中不知道怎样为写作准备素材，不能及时鉴别材料的“有用性”；访问中不能够权衡材料是不是够用，不知道什么时候该结束采访；材料中存在的问题，

往往直到写作阶段才能发现。而此时，记者或许已经远离新闻现场和采访对象，而补充采访需要的成本很高，有时连补充采访的可能性都没有，只能根据现有材料敷衍成篇，或放弃这个选题。

在记者队伍中，有不少人可能由于性格原因，不爱好社交，因此对记者通过社交的访问常常有焦虑和恐惧的心理，他们见到陌生人总是觉得不自在，产生明显的畏惧感，而记者的工作恰恰总是要去接触陌生人。有些记者在接待来访者，甚至在公共场合的时候总是不善于适时调整自己的行为，总是不好意思把自己主动介绍给陌生人，常常使访问在很僵硬的气氛中展开，也在一个僵硬的气氛中结束。这种僵硬的问与答的过程使采访对象始终处于一个僵硬的气氛中，这对任何人都不是一种愉快的经历。这样的访问不是心灵的倾诉和交流，而是一种心理“煎熬”。因此，人们碰到这类记者往往就容易应付、搪塞、回避，希望尽快结束采访，结束这种尴尬的状态。

不少记者在思想上不重视培养自己的交往素质，有的做了几十年记者，仍然有回避交往的心理习惯，严重的还存在“交往焦虑症”。如果从事别的职业，交往的能力可以属于个人的喜好，而并非必备的素质，但是作为记者，善于与人交往对获取信息的采访工作有直接的关联，会极大地影响记者获取素材的广度、深度和材料的质量，并最终影响到报道质量。所以，访问中的人际交往是新闻记者必须具备的能力。

美国著名教育家卡耐基先生曾指出：一个人事业的成功，只有15%是由他的专业技术决定，另外的85%，则要靠人际关系。特别是对新闻工作者来讲，缺乏一定的社交素养，是很难当好一个记者的。因此，社会交往的本领是能不能做一个记者、能不能做一个好记者的必备条件，而不是某个记者的个人爱好。掌握与人打交道的本领，是记者的一项基本功。

但是，访问中的交往又不是一个简单易学的本领，它要靠记者用心去体味，用实践去感受，才可能入得门槛儿；要长期坚持下去，才可能摸到规律，渐入佳境。

第二节　访问的特征

记者必须面对面地与各种人打交道，在最短的时间内得到最有效的信息。因此，记者的访问具有明显的人际交往的特征。

人际交往是社会生活中最常见、最丰富的社会交往方式。“人际传播是处于一个关系之中的甲乙双方借以相互提供资源或协商交换资源的符号传递过程。”①

人际交往具有如下特征：

人际交往发生于有关系存在的社会环境里；

人际交往受对方的了解程度的指导；

人际交往所传递的符号类型各不相同；

人际交往是为某一目的服务的；

人际交往是一种资源交换；

人际交往场面多样，有严肃认真、剑拔弩张、轻松愉快、倾心吐腑、浮于应付等多种构型；

人际交往的信息的意义丰富而复杂；

人际交往双向性强，反馈及时、互动程度高；

人际交往属于一种非制度化传播，具有非强制性特点。②

记者的访问带有明显的人际交往色彩，其特征有如下几个方面：

一、没有法律的约束力

访问活动没有法律的约束力。也就是说，在这种活动中，记者采访不能像法官的调查那样具有对被调查人的约束力。作为一个公民，在法院进行相关调查的时候，应该主动配合，并且必须讲真话，如作伪证须负法律责任。而记者对于采访对象却没有这种约束力，采访对象是否接受采访，在采访中是否讲真话，这全是采访对象的自愿行为。如果对方不接受采访，或在采访中不讲真话，也不必负法律责任。

二、没有行政的约束力

访问活动不是行政活动，因此没有行政的约束力。新闻媒体是独立于社会行政机构外的舆论机构，因此，媒体对于采访对象没有行政方面的约束力，即没有上下级的关系，任何个人和单位可以接受媒体的采访，也可以拒绝媒体的采访；可以提供真实的材料，也可以不提供真实的材料，而媒体或记者对他们没有任何约束力。记者在访问中往往要占用对方的时间和精力，而接受采访并不是采访对

① 王春泉：《新闻采访技巧：理论与实践》，256页，合肥，安徽出版社，2008。

② 参见［美］迈克尔·E·罗洛夫：《人际传播社会交换论》，25页，上海，上海译文出版社，1991。

象必须要完成的一项工作，属于他们的自愿行为，即使是中央一级大报去采访一个下岗工人，或一个农民工，也要看对方自愿接受与否。

三、地位平等

地位平等指的是记者和任何采访对象在访问中的地位是平等的，没有高下、优劣之分。

访问经常是在两个人之间进行的，双方之间的社会地位经常存在着事实上的巨大差异。如一个记者去采访省委书记，交谈的双方并不是代表双方个人，而是代表不同社会群体之间的对话。记者，无论是大报的还是小报的记者，他们都代表着公众的利益，其访问的目的都是为了满足公众的信息需求；而作为知情者出现的采访对象，他们接受采访时，也并非仅仅代表他们个人的利益（起码记者选择他们作为采访对象，并非是为了采访对象个人的利益，而是将这些采访对象看做是某种社会现象、社会舆论、公众呼声的代表）。

《中国青年报》记者解海龙，到大别山区去拍摄了大批失学儿童和农村贫困儿童的教育状况，其代表作是一幅“大眼睛”的照片。照片中是一个叫苏明娟的农村小女孩，瞪着一双充满渴望的大眼睛，望着讲台听课的情景。

记者选择这个小女孩作为新闻人物，不仅是为这个叫苏明娟的小女孩而呼吁，更是为改善这一类农村贫困儿童的生活和教育状况而呼吁。所以，在采访的时候，双方的地位是平等的。

一些记者在这个问题上总是摆不正自己的位置。遇高则低，遇低则高，这些记者的地位似乎不是浮动的，而是固定的。比如说见到地位比他们低的人，如小商小贩、农民、中小学生等，常常喜欢亮出记者证，拿出笔记本，端起高人一头的“俯视”派头，故意拉大和普通人的距离，显示出一种居高临下的姿态。所用的提问方式几乎都是闭合型的、命令型的。有个电视台的记者跟随城管查禁街头小贩，一个卖煎饼的小贩见是城管来了，推起煎饼车就跑，城管的人少，顾不过来，这时候只见这个扛着摄像机的电视台年轻记者，飞跑着追上那个煎饼车子，一脚踢在三轮车的轮子上，挡住车，然后厉声质问：“你有没有卫生许可证？你知不知道这样做违法？”记者此时变成了执法者。

相反，一些记者见到地位比自己高的人特别是官员时，便立刻放下了架子，显示出一种唯唯诺诺，请示照办的被领导者的形象，连提问都是那些“请您谈谈……的看法”、“您对……有什么指示吗”，几乎没有真正的询问和质疑性的提问。这种做派完全忘记了自己应该是一个平等的对话者，是代表读者、代表社会大众去采集新闻的。因此，“受众的代表”是记者应当在采访中把握自身形象的一个中心原则。

很多记者在采访中往往忘记了记者最重要的形象标准，他们采访领导人的时候变成了被领导者，他们采访街头执法的时候又变成了执法者，他们采访弱势群体的时候变成了救济者，他们在抨击一些社会弊端的时候又变成了某些利益集团的代言人。这是封建等级制在记者身上的反映，有时表现得还相当严重。

四、结合自由

结合自由，指的是采访者和被采访者都有挑选对方的权力。记者决定访问一个人，而这个人也愿意接受访问，在两者都自愿的情况下，访问才能够进行。这是因为，访问属于社会交往活动，没有外在的强制力，记者也没有权力强制某人接受采访。当然，目前还存在着记者借用行政权力“强迫”某些人坐在自己面前接受采访的情形。但是，即使如此，采访对象说与不说，说真的还是说假的，说深的还是说浅的，那是他自己的自由，记者是不能强迫的。

面对同一个采访对象，不同的记者常会得到不同的“待遇”。有些记者去采访，对方可能什么也不讲，换了另一个记者去，对方就可能畅所欲言。这正说明了，访问的双方互相挑选的自由度是很大的。

为什么名记者总会有丰富的选题，总会拿到独家的材料、生动的故事、丰富的背景，就是因为这些记者掌握了人际交往的本领。这种本领，使他们在采访实践中，总是能得到“丰厚”的回报。

五、双向性强，反馈及时、互动程度高

在记者的访问中，还有一个特征，即双向性强，反馈及时、互动程度高。记者在访问时，和采访对象处于一种相互启发、相互激励、相互影响的互动状态，这正是人际交往的一大特点。俗话说，酒逢知己千杯少，话不投机半句多。记者在访问的过程中，和对方处于什么样的关系，是越来越投机地向着“知己”方向发展的良性互动，还是向着“敌对”方向发展的恶性互动，这要看记者谈话过程中对谈话气氛的营造和把握的能力。在人际交往中，双方的互动关系可能是竞争型的，或称“棋逢对手”型的；也可能是互补型的，即一方显出强势，一方愿意

服从。但在访问中，却有一个不同于一般人际交往的地方，即记者对谈话的主导性。记者应始终处于主导状态，应当做到主动采访而非被动采访。

但是，记者由于水平不够或准备不足，特别是刚刚工作的新记者，在面对强势采访对象的时候，常常主导不了采访的话题和进程，往往会随着采访对象的思路走，形成了你说我记，你引导我服从的局面，访问的话题往往由对方来设置。这样的访问结果是：所得到的材料不适合用于新闻报道。这种被动采访的局面，也显示了访问的双向性特点的“危险”所在，即采访对象对记者的影响力也很大，一不小心就可能被对方占去了主动权。

因此，访问中双向性强的特点要求记者具有现场应变能力和现场驾驭话题的能力。如果对方比较弱势，不爱讲话，记者要谆谆善诱，多鼓励多启发；如果对方想垄断话题，记者必须适时打断，设法转移话题。

六、所获得的信息层次多样，意义丰富

一般来说，记者通过访问所获得的信息，远比社会上其他的调查工作人员，如：法官、公安人员、党委的政策研究人员所获得的信息层次多样，意义丰富。因为，记者是用聊天的方式、交谈的方式去获取信息，而法官和公安人员等是用“一问一答”的行政调查或审问的方式来获取信息，这两者之间有质的区别。从人的本性上来讲，人们更喜欢在平等的基础上，在自由的谈话和聊天中交流信息，而不喜欢用那种很程式化的一问一答的方式回答问题。

正因为记者的访问具有人际交往的特征，人们在访问中相互交换的信息要比枯燥的一问一答所提供的信息要丰富得多，特别是，有两类信息大多是在聊天过程中才能获得：

第一类，是事件过程中的故事、引语和细节等感性材料。

第二类，是有关人的精神世界的信息，如动机、情感、想象等。

下面这段对话摘自《南方周末》记者对反伪科学斗士司马南的采访。

司马南：要么做条汉子，要么当条狗

记者：一个人的成长总是和他小时候的经历有关，儿时的哪一件事情给你留下了深刻的印象？

司马南：小时候家里很穷，父亲曾是抗日民众自卫团的成员，新中国成

立后在东北的劳改农场任政治处主任，母亲是一个普通的山东农民，不会写字。父亲"文化大革命"中被打成历史反革命，关在当年他们看押犯人的监狱里。印象最深的是父亲被一次次地批斗，我被别人一次次地羞辱。每天给父亲送饭，只要一出门，那些家庭出身好的孩子就追过来打。我那时就练出了一种本事，拎着汤汤水水的饭盒，见他们追来撒腿就跑，单臂保持平衡，人跑得飞快汤却一滴未洒。那时家里的工资最少时每月只有18元，挨饿是常事，我基本上是在一种活不下去的状态下过日子，童年时捡煤核，刨树根，家里没钱买不起煤，睡觉时都要戴着皮帽子，屋里结着冰流子像冰窖一样。

记者：父母对你的教育在哪些方面影响你的一生？

司马南：父亲给我的影响是刚正不阿，印象最深刻的话是"宁可你被打死，绝不让你吓死"。母亲极其刚强善良，家里最好的东西一定要留给客人吃，她常说的话是"宁可身子受苦，不让脸上受热"。我感谢父母根植我心灵深处的带有英雄气的并不深奥的启蒙。可惜在我未成年时父母双亡，我活到今天不容易。①

现实生活中的事实丰富多彩，常常富有戏剧性，连最有想象力的小说家也难以创作出来。记者和司马南的交谈内容，不仅仅显示了这位反伪科学"斗士"的"战斗"性格，更多地带出了这位"斗士"人生的"痕迹"——父母刚直不阿的性格、儿时的生活磨难，都使他"斗士"的性格显得更丰满、更立体，也更有说服力。司马南的父母所给予他的教导如"宁可你被打死，绝不让你吓死"、"宁可身子受苦，不让脸上受热"，这些个性化的语言，富有极强的感染力。

如果记者能够进行高质量的访问，那么他就可以从人们的嘴中得到那些丰富的独家素材。所以说，成功的访问是杰出的新闻作品的基础。

第三节 访问不同于人际交往的特征

访问带有许多人际交往的特征，但是访问又不等同于平常的人际交往。两者之间的差别有三点：

① 载《南方周末》，1999-11-05。

一、记者通过访问取材的目的性十分明确

访问是记者的一种职业活动，通过访问获取素材是记者完成报道的必要途径，这和一般的人际交往中的随意和轻松还是有所不同。记者通过访问获取材料的功利性十分明显。

二、各种不同的访问是记者发起和组织的，采访对象是记者挑选的

记者在访问中和哪些采访对象谈话，向他们询问什么问题，都是记者根据采访目的而事先准备的。这种精心的策划与一般的人际交往也是不同的。

三、记者在访问中起着营造气氛、主导谈话的作用

在访问的过程中，记者是主导者、发问者，他主导着访问的质量和进程。你问什么，对方才能答什么。你先问什么，对方就先答什么，你没有问到的问题，即使对方有再丰富的材料也可能不知道要回答，或者说没有机会回答，在这方面，采访对象没有太多主动权。另外，在提问方式上，记者怎么问，对方就怎么答。你问得没有逻辑，他回答得肯定也没有逻辑；你问的问题很零散，他的回答也可能很零散；记者问的方向是对的，方式是恰当的，对方就可能回答的好；如果记者提问的方向偏了，对方回答的内容就可能产生偏差。因为对方不是采访的设计者，他不知道你想要什么。我们常见同一个采访对象面对两个不同水平的记者，所回答的材料有天壤之别，这正说明了在访问中记者的主导作用。高明的访问者不仅能够提出正确的问题，启发对方的谈兴，调动对方的记忆，还可以帮助对方梳理信息的层次，和对方一起探讨真相；而拙劣的访问者的表现常常是问题提不到点子上，问题没有深度，提问缺乏逻辑性，对对方的回答缺乏正确的理解。因此，即使采访对象的水平很高，遇到低水平的记者，也会使采访对象像“茶壶里煮饺子”——有货倒不出来。在这里，记者对于访问的主导性与一般的人际交往也是不同的。

第四节　访问的基本矛盾——“取”与“予”

访问的基本组成，是记者和采访对象之间的探讨真相的谈话。

和一般的人际交往不同的是，由于记者的直接目的是“获取材料”，所以在这种谈话的关系中，记者和采访对象之间始终横亘着一个巨大的矛盾——“取”与“予”。

记者访问的目的，不是结交朋友，不是倾诉心声，不是释放情感，而是一个很艰巨的任务——获取新闻素材。记者对采访对象的要求就是能够配合自己的采访工作，能够敞开心扉，倾其所有，把真实的信息和独家的材料“和盘托出”，使自己尽快完成采访任务。

记者对采访对象的要求也有着很充分的理由：媒体是为公众利益服务的，你配合我的工作理所应当。但这种一厢情愿式的采访心态，屡屡在实践中“碰壁”。

一些采访对象，或者拒绝回答问题，不接受采访；或者含含糊糊、敷衍了事；或者搪塞阻碍、避重就轻；或者谈起来漫无边际，回避目标话题；或者长篇大论，企图霸占话语权；或者仅仅是高度抽象地谈论事务，避免对当事人之间真实情况做深入介绍。总之，很多采访对象都采取了一种回避、搪塞、冷淡、不配合的态度，使记者们“空手而归”，报道计划落空。

为什么会产生这种状况？记者的“索取”和采访对象的“给予”之间为什么存在着这么大的矛盾？

为了完成稿件，记者索取素材总是急迫的，渴望的。每个记者都渴望着不费气力，满载而归。

但是，任何人都没有无偿提供材料的义务。采访对象的“给予”，即为记者提供真实的事实材料，是要付出成本的。这些成本是什么呢？

一、访问需要占用对方时间

记者都是有了采访任务，才去临时找采访对象，他是别人平静生活的一个外来的“干扰者”。

二、访问需要耗费对方的精力

记者在访问中，是通过大量的提问来索取素材的，那么采访对象就要紧张地思考，挖空心思地回忆那些已经过去的事实材料，甚至还要提供人证、物证。有些记者还反复地去索要“生动的事例”、“当时的想法”、“深层的原因”、“您的评价和估计”、“你对某事的预测”等，这些材料的提供都需要采访对象费心费力，努力思索才能完成。很多采访对象之所以要求记者事先提供采访提纲，给自己一定的准备时间，就是这个原因。因为提供事实线索也需要梳理材料，采访对象不仅要提供事实，还要提供观点。

三、采访通常是不付费的

我们现在大部分的访问，不是付费采访（现在有些线人靠收费作为提供信息的代价）。记者们总是希望他们无偿地支持新闻工作，无偿地满足记者“为公众服务”的高尚目的，但较少考虑到采访对象的利益。实际上，很多采访对象是以“志愿者”的心态接受采访的。

四、风险成本

接受采访除了要付出上述成本之外，采访对象常常要面对一个更大的成本——承担风险。人们常常担心：

（1）不知道他们说出来的材料是否能被记者正确理解。

（2）不知道记者的报道是否会对他们造成伤害，或是否会使他们承担某种风险。

大量的新闻实践已经证明，如果记者在报道时稍有不慎，本来并非批评性或揭露性的报道，常常会给采访对象带来种种副作用。如：

记者歪曲了采访对象的原话和对事物的理解，扭曲了因果链条，形成虚假报道。

记者片面地理解了采访对象所提供的事实信息，比如割裂了上下文，只抽取其中的几句话或片段事实加以报道，或用不相干的背景来衬托采访对象所提供的信息，使整个报道面目全非。

记者对社会生活和某些复杂问题的简单化的理解和武断的报道态度，也使他“任意”修改了采访对象的原意和原话，使报道和采访对象的原意之间产生巨大的偏差。

记者在采写先进人物时惯用的“人造平原法”，如为了突出当事人的“事迹”，无意中贬低或轻慢当事人的领导、同事，也常常使一些当事人身受其害。

报道出来之后，先进模范人物很可能在本单位受到孤立，对他们的生活造成负面影响。所以，一些先进人物不愿接受记者采访。

还有一些记者将采访对象私下交谈的话，随意地写入报道，给信息的提供者造成了很大的伤害，一些专家也很厌烦记者的不实报道。这些报道常使他们蒙受不白之冤，甚至成为同行的笑柄。

有的媒体在追求独家性和轰动性的驱动下，把渲染和煽情带进写作，往往会忽视当事人的利益，给当事人带来伤害。2003年5月，英国广播公司的防务记者安德鲁·吉利根在作有关英国政府夸大伊拉克违禁武器情报的报道时，援引英国情报官员的话说，布莱尔政府为了发动战争，授意在有关伊拉克武器报告中添加了伊拉克政府有能力在45分钟内使用大规模杀伤性武器的情报。吉利根的稿件在英国引起轩然大波。而他援引的情报官员凯利在姓名被曝光后不久割腕自杀。

事后吉利根承认，他的稿件有错误和失实之处。首先凯利是国防部武器专家而不是他在稿件中所说的情报部门官员。他不应该向外界透露是凯利向他提供了消息；而在这条报道的最关键部分，伊拉克能够在45分钟内部署和使用大规模杀伤性武器的情报问题上，当时凯利确实说过这一情报是“不可靠”和“错误的”，而且凯利并没有说布莱尔政府事先知道这一点。吉利根在稿件中说布莱尔政府为了发动战争而对伊拉克武器报告“添油加醋”只是他个人的理解。①

采访对象的“给予”既然有这么大的成本和风险，且访问又是一种双方自愿的交往活动，那么，采访对象希望规避这种成本和风险就是很自然的事情。如果法官去向一个公民做调查，因为有法律的约束力，公民不得拒绝，也必须讲实话；如果某个行政领导找下级谈话，因为有行政权力的约束力，下级也不得不“实话实说”；但是，如果记者去找一个人采访，人们很本能地就会权衡利弊，既不愿给自己添麻烦，也不想冒风险，所以总有人拒绝采访。

要解决这个问题，记者必须换位思考，站在采访对象的立场上来看待接受采访的问题。记者在访问中，不能总是想单向“索取”，不能总是要求对方单向“给予”，不能总是希望对方“无私奉献”、“配合工作”，而是要切实考虑采访对象和记者交往过程中这种利益的不对等关系。如果找不到解决这个矛盾的有效方法，就会像一些记者那样，始终怀着单方面“讨要”的尴尬心情面对访问，甚至会形成想到访问就发憷的“心理障碍”。有些年轻记者甚至每每请求对方理解自

---

① 参见马胜荣、薛群：《描述世界——国际新闻采访与写作》，406页。

己交稿的苦衷，一些实习的新闻系学生在别人的拒绝面前，束手无策，只能说“求求你了，我们老师让交作业呢”，以此来得到别人的“施舍般的谈话”。

第五节　解决“取”与“予”矛盾的办法

在新闻实践中，大量优秀记者早已用他们的智慧破解了这个难题——如若取之，必先予之。

根据人际传播和社会心理学的理论，我们可以找到解决记者与采访对象之间“取”和“予”这一矛盾的理论上的依据。

一、马斯洛的心理需求层次论

亚伯拉罕·马斯洛是美国心理学家，他提出了人的心理需求层次论。他认为，人们的心理需求是了解人们做事动机的依据，可以分为五个层次。

第一个层次：生理需要，即人类最原始最基本的需要，人需要温饱。

第二个层次：安全的需要。生理需要得到满足的时候，人们的首要需要就是安全了，人们会为了安全存钱、换工作、选择不同的婚姻。在社会动乱期间，安全的需要就显得更突出。

第三个层次：归属和爱的需要。马斯洛指出，现在人们强烈地感受到缺少朋友、恋人、妻子和孩子，人们渴望与人的亲密关系，尤其是在群体或家庭中。这种归属和爱的需要，是通过人际交往的方式实现的。

第四个层次，尊重的需要。人人都有自尊、自重、自信的需要，希望他人尊重自己的人格，希望自己的才能和才华得到他人的赞赏，希望在团体中确立自己的地位。当这种需要得到满足的时候，人就会产生强大的动力，表现出蓬勃的生机。如果这些需要的满足受挫，就容易使人产生自卑、软弱、放弃的感觉，对生活失去信心。

第五个层次，自我实现的需要，指个体成长中对未来最高境界追寻的动机或愿望。

在马斯洛的心理需求层次中，与人际交往有关联的心理需求层次是第三、第四和第五层次。特别值得注意的是，仅次于生存和安全的心理需求的就是人们社会交往的心理需求。也就是说，社会交往是人类生存的一种必要的方式，是一种高质量的生存状态。社会交往需求出于归属的需要，即人都有一种归属于一个群体的感情，希望成为群体中的一员，并相互关心和照顾。只有当归属于某一个群体时，一个人才能获得力量和归属感。这种归属的需求是通过人际间的交往来实现的，即在人的本性上，人人都渴望平等交往。

二、帕洛阿尔托学派关于人际传播的理论

帕洛阿尔托学派的《人际传播实用学》一书对人际交往提出的两点看法对我们同样有启发：

第一，人不可能不进行交流，即使他的行为表现为非交际关系，那仍然在传达某种信息。例如，你如果没有情绪可交谈，你可打开一本书来读，这一举动向邻座传达的信息是："我现在没有情绪讲话。"

第二，任何谈话无论多么简单，都包含两种信息：内容信息和关系信息。交流的双方都在向对方传达信息，同时在较高层次上对信息做出评价。这种通常以非语言形式同时进行的关系交谈称为"元信息传播"。例如，当教授宣布将做一次测验时，许多可能的关系信息的传播均可成为元信息传播，如"我是这里的决策者"等。①

这一理论与记者大量的采访实践十分吻合。要改变记者单向索取的访问方法，必须要注意到人际传播的双层（信息＋关系）交流的特点。更重要的是，记者要达到正常的信息交流，就要找到双方之间一种合适的关系，即我们常说的谈话气氛。记者要有能力判断，在对采访对象的访问中，对方究竟在什么样的一种关系中才愿意吐露真情、倾心交流。记者必须对这种促进信息交流的"关系"十分敏感，并有能力去把握和营造这种"关系"。记者要明白，索取不同的信息，需要营造不同的"关系"。善于找到这种合适的关系、善于营造一种有利于交流的气氛，是很多著名的、资深的记者在新闻实践中屡试不爽的方法。

三、心理场的理论

心理场的理论（场论心理学）是美籍德裔心理学家 K. 勒温于 1936 年创建的，他借用了心理学和物理学的概念如：场、力、区域、边界、向量等，并赋予其新的心理学含义，用来描述人在周围环境中的作用，提出了著名的行为公式：

---

① 参见王春泉：《新闻采访技巧——理论与实践》，256 页。

“B=f（P. E）”。其中“B”（behaviour）为行为，“f”是函数，“P”（person）为个人，“E”（environment）为环境，即人的行为是个人和环境的函数，“P”“E”共同构成“生活空间”，即心理场。

将这个公式B=f（P. E）运用到采访中就可以理解，为什么记者的行为（B）直接影响了采访对象的心理场，从而直接影响了采访对象的行为。《解放军报》著名记者江永红说：在访问过程中，记者是主动者，是别人生活的一个外来的切入者，因此，我们没有权力要求采访对象给我们营造一个好的谈话环境，我们必须明白如何营造好的谈话环境，营造一个最佳状态的心理场是记者的必要责任，也可以说记者在这个心理场中是占着主导地位和主导作用的。

按K. 勒温的观点，在人的心理场存在着“向量”（vector）。在某一时刻，人的行为是由一个“向量”的模式及其强度所决定的。这个“向量”又由三个要素所决定：一是“个人需要”；二是“环境区域效价”，“期望的目标”使区域具有正效价，“应回避的目标”使区域具有负效价；三是环境区域不同边界的可渗入性程度，作为障碍的边界是约束力，来自需要的张力和目标效价的力是驱动力。此论不仅在心理学上有重要意义，在采访学上也有重要意义，为我们提高采访效率提供了心理途径。①

一般来说，记者的形象构成了采访对象的心理环境，反之，采访对象的形象和态度也构成了记者的心理环境。我们不能要求采访对象为记者构筑良好的心理环境，而记者却应当主动为采访对象创造一个最佳的心理环境，创造一个最佳的心理场。根据心理场的理论来指导记者的访问，可以看到解决“取”与“予”矛盾的根本途径之一就是改善记者的形象。

上述有关心理需求、人际传播和心理场的理论带给我们解决访问中的“取”与“予”基本矛盾的启发是：

（一）人人都渴望融洽的人际交往，这是人的本性的一部分

我们常常说“人心隔肚皮”，这句俗语似乎给人们这样一种印象：似乎每个人都不想把自己的想法告诉别人，每个人都想保守心中的秘密，每个人都不想对别人说真话。但是，从人类的交往实践来看，并非如此。“酒逢知己千杯少”，这是人们形容遇到知己时那种交谈的酣畅淋漓、欲罢不能的高峰体验。这说明，人们社会交往的欲望必须是在遇到“知己”的情况下才能释放出来，即人人都希望被人知道、人人都希望说出自己的心里话，只不过这种谈话的对象十分难找，所

① 参见江永红：《自悟一得》，16页，北京，长征出版社，2005。

以，人们常感叹“人生得一知己足矣”。

记者们往往有这种经验——如若取之，必先予之。一种融洽的谈话气氛本身就是绝大部分采访对象心灵渴求的状态，就是记者“给予”对方的“礼品”。“投桃报李”是交往的规则。只要设法把对方话匣子打开，每个人都是一个小世界，每个人的故事都是一部精彩的小说。关键在于，话匣子的钥匙不好找。在这个意义上说，没有不合格的采访对象，只有不合格的记者。记者所追求的创造最佳交往气氛从而获得独家信息的访问本身是符合人的本性的，因而是可以大有作为的。记者可以在“取”与“予”的平衡交流中探索大千世界，为自己的访问打造出一个自由创造的舞台。

（二）所有的人际谈话都包含着两层信息——内容信息和关系信息

也就是说，访问中的交流不仅仅是信息的交流，伴随这种信息交流的是一种靠非语言形式表达出来的关系的交流。这种理论，在大量的新闻实践中得到了验证，那就是，记者不仅仅要重视提问内容和提问方式，更要重视在提问过程中所营造的和采访对象之间的那种恰到好处的关系。采访对象只有在他希望的一种舒适的、融洽的氛围中，其信息“给予”才能成为发自内心的、倾心交流的结果。

（三）记者在采访时的着眼点不仅在于改善提问的内容和方式，更重要的是要改善自身的形象

按照一些西方记者的说法就是：“让采访对象喜欢你。”就是说，记者的形象决定性地营造着采访气氛。很多名记者的实践证明，善于和人打交道也就是善于营造一个有质量的心理场，在心理场的作用下才能提高采访效率。

意大利《晚邮报》著名记者奥里亚娜·法拉奇，在采访中向来以强硬的提问先发制人。但在 1980 年 8 月 21 日对邓小平的访问中，这位有“硬鼻子”之称的记者，开始时并没有急于发问，而是与邓小平套起了近乎：

法拉奇：明天是你的生日，祝你生日快乐！

邓小平：我的生日？明天是我的生日吗？

法拉奇：是的，邓先生，我看了你的传记。

邓小平：我从来不知道自己的生日，就算明天是我的生日，你也别祝贺我。我已经 76 岁了，到了衰退的年龄了。

法拉奇：邓先生，我父亲也 76 岁了，如果我对我父亲说 76 岁是一个衰退的年龄的话，他会打我耳光的。

邓小平：那他可做对了，你可不能对他那样说。

法拉奇作为一个西方的著名记者和作家，而邓小平作为一个共产党领导的东方大国的领导人，双方的地位和文化背景，特别是意识形态上的差异是巨大的。为了迅速地缩短这个距离，法拉奇用邓小平的生日来作为开场白，努力去营造一个适合于交谈的心理场，这对于这位以强硬采访作风闻名的女记者，也是难得的。她把邓小平的年龄和他的父亲相比，也就使双方产生了一种父辈和女儿之间谈话的亲和力。

她的手法是极其成功的，以至于邓小平主动答应再给法拉奇一次采访的机会，使法拉奇得以在1980年8月21日、23日连续两次采访邓小平，获得了珍贵的独家材料。

法拉奇在事后的采访感言中说：

> 邓小平分别在8月21日（星期四）和8月23日（星期六）于北京人民大会堂接见了我：每一个问题——哪怕是最令人难堪的、最傲慢无理的问题——他都坦白率直地回答，并经常报以微笑，偶尔他还会开怀大笑，在整个气氛严肃的会见中，不时有愉悦的时刻让我们有所放松。

很显然，邓小平政治家的风度令法拉奇折服。

但是，一次访问的成功常常是双方面的，法拉奇刻意设计的“记者形象”——她的“女儿辈”的开场白，她的问题的深刻和“到位”，也就是说，法拉奇的记者形象，同样也为她的采访对象——邓小平所接受。

《解放军报》著名记者江永红特别重视对心理场的应用。他说：

> 我想要强调的是：采访者注意的往往是方法，而受访者注意的往往是记者的形象，或者说是透过方法看形象；最终作用于受访者心理场的是记者的形象而不是方法，即记者的形象在受访者的心理环境中是成为“期望的目标”还是成为“应回避的目标”。说到底是一个是否受欢迎的问题，否则我们就无法解释，为什么用同样的方法，有人成功，有人失败。①

中外记者的成功案例告诉我们：记者的形象在采访心理场中有举足轻重的

① 江永红：《自悟一得》，18页。

意义。

记者首先要以一个朋友、一个知己的形象进入受访者的生活空间或曰心理环境之中。记者要有较强的自我形象的意识，内心要非常清楚自己现在的形象是在什么层次上，是容易被别人接受还是容易被别人排斥。如果容易被别人接受，对方一般会在什么样的层次上接受记者，是感觉到比较和谐融洽还是能够像朋友和知己一样无所不谈。另外，记者要善于在和受访者非常直观地面对面的接触中迅速确立自己的形象，包括诚信度、亲和度、人的修养、人的道德层次，因为记者的现实形象将极大地影响和采访对象的交往。

第六节　访问是记者创造奇迹的舞台

从大量新闻记者的实践中，我们可以看到——访问是记者创造奇迹的舞台。新闻记者的工作具有巨大的交往优势和信息优势，是一个可以记录历史，创造历史的崇高职业。

一、访问创造了观察社会的广阔空间

既然访问活动没有任何法律的行政的强制力和约束力，那么记者就可以打破各种级别和各种交流的限制，上天入地，自由驰骋。

比如说一个新入学的大学生想去见校长是不被允许的，因为新生和校长之间间隔着多层的行政级别，但是如果作为校报记者，一个新生就可以直接和校长对话，甚至和校长聊天；一个刚工作的年轻人是很难和国务院总理进行谈话的，但是如果作为记者出席了总理的记者招待会，就很有可能获得这种跨级交谈的机会。

一个人的生活半径往往是很小的。在单位里，他接触的只是直接上司和几位同事。在家里，也就是几位亲人。他的朋友圈子也往往是有限的。但是如果作为记者，他就可以“出得庙堂，入得草房”，今天采访农民工的问题，明天可能采访的就是体育明星；今天可能访问政府某部长，明天可能采访的就是街头的乞丐。

记者不仅要“读万卷书，行万里路”，而且要“识万般人”。访问不仅可以使我们拥有接触各种人的可能，还使我们拥有探索天地间各种真相，了解各种人心灵的机会。

几乎所有的著名记者都是访问的高手。他们借助记者所具有的社会交往优势进行大量的、自由的访问，极大地拓展了记者观察社会、了解信息的视野，极大地提高了记者获取真相的可能性。他们利用创造性的提问，获得了很多绝妙的素材，写出了那些“记录历史，影响今天”的脍炙人口的作品。

二、通过访问探索真相，记录历史

在广阔的观察空间里，善于交往特别是善于交谈，是很多记者创造新闻奇迹的“尚方宝剑”。如果记者掌握了交谈的本领，就可以打开很多人的心扉，打开很多人的“话匣子”，从中不仅可以了解到事实的真相，还可以了解到对事实的各种观点和看法；不仅可以了解到已经发生的事实，还可以了解对今后可能发生的事实的预测。一个记者如果不善于访问，或者不喜欢交谈，便可能深入宝山，空手而归。如果把握了出色的访问技巧，正如同掌握了“阿里巴巴和四十大盗”中打开宝库的咒语，记者将可以深入宝库，满载而归。

几乎所有的中外著名记者，都深谙交往之道，都懂得在这个舞台上如何去创造奇迹。

著名美国记者埃德加·斯诺，为了探询中国的真相，1936 年只身深入当时的陕北苏区。在几个月的时间内，他访问了上至红军最高领导人毛泽东，下至红军的普通士兵和“红小鬼”、边区的农民、教会的牧师等。他硬是在翻译的帮助下，从各种各样的中国人的口中，弄懂了和美国的政治、文化相差万里的中国社会的基本情况和中国共产党、中国工农红军、中国红色根据地之所以能产生、发展、壮大的深刻道理。

直到现在，《西行漫记》闪烁的光芒并未随着时间的推移而被磨灭，由于有关中国早期共产主义运动的资料的严重缺失，历史学家们只得较多地依赖旁观者写的报道，尤其是那些曾经在 20 世纪 30 年代中期特许从共产党领导者们本人那里采集资料的新闻工作者所撰写的报道。在那个时代里的所有记者中，埃德加·斯诺是出类拔萃的。

美国名记者、《长征——前所未闻的故事》一书的作者哈里森·E·索尔兹伯里回顾道，《西行漫记》对 20 世纪 30 年代后期美国的国际报道在心理上和专业上有不可估量的影响，他说：

> 它使我们把注意力转向中国，转向远东。而我们的兴趣，曾经是盯紧了

欧洲，盯紧了希特勒的崛起。如今我们忽然看到中国并不必然要成为日本侵略的受害者。她有可能有崭新的前途，这不仅是被美国记者、美国外交官，也是被美国公众的大部分所觉察到了的。[①]

1935年7月，范长江以《大公报》旅行记者的名义，从四川成都开始了他对西北的旅行考察。这时，中国工农红军正在进行二万五千里长征。由于国民党的新闻封锁，红军的情况很少为一般读者所了解。红军北上对整个中国政治动向的影响，成为范长江当时注意的中心问题之一。另外，范长江预测，一旦抗日战争全面展开，沿海一带必不可久守，抗战的大后方肯定在西北、西南一带，而荒僻的西北地区的现状却很少为人所知，因此有必要对这些地方进行考察和研究，让读者更多地知道西北和西南的情况，这是记者当务之急的任务。

范长江只身前往当时灾难深重的西北地区，虽然携有当时他所供职的《大公报》的介绍信，但大多数的情况下必须依靠自己的朋友关系。他依靠自己善于结交新朋友、善于交往沟通的本事，足迹遍布四川、甘肃、宁夏、陕西、内蒙古五省区。除了去西北收集大量关于西北的政治、经济、文化等方面的文字资料外，范长江的信息采集过程全靠他在旅途中对西北社会各色人士的成功访问，这也使他从一个不熟悉西北问题的26岁的青年，迅速地成长为一个中国西北问题的专家。

范长江的西北之行，历时10个月，行程3 000多公里。他历尽艰辛采写了大量的旅行通讯，陆续寄回天津在《大公报》发表。这是第一次在全国性的大报上，真实地报道红军长征的行迹和西北近况，揭露了当时中国的西北政治黑暗、经济凋敝、民不聊生的现状，把西北的政治、经济、军事、文化和民族等问题展现在读者面前。

《大公报》出版部于1936年8月将范长江通讯结集成册，定名为《中国的西北角》，在全国范围公开发行，在当时的中国社会起到了振聋发聩的作用。“未及一月，初版数千部已售罄，而续购者仍极踊跃”，不得不再版九次，发行十几万册，一时脍炙人口，风行全国，被誉为和斯诺的《西行漫记》一样，“是一部震撼全国的杰作”。此书发行的数量之大，再版的次数之多，影响之深远，在当时都是不多见的。

法拉奇也是通过她的拿手戏——访问，把改革开放后的中国领导人介绍给世界的。

---

① 转引自张功臣：《外国记者与近代中国》，226页。

法拉奇的政治访问全部依靠一对一的交谈。她的采访对象清一色的是世界著名政治人物，是众多记者想采访却难以得到机会，得到采访机会又很难把握的一种高难度访问，这种访问使很多记者望而生畏。但是在这种高处不胜寒的空间层，法拉奇以她的独到的政治视角、犀利的访问语言和这些政治名流打交道，获得了大量独家的高水准的报道素材，被人称作“政治访问之母”。

早在 1978 年，法拉奇就向中国驻意大利使馆提出过采访中国领导人的请求，因种种原因未能如愿。1980 年 4 月，法拉奇又向使馆提出申请，希望能随意大利总统一道访华并于此前独家采访邓小平。她的这个请求，经过了三番五次的顽强努力，终于如愿以偿。她被获准于 8 月 21 日上午采访邓小平。

法拉奇的提问是围绕对毛泽东的评价展开的，从各个角度，层层深入，紧追不舍。此外，法拉奇还问及邓小平的个人问题，引出了邓小平对于自己“三起三落”的回忆。

奥[①]：对西方人来说，我们有很多问题不理解。中国人民在讲起“四人帮”时，把很多错误都归咎于“四人帮”，说的是“四人帮”，但他们伸出的却是五个手指。

…………

奥：你说在后一段时期毛主席身体不好，但刘少奇被捕入狱以及死在狱中时，毛主席身体并不坏。过去还有其他错误，大跃进难道不是错误？照搬苏联的模式难道不是错误？对过去这段错误要追溯至何时？毛主席发动“文化大革命”到底想干什么？

…………

奥：但我们大家都知道，是毛主席选择了林彪，就像西方的国王选择继承人那样，选择了林彪。

……

奥：你们对“四人帮”进行审判的时候，以及你们开下一届党代会时，在何种程度上会牵涉到毛主席？

…………

奥：这是否意味着在审判“四人帮”和开下一届党代会时，毛主席的名字不可避免地会提到？

① 此处的“奥”即上文提到的记者法拉奇。

…………

奥：据说，毛主席经常抱怨你不太听他的话，不喜欢你，这是否是真的？

…………

奥：在中国有这么一个人，他在任何时候都没有被碰到过，这就是周恩来总理。这个情况如何解释？

…………

奥：我看不出怎样才能避免或防止再发生诸如“文化大革命”这样可怕的事情。[①]

当年法拉奇访问时在座的时任外交部部长钱其琛是这样回忆的：

法拉奇是“一个问题接一个，刨根问底。而小平同志从容不迫，顺势抓住对方提问的要害，一针见血地阐明了一系列重大的原则问题，问答之间，机智巧妙，精彩纷呈。”[②]

当法拉奇问道“在西方，您被称作是中国的赫鲁晓夫，您对此有何看法”时，邓小平听后，不但没有丝毫的生气，而且报以爽朗的大笑，然后是平静的回答：

喔，在西方他们称我什么都可以，但赫鲁晓夫我很熟，我个人同他打了10年交道，我是了解这个人的，把我比作赫鲁晓夫是愚蠢的……[③]

两天后，8月23日上午，法拉奇第二次采访邓小平。

当她从民族饭店赶往人民大会堂的时候，突然发现四位领袖的画像都不见了。一瞬间，法拉奇重新设计了第二次采访的开场白：

天安门前的毛主席像，是否要永远保留下去？[④]

---

① 《邓小平文选》，2版，第2卷，344～348页，北京，人民出版社，1983。

②③　转引自王炜：《邓小平接受法拉奇采访的台前幕后》，载《中华英才》，2004（13）。

④ 《邓小平文选》，2版，第2卷，344页。

1980 年 8 月 31 日和 9 月 1 日，美国《华盛顿邮报》分两部分，率先全文发表了法拉奇对邓小平的独家采访。各国媒体纷纷转载，引起了巨大反响。“历史性的、出色的、世界上少有的”——向来对中国百般挑剔的国际舆论界毫不犹豫地送出了最高评价。①

三、成功的访问创造了名记者

在同一个采访对象那里，不同的记者可以给自己搭建全然不同的舞台。在这个不同的舞台上，同一个采访对象常常有迥然不同的表现：在一位记者面前曾沉默寡言的人可以在另一位记者面前变得滔滔不绝；在一次采访中一问三不知的人可能在另一次采访中将心中的秘密和盘托出。

在我们的新闻实践中可以看到，几乎所有的名记者都是交往专家，他们在访问中如鱼得水。他们往往有巨大的好奇心，对很多的社会现象都抱有极大的兴趣。他们懂得努力维护对方的自尊，他们懂得在倾听中让对方释放心理压力，敞开心扉。所以说，访问不仅仅是记者创造奇迹的舞台，也是创造名记者的舞台。

从很多名记者的采访经验中，我们发现：

第一，名记者特别善于与人交往，特别善于和各种人交往而不是仅仅同与自己地位相近的某几类人交往。他们在与人交往时有如鱼得水的感觉，特别善于和各种采访对象进行融洽的交谈，而融洽的谈话会给记者带来极大的回报，即在相同的时间内比其他记者有更丰富的和重大的材料收获。在名记者面前，采访对象往往谈兴很高，不仅提供事实的信息，而且还谈观点，诉情感，讲故事，说细节。而故事和细节是构成一篇好新闻的最好的素材。

第二，名记者谈话可能比别人更深入。一些记者很难在短暂接触中将话题引向深入，而名记者往往有这种本领。他们能够迅速地和采访对象由生到熟，迅速地找到沟通的话题和中介物，并能够对这种话题进行延伸性采访。当然，这中间少不了对采访对象的说服和解释工作。

当年美国记者斯诺在陕北苏区采访毛泽东时，毛泽东只有兴趣谈世界大局和中国革命，认为没有必要谈自己的个人经历。斯诺并不气馁，他告诉毛泽东，国民党报纸上正盛传他的又一次死讯的谣言，以及关于他的死亡的各种传说：

① 参见王炜：《邓小平接受法拉奇采访的台前幕后》，载《中华英才》，2004 (13)。

> 有些人认为他能说流利的法语，有些人则说他是一个无知的农民，有一条消息说他是一个半死的肺病患者，有的消息则强调他是一个发疯的狂热分子。①

斯诺的消息，使毛泽东感到非常意外，使他终于同意纠正这类传说。他一连用了几个晚上的时间向斯诺讲述了他的成长经历以及走上革命道路的个人历史。斯诺的采访取得了成功，毛泽东的个人历史第一次以真实客观的面目公之于世。

第三，名记者的采访更能达到一种相互激励、相互理解、“酒逢知己”的高度，享受着交谈的高峰体验，因此他们能拿到很多独家的素材，会创造出很多激动人心的时刻，留下激动人心的篇章。

以采写人物报道见长的原《中国青年报》著名记者郭梅尼，曾报道了众多十几岁和二十几岁的青年人物的事迹。这些人物，如《生命的支柱》中的张海迪，如用自己15岁的年轻生命与死神搏斗的女学生刘玲，如《一个普通的生命能走多远》中的主人公袁和，如双手拄拐杖，仍顽强追寻人生价值的残疾姑娘曹燕等，都产生过巨大的社会影响。但郭梅尼采访他们的时候，自己已经是近50岁的人了。然而这位年近半百的记者却和每一个被采访的“小青年”成了“忘年交”。采访时，双方的关系极其融洽，那些青年人把心底的话都“端”到这位老记者的面前，以致她写的通讯篇篇感人至深。

为什么能“篇篇”感人至深？郭梅尼的话或许就是答案。她说：“我的采访对象都成了我的朋友”，“他们和我无话不谈”。

郭梅尼的采访体会是：

> 每个人的内心都有一座宝库，都有一肚子心里话希望向人倾诉，但是一定要选择能够理解他、使他信任的人。一个好记者，就是要尽快地推倒记者和采访对象之间的那堵墙，使自己的心和采访对象贴近，掌握打开人物心灵宝库的金钥匙。②

---

① ［美］埃德加·斯诺：《西行漫记》，104页，上海，三联书店，1979。
② 郭梅尼：《挥笔写人生》，610页，北京，人民文学出版社，2003。

第十二章 访问气氛的建立

CHAPTER 12

当我走进那些被损害的人群时，我生怕身上这一件旗袍在我与他们之间造成铜墙铁壁。我是他们的代言人吗？我能够被他们信任吗？我能够替他们申述得很好吗？一个无告的抗属会把帮助他们的救亡姑娘当做是善心积德的表现的，一个哎哟呻吟的伤兵会向观光式的慰问者投蔑视的眼光的，一个工作十二三小时的女工对于一个红润脸色的访问者会觉得生疏的，——自然，矫揉造作的化妆是太多余了……假若一个穿一双皮鞋就得花近千元的记者问一个伤兵：“你一月关多少饷?”犹之于猫哭耗子（这儿说的是假若）。

——彭子冈

第一节 访问气氛的不同类型

在访问的过程中，无论记者是否有意去创造一种气氛，访问气氛都是客观存在的。它或许是坦诚的、轻松的，或许是紧张的、僵硬的，或许是融洽的，或许是心怀芥蒂的……

当然，并不是所有的访问都能按记者的愿望来处理和采访对象的关系，这常常要看选题的内容。如果采访的内容对采访对象来说是肯定的、表扬性的，或者是中性的、中立的关系，那么记者尽量要把采访的气氛调整成融洽的、相互尊重的，甚至是有亲和力的关系。但如果采访的内容本身就呈现了对立和冲突的状态，比如说在监督性报道或揭露黑幕的调查性报道的采访中，那么记者和采访对象的关系往往比较紧张，融洽的谈话气氛很难形成。此时的记者和采访对象始终处于一种心理的较量之中。

如果把访问气氛做一下分类，大概可以分为以下不同类型：

一、“公事公办”式

在这种访问中，问答双方能够相互尊重，记者很有礼貌，采访对象也采取合作的态度。但问答双方在心理上存在一定的距离，通常是记者问，采访对象回答，主动的交流比较少，双方气氛略显冷淡，偶尔会有一两个谈话热点，表现出一种礼节层次上的、“公事公办”的谈话气氛。

二、“挤牙膏”式

在这种访问中，气氛僵硬、紧张，采访对象基本采取不配合的态度。对记者的提问，回答得支支吾吾，极为勉强，且常常是含糊其辞，经常推托说“忘记了”，“不太了解”，“我不太清楚”，或者沉默不语。

如果记者和采访对象处于这类关系中，那么访问的难度就要大大提高，采访对象的回答就像“挤牙膏”，记者问一句，他答几个词，绝不主动提供信息。对关键性的信息，更是有意回避。在整个采访过程中，问答双方始终处于一种心理的较量当中。这在很多监督性报道对当事人的采访中是经常见到的访问气氛。

三、强弱悬殊式

强弱悬殊式的访问可分为两种：

（一）对方强势，记者弱势

在面对强势的采访对象，尤其是那些经常接触媒体的高官、专家、名人时，记者，特别是新记者往往处于弱势地位。这些采访对象对记者十分挑剔，对记者提出的问题，或者封堵，或者一有机会就控制话语权，开始一泻千里式的“宣讲”甚至“教导”。新记者在采访官员和名人的时候，常常碰到这种访问的局面。

如果记者事前缺乏准备，便可能怯场、畏缩，提问缺乏信心，甚至不敢正视对方，被对方的气势所压倒。

而一旦对方掌握了话语的主动权，采访来的材料很可能不适用于报道。

（二）记者面对弱势群体

当面对弱势的社会阶层人群时，记者如果不注意调整自己的形象和访问心态，很容易使采访对象在记者面前感到自卑、胆怯、紧张，不敢回答问题。此时，有些记者便使用逼问、审问的提问方法，迫使采访对象被动应答，有时采访变成了记者导演下的“表演式”的应答，会极大地扭曲新闻的真实性。

四、激烈交锋式

这种气氛常常发生在监督性报道的采访过程中。采访对象一般是被迫接受采访，他们对事实真相的询问高度警惕，严格防范，与记者处于对立的关系。他们竭力为自己辩解，访问的气氛比较紧张，常常出现激烈的交锋。

五、“酒逢知己”式

这种访问气氛，一般是访问双方高度契合的一种气氛，即融洽，相互理解，双方都感觉找到了“知音”。共同的话题和共同的倾向使双方呈现出相互尊重、相互激励、相互理解、情理交融的状态，不断地把谈话引向深入，整个的谈话期间呈现出“酒逢知己”、“欲罢不能”的“高峰”体验。

实践经验证明，如果记者在采访中和采访对象达到了这种关系，那么将会给记者的访问带来极大的回报，也就是说，采访对象可能会畅所欲言，妙语连珠——主动提供信息，主动解释信息，主动和记者探讨事实的性质，主动描述生动的场面和故事。这样，双方对事实真相的探讨可能达到前所未有的深度，给新闻的写作和编辑创造了许多独家素材。

可以说，这是最佳的访问气氛。

第二节　最佳访问气氛的要素

访问常常是一对一的交谈。两个人谈话时的气氛和心理场，要靠记者精心营造。我们要了解的是，最佳访问气氛的要素是什么，记者怎样用自己的形象去影响和营造这种气氛？

根据大量新闻工作者的实践经验，营造最佳气氛或心理场的要素大致有以下五点：

一、尊重

在人群中人人都有一种平等的要求，人人都有想成为重要人物的感觉，或者说是被“看中”、被人欣赏的感觉。社会地位比较低的人群同样具有被尊重的心理需求，有时，这种需要还是十分强烈的。

因此，在尊重采访对象方面，记者一定要下足工夫。

首先，记者要注意自己的形象。

美国的新闻学者约翰·布雷迪对记者的第一印象有过这样的表述：

> 首次与对方见面，在开始时往往最好是庄重客气些。绝不可放肆失礼。审慎的记者甚至要等到对方提出请求才肯坐下来。此外，未经对方同意，绝对不要嚼口香糖、抽烟以及摸弄采访对象办公室或家里的东西。一句话，不要冒冒失失或者摆出你在家里不希望客人采取的傲慢态度。①

庄重的形象常常给人以可信赖的感觉。有些人认为记者的工作是结识各种人，要善于“自来熟”，因此，采访的作风总是过于随便，但是，从一些名记者的新闻实践来看，记者首先需要的是采访对象的信任，因此，记者的作风端正、形象庄重比较受采访对象的欢迎，这还包括了记者的文明习惯和气质。

有几种方法可以表达记者对采访对象的尊重：

（一）采访前的准备

采访前要事先了解采访对象的个人资料，熟悉采访对象的生平、业绩、性格、爱好等情况，用一些老记者的话说，“熟悉得像一个没见过面的熟人”，访问时才能迅速缩短“由生到熟”的距离，才可以使对方感觉到有一种被尊重、被看重的感觉。

一般来说：

对有工作业绩的采访对象要提到他的业绩；

---

① ［美］约翰·布雷迪：《采访技巧》，64页，北京，新华出版社，1986。

对有爱好的采访对象要从他的爱好谈起；

对有家庭的采访对象要问问他的孩子；

提问罪犯时，记住他犯罪前的故事和“业绩”。

比如采访一位官员：

听说您当年是水电局最年轻的处长。

听说您特别擅长处理危机，是金融领域化险为夷的高手？

比如采访一位专家：

您在××方面提出的观点引起了广泛关注，您能谈谈……

这本书是您的第七本专著了吧？

听说您16岁时就独立完成了三项××发明？得过×××奖？

…………

比如采访一名普通工人：

别人都知道您××技术特别好，您是怎么练成的？

您连续上了10年的夜班，太不容易了！是怎么坚持下来的？

比如采访一名罪犯：

听说你原来自律很严，从来不打麻将，怎么会想起去澳门赌博呢？

听说你的小女儿名字很好听，叫“旋如”，是你起的名吗？

采访前所做的准备之所以重要，就是因为在采访时，让采访对象知道，记者“很看重”他，记者是一个懂得尊重别人的人。

（二）在采访中，要特别注意语言的运用

不要使用带贬义的词汇，因为对任何一种事物的贬义，都会拐弯抹角地和采访对象有某种联系。

比如说“某某地方特穷，县城就一条马路”，虽然你说的这个县城不是采访对象所在的县城，但如果他的家乡也很穷，“特穷”二字会对采访对象造成某种刺激。

再比如“那几个人水平不太行，都是当兵的”。在这里，“当兵的”三个字和“水平不行”连在一起，可能使采访对象听起来不舒服，因为他本人就是或其亲戚中就有当兵的。如果改成“那几个人水平还是有差距，他们都是刚从部队复员的”，语言中的贬义就没有了。

再如对于残疾人不能称：“瞎子”、“聋子”，而应称呼“盲人”、“聋哑人”等。

有一次，中央电视台记者赵忠祥去采访一个小学老师，那位老师原来得过精神疾病，被采访时刚刚康复准备出院。编辑原来给赵忠祥设计的提问是：“你原来怎么得的精神病?”

在访问中，话到嘴边，赵忠祥突然感到这句话不合适，因为“精神病”三个字常被当做骂人的话，所以他灵机一动，临时改为：“你原来有病的时候，感觉怎么不好?”

那位小学老师明显感觉到赵忠祥话语中对他的尊重和关怀，在提问中故意避开“精神病”三个字，心情很激动，不但讲了自己原来的病情，而且还讲了自己出院后努力教学的打算和决心。

尊重的态度是人的一种基本需求。特别是在对待那些社会地位不高，平时感到缺乏被人尊重的人时，尊重就显得更弥足珍贵了。

美国记者弗里德曼也谈到他采访一个超级胖子的经历：

> 有一次，我的任务是写一篇关于一个体重接近318公斤的男人（查理）的特别报道。我们总共花了几个星期在一起。我们一起闲逛，去了一些地方。我就像他的好朋友，像对待正常人那样关心他，久而久之，他也愿意向我倾诉。
>
> 这家伙实在太胖了，去浴室都无法正常地清洗自己。他不得不随身携带特殊的洗澡喷头等洗浴设备。当然，我写了这些。这的确很神奇。我能了解到这些情节，只是因为我以人性的方式接近了查理。当我这样写时，我也是带着尊严这样做的。①

请注意这两句话——“我以人性的方式接近了查理。当我这样写时，我也是带着尊严这样做的。”在采访一个人和描述一个人的时候，记者的脑子里一定要

① ［美］塞缪尔·G·弗里德曼：《媒体的真相》，27～28页。

有“尊重”二字，尽管写的人和事不一定都是美好的，但如果是抱着尊重的心态去写，必然会注意到用词的色彩和分寸。最后，这样的报道就连胖男人本人也表示可以接受了。

到写这篇文章的时候，我没有费力气。当他看到7 000字的有关他的私密细节的报道时，他在电话那头用小男孩的声音对我说：“我觉得被剥光了。”看着那些细节，就如同照镜子，这种感受他以前从来没有过。

随后，他把这篇文章贴到了自己的网页上，还把它发给所有的朋友。这篇文章取得了巨大的成功。瘦子们也都受到这篇文章细节的吸引，而胖子们则被叙述的尊严所吸引。我说的都是实际的事情，没有加任何评论。

后来查理和我一直保持着联系。①

二、真诚

真诚是一种优秀品质，人人都喜欢，被采访者也不例外。记者的真诚常常能引起对方的信任，因此在访问中，也容易得到回报。

如果记者态度真挚、诚恳，便可以在很大程度上影响访问时的气氛，使双方消除猜忌和防范的心理，营造一个坦然、开放的谈话气氛，据采访经验来看，这是最适合访问的气氛之一。

比如采访时，记者常常有很多弄不懂的问题，不知道该不该问。有些记者唯恐“露馅”，明明不懂也不问。而有些记者则常常不懂就问，非但没有引起采访对象的反感，反而得到对方耐心的解答。原因是——记者态度的真诚：

不好意思，你刚才说的那个××词什么意思？我没有听明白。

经您这么一解释，我总算弄明白了什么是××××。那是不是可以说，你们的这项革新项目等于是在××××设备的心脏部位做了“手术”呢？

有些记者的真诚常常体现在欣赏对方的长处，主动袒露自己的弱点上：

这么多的材料，你一次错都没有出过？我的脑子可不这么好使，有一次

---

① ［美］塞缪尔·G·弗里德曼：《媒体的真相》，28页。

我把一份××××材料，转眼之间就弄丢了……

你的精力好充沛呀，每天工作 12 小时！如果换了我，早就顶不住了！

当然，不同的采访题目，常常会有不同的访问气氛。记者去了解采访对象的优秀事迹，目的在于褒扬性报道，而记者去了解采访对象的丑行，目的在于向社会舆论曝光，这两种访问气氛肯定是不一样的。

第一种采访对象没有压力，很容易做到坦诚交往；而第二种采访对象肯定在心理上存在巨大的压力，他们常常对记者怀有敌意，或者拒绝回答，或者尽量地为自己辩解，不愿意承认事实。

但是，如果记者自己具有坦诚的态度，访前做充分的准备，用坦诚的态度、最有说服力的道理去说服采访对象接受采访，常常也会感染对方，使之采取合作的态度。

新闻实践中已经有过不少这样的例子。例如对某些贪官的采访，对原来的吸毒者戒毒经历的采访，对挪用公款赌博输掉 5 000 万元的赌徒的采访，对面临极刑的罪犯的采访等，都是成功的采访案例。在这里，记者诚恳、真挚的态度常常起着决定性的作用。所以说，在对采访气氛的理解上，不同的题材肯定会有不同的影响，但也绝不是题材决定论，记者还是有很大的施展和创造的空间。

中央电视台著名记者王志是一位“面对面”采访的高手。他善于打开“负面人物”的心扉，展示这些人的人生堕落背后的心灵堕落的“轨迹”，展示他们在市场经济大潮面前心理扭曲、灵魂滑落和挣扎的“心路历程”，使报道起到了震撼人心的教育作用。

王志采访过原西安机电公司经理周长青。这位原来善于经营、业绩突出，且“以前从来没有挪用过公家一分钱，没有贪污过公家一分钱”的总经理，在短短的 11 个月的时间里多次挪用公款到澳门豪赌，结果越陷越深，一共输掉公款 5 000万元，直到他从银行再也贷不出钱的时候，才无奈逃到南美洲厄瓜多尔。被捕归案后，被判处极刑。

周长青为什么要参与赌博？又有何胆量和能耐筹集到如此巨额的赌资？这是记者的采访目的。

2000 年 9 月 23 日，在周长青被终审判处死刑后第五天，记者在西安市看守所采访了他。

1997 年春节之前，在澳门的短短三天里，周长青就输掉了公司 100 多万元的公款。但王志的提问里没有谴责、质问的语调，而像熟人之间的聊天，给了周长青一个倾诉的氛围。

记者：……我就觉得非常奇怪，怎么会一下赌那么大？几千万？

…………

周长青：是从小开始往大赌的。

记者：以前玩儿吗？

周长青：以前不玩儿。

记者：麻将也不打吗？

周长青：麻将我是死活不打。不去舞场，不嫖娼，除了去健身房健身以外，平时再没有什么嗜好。不喝酒。

记者：打麻将跟去澳门赌场赌都是赌，有什么区别？

周长青：澳门赌场，我去的时候出发点不是去赌博的，是去娱乐的，就玩一玩，看看世面去。这一赌，确实是到最后我也不知道，弄成这样子。

记者：112 万，如果你不再赌了，从你们单位来说，也不至于损失到今天这个程度。①

用"如果你……"来询问，是一种成功的"角色互换"，使记者站在对方的角度帮他反思。王志提问的角度和语调，就特别体现了记者对采访对象的平等感和善解人意。

"你原来从来不玩牌吗，怎么会一下玩这么大呢？"

当周长青讲他一次又一次地拿了公款去赌博的时候，王志再一次地问他：

"你认为真能翻本吗？"

周长青：对。

记者：有没有过刹车的念头？

周长青：这阵儿我停的时间长一点儿。112 万赌和第二次，我间隔的时间很长。

记者：多长？

周长青：三个月左右。当时我静静地考虑了，还得赌，唯一的一条路还是赌，只有赌才能把它赢回来，赢回来才能给单位还上。就是这种考虑，考

---

① 转引自梁建增、赛纳、张洁主编：《调查中国》（第二部），384 页，北京，中国民族摄影艺术出版社，2001。

虑了几个月，还要去。从这儿才开始一发不可收拾。

记者：本钱呢？

周长青：本钱，还是动的单位的钱。

记者：这个时候你好像没有跳出来。跳出来一看，你这个污点不是更大了吗？这个窟窿不是更大了吗？

…………①

在访问中我们可以看出，王志采用了一个对朋友谈话的姿态，使周长青暂时忘掉了他脚上的重刑犯沉重的脚镣，几乎是“推心置腹”地谈了他一念之差，从拿着8 000块钱进赌场，一直到深陷赌局不能自拔的事实脉络和心路历程：他原来是一个“有头有脸”的人物，曾经业绩辉煌、口碑颇佳，而且从来没有参加过任何赌博，平日连纸牌都不摸。进入澳门赌场后，由于输红了眼，他越陷越深。“无颜见江东父老”的巨大负罪压力，一而再、再而三的翻本儿的“妄想”，使他一步一步走向深渊。

周长青：我一直在保密着、捂着，让人不知道这事。

记者：怎么就能捂得住呢？那么大数目。

周长青：咱这个人，过去平时的信誉比较好，单位人也相信我，谁也不会相信我用这个钱去赌博。

记者：输完180万以后，空了三个月，完了以后你用筹来的钱再去的时候，那个时候，我相信你的心情肯定是很复杂的。

周长青：对，以后就没法说了。我过去体重160多斤，那段儿我的体重是130多斤，我晚上没有睡着觉过。我那阵儿确实过一天都很难受的。

记者：就那三个月？

周长青：确实是。

记者：怎么会一下瘦那么多？

周长青：睡不好、吃不好，因为我这段儿做的确实是有罪的。底下也问我，这个钱咋还没回来。财务上催，我跟财务说，你先别催这个钱，我知道这个钱打到哪儿去，进什么进什么，到最后都没有说实话。那阵儿我确实很痛苦。

记者：第一次去赌的时候是元月份。3月份第二次去，跟第一次去有区

① 转引自梁建增、赛纳、张洁主编：《调查中国》（第二部），396页。

别吗？

周长青：第二次去心太急了。第二次去我最惨了，几个小时就输完了。

记者：多少钱？

周长青：第二次去，大概带了150万块钱，我想两把就闹回来，吸取过去的教训。可是太惨了。

记者：什么教训，过去？

周长青：过去赢的时候下太小，这次下，心狠点儿，下大点儿，两下就赢回来算了，再永远不去了，就这样想的。就那点儿钱，赌注就这两下子，几个小时就输完了。①

记者谈话中的坦诚的态度，使周长青暂时抛弃了绝望和敌对情绪，把他没有机会向世人倾诉的辩解、表白、反思和悔恨，统统交给了记者。这个访谈节目在记者的真诚的询问中取得了成功，它展示了一个赌徒可悲的命运，展示了深陷赌局后万劫不复的可怕后果，周长青的现身说法为人们敲响了警钟。在记者的询问中，没有审问的语调，没有嘲笑的态度，真诚、理解、惋惜，使罪犯打开了心扉。

三、关怀

关怀最具“亲和力”，是爱和被爱的体验。人人都需要爱与被爱，都需要关怀，希望别人善待自己，因为关怀给人一种很温暖的感觉。

任何人，尤其是那些在社会处于弱势的群体，或在命运中受过伤害的群体，他们对这些情感有极大的渴望。如果记者主动表达出“关怀”、“亲和”的态度，可以有效地“软化”采访对象的情绪。

中央电视台记者敬一丹曾谈到她的一次采访经历：

我在《焦点访谈》工作了这么多年，但没有采访过成年犯人，我就采访过一次少年犯。我们的制片人也觉得我对付不了成年人。采访少年犯，看他们的档案都是一些坏孩子。可是当我走进少管所看到他们具体的人的时候，印象就不同了，都是些小男孩，十五六岁以下，特别单薄，还没成人呢。他们中的很多是看过黄色录像带，然后自己亲自一试，就进去了。我心里的情

① 转引自梁建增、赛纳、张洁主编：《调查中国》（第二部），400～401页。

感很复杂，我该怎么开口呢？我心里想，我应该既把他们当犯人又当孩子，这样来说话。一个少年犯进来了，他很紧张，其实我也很紧张，但是我毕竟比那少年善于掩饰。我就故作镇定地一直到他离我很近了，我说："你这扣子怎么是用红线缝的?"

这是我和他说的第一句话。[①]

敬一丹的插入性提问从一颗扣子开始。这个孩子在少管所里，四周环境是生疏的，他的态度是敌对的，忽然有一个像妈妈一样年纪的女士非常亲切地来问他像妈妈一样的问题："你这扣子怎么是用红线缝的?"这一句话就会让这少年感到很熟悉，很亲切。这句问话也很具体，很容易回答。这种熟悉的感觉消融了他心中的"坚冰"，拉近了双方的距离。

很多记者都下工夫研究和采访对象的第一句话怎么开口，怎么样把挡在双方之间的这堵"生疏之墙"尽快地拆掉。所以说，"拆墙术"是新记者首先要学会的采访术。

他是灰色的囚服灰色的扣子。只有一个扣子是掉了，用红线缝的。后来和我一块儿去采访的年轻人问我："我觉得你今天开口第一句话挺有意思的。你怎么会说扣子的?"我说，这句话可能不被编在节目里，但是在采访中，所有的话都是用的。两个人的目光一相遇，采访就开始了。

我的每一句话哪怕是寒暄都是有用的，它的重要功能是确定我们之间的关系。

接下来，他说："我没有灰线。"

我问，"是你自己缝的吗?"

他说是。

"在家缝过扣子吗?"

"没有。"

"在家谁给你缝扣子呢?"

"我妈。"

"你妈来看过你吗?"

"她来说了什么?"

① 转引自方芳、乔申颖主编:《名记者清华演讲录》，172页。

然后就切入正题了。

他毕竟是一个未成年人啊，一个半大孩子。我想让他谈到他妈，接下来的谈话我希望他把我当一个年长的，和他妈妈年龄相仿的女记者。

假如我这样说呢？他被带过来时我就脸上没有一丝笑容，然后用目光逼视着他，走到跟前：

"犯什么事儿进来的？"

"判几年啊？"

接下来的谈话就变成了一个管教人员和一个犯人的谈话，而我要的是虽然是在大墙内进行的但不是面对罪犯的管教式的谈话。

第二个少年犯出来的时候，我就故意去掉他的姓，我估计在监狱里没有人这样称呼。

第三个出来的时候，我把手搭在他的肩上，然后说，你站这儿。

我多希望这样的动作，这样的谈话让他想到点什么。想到他曾经在高墙外的生活，感受过的温情。我虽然不能过多地跟他说什么，但我希望我的眼神、我的动作、我的称呼能起到这种作用。[①]

四、轻松

轻松也是有利于自由交谈的气氛要素，它的前提是平等、无压力。

在访问开始之前，所有的记者都懂得一道"工序"——"拆墙"，即把双方之间那堵"生疏"的"墙"拆掉。

中央电视台主持人崔永元是一个很会"拆墙"的人。

有一次"六一"儿童节，从早晨荧屏上就充斥着鲜花、笑脸、歌声、气球，五颜六色，颜色都饱和了。在这种气氛中采访，很容易形成"表演式"提问，"语录式"回答。著名主持人敬一丹是这样介绍崔永元的这次采访的：

崔永元出来是这样的：出来，一看，所有的座位全部被小孩占据了，包括他坐的位子，他事先就和工作人员说好：不许和小孩说任何规矩。这就是崔永元。这是和小孩打交道的一种思路。小孩进来之后根本没人管，放松！崔永元就站在沙发后面。一个小孩坐在沙发的扶手上，无限信赖地靠着崔永

---

① 转引自方芳、乔申颖主编：《名记者清华演讲录》，172页。

元。这得有什么样的信赖啊，这可是第一次见面哪！……而我们可爱的崔永元同志，就站在那儿被一个小孩无限信赖地靠着。然后他这样开口了，让人大感意外：

“我们来认识一下啊，像我这样做一下自我介绍。我叫崔永元，绰号孩子头儿。”

接下来那个小孩愣了一下，看了他一眼：

“我叫李小龙，来自湖北，外号九头鸟。”

接下来，“我叫……绰号……”

这些小孩都是什么人呢？在北京参加全国少年先锋队全国大会的代表，都是各地选出来的。他们原来准备的开场白是这样的，面对镜头这样自我介绍。比如湖北那个吧：我来自湖北大别山区。这块土地是用烈士们的鲜血染成的。我代表多少多少少先队员向全国的儿童们祝贺“六一”。可是，崔永元就轻轻一句“我叫崔永元，绰号孩子头”，谁还能说那些背诵的词儿？你觉得这是不是一种特殊的沟通能力啊？平视啊，谈话气氛啊，都在里面了。①

敬一丹说：“我自己真的感觉到他是人际交往的高手。高手不在于你说了多少，而在于你说的多巧。”

五、理解

理解包括了“尊重”、“关怀”、“相似”和“自己人”的感觉，使人容易产生信任感和亲近感，是一种最有效的心理沟通方式，也是一种最佳的交流关系。被人理解也是人人需要的一种心理状态。

我们所说的理解，是指记者要去主动地理解采访对象，只有这样，对方才能在一种轻松的心情下打开心扉，与记者做诚挚的交流。

一次，《长江日报》记者王连祥到市公共汽车公司二场采访一位年轻的女保管员——毛顺娣。她姐姐是个聋哑人，先是离异，后来病逝，留下两个女孩，大的两岁，小的才满月。当时，毛顺娣年仅16岁。她毅然担起了这副重担，用了近10年时间，把姐姐留下的两个孩子抚养长大，含辛茹苦，自不待言。

---

① 转引自方芳、乔申颖主编：《名记者清华演讲录》，171页。

采访毛顺娣的时候，她迟迟不肯开口，总是一句话："那些造孽的事，还提它作么事。"我意识到她可能是怕有些吃苦受累的事说出来会被笑话，于是，我就先对她讲我小时候的事：4岁丧父，母亲是个文盲，当时姐姐11岁，哥哥7岁，妹妹1岁，还有个70多岁耳聋的外祖母，一家6口靠母亲在医院当勤杂工一个月31块钱生活……"好造孽呀！"听到这里，毛顺娣忍不住插话，眼圈也红了。接着，我又讲了很多当时生活艰苦的事例，直说得毛顺娣流下同情的泪水。"想不到你们当记者的也这般苦出身！"她感叹不已，于是自然而然地打开了话匣子……①

正是王连祥儿时同样痛苦的经历，使采访对象产生了"自己人"、"同命人"的信任感。他们认为在这种记者面前，自己的苦难经历才能被理解、被同情，而不是被笑话，才敢放心地说出心里话。

根据拓扑心理学的研究，在处于两人世界的时候，其中每一个人的形象，即外貌、言谈举止，直接影响了对方的心理场，决定了对方是采取合作还是采取回避的态度。在记者的访问中，也是同样的道理。我们不能要求采访对象为记者塑造一个适合于交谈的心理场，而恰恰相反，我们在采访中有义务为采访对象塑造一个适合于交流的心理场。在营造良好气氛的时候，不可忽视记者形象的作用。

第三节　记者的第一印象

记者与采访对象大多数都是初次见面，而且大多是"一面之交"，因此，心理学中的"首因效应"——第一印象，就起着很大的作用。第一印象如果不好，在后面的访问中就很难扭转过来。因此，记者必须重视自身形象的塑造。

普遍公认的非语言沟通研究领域的权威、美国的伯德·惠斯戴尔，就人际沟通中非语言沟通发生的数量进行了令人惊讶的推测。

他估计，一个人平均一天说话的总时间仅有10～11分钟，平均每个标准句子仅占2.5秒钟。在两个人的沟通过程中，语言传递的信息不到全部传递信息的35%，而65%以上的信息是由非语言的形式传递的。另一名学者麦拉宾则估计，在一条信息传递的全部效果中，只有38%是有声的（包括音调、变音和其他音响），7%是语言，而55%的信息则是无声的。也就是说：

---

① 转引自孙富忱、黄振声、雷明德主编：《知名记者谈新闻采写》，387～389页。

一个信息的传递＝7％的用词＋38％的语调＋55％的肢体语言（图 12—1）。

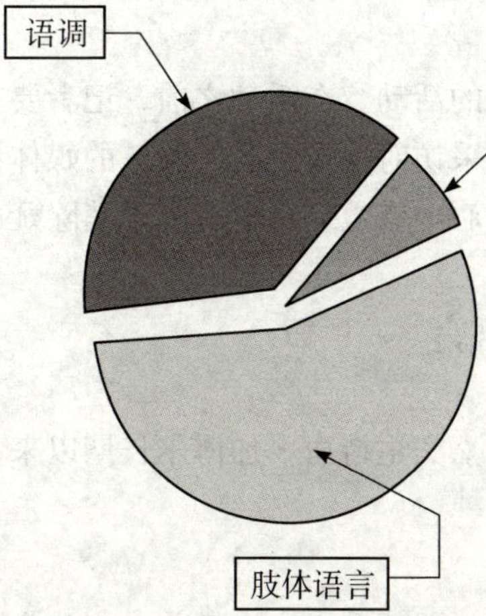

图 12—1　麦拉宾信息传递效果图

我们以前的采访往往只注意到记者在交往中语言要亲切、要贴近，而对非语言系统即身体语言在交往中的作用注意得不够。

按照几位心理学家的研究，非语言系统中的沟通技巧，即记者的形体语言是记者交往时必须要掌握的，他常常影响着记者给对方的“第一印象”。因此，有必要从每个细节去认识自己的形体语言。

以下几点，决定着记者给采访对象的“第一印象”。

一、遵守约定的时间

守时，是现代人的文明习惯。记者所进行的访问活动，常常要和采访对象事先约定准确的时间。比较好的做法是，记者比约定时间提前五分钟赶到采访地点，这是为顺利访问打下的第一个基础。有时记者的路途很远，交通过程中的时间又难以保证，在这种情况下，很多记者总是赶早不赶晚，宁可早点到达采访地点，在外边等候，最好不要迟到了，再来为自己辩解：因为“堵车了”等等原因。堵车的时间是记者应该事先考虑到的。

采访对象要把自己所掌握的资料交给记者，等于把自己的名誉、形象交给记者，那么记者首先要做到的就是取得采访对象的信任。遵守时间，就是我们取得信任的第一步。

二、出示介绍信或记者证，说明自己的身份和采访目的

大部分采访都是一种公开的活动。在活动之前，记者要主动出示自己的身份证件——记者证或介绍信，使采访对象对自己所服务的媒体有清楚的了解，对记者的采访目的，发稿计划做到心中有数，这样有利于消除疑虑，增加信任。

三、改善记者的形体语言

美国演讲协会的电视节目嘉宾主持唐·加博尔长期以来负责培训有效的交流技巧，他的观点是：

> 最重要的交谈技巧之一并不是语言，而是我们的身体。调查表明，超过一半的面对面交谈是非语言形式的。这就是所谓的“肢体语言”，它经常是在说话之前就表达出了我们的感觉和态度，反映了我们对他人的接受度。[①]

他认为，在和对方谈话之前，首先应当“软化”气氛。

根据心理学家的研究和新闻实践，记者形体语言的改善可以有以下七个方面：

（一）微笑

记者一般应当面部明朗甚至面带微笑地进行采访。一个舒心的微笑是友好、热情、并愿意进行沟通的有力的暗示。微笑是一种易于接受的非言辞信号，当你对他人微笑时，是希望对方也能够对你微笑。当你微笑时，意味着你以一种积极的方式注意到了他人，让他感觉良好。在很多采访中，有些记者喜欢“板着脸”，这往往给对方一种居高临下，或者是死板的印象，它并不代表尊重，这种表情常常把气氛弄得很紧张。

（二）张开双臂

即我们第一次见面的时候，最好不要双臂交叉，这种姿势给人的感觉是你不愿意交谈，你比较封闭，你有防备心，用手捂着嘴或支着下巴的动作，是一个典型的“思考者的姿势”，表示你不愿意被人打搅。有些记者认为他们交叉双臂并

---

① ［美］唐·加博尔：《5分钟从陌生人成为朋友》，3页，北京，京华出版社，2007。

不是不愿意交谈，只是觉得比较舒服，但是，采访对象往往不这样认为。

(三) 点头

点头表示肯定、赞同、满意、信任、期望和关心。

用头部的动作来传递信息：比如说见了熟人点头致意，见了陌生人点头表示友好，这种方式几乎是全球通用的。

在访问中，记者要善于肯定和附和，在同意、有同感的地方尽量点头，这表示了对对方的鼓励。它能非常有效地激励对方的正向情绪。用头部的动作反馈还表示你在专心地倾听。所以，记者必须懂得使用头部“语言”来进行采访。

(四) 眼神交流

眼睛是最能够传达态度和情感的一种感官。人的眼神有很多种：信任、真诚、欣赏、质疑、冷漠、嘲讽、清高、高傲、分神、不安等。在记者的形体语言中，眼神的交流有着极重要的作用。

一般来说，眼神是骗不了人的：对谈话感兴趣的时候，眼神会非常专注；不感兴趣的时候，眼神往往会看到别处。自己讲话很中肯的时候，眼睛往往会盯着对方；如果话题敏感或是不自信的时候，目光往往转向空中。

记者在采访的时候，一定要注意自己的眼神。一般来讲，眼睛要正视对方，给人一种很自信的形象。记者是代表公众去采集事实真相的工作人员，不是为了某些利益集团和个人的私利去打听消息的“探子”，这本身赋予了记者一种心理上的自信。所以记者的目光应当有一种正义的、公正的意味，使人不敢藐视，也不敢侵犯。

如果记者在提问的时候眼睛不敢直视对方，目光游移不定，或是低垂眼帘，这往往给人一种怯弱的印象，容易在访问中处于劣势。这种形象常常能够影响采访对象，使他产生猜忌和怀疑的想法，无形中拉大了双方的心理距离，加剧了对方的紧张情绪。在采访官员的时候，记者往往会出现这种目光上的不自信，而使对方轻视记者。

当然，眼睛直视对方不能死盯着对方不放，而是要有一些目光的变化。如何把握分寸，要靠记者在采访中摸索。

但是，一个记者，一定要有“眼神”意识。因此，新记者在采访前应当对自己做一些训练：对着镜子讲讲话，看看自己的眼神是否对头，或者用 DV 机把自己提问的形象拍下来，反复研究，不断提高。

(五) 身体前倾

当他人和你交谈时，身体轻微前倾表明你正在听对方讲话，并对其很感兴趣。这对于他人来说通常是一种恭维，他将很愿意继续与你交谈。一些记者常常采用一种很放松的姿势，比如身体后仰坐在沙发上，手放在脑后，这个姿势恰恰会让采访对象感到记者的不耐烦。

人们谈话的时候面对面而坐，手脚摆放的姿势也反应了谈话者的心理状态。记者采访的时候要坐姿端正，显示出良好的精神状态，两腿忌讳叉得太开，或半躺着把脚伸向前方，不能翘过高的二郎腿，或者抖动。女记者不宜跷二郎腿，一般应采取小腿交叉的姿势，落座之后，不要用脚拍地，腿不要抖动。

（六）手势

手势是人们交往的一种工具。在访问的过程中，伴随着谈话的最有利的一个方式就是手势。

手势从握手开始。一般来说，应当主动与对方握手。比如，拉着老大娘的手，拍着受伤害人的肩膀，进门时顺手轻轻帮主人把门带上，为老年人掀一下门帘或撑住门让老年人先过，用手势给采访对象指一指方向，用手势的比划帮助描述事物等等，总之，两只手在谈话中是极其必要的一种形体语言。

但是，不正确的手势也可能造成不好的印象：如一边谈话一边摆弄手中的笔，摆弄钥匙链，或者不断地用手抠鼻孔，一边说话一边用手搓泥等，都显得非常不礼貌，也显示出一个人漫不经心或心中不安。还有些人手势过于单调，总是用一种手势来应付任何信息，成为一种重复动作，令人厌烦。

（七）着装

服装是给人第一印象的最鲜明的符号，也是记者在访问时设法接近采访对象的有效方法，记者的着装一般有两个主要原则：

第一个原则是着装要庄重。

即使是采访运动场上的人群或是采访农民工，记者都不能穿得过于随便，比如穿拖鞋采访，穿超短裙采访都是不妥当的。因为记者的工作是代表公众去探索真相，而采访在绝大多数的情况下都具有公开性，都是在公共场合进行的。电视记者的形象还要作为信息要素进入传播的画面里，因此着装一般以庄重为好。但庄重不等于处处西装革履，而是要与被采访者和采访场合相接近。

所以，第二个原则是着装要考虑与采访对象和采访现场接近。

在一般的社会交往中，人们都喜欢和与自己比较接近的人交往。所以，在采访的时候，要尽量地使自己的服饰和色彩与采访对象的身份比较接近，与采访的题目比较接近。

一般来说，采访对象和采访现场具有很大的繁杂性和差异性。

如果采访一个音乐会，记者一般应该身着礼服，女记者应当适当化妆，以符合音乐会上那种豪华和庆典的氛围。

如果采访医院，记者穿一般的工作装就可以了，不必一定穿西服套装。但是颜色不能太鲜艳，因为医院是一个肃穆的地方，也是一个接近人生痛苦的地方。

如果是采访官员，记者一般应当穿比较正规的套装，即使是夏天，短裤和T恤也是不适宜的。

如果采访的是农村的抗旱第一线，那么记者不能穿得太干净，太高档，比如白色的西装或白色的裤子是绝对不适应的，你会被大汗淋漓的劳动者拒之千里。

《中国青年报》记者王伟群是个相貌端庄、讲究服饰的姑娘，但当她接到采访北京市环卫局几名淘粪工人的任务时，立刻换掉常穿的衣服，找了一件皱皱巴巴的旧夹克套在身上，才取得了和那些衣服上沾着粪水的工人的“对话”资格。她采写的《最后的粪桶》是《中国青年报》《冰点》栏目的开篇之作，一时脍炙人口。

对于记者的着装和采访气氛的关系，中央电视台记者马国立，曾经因为着装遇到过一件尴尬的事：

> 那是1985年我去采访国际足联主席阿维兰热。那天早上下大雨，我骑车上班，穿了一件雨衣，穿短裤、T恤。那个任务派到我头上我又不能不去。后来就硬着头皮去了。去了之后，当然人家什么都没说，可是我忘不了。我觉得这是我对他的不尊重，也是我对这个行当犯的一个不可饶恕的错误。所以，从那以后我没有穿过短裤，夏天再热我都穿长裤，我办公室里永远都放一件比较整齐的衣服。因为我这人平时比较随便。就是这种小事，但小事有时容易让人瞧不起你，采访对象瞧不起你或是认为你不尊重他，想再采访出什么来就很难了。①

记者的经验告诉我们，着装在访问气氛中的作用不可轻视。

四、访问前的“拆墙”

所谓“拆墙”，就是在正式采访之前，用轻松的话题打破隔阂，把阻隔在记

① 转引自方芳、乔申颖主编：《名记者清华演讲录》，346页。

者和采访对象之间的无形的心理之墙拆掉，缩短双方由生到熟的距离。

一般来说“拆墙”有两种方法：

（一）寻找双方共同感兴趣的话题

所谓“共同点”，就是运用社会心理学中人际交往的“接近性”和“相似性”原则寻找“话题”。

俗话说“远亲不如近邻”、“物以类聚，人以群分”。“接近性”原则，是指人们在空间上的接触机会越多，就越容易产生亲近感。另外，心理上的接近性也应当引起重视，比如我们在服饰上尽量做到与采访对象和采访场合贴近，就是为了促进人们心理上接近。在寻找话题的时候，也要尽量利用记者和采访对象在某些方面的接近点来找话题。

比如，采访一名教师，记者可以说：“您是教师啊？我姐姐原来也是教师……”

比如，采访一位农民工：“你家在中卫呀，那地方我很熟，我的一个亲戚就住在银川，经常提到中卫，‘黄河百害，唯富一套’，富就富在你们中卫了，你们吃大米吧？”

“相似性”原则，指的是人们对与自己相似的人，容易产生亲近感。记者要设法使自己和受访对象成为“某一个”共同圈子里的人，千方百计地找到和采访对象的共同点。这里面可以包括：

（1）历史、自然因素所形成的共同点，包括同乡、同学、同民族等。

（2）知识兴趣上的共同点，包括对某一方面特殊的爱好，如学的是相同的专业。

（3）志向和理想上的共同点，包括共同的目标，共同的道德价值，共同的人生兴趣，这个共同点有时在采访中非常容易找到。

（4）爱好上的共同点，比如说琴、棋、书、画，对运动的爱好，对集邮的爱好等。

有了共同点才有利于在采访时找到话题，并使对方有“自己人”的信任感和放松感。很多成功的记者可以成熟地运用上述原则和各种各样的采访对象迅速地找到共同点，并以这种共同点作为切入点，深入到各个采访领域和采访层次。如：

问：你大学毕业几年了？
答：三年。
问：你是人民大学毕业的吗？
答：是啊，中文系。

问：我是国政系的，我毕业四年了，给咱们讲公共课的王老师的哲学课你听过吗？

答：我们哲学就是他讲的，特能侃。

问：没错，有一回我们和他就作用和反作用的问题辩论了一个下午。

答：……

记者在采访刚开始的阶段往往用相似性作为切入点拉近和采访对象的心理距离，在相似性中，共同的价值观，对事物的共同态度更容易使记者和采访对象形成志同道合的感觉甚至是在谈话中形成相见恨晚的感觉，越是到了采访后期，彼此态度和价值观“相似”的吸引力就越大。

（二）找到一个恰当的中介物

这种中介物或者是一本书，或者是一张照片，或者是任何一个物件，只要能使自己和对方通过这个物件搭起一个由此及彼的桥梁就行。斯诺的前夫人韦尔斯在采访毛主席的时候，就拿了斯诺当年拍的一张毛主席戴着八角帽的照片作为桥梁，来沟通中美不同文化、共产党与非共产党之间的巨大鸿沟。

在采访中，很多记者在这方面常常有出色的创造力。

有些记者采访学者时，自己先熟悉学者的书籍，然后买一本书请学者签名；有些记者在采访时拿着别的媒体对采访对象的报道（当然是肯定性或颂扬性的报道）作为一个桥梁；有的记者去采访企业家的时候，拿着这个企业的产品，比如说一个小电钻，或者是某种品牌的饼干或化妆品；有些记者在采访藏族寺院的时候，拿着关于这个寺院的书籍去请教喇嘛。这些熟悉的物件都会使对方产生一种亲切感和认同感，能够迅速拉近双方心理上的距离，成为采访中屡试不爽的办法。

第四节 访问设计对气氛的影响

好的采访具有偶然性的特征。因为一个采访是十分脆弱的：可能采访对象不对路，或者当天记者的情绪不高，或者采访对象那天状态不佳，或者安排的地方有问题，或者一些其他意外的因素破坏了应有的气氛，一切都可能让一个好的采访夭折，毁掉一个采访是轻而易举的。所以，记者对采访的设计要特别精心。

一、选择适当的采访时机

采访时记者总要占用别人的时间。

现代社会中，人们惜时如金。因此，选在什么时间去“打扰”别人就很有讲究。

采访是一个时效性很强的工作，对于突发事件的采访来讲，当然是越快越好，但是如果从采访对象的心理场来讲，就要讲究适当的采访时机了。

在采访时间的安排上，我们一般要照顾采访对象的时间来安排，即选择在对方认为方便和合适的时间。如果在对方正有事没办完，或者在对方认为不方便的时间硬去采访，一般不会收到好的效果。

所以，很多记者发明了一些“贴、插、等”采访术，即对方如果实在没有时间，而采访任务又很急的情况下，如果条件许可，记者不必把采访对象硬摁下来坐着接受采访，而是可以随采访对象一同出行，比如说跟着他（她）去买菜、去接孩子，甚至跟着对方一起去开会，去演出等。这样，在路上就可以进行采访，这种采访方式叫“贴”。

还有的采访就是见缝“插”针，了解对方在什么时候可能有10分钟或半个小时的空闲，比如说饭后，在路上，这时候记者要见缝“插”进去，利用这些宝贵的缝隙时间进行采访。

另一种采访方式是“等”，这就是遇到特别忙的采访对象时，预先在某些地点等待时机。每年春天的“两会”采访，很多记者都采取了“等”的方法，比如说在人民大会堂入门的台阶上、在代表们所住的宾馆大堂里、甚至在各种会场的休息厅和洗手间门口等待代表们的出现。

二、要选择适当的采访地点

选择适当的采访地点有三个作用：

（1）选择对方认为熟悉或舒适的地点，可以缓解对方的紧张心情，缩短“由生到熟”的过程。

（2）有些采访地点可以引起对方的回忆，有利于记者采集有用的信息。

（3）在电视采访中，采访地点还要和节目的主题、被访人的身份相吻合，以突出节目的主题。

人们在不同地理环境中的心理状态是有很大差别的。如果一个人身处一个熟悉、安全、温暖的环境之中，他的心理就会很放松。因此要注意到，不同的采访地点会对受访者的心理产生不同的影响，因而又产生出不同的访问效果。

例如有些记者千辛万苦地找到采访对象，不远百里千里地来到一个农民的家乡，却硬要把这个农民拽到村委会的办公室里进行采访。村委会办公室虽然干净整洁，光线充足，有利于记者的拍摄，但是却极不利于记者的谈话，因为一个农民刚从田里回来，一身汗两脚泥，站在办公室的瓷砖地上，与记者干净整洁的穿戴形成鲜明的对照。他在这里感到陌生又紧张，谈话的兴致立刻大减，思路阻塞，言语僵硬。这是采访中的大忌。而如果到农民家里去采访往往能起到意想不到的好效果，家里是他感觉十分安全的地方，十分有自尊的地方，是他可以做主人的地方，他在家里把记者当做来访的客人，常常表现出自信、自尊、兴奋，话匣子也很容易打开，精彩的故事往往都是这时候收集到的。

但随便到一个领导干部的家中去采访，却是不合适的，因为领导干部不习惯和一个陌生人在家中谈工作，而在办公室里谈话更能够显示他的地位和尊严。

所以说，到底把什么地方确定为采访地点，要靠记者对受访者心理状况的了解程度来判断。有些人适宜在办公室，有些人适宜在家里；有些话题的采访适合在公众场合，而有些话题的采访则适合在私人场合。

采访地点选择的另一个理由是，在某些地点更容易引起采访对象的谈话兴趣，也容易激发采访对象的记忆，例如在某些事件的发生地，如在试验田的边上采访一个农民，在比赛现场的休息室采访一个运动员，在一个桥梁工地去采访这个桥梁的设计者等。这些熟悉的环境很容易激发采访对象的回忆和谈话兴趣，很多精彩的故事往往出自这些特定的场合。

《经济日报》的一位特邀通讯员对采访地点的选择就有很深的体会。

有一次她去宁夏灵武县采访一个种植水稻的科技"示范户"，正好在县里碰到这个人，当时提出采访要求，而对方正忙着到县里办事，无心接受采访，嘴里一个劲地说："材料上不都写了嘛，就是 1 750 斤，没啥好说的了"，一副拒绝的样子。记者随后改变策略，借了一辆自行车，提出跟着这个农民到他的家里去。

一进这个农民家的门，这个青年农民就显得兴奋异常，大声喊着让他的老母亲摘了一碗桃子款待记者。谈起当科技"示范户"的过程，他的话匣子立刻打开了，他指着堂屋里的水泥地面一脸兴奋地说："那亩麦子就是在这过的秤，别人都打 1 200 斤，我这是换了个农大的品种，就在这儿，是我一秤一秤地秤出1 700 斤，这院里站满了人，谁能不信!"

当记者提出能不能到试验田里去看看的时候，他更是痛快地答应了。在那亩试验田边，他眉飞色舞，妙语连珠，把他当时如何插秧、如何受乡亲的讽刺挖苦（由于不相信他的新品种)、如何阻止别人拔他的稻穗、如何收割的故事一个一个地讲来。

这种采访地点有很好的激发回忆、激发谈兴的作用，能促使采访取得圆满的成功。

对于电视采访来讲，采访地点也成为画面中的一个重要的事实要素，这时的采访地点不仅参与了营造访问气氛，而且更涉及受众对节目的理解。

一次中央电视台记者去访问著名学者余秋雨，话题是谈中国文化。

余秋雨当时作为上海戏剧学院院长，又作为著名学者，谈这个话题是很合适的，但是选什么当做拍摄地点呢？这个拍摄地点既要适合余秋雨的谈话心境，又要与节目的主题相契合。

于是记者们三换地点，先是在余秋雨的办公室。但余秋雨在接受采访时经常被电话打断。记者们看到，余秋雨的那个神情与其说是学者，不如说是一位百忙中的院长，大量行政事务等着他处理。“我们俨然在同一位院长谈话”，这显然与采访的话题不相契合。于是又换了个地方，找到一个学生们上自习的阅览室的角落，刚支起镜头，看到余秋雨的侧后方有一个我们常看到的“安静”字样的提示牌。在阅览室里采访一个学者是契合主题的，但是一个院长在学校要求安静的地方，在学生们上自习的地方做谈话节目，显然不合常规。于是记者们又找到了第三个地方，图书馆里的“库本”藏书室。从镜头中望去，一排排装满线装库本书的书架作为背景，在昏暗的光线下，一种中国悠久历史和文化的沧桑感油然而生。作为文化学者的余秋雨在这种富有韵味的背景画面下侃侃而谈，非常契合节目的主题，也契合这位学者的谈话心境。所以说，采访地点的选择有时候显得十分关键，不是一件可以忽略的小事。

第五节　设法消除采访对象的心理忌讳

一、避免“第三者”的存在

这个“第三者”有两层含义：

（1）是记者和采访对象以外的另一个与采访对象熟悉的人。

（2）是两个或两个以上记者采访同一个采访对象。

第一种情况下，因为有熟人在场，采访对象的某些话可能不好讲，因此可能对某些问题缄口不言。

第二种情况也不是一个很好的选择，因为一对一的谈话与聊天最相近，也最容易使对方打开话匣子。如果有两个以上记者在场，采访对象就可能以对公众的谈话态度接受采访了。

另外，记者的访问中经常可能遇到这种情况：有的时候记者与采访对象两个人正谈得投机的时候，如果突然出现了第三个人，那么两个人之间的谈话气氛马上就会受到影响，或者话题阻塞，或者沉寂，或者“顾左右而言他”。所以说，为了消除采访对象的心理忌讳，记者要考虑参与者之间的微妙的利益关系，最好采用一对一的采访方式。

在召开座谈会的时候，所谈的话题往往要照顾参加座谈会的人的各种关系，话题一般要比个别采访的话题狭窄得多。如果有不同的利害关系者在座，那么座谈会往往就成了官样文章的表态会，或者就成了“哑巴会”，使采访的内容、事实的层次和真实性都受到很大的限制。比如，采访一拨儿相互有矛盾的学生，他们对记者的提问就可能因为顾及对方而闭口不谈；再比如，采访一个卖菜的个体户，如果有另外一个同行个体户在场，对于很多本来可以告诉记者的商业秘密，如进货的渠道，蔬菜的价格，卖菜的窍门等，采访对象可能就会三缄其口。

所以，在采访之前，记者应该大概弄清楚各个采访对象之间的关系，要采访的事实对采访对象所产生的影响，从而合理地安排对每一个采访对象访问时间，避免不必要的第三人影响了采访对象畅所欲言。

《解放军报》资深记者江永红讲了他采访中的故事：

1985年我在前线采访一位事迹突出的工兵功臣，指导员和他的战友都说他一贯表现突出，但我纳闷，既然如此，为什么他当了六年兵，又是数一数二的技术骨干，战斗结束时才入党立功呢？于是我决定单独与他聊一聊。他与我是老乡，又见我不拿本不录音，便打开了话匣子。原来他压根儿不像指导员所说的那样，而是一直受压制，要不是技术冒尖，早就退伍了。在连队，连长对他好，指导员对他有偏见，平时的事不说，仅上战场以后他就三次该立功的时候连队没给报功，特别是其中一次在离敌阵不过百米的地方打掩体，他打着赤膊让人把风钻架在背上作业，背上血肉模糊也咬牙坚持，步兵战友为其请功，但他仍然榜上无名。他一气之下准备了一颗手榴弹，如果下一仗打下来，连队再这样对待他，就和指导员同归于尽。好在这次归来时他已累倒，一盆面条没吃几口就昏睡过去，直睡了一天一夜。等他醒来时，连队已给他报了二等功，指导员给他送来了入党志愿书，他后悔自己的鲁莽险些酿出大祸，赶紧把私藏的手榴弹交了公。[1]

---

① 江永红：《自悟一得》，62页。

这些真实的情况如果不是在一对一的非正式场合采访，那位战士是绝对不会讲的。

二、提倡记者单独采访

采访对象单独接受采访最有利于深入的交谈，而记者单独一人去采访也有这种效果。因为各个记者所关心的问题是不一样的，采访风格也是不一样的，如果一起去采访，所采访的针对性和中心点可能会出现矛盾，使采访对象左右为难，无所适从。

如果记者单独一人去采访，就更类似于两个人之间的聊天，场合显得不是特别正式，才有利于营造出轻松的气氛。在这种情况下，才能让人掏心窝子，有时会有意想不到的收获。

现在我们有一些对先进模范人物的采访，特别是重大典型的采访，常常是一大群记者围着一个典型人物突击访程。由于记者太多，每个人想问的问题不一样，常使采访对象无法进行个性化的交谈，只好把自己的先进事迹整理成材料，宣读一遍，记者很难在这种大军团式的集体采访中获得有价值的个性材料。这种采访方式还可能面临另一个危险：出现稿件的雷同化、材料的“同质”化的现象。所以很多记者面对这种大锅饭式的采访往往一筹莫展。有些聪明的记者只好单方面“突围”，想方设法找出单独采访的机会，至少是三五个人采访的吃“小锅饭”的机会，才可能得到一些独家材料。

第六节　访问中的记者形象

一、倾听的作用

倾听是采访中建立气氛的一个重要因素。既然人人都有讲心里话的欲望，那么在采访对象讲心里话的时候，记者就要注意倾听，有些西方采访书称之为“入神地倾听”。这样记者就可以进入采访对象的生活，体验到其心理感受；也可以博取采访对象的信任，激起他们谈话交流的欲望。

美国的一本《新闻采写教程》中这样写道：“入神地倾听，进入别人的逻辑结构内部。你透过这个结构去看，你就会以他们看世界的视角来看世界，你就理解了他们的观念，理解了他们的感受。”①

很多年轻记者都有这个毛病，即在采访对象谈话的时候，不注意倾听，或者是，感兴趣的题目他就听，不感兴趣的题目就急于去打断对方。记者在倾听时的眼神，面部表情，所做的点头、手势，适时的插话，都给了采访对象非常明显的反馈。就是说采访对象立刻就能感觉出来记者对他的话是有兴趣还是没兴趣，对他的生活是关心还是不关心，对他的话是听懂了还是没听懂。还有些记者，一开始谈话就低头记录。一般的情况是，说话快，记录速度慢，常常是对方说完了，记者还没有记完，采访对象不得不耐心地等着记者把这段话记完，再开始回答记者的下一个问题，于是常常出现冷场的情况。有些采访对象甚至非常反感地说：“整个采访过程他都低头在记，一上午我就在仔细端详他的发型。”记者这种倾听的状态，也是采访对象很难容忍的。

记者在倾听中，一般应有以下表现：

（1）神情要特别专注，争取进入对方的谈话世界，理解对方的生活，这对于渴望交流的人来讲，是极其重要的谈话支撑点。

（2）如果对方所谈的离题太远，记者可以用打断的方式很委婉地转移话题，而不必很不耐烦地忍耐对方的跑题。

（3）在倾听的时候，记者要不断地反馈，可以用赞同、点头的方式，也可以用语言来反馈，如：

> 嗯！
> 哦，是这样！
> 真是太困难了！
> 那多危险啊！
> 你妈妈太不容易了！
> 你够坚强的。

如果记者不反馈，仅仅坐在那里闷头记录，访问就变成了采访对象的自言自语和内心独白，这很挫伤对方的谈话欲望。

在反馈的同时，记者可随时重复听到的话，并不断追问，不断地表达出自己的理解：

---

① ［美］谢丽尔·吉布斯、汤姆·瓦霍沃：《新闻采写教程》，213页，北京，新华出版社，2004。

为什么是这样?

那么就是说，你当时是抱着一个娱乐的心情去的（赌博）?

记者的耐心倾听可能会触及采访对象的情感或心灵深处，有时会使采访对象产生情绪激动难以控制的局面。如有些人谈起家庭伤心的事情和人生中激动的时刻，有些人谈起一些难忘的经历或所受的冤屈常常会难以自控，这时记者一定要善于帮助对方调整情绪，要给予采访对象足够的尊重和理解，而不能够强行地制止、扭转话题，或者是表现出不耐烦、不感兴趣的态度，这样往往会伤害采访对象。有的时候记者还要给对方足够的时间用以心灵的宣泄。因此，记者的倾听是采访的一项基本功，不仅仅是用耳朵倾听，而且要用心灵倾听。

新华社记者朱玉曾和新闻专业的学生谈起她采访北大荒建设农场一位死于艾滋病妇女的丈夫的事：

我采访时遇到艾滋病去世的第一个人是一个 28 岁的妇女，我看了看她的健康证上的照片，长得真是不好，可是一看他丈夫，非常英俊，出奇的英俊！我立刻会想，这是不是两个人夫妻关系不好？因为她丈夫在叙述她妻子生病的时候特别平静。当时他妻子刚去世，这个丈夫非常配合我们采访，我就猜他可能与妻子关系不好，他在那缓缓地说。我带着的一个小（年轻）记者，非常着急，一个劲儿地想打断他，我就一个劲儿地阻止那个小记者说话，我一直摁着他。我觉得这个丈夫的回答没有偏离主题。我们并排坐在炕上，我一边听，一边回应，一边点头，同时拍拍他的肩膀，想安慰他，他在这样平静地说了一个小时之后，眼泪忽然下来了，所有的真实感情都出来了：

“我媳妇死了，我活着没什么意思了！”

这时，我才能理解，什么叫“哀莫大于心死”！

他讲了艾滋病人患病之后第一拨的打击，就是社区的歧视，走到街上没人理，他说：

“没有人跟我说过一句话。”

我们今天跟他谈，他觉得很温暖。我劝他，还有一个孩子，要为孩子着想！[①]

---

① 引自朱玉 2007 年 12 月在中国人民大学新闻学院的讲座。

听了一个多小时，才忽然看到了这位“特别平静”的丈夫的眼泪！这就是倾听的作用！这位苦难的丈夫只有在面对倾听者的时候，在面对充满关怀的倾听者的时候，才可能倾诉。

有些年轻记者，因为和采访对象的阅历相差太大，对很多问题难于理解。因此采访时对对方的谈话听不进去，总显得不耐烦，总希望单刀直入，直取“目标”事实，而且特别希望对方答出自己想要的事实。有些记者倾听时心不在焉，打不起精神，还喜欢随意打断对方的谈话。这些形体语言，采访对象一般都能感觉到。在这种谈话氛围中，对方很难畅所欲言。因为，谁也不喜欢向对自己没有兴趣的人倾诉。

二、赞赏你喜欢的行为或物件

在和采访对象打交道的时候，对方的某些行为，或者是和他相关的物品，可能是你比较喜欢的，这种时候，就要抓住这一点给予赞赏，因为从社会心理学角度来讲，每个人都喜欢被别人所赞扬。比如，对方说起他做了一件你认同的事，你就应当说：“我也常常这么想。”“我也做过这种事。”

在采访中记者还可以抓住采访对象身边的物品，如采访对象是女性，女记者们便可大有作为：如可以注视并赞赏她的提包的样式，鞋子的颜色，室内挂的某幅风景画，她听的某段音乐，室内所养的一些绿植，或是她经常进行的一项体育运动等，都可以及时地表示认同和赞赏。

三、帮他人解决问题

在采访对象遇到困难或有求于记者的时候，一定要主动帮忙。如咨询一件事，打听某个人，要求帮助反映一个问题，转交某些信件等。凡是记者能够做到的事，应当尽可能地帮助他人。

中央电视台主持人敬一丹就是这样一位“热心肠”。

有一次，我们请了几位嘉宾，把他们请到了演播室，我发现其中一位有些不安。是一位女士，为什么呢？又不好直接问，后来我感觉她可能因为是没有化妆。那天我是化了妆的，另外的一位女士也化了妆，而她就这样来了。其实呢，我是很尊重人家的素面朝天的习惯的。可是这是电视，要是镜头一开，有人化妆，有人没化，在电视里没化妆的就没法看了。怎么说呢，我对她说，我平时也不化妆，嫌麻烦，可是我们这儿，如果不化妆的话，灯一开，人就显得有些苍白。我的化妆箱就在这儿，你觉得需要的话，你可以化一下，我出去打个电话。其实我是找个借口离开，这里面很微妙啊，小伙子们可能不理解。女士互用化妆品得是很熟的人，而第一次打交道的人，你要当着她的面看着她化妆，她会很尴尬。然后我就走开了，等我回来的时候，她已经化好了。然后，我们几个一起就座，至少是平等了。分神的因素在这样一个小小的安排之下就消除了，她就能以更多的精力来对付谈话了。①

第七节　访问中的敏感之处

一、适时打断，转移话题

在访问中，话题的转换是一个比较敏感的问题，如果处理不好可能会引起采访对象的不满。

当记者的问题提出来之后，如果采访对象态度很配合，谈得很起劲，这固然是一件好事，但是，谈兴正浓的人往往容易“天马行空”、“漫无边际”，常常跑出了记者问题的范围。此时，如果要等采访对象把话说完，固然可以维持比较好的访问气氛，但是，采访都有时间限制的，一般以两至三小时为宜，如果任由采访对象谈下去，访问可能就要整体跑题。

所以，一般的规律是，在采访对象跑题时，记者要利用恰当的机会将其打断，然后婉转地转移话题。

如何打断采访对象的话题也是一种艺术。有些记者用了一些不恰当的手段打断话题，常常会引起采访对象的不满，影响了后来的谈话效果。一些记者打断话题的时候比较生硬，比如说：“你别谈这个话题了，我没问你这个，我问的是……”或者有些记者面对跑题，既不好打断，又显得极不耐烦。这些都会影响到采访气氛。

比较正确的做法是，用插入式打断的方法转移话题。这里有三个小步骤：

（1）趁对方说话中停顿的间隙，适时插入，而不要等对方正在说的时候强行

① 方芳、乔申颖主编：《名记者清华演讲录》，174页。

插话。

（2）插入的话语最好重复或是赞赏采访对象刚刚谈到的话题。如：

> 您刚刚谈到的那个设想我觉得很有趣，可是……
>
> 你们说的赔偿问题太重要了，但是……

（3）马上转移话题。在“可是……”和“但是……”之后，马上插入新的提问，如：

> 您刚刚谈到的那个设想我觉得很有趣，可是投资方对原来的设计到底同意还是不同意？

这样就把对方正在谈的那个无穷无尽的设想问题转移到你所感兴趣的关于投资方的态度问题上。

再如：

> 你们说的赔偿问题挺重要的，但是我想知道你们第一次跟市政府交涉的时候，他们是怎么答复你们的？

这样就把对方的谈话中心从张家、李家的赔偿和损失问题转到市政府对拆迁户的政策问题上，而这个问题正是记者想问的。

二、尽量不要冷场

在谈话中造成冷场的可能情况有：

（1）记者提了问题之后，对方不回答。

（2）对方回答问题之后，记者提不出新问题，只好在沉默中苦思冥想。

（3）因为记者的笔记跟不上采访对象的谈话速度，而使话题中断。这时记者忙着记录，采访对象只能等待，形成访问中的冷场。

一般来说，冷场对访问是有害的。冷场打断了谈话的连续性和流畅性，是记者在访问中要尽量避免的一种局面。

针对第一种情况，如果对方在记者提问后不回答，有可能是提的问题太大，无从说起，或者是提的问题太概括，回答时需要时间提炼思考，或者是提的问题太突兀，采访对象一时想不起该如何回答。这时记者要赶紧拆解这个问题，化大为小，或者换一个角度。如果你提的问题是：

你们这个学期的教学改革是不是很顺利？

那么对方就可能需要一个思考时间，此时，如果记者马上对此问题加以拆解：

教改后，每周课时多了三个，学生上得过来吗？
老师们有没有反映负担过重了？
有些课排在中午上，是不是影响老师的午休？

这样的问题对方就好回答了。

针对第二种情况，即对方回答问题之后，记者提不出新问题，这就要靠记者在采访前做充分的准备工作，也要靠记者在采访中的临时应变能力。

针对第三种情况，即因为记者的记录速度跟不上而使谈话冷场，记者应当做的是，只要采访对象说完话，应该立刻抬起头来，继续提下一个问题，而在笔记本上留下空白处，等待以后的采访中再婉转地把它补回来。总之，最好不要形成记者低头记录，采访对象尴尬等待的冷场状态。

三、不要和采访对象争论

有时，采访对象谈的事实可能会有明显的片面性，有的记者在认为采访对象的观点很荒谬时，便忍不住和采访对象争辩一番，甚至当场驳斥采访对象的观点和结论。这种访问时的争辩，非常不利于采访的深入。

中央电视台资深记者曲长缨，曾反复告诫过年轻的同行们："不要跟对方争吵！我们是拿事实的，争吵是不管用的。"

有些记者在采访的时候心态不平衡，傲气十足，好为人师。有些记者喜欢过度展示自己见多识广。听到对方谈话中的"毛病"，就忍不住教育起对方来，这样做的效果只能堵塞言路。

四、如何提揭露型问题

在我们的新闻报道中，监督型报道占有越来越大的比重，这就决定了我们很大一部分采访对象都是被批评或是被揭露的事实的当事人，而如何提好揭露型问题越来越成为记者访问中的新课题。

提揭露型问题的记者一般有两种情况。一种是记者对当事人违法和违背道德的事实的调查。另一种是当事人被司法机关查处后，记者对其犯罪动机和犯罪心理的调查。

违法和违背道德的丑闻一般是见不得人的，所以采访对象都面临着巨大的舆论压力。因此，记者询问这类问题的时候，访问气氛无法轻松。

对于第一种情况，记者的采访往往十分艰难，如果拿到了确切的证据，访问中可能还会出现激烈的交锋。如果拿不到确切的证据，采访对象很可能拒不承认，还可能把访问弄僵。

对于第二种情况，在犯罪事实已经明了的情况下，记者还是要以尊重的态度对待丑闻的当事人，不能用任何贬低和嘲讽的口吻来提问。

提揭露型问题，一般不放在访问开始的时候，而是等到双方的谈话气氛比较缓和的时候才开始提问，如：

> 这次事故中你们（指监管部门）的责任是什么？
> 这是不是意味着你们这个项目没有经过审批就先动工了？
> 在那次过年的时候，听说你收了3万多块钱的礼金？
> 对这次矿难的瞒报是你最先提出的，还是你和矿主商量的？

可想而知，以上的问题无一例外地会引起对方的紧张情绪，甚至是对抗情绪，会令采访对象十分尴尬、难堪。但这些问题又是我们要采访的目标事实，不得不问。记者要注意的是，提问的语调既要严肃，又要平和，不能声色俱厉。正如一个老记者所说："越是利害的问题，口气越要缓和。"

五、敏感提问之后穿插缓和气氛的提问

从采访心理的过程来说，采访对象若连续地接触敏感性问题，他就会紧张、

尴尬，产生抵触情绪。如果我们采访时的敏感性问题过多，就不能够全压在访问的最后阶段，例如有一些监督性报道，几乎所有的核心事实对于采访对象来说都属于不想回答的甚至不堪回首的往事。例如对某些贪官来说，每一桩受贿事实、欺骗公众的事实都是难以启齿的。在这种情况下，提问就类似于审问，自始至终会给对方形成巨大的心理压力，使他们产生沮丧、绝望、厌恶的情绪，最后不得不拒绝采访或沉默不语。

在这类提问中，记者应该及时穿插一些缓和气氛的提问，如间或提一些询问有关事实背景或事实中的技术性问题以减轻其心理压力，并要耐心地倾听他们对自己行为的辩解，然后找准机会再问下一个敏感问题。

六、说服那些采取拒绝态度的采访对象

在一些监督性报道的访问调查过程中，记者会碰到不少采取拒绝态度的采访对象。他们主要怕在提供信息的过程中给自己招惹是非，此时记者要善用心理战术，善于运用智慧，尽量说服采访对象接受采访。

《南方周末》记者傅剑锋在调查《神雕之死》和《中国贩卖野生动物地下黑网》时，就成功地采用了说服方法。

> 当时省森林公安局的一位副局长接受了我的采访。和他沟通得很好，下班后他和司机要用车送我回宾馆。没想到，司机得知我是《南方周末》记者后，就向这位新任局长提起本报在多年前与该局产生过一场误会，并劝那位公安局长不要接受我的采访。
>
> 当时那位局长的脸色马上变了，我没想到会起这样的波澜。这时，一个记者如何琢磨一个官员的心理很重要，他当时最怕出事，承担责任。于是我说：“局长，这个事情，第一是，那些事过去那么久了，但我更希望大家用发展的眼光来看；第二是，我们做这个报道是善意的，我也跟你们领导说了采访的意图；第三是，你的领导同意我进行这次采访的，你又不是擅自接受采访。”一番交谈后，他消除了戒心。后来我的报道也得到了该省林业局的肯定。
>
> 这次峰回路转的说服，就在于较好地把握了官场的行事逻辑与心理特点。在这次交谈里，最有效的一句是，“你的领导同意我进行这次采访的，你又不是擅自接受采访”。

在另一次采访里，更有一位级别较高的公检法系统的官员，他一直不曾接受媒体采访。我多次的采访请求都被他婉拒了。

我就意识到对他的心理分析可能不够，就反复查阅他的一些公开资料，与了解他的一些官员交谈，发现这是一位很正直、注重清誉的官员。所以我想到，如能恰到好处地在他面前肯定他的正直与清廉，定会使他的戒备心大降。于是，我再次打电话给他：

"××，我们《南方周末》很想采访您。"

"谢谢你们的关心，但我不想说，这都是过去的事了。我很忙，对不起，我要挂机了。"

"××，对不起，我希望您能再听我说一句，好不好?"

"你说吧。"

"我知道您是一个很低调的人，不想被宣传。我想诚恳地说一句，我来采访您，根本不是想要宣传您。我来采访您，是因为像您这样的官员太少了，是因为我们想弘扬一种正气，是希望有更多的官员像您这样守住良心和职责，是希望老百姓在看到太多官员腐败后，能让他们看到一些好官，使他们更有信心。"

听了我的这番说词，他沉默了好几秒钟，然后说："好，那你就过来聊聊吧。"

这次说服之所以成功，是因为比较好地把握了他的心理特点。对一些一时不愿开口的采访对象，比较好的办法是尽可能多地搜集情况，分析其心理特点，根据其特点找到沟通的突破口。①

有的时候，记者要善于使用新闻媒体的公益性和正当性以及报道目的的高尚性来说服采访对象接受采访。当然，有时候碰到非常有敌意的采访对象，不论你怎么说，他死也不开口，别说是新记者，就是采访的老手，有时候也难以攻克这类难关。

第八节　深入访问的关节点

很多时候，采访对象最有价值的信息是需要深入交谈才可以挖掘到的，特别

① 转引自蔡军剑、张晋升：《准记者培训教程》，191～192页，广州，南方日报出版社，2007。

是人物采访，不仅仅需要了解采访对象的事迹，更要了解他做这些事的动机和精神境界。记者们通常习惯说的话是："要设法打开采访对象的心扉。"

要做到这一点，必须深入了解采访对象的想法，并找到能和采访对象沟通的心理关节点。

《南方周末》记者李海鹏说：

> 你问到了他想表达的那个点上了，接下来的采访就会非常好办，比如你在两个小时当中有两个问题问到点上了，对方的状态就会改变，平时跟最好的朋友都不会讲的话他会跟你讲，这时候你的所得也会超出一般记者的报道。

一般来说，对方想表达的这个"点"，包括以下几方面内容：

（1）不幸身世。

（2）最惦念的亲人。

（3）最大的愿望。

（4）最大的遗憾。

（5）最后悔的事。

（6）最感兴趣的事。

《南方周末》记者去采访海南省省长卫留成时，一句提问竟使省长几度落泪。这个提问是："孩子的名字往往寄托着父母的希望，你的名字'留成'有什么寓意？"

采访之前，记者们了解到这位省长的不幸身世：小时候因为生病没钱治，这个濒死的孩子被母亲扔掉，又被邻居捡回来，取了"留成"这个名字——"留下来就成"，盼望他能活下来。海南省政府王秘书长对记者寿蓓蓓说："你们的采访是最深入的。"由于在准备上下了工夫，他们写的省长专访《"做官我宁可糊涂，但干事我不糊涂"》[①]，获得了 2006 年 1 月《南方周末》新闻奖。

中央电视台记者冉军，一次去访问横行渝、湘、鄂几省市的抢劫团伙首犯张君。

张君是一个杀人不眨眼的人。他的凶狠残暴、杀人如麻早已被各类媒体炒得沸沸扬扬。

---

① 载《南方周末》，2006-01-19。

和这样的一个采访对象怎么对话？怎样打开他的心扉？

面对死不开口的张君，记者经过了再三思考，说了第一句话：

我知道你不怕死。

张君显然没想到记者的这样一句开场白，他半晌无语。

记者再军接着说：

“我知道你不怕死，我知道你不怕枪口，我也知道你并不怕警察，但是我知道你怕一样东西……”

“是什么？”张君有些吃惊。

“想知道吗？”

我说：“你怕别人对你好。”

沉默。

“你给自己女儿起的名字挺好听的，叫旋如。怎么想到这两个字？”

我故意提到了他和涪陵的情妇生的那个小女孩。

“你有多长时间没有见到你在湖南的两个儿子了？”

挺俗的问题，但是张君也绝非不俗之人。

几句话下来，他已经习惯回答我的这些问题了。

于是，他谈到了“陈乐（常德的一位坐台小姐，为张君藏了至少十几支各种类型的枪）是我喜欢的女人，她对我那么好”。

于是，他谈到了“我对不起在老家的妻子，她为我养了两个儿子”。

于是，他谈到了“我不神，但应该算是初步的智能化犯罪”。

于是，他还谈到了“像我这样的人都被抓到了，中国警察还是有能力破案的”。

于是，他滔滔不绝说了一个多小时。

在谈到对不起这对不起那的时候，竟然还使劲抽了自己两耳光。[①]

在面对这个凶残的罪犯时，记者的提问找对了“点”，引起了张君“倾诉”的愿望：

---

① 参见人民网《焦点访谈》故事专栏：《大案采访札记：与张君面对面》，http：//french.2007afdb.org/GB/14677/22114/32760/32765/2416688.html。

“点”1：“我知道你不怕死。”（张君或许认为这是褒义）

“点”2：“你给自己女儿起得名字挺好听的，叫旋如。怎么想到这两个字?”

“点”3：“你有多长时间没有见到你在湖南的两个儿子了?”

对子女的思念是他人性中最“柔软”的地方。

第十三章 提问的规律和方法

CHAPTER 13

> 没有什么比记者问的问题更能塑造一个报道，而且没有什么比能否熟练地在正确的时候问正确的问题更能区分有经验的记者和新手。
>
> ——［美］谢丽尔·吉布斯、汤姆·瓦霍沃

有的记者说："有舌头就不怕没有问题。"只要敢于提问，善于提问，记者就会从各式各样人的嘴里了解到一个原来不知道的大千世界，再把这个世界展示给读者、听众和观众。

美国的一本新闻采写教科书中强调：

> 没有什么比记者问的问题更能塑造一个报道，而且没有什么比能否熟练地在正确的时候问正确的问题更能区分有经验的记者和新手。①

提问是记者获取材料的主要方法。提什么样的问题，

① ［美］谢丽尔·吉布斯、汤姆·瓦霍沃：《新闻采写教程》，211页。

怎样提出问题，是最见记者功力的地方。

第一节　记者提问的特点

一、目标明确

记者提问的时候虽然常常以聊天的方式和采访对象交谈，但是，它和一般的聊天还是有本质区别的——它围绕着记者的目的来聊天，而并非轻松的、漫无边际的、意识流式的“侃大山”。所以在整个的提问过程中，记者都要紧紧围绕着采访的目的，不但要按照原来准备的提纲依次提问，还要就记者在访问过程中不断发现的新苗头，不断产生的新疑问设计出新的问题。记者的提问，要常常围绕三个目标：

（1）要设法弄清楚事实真相。这包括已经发生的显性事实和事实背后的隐性原因。

（2）要设法对事实的传播价值作出准确的评判，也就是在提问过程中，不仅要弄清楚事实本身的要素，还要弄清楚事实的相关的历史背景和环境背景，才能够进行准确的评价。

（3）根据报道的主题收集典型的报道素材。这时候记者的提问就不仅仅是弄清真相，而是通过捕捉和挖掘为写作准备材料。

在整个提问过程中，记者的采访目标应当始终非常明确，提问应当是有计划、有步骤、有层次的。这样的提问得来的材料才能够在后期的写作和编辑过程中使用。

新记者提问的一个毛病，常常是目的不明确，不知道自己到底要什么，不清楚对事实的真相挖掘到什么样的层次就可以告一段落，不能够分辨对方答话的真伪，不能够识别关键性的事实、最有价值的事实材料，更不能从新闻的文本角度来选择新闻素材。所以新记者在提问过程中，容易被对方牵着走，对所得到的材料不能够有效“筛选”，不能准确判断哪些有价值，哪些没价值，对本次报道任务是否够用等，往往到写作或编辑时才发现材料的漏洞。

二、提问系统

访问的一般特点是：记者提问，对方回答。记者的提问是经过事先精心准备的，是按访问的目的系统设置的。提问的系统性表现在记者思维的“点＋线”结构上：

首先，要弄清楚每一个单个的骨干事实，它的要素、背景、原因等，先围绕一个点提问，把一个事实弄清楚。这时候的问题，从外部看起来是一团一团的。

把关键的“点”弄清之后，就要寻求点和点之间的“连线”，即事实中隐含的“因果链条”，也是记者思维中的“连线”。记者不仅要把点上的事实弄清楚，还要把点与点之间的连线，即真正的因果关系弄清楚。所以，这时候记者的提问，就要像类似于葡萄那样的一串一串的问题。

问题在记者心中只有形成“点＋线”的关系，如某些记者所形容的“一嘟噜一嘟噜”的状态，记者才容易对提问作整体的把握。

如果记者事先没有把问题吃透，那么，众多事实的要素、原因、背景、动机、不同的观点以及反对者的不同看法就会像一盘散沙，不分脉络、不分层次地叠加在一起，使人难以把握，也难以记忆。由于要注意的点分散，不成系统，容易造成记者注意力的紊乱。在这种思维状态中，记者的提问常常会轻重不分，顾此失彼，使采访对象摸不着“门道”，不知道记者到底要什么，采访出来的材料也必然不系统、漏洞多，容易导致采访的失败。所以说，提问的系统性是访问成败的关键环节。

三、记者主导提问过程

在访问的过程中，记者的角色主要是提问者。而低水平的提问者常常是问不到点子上，问题苍白、逻辑混乱。高水平的提问者不满足于一问一答式的询问，而是希望与采访对象探讨真相、交流看法，有时还帮助对方梳理思路、提升认识，启发对方的记忆，激发谈兴。所以同是一个“问”字，里面的差异甚大。“问”决定了采访的水平和成败。

这里的关键问题是，记者要牢牢把握采访的主动权，在访问中主动出击，而不是被动接受。很多新记者采访的失败在于让采访对象把握了访问的主动权，有时看起来对方的确是畅所欲言，侃侃而谈，但那并不符合记者获取信息的要求。有些记者提不出关键性的问题，只能勉强应战，对方说什么，记者记什么。这样的采访得来的材料，常常不符合报道的要求。

第二节 提问的内容和一般顺序

一、六类提问的内容

（一）新闻事实的各种要素

我们在了解一个新闻事实的时候，通常要选择对这个事件知情的人，他们可能是事件的目击者，见证者，也可能是这个事件中的一个受害者。与他们的真诚交谈可以极大地弥补记者在事件发生时不在现场的缺憾，可以从这些人的口中还原事件的“原生态”，使报道担负起沟通信息的责任。

新闻事实的要素包括：

（1）发生了怎样一件事（包括突发性事件、预知事件、非事件性事实、小故事）？

（2）什么时间、什么地点发生的？

（3）行为人是谁？

（4）造成了什么影响和后果？

（二）事实的各种背景

每一个事实都不是毫无征兆地从天而降的，而是有着各自的历史背景和环境背景。这种相关性的背景材料对于我们理解一个事实的意义至关重要。背景材料虽然不是新闻事实，但是，它对记者认识和评价新闻事实具有不可或缺的意义。很多新闻事实之所以被确定为新闻选题，正是在纵向或横向的对比中“获得”了新闻价值。

如果拿历史背景作为纵线来标示的话，环境背景就是一条横线。历史背景可以作为新闻事实在时间上延续的轨迹，那么环境背景则是一个新闻事实在空间上呈现的一种方位图（图 13—1）。这个由纵横线所形成的十字架形式的背景材料首先是记者判断事实真相、评价事实传播价值的必要的参照系，其次也是受众在报道中理解事实的必要的参照系。

因此，记者在获得事实要素的同时，就要同时设法获取与事实相关的历史背景和环境背景。将它们作为一个彼此相依存的信息系列挖掘出来。这两类材料是在提问的过程中前后相连、不可分割的。它们绝大多数来自采访对象，因为他们是事实的知情人，能深切地了解事实发生的经过和事实发生的客观环境。记者只

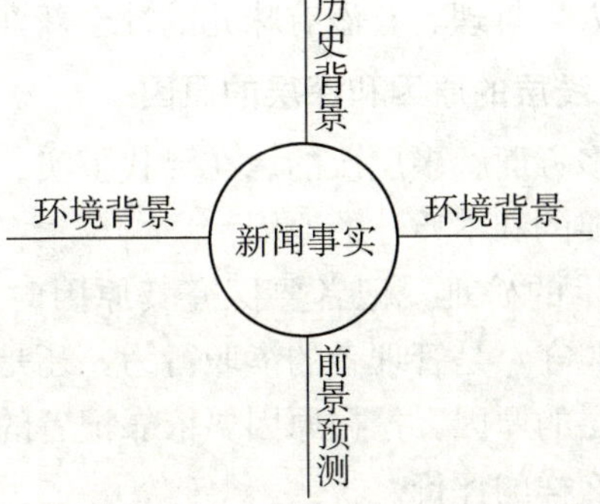

图 13—1 “大十字”取材法

有了解了相关背景，才可以有效地提高自己对事实的把握能力和理解能力。只有记者自己先理解了这个事实，才能用自己的语言去重新表达这个事实。

另外，这类背景材料是非常必要的新闻素材，它在记者写作报道或编辑节目中作为衬托事实新闻价值的参照系，将新闻事实的价值突出出来，并传播给受众。所以说，新闻背景的采集对于记者认识事实，对于受众认识报道中的事实都是极其必要的。

例如，这样一个事实：一个小伙子今天早上开车出了车祸。他把几十米的马路隔离墩都撞毁了，昨天新买的车撞得面目全非，自己也被烧伤住进医院。小伙子说他撞车的原因就是因为太疲劳了。这些就是这个事实本身的事实要素，如果了解了这些事实就做报道，仅仅能写一则简单的车祸消息。

但是，如果了解到这个小伙子的相关背景，便可以引导我们从另一个角度去理解这个新闻事件。

这个小伙子马上就要结婚了。他的未婚妻住在另一个城市。为了能够攒一些婚假，半个月来他一直超负荷地加班工作。为了让他的未婚妻得到一个惊喜，他昨天去买了一辆新车，没顾得上保险，就又去加班，从昨天到今天早上连续工作了 16 小时。早上下班后，一分钟都没休息，开着新车就上路去找未婚妻操办婚礼了。由于疲劳过度，迷迷糊糊就撞上了隔离墩，本来想给未婚妻带去“惊喜”的新车，只开了一天就报废了。这小伙子必须在医院起码住上半个月，婚期不得不推迟。这个毛躁的家伙连一小时都舍不得休息，今天却车毁人伤，新郎也没当成。

以上这些背景材料让我们更完整地来理解这个车祸，以及这个车祸带给人们的教训——“欲速则不达”。尤其像这位准新郎，追求幸福的心情太急切，用中国人的俗语来说就是“心急吃不了热豆腐”。这个背景材料把一个干巴巴的车祸消息，变成了一个富有人生哲理，有滋有味儿的社会新闻。

（三）事实的原因：浅层的原因和深层的原因

事实的原因往往是多方面、多层次的。在寻找事实、特别是社会事实的原因时，要注意挖掘那些主要的和本质性的原因。

例如对于一场新发生的矿难，记者要探究其原因时要分清：是矿主管理不善，还是相关人员玩忽职守？是管理者的渎职行为，还是背后的权钱交易？这里面有浅层的原因也有深层的原因。挖掘原因要依靠记者的调查功力。调查到什么层次，就会对事实有什么样的评价。

凡是深度报道都要涉及事实的原因，涉及不同层次的原因。一个复杂事件的发生，里面的原因可能有很多种：有自然现象方面的原因、有社会制度方面的原因、有人物动机方面的原因。各种事物的原因往往形成网状，相互缠绕、相互包容。有的新闻事实是多种原因共同造成的，有时候这个新闻事实又成了另一个新闻事实的原因。我们所做的深度报道，正是要揭示大众所关心的新闻事实背后的原因，使公众通过这些“有深度”的报道，有效地了解信息、认识社会。

例如对一个贪官的报道，不仅要报道他贪污受贿的事实，还要报道老百姓更感兴趣的贪污受贿的原因：

这个官员本不缺钱，那他为什么还要一而再、再而三地以权敛财？

贪的钱用到哪里去了？

他贪污的时候有没有恐惧心理？

他贪污的事实是怎样被揭发出来的？

这个贪官的行为是不是钻了制度上的空子？

制度上对于官员的管理具不具有科学性？

国外相关的对官员的管理有哪些经验值得借鉴？

我国关于党员干部的制度性的建设有没有希望在近期内有所改变？

对官员的管理是依赖制度上的长效机制，还是要依赖思想道德方面的教育？

中国反腐的经历对于后代的教育可以提供什么样的借鉴？

…………

（四）对新闻事实的感想和观点

我们经常把采访对象对新闻事实的看法称作精神事实。这类精神事实也是事实中的一个大的门类，它可以反映老百姓普遍关心的话题和社会中普遍存在的问题，是影响舆论、引导舆论的“利器”。

进入信息化社会之后，人们对这类精神事实有巨大的需求，对新闻事实了解之后，人们常常希望听到某些权威人士，如专家、官员、社会名流对这个事实的评价，所以观点新闻也是独家新闻的一种。特别是人物专访这一类文体，绝大多数是刊载观点新闻的。因为这类事实，特别是一些当事人和权威人士对事实的看法，既有社会认识功能，又有舆论引导的作用，他们对这些事实的理解和看法会极大地影响读者对事实的理解。

但是，对这类事实的采访有一定的难度。一般来说，人们对自己不熟悉的人是不愿意谈观点、谈想法的：我可以告诉你这条路怎么走，但是我没兴趣跟你谈谈我对这个城市景观和道路设计的看法。因为人们在表达观点时需要一个讨论的氛围，那么记者必须善于用探讨问题的方法“激发”对方谈出观点。

（五）事实行为者的各种动机及心理事实

我们所采访的事实绝大多数是社会事实，这类事实的行为者不是自然界而是人，是各种各样怀有各种动机的人。

事实行为者的行为动机及心理事实，是比事实原因更深一层的事实。

为什么一个人能够几十年如一日地牺牲个人利益，忠于职守？

为什么一个人能够把终生献身给社会事业？

一个连脊柱都失去知觉的人为什么能够自强不息，对社会做出常人难以做出的贡献？

对“动机”层面的报道特别体现在我国的先进人物报道中。

一般来说，写先进人物不光是写事迹、写成就、写惊心动魄的事业。仅仅停留在人物“事迹”上来展示先进人物，往往会使受众产生比较大的心理距离。如果将着眼点放在展示先进人物的价值观和精神追求的层次，用一些老记者的话来说就是写“人生”，才能拉近与老百姓心理上的距离，从而产生正面的传播效果。

我们每年都有大量的先进人物的报道，有各行业、各层次的先进模范人物被源源不断地推出来，进入新闻传播领域。但是，真正写得比较到位的人物报道，特别是能够把精神层面的材料展示出来的先进人物报道还是少数。没有人物“动机”、心灵这一层的材料，人物就难以“感动”公众。

改革开放以来，我国新闻界观察社会的视野不断扩大，很多负面人物如贪官、社会黑恶势力人物也逐渐进入公众的视野，其堕落和犯罪的心理事实也逐步成为新闻的选题。

为什么原来一个“愤青”式的青年，当官之后，迅速变成了一个贪官？

为什么一个家里一贯宠爱的农村孩子长大之后成了“杀人狂”？

这些新闻事实的行为人背后的动机究竟是什么?

这些人走过了怎样的心路历程?

他的心理演变过程究竟是什么?

这些心理事实是无形的，却常常是公众最关心的。

一个人无论是做好事还是做坏事的动机，正是人和人之间心灵最接近的地方，因此有着极大的传播“能量”和社会教育意义，也是一个新闻的“热点”。

但收集这类材料，难度是比较大的，因为动机类的材料不是显性事实，而是隐性事实。

(六) 具有表现力的事实：故事、引语、场景、细节

所谓具有表现力的事实，从传播学研究的成果来看，是指新闻事实中如故事、人物引语、现场的场景和情节，典型的细节等，这些材料使人“如临其境”、“如闻其声”，在传播中是好新闻必不可少的传播要素，也是新闻稿件中“生动性”所依赖的素材，是最容易被受众接受、传播和记忆的。所以记者在采访中的很大的一个任务就是要去采集这些传播效果最好的、有表现力的感性事实材料。

但是，因为新闻事实发生时，记者不在现场，而这些带有感性色彩的事实材料，往往要靠当事人的回忆和描述。所以，对于故事、引语的提问是我们采访中的真正难点之一，因为当事人大多容易概括性地叙述事实，而很难有兴趣绘声绘色地给记者描述事实发生时的场景和细节。是否能拿到这些具有感染力的材料，除了记者到现场目击外，就要靠记者在访问中的挖掘了。这类新闻素材的提问一般要等到和采访对象气氛融洽，话题深入的时候才容易获取。因此，注重现场采访，注重营造一个好的提问气氛，是记者索取这类信息的一个关键。

二、提问的一般顺序

提问的一般顺序应当顺应记者弄清事实所要遵循的一般思维规律，即在提问中，记者要先弄清什么，后弄清什么，提问大致要遵循什么样的顺序。

一般来说，记者提问时候的顺序和上面我们所讲的记者提问所包含的内容是基本一致的，即：

(1) 对基本事实的提问。即先弄清单个事实的基本要素。

(2) 对基本事实背景的提问。在弄清单个事实的基本要素之后，就要同时对这个问题的相关背景加以了解，事实和事实的背景常常是不可分割的，事实背景的了解可以加深记者对事实的认知，也可以提供记者对事实进行价值判断的必要参照体系。

（3）对事实原因的提问。显性的事实和背后隐性的原因是紧密相连的。大多数深度报道，主要就是在原因上做文章。有时一个事实如果找不出正确的原因，那么它们就会丧失大部分传播价值。

（4）对事实行为者动机的了解。这是大部分人物报道都不可缺少的关键材料，展示正面人物和负面人物的“心路历程”，有利于实现新闻监督和新闻的社会教育功能。

（5）对事实的感想和观点的了解。把事实弄清楚之后，对于事实的感想、看法、观点也是公众最关心的精神事实。

（6）收集事实的感性材料。即故事和引语的收集，这是一种纯粹用来表达的新闻素材。

（7）收集对事实的质疑和反面的观点。这是改革开放以来，我国新闻界向西方新闻界借鉴的一种报道的视角——均衡性。无论对事实还是观点，展示对立面的证据和说法，特别是在监督性报道日益增加的今天，给被批评者或者是被揭露者发言的机会，既可使报道显得更公正，也增加了报道在传播中的说服力。

我们提问的一个基本的顺序简单说来就是：

先问事实，再问观点；先有概括，再找细节；先听一面之词，再听对立面的说法；一个问题谈完了，再进入到下一个问题。

这种顺序也与记者把握自己的思维过程比较一致，有主线，不凌乱，容易记忆，也好记录。

有时，我们会碰到以下这种情况：采访对象在谈话的时候打乱了记者的提问顺序。如第一个问题还没谈完，就谈到第四个问题的一部分。这是非常容易发生的一种现象。此时，不同记者有不同的做法：第一种，可以很婉转地打断对方的话题，使其按照记者的提问顺序来回答；第二种，顺着采访对象的思路让他谈下去，但是记者要记住中间的信息漏洞，在后面的提问中再想办法转移到没有回答的问题上。

一般来说，按顺序提问比较适合大多数人的思维程序，所以它也是很多记者提问的一般规律。

下面这篇专访式的报道，大致展示出记者提问的一般顺序。

董留民是河南省驻马店市平舆县公安局的副政委，2002 年 2 月，因接手查办以刘明理为首的恶势力团伙涉嫌犯罪的案件，屡遭打击报复，只能外调到市公安局和省公安厅，这件事被老百姓称为“猫被老鼠追着跑”。

2004年7月20日，他的遭遇在中央电视台《焦点访谈》栏目播出后，在郑州乃至全国，引起了不小震动。

2004年8月1日深夜，已被抽调到省公安厅工作半年的董留民，心事重重地接受了《南方人物周刊》的采访。

记者：《焦点访谈》播出了，这对事件的解决有影响吗？**——对事实的提问**

董留民：影响很大。现在河南省委、市委，包括公安部都作出了批示，要尽快解决问题，涉及的一些党政机关干部已经被停职双规了。

记者：那你现在应该不用担心了吧？**——对心理事实的提问**

董留民：还是压力很大。我捅了篓子，不仅给平舆，而且给河南抹了黑。处理的人越多，丢掉饭碗的人越多，矛盾越大，对我越不利。等刘明理出来之后，他们很可能又会纠结在一起。

现在我觉得自己前途未卜，风雨飘摇。

记者：现在你和家人情况怎么样？**——对新事实的提问**

董留民：现在我身体很差，前段时间，每天睡两三个小时，精神非常紧张。在经济上也穷了，孩子上学还借了1万元。我准备买保险，万一我倒下了，孩子上学都没有钱了。

现在我们一家三口分居三地，我在郑州，妻子在驻马店，孩子借住在亲戚家，来回奔波的花费也很大。

记者：案子为什么会这么难办？**——对原因的提问**

董留民：其实案情并不太复杂。商丘县一个姓宋的商人，控告平舆县康泰饲料有限公司经理刘明理，因为经济纠纷将他绑架并严重伤害。但由于刘明理在平舆县势力庞大，这起案件一直查而不处。宋某层层上访，最终还是落在我分管的县公安局控申处。当时我曾犹豫过，但犹豫也得接，这是公安环节的最后一环，也是我的职责。

记者：为什么犹豫担心？**——对深层原因的提问**

董留民：刘明理，不仅是商人，他还是县工商联副主席、驻马店市政协委员。他原是平舆县金刘村的农民，靠经营伪劣产品、诈骗等手段非法敛财。在当地拥有强大的经济实力，几年前当县长还是坐桑塔纳的时候，他已经开红旗了。他和县里党政部门的很多干部关系都很好。县司法局干部彭国富是刘明理的常年法律顾问。

记者：那些公检法司的干部为什么会站在他一边？**——对原因的提问**

董留民：关键还是利益，他们在吃吃喝喝中蜕变了。他们保刘明理的同时也是为了自保。

记者：从刘明理家中搜到的录像带中看到，有一些党政干部为他出谋划策，陷害你。你知道之后心里有什么感受？**——对心理事实的提问**

董留民：我很生气，很伤心。他们很多是和我关系不错的同事，其中还有我的老领导。太复杂了。那时候我还要装作不知道。

记者：刘明理一伙的打击报复手段有哪些？**——对新事实的提问**

董留民：主要是诬告陷害写举报信件。刘明理先指使手下给我送钱，第一次2 000元，我退回去了；第二次1万元，我上交了。然后他到处散发他炮制的我贪污腐败的举报信，像雪片一样飞，题目是"这条大鱼何时才能落网"，光在县公安局收集起来的就堆了一尺高。

他还投递诬告县公安局长的信件，说是我写的，挑拨我和领导的关系。打恐吓电话，写恐吓信，威胁我们全家的生命安全。我只能把儿子送到郑州上学，妻子转到驻马店工作。

记者：去年5月底，驻马店就成立了专案组，调查刘明理和他背后的保护伞。很快刘明理被抓了。但为什么事件一直不能平息，反而愈演愈烈，最后你都不能在平舆待下去了？**——对原因的提问**

董留民：随着专案组调查的深入，涉及的公检法司人员大概有30多个，我承受着巨大的压力。主要是人情的压力，原来我和人没有矛盾，搞成这样我工作也没法开展。在县城都不敢出门。我在给上级领导的信中写到：一个人使出浑身解数想冲破这张网，撕开一个口子冲出去，但没想到网越撕越大。我当时还写了两首诗：《辞官》和《打黑有感》，想一走了之。

记者：2003年7月3日，你被借调到驻马店市公安局工作，按说已经安全了，为什么半年后又借调到省公安厅呢？**——对原因的提问**

董留民：当时离开平舆，我心情开始好转，觉得有希望了。但后来发现在市里，刘明理的影响也不小。当时的省公安厅厅长和我谈话之后，我在坐火车回去的路上，流了一路的泪，心中百感交集。过年后，我离开了驻马店。

记者：刘明理已被判刑了，但问题似乎还没得到解决。你说有关部门还在查你。你真的没有任何经济问题吗？**——对新事实的提问**

董留民：刘明理虽然被判刑了，但案子判得极轻，至少应该判8年。刘明理的保护伞还在。我有没有问题心里有数，我要是有问题，他们早就弄我了。

我做巡警队大队长的时候，没有坚持收支两条线，收入没有先上交财政部门，而是直接用来改善办公环境，买了一辆“昌河”，还有五辆三轮摩托车。但我没有任何经济问题，县检察院已经查了三次，就像一碗白开水那样透明。要早知道他们会在这个问题上整我，我当时一定不会那么做了。

记者：你觉得你是在和谁斗争？仅是黑恶势力吗？**——对原因的探究**

董留民：我在和黑恶势力以及它的保护伞进行斗争。这两年就像在打官司，第一年和刘明理打，第二年实际上是和检察机关打，公安局管不了检察院，它的权力不受制约。

记者：是什么力量使你坚持下来？**——对心理事实的提问**

董留民：我想是正义感的驱使吧。我妻子说我有“豌豆芽”的精神，无论在哪，都可以破土而出。

我很早就萌发了一种想法：我要当警察。我当时想，如果当上了警察，我要将不平的事摆平，为受苦受难的人说话。

我最喜欢黄巢的一首诗《咏菊》（应为《题菊花》——编者注），到现在还能背：“他年我若为青帝，报与桃花一处开。”这里有除暴安良，均贫富的思想，这首诗也是我的座右铭。

记者：看得出你是一个期盼公平和正义的人。**——引发自我评价**

董留民：我当过农村基层民警，后来还做过乡派出所副所长、副乡长、县公安局工会主席、巡警大队长，我表面上看起来像文弱书生，但骨子里有股韧劲和干劲。

记者：你现在已经是公众人物了，有很多人关注你，支持你，你已经成为了正义的化身。**——引发自我评价或印证评价**

董留民：其实我碰到的这个案子并不大，但比较典型。我不是一个高尚的人，不是一个无私无畏的人，只不过是做了我该做的工作，坚持了该坚持的原则。在打黑除恶的斗争中，我可以说是一个幸运者。还有一些人没有这么幸运。

记者：你小时候的理想是当警察，经历了这次事件之后，对于这个职业有什么看法？**——对心理事实的提问**

董留民：现在觉得这个工作真的伟大、神圣，这不是大话，是发自内心的话：虽然受黑恶势力打击，但得到了老百姓的爱护和支持，他们都是站在我这一边的。

记者：你觉得当地的社会风气能好转吗？**——对观点的提问**

董留民：现在恶势力可以说是灰飞烟灭。（思考了一会儿）一个地方的风气关键看领导，如果县委书记崇尚正气的话，可以借这个东风。这对平舆是一个震动，我想领导干部也会反思的。

记者：作为一名警察，你认为打黑除恶工作的困难在哪里？**——对观点的总结性提问**

董留民：恶势力的形成和做大都和党政部门有关系，难就难在公检法司内部。

记者：如果你再次遇到这样的案件，你会怎么做？**——对观点的假设性提问**

董留民（沉思了一会）：建议异地办案。[①]

三、以肯定语结束提问

在结束提问的时候，记者一般应当以肯定的方式结束采访，也等于是对对方配合采访的一种感谢。这种肯定语包括：

“您提供的信息对我们的报道很有用。”

“您提供的信息将使社会上澄清××错误认识。”

“您的信息将终止不正确的流言。”

“您谈的事情满足了读者和观众对这个问题的兴趣，给观众提供了相关的知识和服务。”

一般来说，不论采访对象用什么样的态度接受采访，也不论他提供的信息是否对路是丰富还是简单，是否可以运用到新闻作品中去，记者一般都要用肯定语结束采访，并感谢对方。

第三节　不同功能的提问

在提问的过程中，不同的提问常常有不同的功能，有些提问用于搜索，看看采访对象是不是了解某方面的情况；有些提高用来挖掘真相；有些提问用于与采

① 陈静：《举家流浪不言悔》，载《南方人物周刊》，2004（15）。

访对象的探讨；有些提问则是用来挖掘报道素材；还有一些提问是创造性的提问，用来激发采访对象的真实想法和灵感，以便获取独家素材。

一、搜索式提问

搜索式问题也叫普查式问题，这类问题的主要功能是了解采访对象对某一方面的知情状态，从而决定记者是否值得在这一方面深入挖掘，特别是在采访开始的时候，或者是对一个新领域开始提问的时候，常常要搜索一下，看采访对象是不是对这类事实有所了解。

这类提问如：

当时那个活动你参加了吗？
这个事情发生的时候你在不在现场？
当时你在不在这列车上？
××事件开始的时候，你们知道不知道？
做这个决定的时候，你参加没参加讨论？
这个决定当时他们是不是请示过你？事后你知道不知道发生过这个事件？
这个事情当天有人告诉你吗？
××报告你看过没有？

如果参加了，当时在现场，或者表决了，或者看过报告了，采访对象才有可能了解情况，否则基本上记者就没有继续采访的必要了。

当然，在采访之前，我们就应当确立最知情的人是谁，把他作为访问对象。但是，在很多复杂的问题面前，记者还是应当尽快地筛选或寻找回答这个问题最有权威的人。经过这一类提问的过滤，记者不仅可以迅速地排除不必要的采访对象，而且可以追踪新发现的知情人，记者在这里紧跟着的问题就应当是：谁参加了这个会议？谁最先知道这件事情？从而迅速地确定新的、更权威的知情人或见证者。

二、基本要素的提问

调查一个事实的基本要素的时候，五个 W 是调查的基本提纲，有人把它称作“下拉菜单式提问”。即：

发生了什么事？

什么时间发生的？

在什么地点发生的？

什么人干的？

事件的最后结果是什么？

这五个方面是调查一个事实的最基本的框架，比如下面这段新闻：

> 今天早上8点10分，市区东大桥路口发生一起车祸，一名姓李的司机将车撞到东侧第二桥墩上，当场死一人，重伤二人。

在这条新闻中：

什么事？——发生车祸；

什么时间？——早上8点10分；

什么地点？——市区东大桥路口；

行为者是谁？——一名姓李的司机；

结果是什么？——将车撞在桥墩上，导致一人死亡，二人重伤。

五个W的调查框架虽然并不复杂，但是在采访中也要慎重操作，因为在这些要素上出现失实和误差是新闻工作中经常发生的事情。这里就要求：第一，我们提问的对象必须是这个事件的见证者和权威的发言人，比如交通警察。第二，要求记者在每一个要素的提问中，尽可能地寻找佐证，比如对这起车祸的见证者提问，应当让他确认一下8点10分这个时间点是不是准确。

如可以追问见证人：

> 是你当时看的表吗？
>
> 看的谁的表？
>
> 你的表准不准？

再如对车祸地点的提问，要仔细地问清楚，如：

> 市区东大桥是不是仅此一个？是东大桥东侧的第二个桥墩吗？
>
> 东侧一共有几个桥墩？

是自西向东数还是自东向西数？
那个桥墩有多粗多大？

再如问到行为人：

那位司机姓李，是哪个李字？是木子李？还是礼貌的礼？还是理想的理？
是他开的车还是他仅仅是坐在驾驶室里面？
这个司机是否受伤？
出事时这个司机是否睡着了？

再如车祸所造成的结果：

死人的数字是多少？（最重要的是人员的伤亡数字，要反复核实。）
听说死了一个人，谁说的？
谁看到的？
这个人叫什么？
坐在什么方位？
他是不是司机？
是当时死亡还是抢救中死亡？
什么时候确认他死亡？
是医生确认的还是警察确认的？
重伤的人有几名？
怎么知道他们是重伤？

这时候回答这个问题最权威的恐怕是急救的医生或者是抢救的医院：

司机开的是什么型号的车？
车牌号是什么？
车子的损坏程度？
是撞坏了还是撞毁了？
驾驶室变形了吗？

桥墩的损坏程度如何？

对整个桥的使用有没有影响？

以上是五个要素的基本调查，在做这个要素提问的时候一定要同时做好笔记或者录音，并妥善保存好，这是记者报道的依据。五个要素弄清楚了，就等于事件的这个“点”弄清楚了，以后的报道才可以比较放心。

再如采访一个会议，就要了解：

这个会议的名称是什么？

会议的中心议题是什么？

什么时候开的会？

主要参加者是谁？

主席台上坐的是谁？

谁主持的会议？

谁作的报告？

谁讲了话？讲了什么？

有些记者在要素调查的时候不注重准确性，很多要点似是而非，例如司机的姓氏弄错了，车的型号弄错了，撞击的时间弄错了，特别是对死亡人数也常常出现重大误差。不少失实报道正是因为在这些具体问题的提问上缺乏把握、缺乏提问的准确性、缺乏佐证的材料、缺乏记录的准确性而导致的。

在某些新闻的采写过程中，比如说对讣闻的采访中，提问的准确性要求极高，例如当事人的生卒年月、准确职务、主要功绩等一定要反复核实。再如病重期间，哪位领导人前去看望，哪位领导人参加了追悼会，谁送的挽联，都要求相当准确，这是一种调查的基本功。

三、引导式提问

引导式提问是把回答者的思维引向记者要探求的方向，这种引导式提问一般都在提问中以背景作铺垫，从而了解采访对象在某种情境之下的动机、态度。例如记者询问了一个因工伤事故而失去手指的王姓农民工对赔偿的态度。

记者：你到永康打工有多长时间了？

王：有7年了。我干了有两三个厂了。

记者：你第一次手受伤是怎么解决的？

王：就是医药费出了一点，然后补了两个月工资吧。实际上也就是给了点住院期间的生活费。后来给了我2 000块钱，两个手指给了2 000块钱。

记者：两个手指就只赔2 000块钱，你觉得冤不冤？

王：那当然冤了，但我没有办法，我起诉过，律师也请好了，没办法，他们关系都比较好，没办法。最后劳动部门过来调解，那时候也快过年了，我们从外地来打工，拖不起的。如果我要起诉的话，需要劳动部门给我开证明，但是劳动部门的人也是本地人啊，所以证明开不出来。没办法，只好接受了。①

上面的"两个手指就只赔2 000块钱，你觉得冤不冤？"就是记者对农民工的态度做的询问，他希望农民工就断指索赔的价格说出自己的态度。

《重庆晚报》记者张少科为了报道都市乞丐的生存状态，和乞丐李建军"混"了两天，下面是部分"精彩"对白：

记者：别人给钱时，你心里怎么想？

乞丐：麻木了，没有想法。

记者：感激吗？

乞丐：不。

记者：觉得他们愚蠢吗？

乞丐：也不。

记者：你觉得重庆人善良吗？

乞丐：他们供我吃，供我穿，供我玩，我就是冲着重庆人善良来的。

记者：你露过馅吗？

乞丐：趴在地上乞讨时，眼睛看着地，耳朵却管用，不时也听到有人说"假的吧？"还是给了钱。回到旅社，扔了拐杖到处跑，大家都知道我是装的，但人家才不管这些。现在的人，各人自扫门前雪，哪管他人瓦上霜？

记者：晚上怎么打发时间？

---

① 转引自中央人民广播电台国内评论部：《新闻纵横之调查》，142～143页，海口，南海出版公司，2004。

乞丐：打麻将、看录像、跳舞或嫖娼。乞丐有钱都去玩，常人没吃过的我吃过，别人没玩过的我玩过。

记者：知道在骗人吗？

乞丐：知道。但你看，大街小巷，卖假金项链的、卖假皮货的、算命的、非法职介，那个卖女装的商店天天宣传“最后半天跳楼价”，半个多月了还在喊“最后半天”——是不是骗？更不要说那些贪官动不动几十万，几百万，我1元、5角地骗算什么？我本是正常人，长期装残疾，连我自己都觉得自己是残疾人了！

记者：想过后果吗？

乞丐：白天我是人下人，晚上我是人上人；白天我是鬼，晚上我才是人；我过着人鬼颠倒的生活，是这个正常社会的畸形物。①

在这段访问中，记者用了大量引导性提问如：“别人给钱时，你心里怎么想?”、“感激吗?”、“觉得他们愚蠢吗?”、“知道在骗人吗?”等，探询一个乞丐的真实想法。

四、挖掘式提问

这类提问一般用来了解事实的具体细节、发生的原因、背后的动机和相关背景。

如询问见证者以获取细节：

当时你看见什么了？
你看见是他去扶老太太了吗？
还是他把老太太撞倒了？
具体在什么位置？
你能比划一下吗？
他是不是像……

如询问某个事实的原因：

① 张少科：《暗访调查实务》，60～61页，北京，中国传媒大学出版社，2006。

为什么会发生这件事?
第一次是怎么发生的?
这孩子的出走与和老师的冲突究竟有没有关系?

如询问某些人的动机:

是自己心里想做(如吸毒),还是被朋友拉进去的?
是抱着什么样的心情去赌博的?
你认为输的钱一定能赢回来吗?
为什么你一定要坚持这个观点?

如询问事实的相关背景:

×××人原来是不是在这儿值勤?
他是哪来的?
是正式工吗?
这个路段是不是经常出事?
概率是多少?
死过人吗?

所有此类提问基本上的中心问题就是:“到底是什么?”“究竟为什么?”

记者常常顺着某一思路一直挖下去,直到“把水淘干”,或者直到记者认为材料能够说明问题了,骨干事实已经拿到了才罢手。

下面是中央电视台的一个专访片段,可以展示一下记者在现场是如何挖掘问题的。

1998 年 3 月,记者钱钢在河南省新乡监狱采访了因多次受贿获罪的前河南省鹤壁市市长朱振江。

朱振江出生于贫苦农民家庭。1969 年毕业于南开大学。1994 年担任河南省鹤壁市市长,为官期间贪污受贿人民币 23 万余元,于 1997 年 3 月被河南省司法机关依法逮捕,判处有期徒刑 12 年。

朱振江第一次是在 1991 年 9 月收了一个建筑公司的贿赂赃款,从此便一发不可收拾,开始了他受贿索贿、权钱交易的过程。记者采访的目的,在于挖掘朱一再受贿的“动机”。

问：你能具体说说吗？

答：最早的应该在1991年，是化纤纺织厂的厂长胡安林。

问：那已经是你当市长很久的事了。1991年已经有建筑公司那件事了。

答：印象中好像是的。

问：当时他们向你提出要求并拿出钱的时候，你的真实心态是怎样的？

答：我们是先谈事情，并不是先拿钱，临走前给我一个信封，我追出去他们已经跑了，拿了钱以后想退给他们，但又怕不给他们面子，我想过交给组织，又怕他们知道，会得罪他们；加上社会上不正之风流行，说实在话，我也没有勇气去抵制。

问：这不是与你过去的自律冲突了么？

答：是！

问：你当时是什么心态呢？

答：这是面临的新情况，心理冲突，没胆量去抵制。

问：想退钱的念头有多长时间？

答：我和家里商量，为了工作不想得罪人，反正别人也不知道。[①]

在采访开始的时候，朱振江一直把他受贿的过程和受贿的动机说成是“怕得罪人”，理由是建筑公司财大气粗，而他刚刚出任市长，不能把朋友都得罪光了。钱钢深入了解此类贪官的心理之后，并没有用简单地审判式的结论去批驳他，而是在仔细地审读了案卷之后，精心地设计了一个细节性的提问，用大量的事实来说明，这个贪官几十次地收受贿赂，不是什么冠冕堂皇地为了搞好关系，也不是什么“怕得罪人”，没有能力抵制社会风气，而是他抵御不了金钱的诱惑，贪欲膨胀的结果。

问：如果退了那笔钱，在什么意义上得罪人？

答：人都是有人情的嘛，交朋友，工作上的大力支持，今天得罪一个，明天得罪一个，四处得罪人，都得罪了怎么办，说白了，你还得要选票——不是得罪一个怎么样……

① 中央电视台《新闻调查》1999年5月21日节目《从市长到囚犯》。

问：建筑公司有没有竞争对手？

答：有。

问：他们都是你的下属吗？

答：对。

问：你就不怕得罪他们？

答：其他单位没有找过我。

问：你怕不怕得罪那些没找过你的人？

答：我理直气壮，没收过他们的钱。

问：你说你收钱是为怕得罪人，那你有没有胆量说“帮忙又不收钱”？你到底是不是因为怕得罪人才收钱的？

答：这个，这就别说了。

问：后来几十次每次都怕么？

答：接触多了，有时他们会利用机会送点也就算了。

问：普通人怕得罪么？

答：普通人考虑少一些。

问：那你为什么还收普通人的钱，譬如说帮开个药店，办点个人的事？

答：都是朋友。

问：朋友还要收钱？

答：当然不收。

问：朋友之间还存在得罪么？

答：不。

问：有些人是不是办完事以后表示感谢送来的？

答：不是。

问：你收钱的时候，怕得罪人是不是最主要的原因？

答：是原因之一。

问：那你来说说其他原因？

（默然）

问：除了怕得罪人外，占据你心里的主要原因是什么？

答：（沉默半晌）不劳而获占人东西，贪心嘛。①

---

① 中央电视台《新闻调查》1999年5月21日节目《从市长到囚犯》。

仅仅是为了挖掘朱振江受贿的真实动机——贪心，不劳而获，钱钢就整整追问了21个问题。

再如，2007年12月，中国人民大学的一群实习记者去了解北京市民对于70年前发生的南京大屠杀事件的看法。不少人满足了在街头访问时，市民们那种含糊其辞的，似是而非的回答，譬如说“不太了解”，譬如说“忘记了”……一些老年人则认为“国耻不能忘”，等等。而有一位实习记者听到这么一条新闻线索：一位痴迷太极拳的老先生，前两年一直教一个外国留学生练拳，他也非常喜欢这个小伙子，但在他得知这个小伙子是个日本人的时候，却再也不肯教他拳术了。这个实习记者不满足于听说的这个事例，而是抓住线索，天天在小区的公园门口等这个老人，终于有一次得到了采访的机会：

问：你为什么不教他太极拳？听说他是一个谦虚的男孩子，从小就喜爱太极拳。

答：我本来很喜欢这个小伙子，每天早上6点钟他都准时来，和我们一起打拳，有一年多了，后来有一天我突然知道他是一个日本人，心里立刻堵了一个大疙瘩。

问：日本人也很喜爱中国的太极，他又非常敬佩您的拳法。

答：看到日本人，就想起了过去，想起了日本兵杀人的事，我就不想教他……

问：你见过日本兵杀人吗？你们家有没有人被害？

答：我们家倒没有人被杀，可是我们村里有好几个人被打死。

问：那时候你很小吧？能记事吗？

答：那时候我10岁，日本人来了，不能读书了，我妈领着我们去逃难，几天几夜蹲在庄稼地里，我妈抱着小弟弟连奶都没有，我们家的房全让他们一把火烧了，想起这个我就恨！

问：那时候日本人做的恶，跟现在的年青人应该没有关系吧？

答：没有关系它也是一个民族，日本人现在都不道歉，这太说不过去了，那时候他们从中国抢了多少东西走啊！

问：可是那个日本青年是不是挺伤心的？

答：他总归是个日本人，想起日本鬼子做的事，我就不想教他……

这个老先生的话，深刻地展示了日军当年的暴行在中国老百姓心中留下的抹不去的阴影，这些挖掘式提问使这位实习记者的报道有了深度。

挖掘式的提问目标大多数是隐性事实，所以提问有一定的难度，它要求记者：第一要有主动精神，要有强烈的好奇心，弄清楚到底是怎么回事？

比如面对一个吸毒者：

问：你能跟我说说什么叫心瘾吗？

答：心瘾就是，那时候如果有人跟我说你们家着火了，说赶紧回去吧，我得说别着急，等我上我们哥们儿那儿抽完就回去救去！

问：毒瘾上来的时候是什么样一种感觉？

答：乱，急，一只兔子在你胸口里跑。急得你那样，真的。①

第二是要不断地用提问去澄清事实。

记者：我就是不明白你专门花了钱去戒毒，怎么还没回到家又去抽了？到底是什么心理？

吸毒者：那时候就想，我再抽一回吧，下回再也不抽了，抽一回，留恋感，再晕一回就不晕了。

记者：那时候是不是控制不住？

吸毒者：看见别人在抽，腿就直打哆嗦，想着再吸一回，就最后一回了。②

五、探讨式提问

这类提问主要用于与采访对象就事实真相、人物动机、事实原因和对事实的看法进行探讨，一般都在采访深入的时候才可以进行。探讨式提问的目的在于使采访对象把他们了解的一些情况加以整理、提炼或者在观点上升华，与他们就事实的真相以及对事实今后发展和可能产生的社会后果进行探讨。因为有的时候，采访对象虽然了解事实的一些片段，却不一定能确定事实的真相；有时候虽然了解到事实的现状，不一定能够确切地预测其社会影响；有时候虽然了解到很多事实，但是对事实的性质和看法也没有十分的把握。要达到一个报道的深度，记者

---

① 转引自梁建增、赛纳、张洁主编：《调查中国》，67页。

② 转引自上书，68页。

常常需要在独家事实、独家观点、独家背景、独家分析方面有新的探索，因此在提问中，采访对象常常是最好的讨论对手。

这类问题的提出常常如以下几种方式：

> 这个事有没有可能是×××的原因造成的？
> 可不可以说××事就是……性质的事？
> 您估计这件事能产生什么样的影响？
> 它是什么性质的一个问题？
> 它是一个丑闻吗？为什么？
> 您觉得这种做法不好，那您认为什么做法好呢？
> 您认为这该怎么办呢？

在我们前面提到的中央电视台记者对因犯受贿罪成为囚犯的前河南省鹤壁市市长朱振江采访的最后，记者和这位前市长的对话就有很明显的探讨意味，探讨的中心议题是——究竟是什么东西将一个人从市长变成了囚犯？

> 问：在你担任副市长、市长这 6 年期间，当年 42 块钱（指朱振江当年考上大学时交不起仅仅 42 块钱的路费和学费）的事是不是经常被你想起？
> 答：经常想起，但后来也就慢慢淡忘了。
> 问：你想起时，内心有冲突，有矛盾吗？
> （默然）
> 问：你认为从市长办公室到监狱，是什么带给你这么大的变化？
> 答：是金钱。
> 问：你要钱干什么？
> 答：也没干什么，就存着。
> 问：你缺钱吗？
> 答：不缺。
> 问：是什么动机让你存那么多钱又不花？
> 答：自己就是挡不住。
> 问：挡不住的东西，是诱惑吗？
> 答：是。这样的教训实在太沉重了，我至死也不能忘记。感谢司法机关，感谢组织挽救了我，如果这样下去，后果将不堪设想。当官是党和人民

的信任，所以在位时一定要珍惜，失去了就不会再来。不合法的事千万不能干，干了，吃亏倒霉的是自己。要想人不知，除非己莫为。做官的手里有权，每个人都要面对这个问题，但要知道如何利用好手里的权。千万不可伸手，伸手必被捉。①

探讨式问题常常使采访对象对事实作出新的判断，对事实发表新的观点，提出新的想法，作出新的预测，提出新的可能性和新的线索，这是采访中最具创造性的一类问题，也是最容易出独家新闻的地方。

六、展示性提问

此类问题的目的在于使采访对象展示自己的动机、观点。

例如一些先进模范人物的报道的感人之处，恰恰在于展示了人物的内心世界。

近些年来，一些监督性报道也常常将负面人物的行为逻辑和扭曲的心灵展示出来，特别是广播电视的采访，有时需要特别设计一些问题来展示采访对象的动机和心灵。

2001 年 12 月，《焦点访谈》播出了《当孩子落水之后》的节目，披露了宁夏回族自治区吴忠市副市长王明忠等人面对女童落水不救助，而最终看着孩子被水淹没的事实：

2001 年 10 月 31 日，宁夏吴忠市初一学生，12 岁的女孩王平骑车回家，在离家不远的七里渠南湾桥上碰上了一个由九辆汽车组成的干部视察车队，堵住了王平的去路，王平从这座没有护栏的简易桥边，连人带车掉入水中。车队带队的是宁夏回族自治区吴忠市副市长王明忠，随行的是吴忠市下属 5 个市县的干部，一行 35 人。孩子落入的不过是条水渠，只有十几米宽。当天水温 11 度，水深两米左右。小孩儿落水后，在水面翻腾了几次，救助的机会还是有的。

中宁县畜牧局局长董兴祥，是第一个看见孩子落水的人。

记者：那您第一次看见小孩儿从水里挣扎上来的时候，是什么时候？

董兴祥：刚下去以后，离桥四五米处翻上来的。

记者：你看见小孩的时候，她过了桥被冲下来只有四五米？

---

① 中央电视台《新闻调查》1999 年 5 月 21 日节目《从市长到囚犯》。

董兴祥：也就是一桥的距离。

…………[1]

当记者问起干部不去救人的原因，他们都有着很充足的理由。

记者：当时为什么没有人迅速地跳下去？

董兴祥：当时因为穿的衣服相当厚，再一个天气也冷。[2]

当时与董局长同车的另外两人全是30岁的年轻人，其中一个是吴副县长的秘书。据他说，本来是打算下水的。

刘宁远（宁夏中宁县副县长的秘书）：人多乱哄哄的。不知道谁说了一声，这都没有影子，往哪里跳。我在往水面搜寻，往闸坑那边搜寻，因为还有洄水，可能还会把娃娃洄上来，再漂下来，发现目标，一把扑下去，一把抓上来。

记者：你们的意思就是站在路渠边，等着她漂上来？

刘宁远：按正常闸坑都洄水，再发现她的衣服，或者发现目标，一把扑下去，把她抓上来。[3]

但事实是：各有各的说法，各有各的理由，没人下水救人。下面是记者对王明忠副市长的采访：

…………

记者：今天回过头来再看，你觉得在这件事上，我们的党员干部有没有责任？

王明忠：没有直接责任。我们应尽的责任都尽了。

记者：那么间接责任是什么呢？

王明忠：间接责任就是，如果我们的车队不到这个地方，那个娃娃也落水不了。[4]

①②③④ 转引自梁建增：《〈焦点访谈〉红皮书》，51页。

王副市长也谈到了不下水救人的道理：

王明忠：生命是有限的，小娃娃，十一二岁的娃娃，她从渠边栽下去，马上就得呛昏了，可能几分钟人就窒息了，十几分钟人就完了。这伙人下去以后，如果再出现问题，那个后果、影响是非常不堪设想的。这一点作为一个领导，我也得考虑。①

最后王副市长强调指出了没救孩子的关键的一条理由：

王明忠：关键就是这个小孩儿没有一点自救能力，这是一个客观的原因。②

眼看着一个12岁的女孩由于干部车队堵住了路而掉进水渠里面，岸上站着不少30多岁的年轻干部，硬是没人下水救人，导致12岁孩子的死亡。而这些干部们对于不下水救人还都有满肚子的理由。记者在这里的提问是故意设定的，目的在于让这些干部们自我展示——对人民群众生命的冷漠无情的面目。如：

问：你们的意思就是站在路渠边，等着她漂上来？

问：今天回过头来再看，你觉得在这件事上，我们的党员干部有没有责任？③

副市长王明忠的面目展示得最清楚，他做出一种无辜的样子，把没救出孩子的关键理由归纳为“这个小孩儿没有一点儿自救能力”。在电视画面中，这些真名实姓的干部，面对记者的质疑竟振振有词，充分展示了这些所谓“公仆”灵魂的丑陋。

这个节目播出后在观众中引起极大反响，人们抑制不住心中的愤怒，纷纷谴责这类对人民群众的生死冷漠无情的干部，这些有名有姓的具体当事人一时为千夫所指。

2002年1月，也就是在《焦点访谈》播出《当孩子落水之后》之后一个月，吴忠市副市长王明忠被撤销市委委员及市政府党组成员职务，同时上级纪委建议

①②③ 转引自梁建增：《〈焦点访谈〉红皮书》，51页。

撤销其副市长职务。

展示性提问的目的不是探求和挖掘未知领域，而是通过问题的设计，让采访对象自己来展示自己内心的“精神境界”，显示了新闻“用事实说话”的特有力量。

七、创造性提问

创造性的提问的目标往往不是事实本身，而是对事实的看法、感想、评价甚至是采访对象的愿望和内心的展示。这种提问在人物报道中有不可替代的作用，常常可以开掘出独家新闻。创造性提问有很多种方式，最能反映出一个记者的想象力和创造力。

创造性提问包括假设性提问、“最”字型提问等常用的提问类型。

（一）假设性提问

创造性的提问经常使用假设性的提问方式，也称为假设性提问。这种提问是记者的一种创造性的探索，即设置一种假设的情境，来探求采访对象的态度、观念和心灵。这种提问有时能够激发出对方更深入的具有独家色彩的信息和观点。但它要求采访气氛比较轻松，双方谈话比较投机，一般不适用于访问的开始阶段，如：

（1）角色转换式假设：

假如你是当事人，你会怎么办？
假如你是×××，你会打这场官司吗？

（2）情境转换式假设：

假如你中奖得了100万，你会怎么花？
假如让你给他打分，你给他打几分？
假如让你重新选择一次职业，你还会选择做教师吗？
假如让你再做一次决策，你还会选择投资这个产品吗？

（3）时间转换式假设：

假如你现在20岁，你还会选择这个职业吗？

假如倒退10年，你还会和他结婚吗？

假设性提问经常用来探求对方的具体态度，是很多记者经常用的一种提问方式，如意大利著名记者奥里亚娜·法拉奇在访问邓小平的时候就用了这种方式，深入地了解到邓小平对江青的评价：

奥：是否毛主席对江青的错误视而不见，江青是否像慈禧一样的人？

…………

邓：江青打着毛主席的旗帜搞，毛主席干预不力，这点，毛主席是有责任的。江青坏透了。怎么给“四人帮”定罪都不过分。“四人帮”伤害了成千上万的人。

奥：对江青你觉得应该怎么评价，给她打多少分？

邓：零分以下。①

法拉奇探求邓小平对江青的评价，希望找到一个鲜明的引语，她原来的问题是用“江青是否是像慈禧一样的人”来探求对江青的确切的评价，邓小平回答“江青坏透了”。法拉奇显然不满意“坏透了”这三个字的评价的确切度，因而又用假设性提问来追问：“给她打多少分？”法拉奇得到了“零分以下”这个非常确切，非常鲜明的评价式引语。邓小平对毛泽东评价是“三七开”，功劳占七分，错误占三分，对自己功过的评价是“对半开”，而对江青的评价却是“零分以下”。这个评价的对比令人震惊又非常鲜明。所以，假设性提问容易得到鲜明的新闻信息。

（二）“最”字型提问

“最”字型提问是为了了解对方印象最深的故事和深层次的想法。这类事实往往很显耀，所以作为新闻素材是非常合适的。

“最”字提问法可以询问对方最痛苦、最高兴、最忧虑、最痛恨、最苦的一次经历、最大的心愿、最震撼人心的事等等。

2006年3月14日，第十届全国人民代表大会第四次会议举行记者招待会，国务院总理温家宝回答中外记者提问。

---

① 《邓小平文选》，2版，第2卷，352～353页。

香港《文汇报》记者提出了一连串“最”字型问题：

本届内阁任期已经过半，回顾过去这 1 000 多天的施政历程，您觉得什么成绩是令您“最欣慰”的？什么情景是令您“最感动”的？什么事情是令您“最痛心”的？您能否给您本人及内阁团队打个分，您将以怎样的精神状态完成下半段的任期？

温总理回答到：

我最觉得痛心的问题是在这三年的工作中，还没能够把人民最关心的医疗、上学、住房、安全等问题解决得更好。

新华社记者慎海雄是范长江新闻奖的获得者，他通过自己的深入调查，大胆揭露了一些基层血制品公司为了牟取暴利，竟然大量销售带有丙型肝炎的血液制品的问题。因此，一些黑势力多次拉拢慎海雄。记者在采访慎海雄时，也是用了“最”字法提问了解其中的故事。

记者：舆论监督过程之中，有些人也会想各种方法，来让您不要把这件事情说出去，在这过程中，有没有人想到要来贿赂贿赂您？

慎海雄：当然有，而且不止一次。

记者：送到您手里让您印象最深的礼物是什么？

慎海雄：印象最深的是 1998 年，我到浙江台州去搞调查，当地有一家金融机构非法集资。我就写了内参，引起中央领导同志高度重视，后来他们也拉拢了我好几次，我都放在一边，结果那个老板过了一段时间又来了，他说上次那个事情还请你多关照，解铃还需系铃人，我路过这里，别人让我顺便带点东西给你，你收下吧，也不是我的东西。我马上打开一看，有一个钻戒，数一数还有几万块钱。我说不行，这个东西你拿回去，他说又不是我的东西别人让我送的。我说你不收回去，我马上就给它扔到马路上去，他说你这个人怎么这样子。[1]

---

① 转引自叶成群编：《记者档案》，61 页，北京，中国青年出版社，2005。

“最”字型提问很容易引起当事人的回忆，也容易引起当事人的感慨，所获取的材料常具独家性，是一种有效的提问类型。

第四节　提问的规律

为了让被采访者更好地回答问题，记者的提问应当遵循以下规律：

一、第一个问题

提问过程中的第一个问题特别重要，它是在记者和采访对象初次见面，并经过“拆墙”之后，第一个正式的问题。一般来说，提问中的第一个问题一定不要给对方出难题。它通常有三个特点：

（1）提问的切入点从新近发生的一件事实入手。

（2）问题一定要小，要具体，使之容易回答。

（3）一般不提尖锐的问题。

这样做的目的，在于迅速地打开访问局面。

如问一个城市的拾荒者：

问：你们一般几点钟起床做饭？
答：3点多4点的样子，因为4点钟就要走。

问一个刚从农村来的打工者：

问：你是一个人过来的，还是全家都来了？
答：我一个人。

再如询问一个失去父亲的孩子：

问：你最后一次见到你父亲是在什么时候？
问：你父亲跟你说了什么？
问：你和你父亲吃的最后一顿饭是在哪吃的？
问：你父亲给你的最后一封信现在还保留着吗？

《中国经济时报》著名调查性报道记者王克勤，用了半年的时间调查北京市出租车管理中的不合理现象，写出了《北京市出租车调查》这篇很有影响力的报道，他因此被评为2003年首届中国记者风云榜中的人物。

中央电视台主持人张小琴采访王克勤时，第一个问题是：

我非常仔细地看了这几篇文章，我觉得你是不断地在算账，但这些账中有很多算的是出租汽车公司的账，你去采访的时候，人家能够接受你吗？①

王克勤采访时历经重重阻挠，他当然很容易回答这个提问。

张小琴采访调查性报道记者赵世龙时，第一个提问是：

你暗访的时候经常扮演各种角色，可是你记者做了很长时间了，身上会有一些职业痕迹，你不怕别人识破你吗？②

于是赵世龙开始对他的乔装采访经验侃侃而谈。

以上这些问题都是比较容易回答的第一个提问。

二、提问要清晰、简洁

（一）提问要清晰

所提的问题一定要清晰、鲜明，让对方一听就知道你想问什么，这考验记者思维的清晰度和表达的准确性，如访问一位报纸编辑：

您曾说新闻只有一天的生命，为什么又把您的报道出成了集子？新闻报道的生命能够持续很长时间吗？

记者的提问表述清晰，对方的回答也可能清晰准确，这样的谈话思路通畅，使人轻松愉快。

但一些记者的提问含含糊糊，不知所云，让对方难以听清楚，有时还要反问

① 转引自徐惟诚编：《讲述》，77～78页。

② 转引自上书，206页。

记者究竟想了解什么。

如以下这个问题就显得含糊不清：

> 我们听说过，您说新闻只有一天的生命，这是不是说明新闻过了那一天生命力就减弱了？我们又听说您把新闻报道出成了一个集子，我们看到这个集子，感觉它的感情很真挚，报道的东西很有新闻价值，报道写得很好，也产生了很大的社会影响力。那么您认为新闻的生命力表现在什么地方呢？

这个问题提得就不如前一个问题那么清晰明了，显得绕来绕去，似是而非，含混不清。

（二）提问要简洁

要把问题问得简洁，必须首先分解问题，将大问题分解成小问题，包含的要素不要太多。

简洁的提问：

> 这个判决书上对事实的认定你同意吗？

不简洁的提问：

> 这个判决书上所说的事实，比如说您在收购国企的过程中，侵占了国家的财产，里面还谈到您对那三家房产的买卖中您是不是也有化公为私的现象，这两个问题影响都非常坏，您对这个事情有什么看法吗？

另外，提问的语言要简洁，特别是一些背景式提问，记者在提问中往往过多地陈述采访对象以前的观点或某些事实，就可能导致提问的句子很长。

例如向一个学生了解学校在评奖学金时的不正确的倾向：

> 这个评奖学金的标准已经导致了另一种后果，即在学校中发出了一种导向的暗示，只要学习好的就能评上奖学金，学习成绩成了硬通货，其他比如这个人的工作能力，这个人的道德水平，对公益事业是不是热心等等，在今后的工作中可能是一个更重要的素质，很多大学毕业生的经验都证明了这个道理，其实都是一个好学生的标准，那么评奖学金的标准你认为是不是有所

偏差，是不是不利于学生的身心成长？

这样提问固然指向性比较清晰，但是，由于用了大量的背景铺垫，提问就显得很长，使人记住后面就忘了前面，不利于对方清晰明了地回答问题。

三、提问要具体

提问一定要具体，这个是新记者特别容易犯错误的地方，他们所提的问题往往过大，过于空泛。

如问一个普通老师：

请你谈谈对高等学校教学评估的看法。

如问一个农民工：

请你谈谈对你们建筑公司的印象。

如问一个普通工人：

请问你们在公司的待遇怎么样？
你认为你们公司的管理怎么样？

以上的提问由于问题太大，缺乏针对性，肯定会把对方吓跑！

在每年“两会”的各种记者招待会上，总有一些记者提出“巨大”的问题：

请您具体谈一下去年政协在履行政治协商、民主监督和参政议政职能方面有哪些新进展？**——这个提问包括的内容太多了！**

社会上有人对人大代表具体发挥什么样的作用不够了解，请发言人作个介绍。**——这个问题太大了，几个小时都回答不完！**

请问某某代表，去年您也接受记者采访，今年再次接受采访，有何感想？**——问题太空泛，难以回答！**

以上的提问，第一是抛出的问题太大，第二是问题太空泛，指向不明确，针对性不强，如果不事先向采访对象通报，对方即使对问题有所了解，也很难在短时间内全面地整理思路，将其条分缕析地回答清楚。如果对普通人提的问题过大，对方往往会被难倒，只好搪塞回避。

所以大问题、空泛问题常常是新记者采访失败的一个陷阱。

问题提得具体，回答才能具体，所获取的信息写作时候才能用得上。即使是记者用于搜索的问题，也不要提得太大，这就如同吃西瓜，整个一个西瓜很难下口，只有把它切成一块一块的，才能吃下去。所以，我们碰到大问题的时候，要事先把它一块一块地切小，把大问题化作小问题。

例如上述对教师提的问题，可以切成如下的小问题：

> 你们学校高校评估过后，系里的课时管理有没有变化？
>
> 现在对学生课堂的管理是不是比以前严格了？
>
> 整个评估活动，你们多长时间周末没有休息了？
>
> 有人说这个评估中，有些形式主义的东西特别劳民伤财，比如说欢迎仪式，比如给评估团的文艺表演，你觉得这有必要吗？

如果问一个普通的农民工，对公司“待遇”的满意度和对公司“管理”的评价，这个问题就显得大而空泛。因为这个问题本身比较复杂，有比较多的信息组合，让对方一下子作出评价难度太大，台阶过高，常常会引起对方的畏难和抵触情绪。如果把问题具体化，把一个大台阶降为几个小台阶，对方就容易回答了。

如询问农民工对公司待遇的态度，可以划分作以下几个小问题：

> 听说你们每月能拿到 800 多，是大工 800 多还是小工 800 多？
>
> 在你们的老乡中（同样都是搞建筑的），你们算高的吗？
>
> 工资是每月领还是年底才领？
>
> 公司押你们钱吗？
>
> 中间的病假扣钱吗？
>
> 中午吃饭公司管吗？还是自己掏饭钱？
>
> 住宿公司管吗？
>
> 要是有工伤，公司管治吗？有救济吗？
>
> 还愿意在这个公司继续干下去吗？

如要询问一个工人对公司管理的看法，也要把问题划大为小：

你们在公司干活订合同了吗？
给不给你们上养老保险和医疗保险？
要是不干了这些保险能不能带走？能不能续到下一个公司的账号上？
公司经常加班吗？有加班费吗？
上岗前有没有安全培训？
公司的劳保措施怎么样？
在干活的时候觉得安全不安全？
干得好有奖金吗？
每月休息几天？等等。
…………

把上述的大问题切小了，具体化了，对方比较好回答，而且回答的材料在写作时也好用。

具体的提问特别适合于文化水平比较低的人群，或者是青少年。因为他们对生活的感受力强，但语言概括的能力相对比较弱，提了大问题就难倒了对方。有的时候一个大问题还可能带来千篇一律、缺乏个性色彩的概括性的回答，缺乏表现力和吸引力，使记者在写作和编辑时难以运用。

中央电视台著名节目主持人敬一丹也曾碰到过这么一次尴尬的回答：

比如，两个采访，一个是对孩子，一个是对省长。我就想了，对省长更重要些了。但是，那孩子一不留神就能把你弄得极为狼狈。

有一次我采访北京一个重点中学的高中生。

我对一帮小女生说："你们怎么看中国的电影啊？"一个女生就说："我觉得，中国电影要走向世界，必须走民族化道路。因为只有民族的才是世界的。"

我想，这个孩子昨天看了哪篇电影评论文章啊，怎么比我都能说啊。你说这能怪她吗？你怎么引起的这话，怎么问的这话。我就检讨我自己，你问的这个问题像是对中学生问的吗？你怎么看中国电影？这话你可以问张艺谋，可是你问中学生，她只能用一句别人的，语录式的话来对付你。我们在电视里听到许多大话、空话、套话，很多都是记者问话不当造成的。大而不当，我问的大而不当，别人回答的也大而不当。我怎样才能让她回答的像一个中学生说的话啊？

我就又问："哎，你们在中国电影里能看到你们中学生自己吗？"

这个时候，那个小女生就说了："我们中国根本就没有青春片，你看人家那《成长的烦恼》，我就喜欢看那样的片子，我就特希望中国有那样的片子。现在的中国电影，一说到我们中学生，就说我们早恋。我们哪儿有工夫早恋啊？我们课业负担那么重。"

这话怎么这么生动啊！是吧？把中学生面临的两个矛盾全说出来了。我们不是不想早恋，我们是没工夫。我在编辑的时候，就用了这段。我觉得这段很像一个中学生说的话。录像是能够藏拙的，后期编辑时我就把开始问的那个傻问题删掉了。但是这个教训我记住了。①

四、提问要讲究逻辑和层次

提问的逻辑要清晰，层次要分明。最忌讳的就是对问题设计的逻辑混乱，层次不清，大小不分。

逻辑混乱的提问，即没有按照我们日常思维的顺序，按部就班地来提问，或者说它是把不同评价标准的几个问题掺合在一起来提问，如以下例子就很鲜明：

一位顾客去买顶帽子，售货员问："你要什么样的帽子？"

顾客答曰："白的不如红的讨人喜欢，蓝的不像绿的那样讨厌，蓝和白比，宁可要白的，红的不如黑的可爱。"

试问这个顾客最喜欢哪种颜色的帽子？

这一事例就是很典型的思路混乱。四个思路段杂乱排列，而且有的是从肯定方面来对比，有的是从否定方面来对比，所以很乱。其实把它们全用肯定方面来比较，按二、三、一、四的次序排列，这就是一条很单一的思路，一点也不乱。

我们有些记者的提问也很像这位顾客，逻辑混乱，评价标准不一致，这个问题没问完，就跑到下一个问题了，一会儿又跑题到问题上来，事实没讲清楚就问观点，观点没问清楚就问细节，细节没问清楚又折回来问事实的基本要素，结果采访对象很快就被记者问糊涂了。

人在思维的时候，必须有明确的对象。人们把这些对象放在由暂时记忆和想

① 转引自方芳、乔申颖主编：《名记者清华演讲录》，168～169页。

象力组成的内视屏幕上，进行各种加工。人类思维的弱点就是怕振荡、怕乱。“乱”就是这些对象在输入到内视屏幕上时，造成混乱；或者输入时虽是清晰的，但在加工过程中发生混乱，出现了记不住、搞不清的局面，使思维无法进行下去。

提问时缺乏逻辑，就会使人的注意力在内视屏幕上大跨度地多次移动，来回振荡。这样的移动，用不了几下，人的思维就乱了。①

因此我们在提问的过程中，在思维上一般要遵循“点＋线”结构，所谓“点”，就是先把事实一个一个弄清楚；所谓“线”，就是把事实之间用因果连线串起来。在询问某一个事实的过程中，一般要：

先近后远；

先小后大；

先此后彼；

先易后难；

先事实后观点；

先缓和后尖锐。

在整个的提问过程中，记者的脑子一定要清醒。哪些该先问哪些该后问；哪些问题采访对象仅仅回答了一半就跑题了，等一会还需继续追问；哪些问题采访对象不愿意答，或答起来很犹豫，似有隐情，这些问题就很值得质疑；哪些答话出现了新的线索，哪些新的亮点需要深入挖掘；哪些关键性的问题需要记者从其他途径加以核实。

按照提问的逻辑性的要求，我们要求不仅每个问题要是清晰的，而且问题和问题之间的逻辑层次也应是清晰的。

提问时从个别到一般，还是从一般到个别，可分为漏斗式和倒漏斗式的逻辑层次：

第一种是漏斗式逻辑层次。

漏斗式逻辑层次是从一般到具体的逻辑层次，或者说是从大到小的逻辑层次，即先提面上的问题、大问题逐渐过渡到提具体问题和个别问题。

如对学校里某些课程进度的了解：

问：这个班学生对××课程的反应怎么样？

---

① 参见杜和戎：《讲授学》，105页，北京，高等教育出版社，1995。

答：主要是学生程度参差不齐，使老师的教学进度赶不上去。

问：是好学生意见大，还是差学生意见大？

答：好学生意见大……

问：你说好的同学意见比较大，那么发生了刘某某罢课的问题是不是因为他觉得进度太慢了？

答：就是这个问题。刘某某因此和班上的另一些同学产生矛盾，上星期还和那几个同学吵了一架。

问：这个问题你跟他谈了吗？怎么解决他们吃不饱的问题？

答：我们安排个别辅导，并还把几个尖子生挑出来组成一个小班。

问：尖子生的这几个人最后的学习成绩是不是很突出？

答：正是因为期末考试题要迁就落后生，没有显示出他们的突出性，所以导致学生刘某某罢课。

问：刘某某的建议是什么？

这是典型的漏斗型问题，即从大到小，先是了解某课程进度的问题，再了解进度上不去的原因，再了解某几个学生的过激表现，再了解具体的解决办法。

第二种逻辑层次是倒漏斗式，即从具体到一般。

我们常举的例子，就是意大利著名记者奥里亚娜·法拉奇 1980 年 8 月 23 日对邓小平的访问。

奥：天安门上的毛主席像，是否要永远保留下去？

邓：永远要保留下去……

奥：对西方人来说，我们有很多问题不理解。中国人民在讲起“四人帮”时，把很多错误都归咎于“四人帮”，说的是“四人帮”，但他们伸出的却是五个手指。

邓：毛主席的错误和林彪、“四人帮”问题的性质是不同的。毛主席一生中大部分时间是做了非常好的事情的，他多次从危机中把党和国家挽救过来。没有毛主席，至少我们中国人民还要在黑暗中摸索更长的时间……

…………

奥：我看不出怎样才能避免或防止再发生诸如“文化大革命”这样可怕的事情。

邓：这要从制度方面解决问题……

奥：你是否能肯定，今后事情的发展更为顺利？你们是否能够达到你们的目的？……

奥：四个现代化将使外国资本进入中国，这样不可避免地引起私人投资问题。这是否会在中国形成小资本主义？①

法拉奇询问邓小平关于毛主席像保留与否的问题，是有特别用意的。因为西方当时一直在怀疑，邓小平是不是像赫鲁晓夫对待斯大林那样全盘否定毛泽东。但法拉奇不是从大问题如“你对毛主席什么评价”开始，而是从天安门前的毛主席像是不是永远挂下去这个具体问题开始，过渡到邓对毛的整体评价。这是一种很典型的倒漏斗式的提问。

再如法拉奇想挖掘毛泽东和“四人帮”的关系，首先提出的不是“四人帮”的上台、在“文化大革命”中发难和毛主席的背景，而是以一个具体的问题：中国人民在讲起“四人帮”时……伸出的却是五个手指作为切入点，尖锐地追问毛泽东和“四人帮”的关系，这也是典型的一个倒漏斗式的提问。

第五节　提问时的问题类型

从对回答的限定程度或自由度来划分所有的提问可分为两类——开放式问题和闭合性式问题。

一、开放式问题

开放式问题指的是给对方以充分的回答空间，让对方自由地选择回答的范围、层次和取向。而提开放式问题比较适合于那些文化程度比较高，善于思考的采访对象，因为他们比较善于对一个大题目进行梳理和层次分类。

开放式问题一般用于以下几种情况：

首先是对基本概况的大概了解，其次是对某些复杂问题的搜索过程。

开放式问题的优点是：

（1）鼓励了对方的谈话兴趣，表达了愿意交谈的愿望，使采访气氛比较轻松。

---

① 《邓小平文选》，2 版，第 2 卷，344～351 页。

（2）能为记者提供大量和丰富的信息，有利于记者开阔眼界，发现新的线索和新的亮点。

（3）给采访对象提供了很大的舞台，有利于对方畅所欲言。

开放式问题的缺点是：

（1）由于给了对方很大的谈话的范围，可能造成采访对象漫无边际的回答，这时候需要记者不断地用打断的方式切入自己感兴趣的问题点，但是打断过多又怕影响采访对象的情绪。

（2）需要占用比较多的采访时间。既然给了对方一个很宽泛的谈话空间，激发起对方谈话的欲望，所以要给对方适当的时间，让对方能够把话题讲完，因此比较多的占用采访时间。

（3）这种问题不太适合文化程度比较低的采访对象。他们往往面对记者提出来的大问题无所适从。比如，你有什么感想？你对北京有什么印象？召开“十七大”你有什么想法等。此类问题过于“宏大”，往往使人们难以在瞬间迅速地整理思想调整回答问题的方向，造成或者沉默，或者张口结舌不知从何谈起的局面，特别对于文化水平低的人或是青少年，他们可能回答得完全不着边际。他们或者只讲学校教给他们的，或是电视中常出现的那些官话。甚至像为什么喜欢，为什么拥护，为什么选择这个职业等等问题，有时候在孩子们那里也会收到很尴尬的回答。

例如，中央电视台主持人崔永元在对一群孩子的采访中就有这么一次经历：

> 有一次他问一群孩子：你们喜欢看动画片吗？
> 孩子异口同声：喜欢！
> 崔永元问：为什么？
> 那个小孩回答说：我觉得可以受教育。
> 又问：你呢？
> 另一小孩说：我觉得可以长知识。
> 又问下一个：你呢？
> 又一小孩回答：我觉得可以受教育长知识。
> 又问——
> 答：我觉得可以长知识受教育。①

---

① 转引自方芳、乔申颖主编：《名记者清华演讲录》，169页。

他一共叫起了20多个，孩子们就跟商量好了似的，答案几乎一样，连崔永元都没有办法了。

著名主持人敬一丹分析说：这就是孩子表现出的从众的倾向，是我们媒体多年来有意无意的一种误导，大人们在电视里说的这些口号式的话，使得孩子们以为就那样的话可以上电视，所以孩子们就以为必须那样说。

敬一丹说：

> 我不相信有一个孩子在看动画片的时候他心里在想：我是在受教育，我是在长知识。①

二、闭合式问题

闭合式问题是我们在采访中经常使用的一类问题。这类问题的特点就是把回答的范围限定得非常具体，只让对方回答“是”或“否”。例如：

> 这个人你认识吗？
> 你到过现场吗？
> 那个钱你收了没有？
> 你是否喜欢这个颜色？
> 你是否同意这个观点？等等。

一些记者喜欢在提问开始的时候从具体问题切入，也有些记者在采访快结束的时候，为了获取素材而使用闭合式问题。

开放式问题和闭合式问题的不同问法：

（一）闭合式问题

> 你住在这附近吗？
> 你们的学习累不累？
> 你喜欢这座城市吗？

① 转引自方芳、乔申颖主编：《名记者清华演讲录》，169页。

你是不是喜欢这座城市才来旅游的?
你是不是也赞成抵制××公司的产品?
你是不是反对政府的这项决议?
你是不是对这种课程安排很不满意?

(二) 开放式问题

你选这个地方交通真方便，你是怎么租到房子的?
今天除了这门课以外你们还有什么课?
听说你到这好几年了，你觉得这座城市有什么特点?
你怎么想起来到这来旅游?
你认为××公司的产品质量怎么样? 为什么?
对政府的这项决议你有什么看法?
你认为这课程应该怎么安排更好一点?

闭合式问题的优点是:

(1) 问题非常直接，使采访对象很难回避。这是记者用于收集具体素材的时候最方便的一种方式。

(2) 减少记者提问的信息误差，也防止了采访对象跑题。

(3) 特别适合对文化水平较低的人的采访，如少年儿童的采访。

(4) 比较节约采访时间。

闭合式问题的缺点是:

(1) 常常被运用于追问、反问之中，如果记者此时的态度不够平和、亲切的话，提问就有审问的味道，往往容易导致采访气氛的紧张。

(2) 过多地运用闭合式问题可能破坏访问气氛，使采访对象失去谈话兴趣。

闭合式问题在采写监督报道时常常使用。因为，在这种题材的采访中，采访对象作为被揭露的对象，主动配合的极少。常见的情况是，采访对象先矢口否认，迫不得已时避重就轻，无理搅三分，有的甚至以某种侥幸的心理，“以攻为守”，企图混淆视听，蒙混过关，逃避责任。

在这种情况下，记者可以利用社会心理学中称之为“恐惧唤醒”式的说服，即以内行、权威式的责问，“猛药”攻心，破除对方的侥幸蒙混心理，打乱对方层层编织的借以抵赖的逻辑防线。在使用这种方法时，一方面要用内行人提供的信息令对方感觉你无懈可击，不得不信服你的道理；另一方面也要用内行的态度激起对方的情绪，令对方从内心感到有一定的压力与威胁，不得不服从事实。

中央电视台记者赵微在《焦点外的时空》一书中，介绍了她荣获该台1996年第一季度新闻评论部金奖的专题报道《治心病哪能添心病》的采访体会。

事情并不复杂：一患者在某医院安装了一台过期的进口心脏起搏器，而起搏器的经销者拒不承担任何责任。事情闹到中国消费者协会的协调会上，其经销者广东康明公司的D副总，非但不谈赔偿，反而从起搏器的工作原理、消毒工艺到几种型号起搏器之对比，侃侃而谈（其中夹杂大量的医学术语及少许英文单词），几乎把协调会变成了一次科普讲座。关于“过期”问题，他认为过期区区20多天，根本不影响质量，并以该起搏器目前在患者体内工作状态良好为由（由此证明起搏器并无质量问题），出人意料地向在座的各部门代表发出呼吁：请大家协助敦请患者家属尽快交付起搏器货款，否则，他们为患者履行担保责任的良好愿望将无法实现。一时间竟让人有些恍惚：这一事件中到底谁是受害者？

显而易见，这是典型的“以攻为守”策略。这种人的特点是企图在精神上压倒对方，理亏气势不亏。为了避免给人以心虚的印象，他们往往极其合作，积极并乐于回答任何问题，当然，他们的回答都是有备而来，对可能涉及的问题都预先做好了答案。一个提问会招来一篇洋洋洒洒的演说，一不留神，采访者就会陷入有理说不清，有劲儿使不上的困境。面对这样的采访对象，唯一的办法就是避其长而揪其短，从对方意想不到或准备薄弱的地方入手，挫其锐气。

请看记者围绕以下三个问题的几段精彩提问：

一、该公司推销员当时曾亲口对患者家属保证：这台起搏器过期只是“消毒期”过期，后来已经过重新消毒，可以使用。而实际上，这台起搏器根本没经过重新消毒，而且包装盒上标明：该起搏器不可重复消毒。对此情节，D副总在会议上说的甚少，想来是可辩解之理由不充足之故，于是提问如下：

记：你们公司的推销员当时承诺过这个起搏器已经重新消毒，这是否属于欺骗行为？

D：不属于，这是一种过失。不是有意欺骗，因为他想：起搏器嘛，肯定都是消过毒的了，要不怎么能用呢？**——此处有意模糊了“消过毒”与“重新消毒”的概念。**

记：可当时推销员口头承诺的是这个已经重新消毒了，是不是这样？

D：但他后来更正过了。

记：当时是不是有过这个说法？

D：这你可以问问他。**——此时推说不知已经晚了，刚才他不但承认了这个事实，而且连推销员的心理活动都说得一清二楚。**

记：这个人现在在哪儿呢？

D：嗯……（沉默）他最后跳槽了，到其他公司工作去了。**——看到此，观众的会心一笑已经说明了效果。**

二、该起搏器为美国CPI公司生产，产品说明书及担保书上明文规定：在有效期之后严禁植入人体，否则将不予担保。而康明公司的D副总宣称说明书中的担保条款是针对美国人的，作为独家代理，康明公司将对在中国销售的CPI产品负全部责任。言外之意：“人体”还要分“美国人体”及“中国人体”。

记：产品说明书上的担保条款对中国人是否依然有效？

D（猝不及防，沉默半晌）：……你，你说什么意思？**——显然不是没听清，而是没有来得及想好答案。**

记：说明书上担保的条款对中国人是否依然有效？

D：无效的。**——这是他面临两难选择，无论怎么回答都于己不利。**

记：那对您适用的有效期是多长呢？

D：我们一般控制在有效期之后的半年之内。

记：这个有明文规定吗？

D：这是我们内部控制的。**——说了半天，有效期是一两年还是十年八年全凭康明公司说了算，岂不荒唐？**

三、国家规定，进口心脏起搏器须经商检方可使用，否则即是违法。

记：出问题的这台起搏器经过商检了吗？

D：这台没有。

记：那这样的商品能够使用吗？

D：可以使用。**——又面临两难选择，与前次一样，他依然选择了先顾眼前，而实际上，这个回答依然对他不利——甚至更为不利。**

记：根据什么规定可以使用？

D：这个……我们对产品的质量啊，是有了解的，我们国家商检，其目的不是对它的质量进行商检，它是用一个法规来规范这种行为，这种商检，我觉得也没有什么实质性的意义，就对产品质量来讲没有什么实际的意义。

——竟然全盘否定了商检的意义。为了掩饰自己的错误，犯了更大的错误。

由此可见，记者以上提出的“是否属于欺骗行为”、“担保条款对中国人是否依然有效”、“是否经过商检”几个问题，都是非此即彼，简单判断的闭合式提问。这种提问，撇开了一切云山雾罩的扯皮、辩解，直取问题的实质，让是非曲直立见分晓。同时，通过不问自明的追问，使对方坚持错误的心态暴露无遗。[①]

第六节　特殊问题的提问

一、敏感型问题

敏感型问题是指以下几类问题：

（一）牵涉到隐私的问题

比如涉及一个人的家庭、婚姻、子女、健康、私人关系、人生挫折、人生不幸等问题。隐私问题常常牵涉到人们深层次的情感，是人们心里最“柔软”、最脆弱的地方，也是人们会有意回避的地方。

提这类问题的时候，为了避免尴尬性的局面，一定要先营造气氛，拉近关系，然后试探着问一下，看看有没有进行采访可能性。

你出的那件事我们听说了一些，能跟我谈谈吗？

这件事如果让我们知道你觉得方便吗？对你自己会不会有什么不好？

询问当事人有没有可能报道，怎样报道才可能不伤害当事人。

或者记者用直接性的提问也可以试探，如：

听说这件事你也参与了，能否……

---

① 参见刘善兴著：《新闻采访36式》，246～250页。

如果对方马上回避，坚决否认，记者就要想办法绕开直接提问，用侧面的方法了解信息。

如有些先进模范人物，对家庭的愧疚感往往成为他最不愿意谈的问题。比如一个边防前线工作的团长，在部队屡受嘉奖，但儿子从来不叫他爸爸。因为每每在家庭最需要他的时候，他都在前线哨所回不来。儿子幼时发高烧时救治不及时，落下小儿麻痹症，双腿不能行走，对他积怨甚深。这些事使他内心非常痛苦。在了解这一事例的时候，记者就十分小心，唯恐伤害对方。

如果去采访受伤害者的时候，记者要抱着理解和人文关怀的态度，首先要说明采访的理由：

> 很抱歉，因为工作的性质，不得不打扰你们！

如果去采访死难者的家属，要先对死难者的照片或灵位表示哀悼，说话的声音一定要轻，一定要尽量去安慰对方。

（二）牵涉到丑行和丑闻问题

这主要是指监督性报道中在对当事人丑行和丑闻事实的挖掘时，对方会非常敏感。这是这类报道的性质决定的。被采访对象所知晓的和所参与的这些事件不是违法的就是违背道德的，自己深知拿不到桌面上来，是见不得人的行为。因此对这类事实一直是回避的心理和态度，而且也容易造成采访气氛陡然间变得紧张和对立，使记者的提问有时也更像审问。但是，这类事实对于报道又是必不可少的。在这种时候，记者特别要注意态度的尊重和语调的平和。

二、对故事和引语的提问

故事和引语是最能吸引受众的新闻素材，但是采访的时候对方很难主动提供。

首先，故事和引语是在采访气氛比较融洽的时候才能够比较轻松地说出来，如果气氛紧张，对方容易回答概括性的材料，说起话来也容易讲“官话”、“打官腔”，而概括性的、官腔式的引语在作品中缺乏感染力。

如何将对方生动的故事和有个性特征的原话通过提问的方式“挖掘”出来，也是记者提问中的一个难点。

一般来说，采访先进人物本人时，他很难想起自己有趣的故事，也不一定能说出有特色的原话，而在采访先进人物的家人或同事、朋友的时候，他们往往容易从一个第三方的角度通过故事和原话来描述先进人物的事迹。所以说，有时记者正面要求对方讲讲“自己的故事”反而显得很尴尬，更多的经验是：记者通过迂回采访或者是非正式的访问，才有可能在别人口中得到这些材料。

记者郭梅尼在她采写的《勤奋出天才——数学家张广厚的故事》这篇人物通讯中，有这样一个精彩细节：

> 一次，他（指张广厚）刚刚坐上锅，放了油，猛然顿悟了他多日来思考的问题，转身便坐下来演算……突然，孩子惊叫起来：“爸爸，锅烧着了！”张广厚惊醒过来，只见锅里的火苗蹿得老高。好险啦！①

郭梅尼说：

> 这个细节，如果不是我找到他的爱人和孩子，靠他自己，是不会想起和我谈的。②

这篇报道，获得了1979年墨西哥国际征文比赛金质奖。应该说，一篇好的报道能够吸引人打动人，离不开这些典型的形象性很强的细节作为报道的“血肉”。而这类能够作为新闻报道“血肉”的材料，往往是储存在相关当事人记忆中的“活”材料，是记者、通讯员在采访中要着力挖掘的“金矿”。

为了获取精彩的故事，记者要尽量地鼓励对方使用比喻的手法来描述一个事物。为了这个目的，记者自己应当善于使用比喻的手法来描述事物，并善于用比喻的手法来启发对方对故事的回忆和对事物的形象描述。

个性化的引语是报道中最吸引人的地方，被西方新闻称作报道中的“金币”。记者在提问的时候要注意搜索这些个性化的语言，并要精心地设计提问，促使当事人“掏心窝子”。下面这个报道案例就显示出了引语的力量：

> 1986年12月，《哈尔滨日报》记者吕晓琦到市个体劳动者协会采访，与8名个体青年代表座谈他们的业余生活。座谈会上，个体青年们无拘无束，发言挺热烈，但讲的口径基本一致。他们都说，业余生活很充实，还说那些嘴里喊

---

①② 转引自刘善兴：《新闻采访36式》，219、220页。

精神贫乏的人，是“自己不愿意参加业余活动，只满足于吃喝玩乐”。

真的是这样吗？这位记者感到疑惑。她意识到这些青年朋友没有说心里话，也许，“他们不知道我这个记者安的什么心”。

于是，吕晓琦决定暂时停止“正规”的采访，直接走进他们的日常生活中去，和他们交朋友。她到货摊上帮个体青年卖东西，和他们一起去舞厅跳舞，一起上饭馆吃饭……就这样，记者和个体青年交上了朋友，心理距离慢慢消失，感情越来越融洽，他们终于向记者吐露自己的心声：

“我想入团，可上哪入啊？根本没人管这事，只好到舞厅来穷泡。”

“离开校门，就没人组织我们活动，真怀念学校的集体生活啊！”

“看电视里那些青年活动，智力竞赛啦，体育比赛啦，文艺演出啦，真是羡慕，可我们除了挣钱，就是三个饱一个倒。”

“记者，你能不能把我们介绍到哪个组织活动活动？”

这些没有一丝一毫掩饰的语言，真实地反映了广大个体青年对业余精神生活的强烈渴求。

了解到个体青年们的心理渴求，如何表现呢？正在记者冥思苦想的时候，和朋友们闲聊中无意间听到的一句话，点亮了她的思路。一位当教师的朋友告诉记者：一次她去餐馆吃饭，看见有张桌子上坐着几个青年个体户在大吃大喝。一个青年对我说：“大姐，您别买了，过来一块吃吧！”看到这位教师不愿意过去，他又说：“您放心，我们用的钱是干净的！”旁边一个青年又说：“说实话，我们穷得只剩下钱了！”听到这里，吕晓琦大叫一声：“太好了！太有价值了！”

沿着这个思路深入思考，使记者的认识得到深化。她终于写出了通讯《我们穷得只剩下钱了》，敏锐地抓住了一个具有时代意义的新话题，发表后引起强烈反响，在1988年全国好新闻评比中，获一等奖。①

我们在提问的时候，要特别地注意记录这些个性化的引语，比如朱镕基总理对某会计学会的题词只有五个字——“不要做假账”，表达出这位共和国总理的刚直不阿的性格和干练的作风。

比如“京九”铁路线开通以后，沿途的一些山区的老百姓跑几十里山路，来看看“火车是什么样”。几位农妇一手挎着野菜篮子，小心翼翼地问工作人员：

① 转引自刘善兴：《新闻采访36式》，136～138页。

“我能摸摸火车吗?”、“我的手脏会不会把火车摸脏?”这种典型的语言，表现出沿途老区人民对盼望已久的火车无比欣喜的心情。

天津一个建筑公司的模范施工监理范玉恕，对建筑质量把关极严。工人们用了这样一句话来形容他的监理作风——“比甲方还甲方”。这句引语使记者如获至宝，被用做了通讯的小标题。

捕捉引语的时候，要精益求精。引语选得不典型、不精彩，用到报道中就会适得其反。特别是某些领导人的讲话，经常被大段引用到报道中，传播效果并不好。

有一篇报道写的是某村党支部班子清明节前到烈士陵园去开展扫墓活动，题目是《烈士墓前的庄严洗礼》，中间引用了参加者大段的引语：

> ××镇镇党委书记×××告诉记者：“我们在清明节之际，组织近百名镇村干部到这里扫墓，就是希望通过这个活动，提高全体干部的党性修养，为所有干部建立起一道党风廉政的防线，特别是为新上任的村干部上一堂党课，为他们今后能够勤政爱民奠定基础、敲响警钟。”
>
> ××村新当选的党支部书记感慨地说：“以前也参加过一些党性教育学习，更多的时间是坐在屋子里学文件，今天我觉得参加这个活动感触很深，尤其是在我们上任之初，参加这样的活动更有意义。来到这里可以让人的心灵得到净化，我们这些村干部只有做好自己的工作，带领农民过上富裕的生活，才不会辜负这些革命先烈。”

这样的引语官腔官调，缺乏传播价值。

第七节　提问的策略

一个问题可以有不同的问法，它的主要目的就是设法把事实弄清楚。不同的提问方式可能收到不同的效果，关键在于记者审时度势，灵活运用。

一、正面提问

正面提问一般来说是开门见山的提问，这是记者最常用的一种提问方式。其特点是比较直白，直截了当，对方也很好懂。

例如：

你给他送这个钱心里愿不愿意？
你是什么时候听到这个消息的？
对这个职业选择你满不满意？
孩子的这个行为是不是你平常教育的结果？
这个问题的责任你认为该谁负？
你参加这个活动了吗？

在对待文化水平不高的人或青少年的时候，用正面提问的效率是最高的。

但是，正面提问有时会显得有些“生硬”，特别对于那些性格腼腆的人，或者是带有敏感色彩的问题，这时候，就需要使用“迂回”型问题。

二、侧面提问

侧面提问有时叫“迂回”问法。如果记者估计用正面方法提问太唐突，或者过于直白，怕对方难以接受，最好采用侧面“迂回”的问法。

例：一个孩子高考不理想，如果正面问考了多少分，可能会刺激对方。如果改为侧面提问：

你原来估计大概考多少分？
那现在的这个分数比预计的少了多少分？
哪一门考的不理想？

如一个同学没有被批准入党，如果是正面问：

没有批准你入党有什么感想吗？
你认为支部的做法是否不公平？

他可能不好表态。而如果侧面来提问：

据你所知，支部里的党员是不是对你有什么误解？
是他们对你缺乏了解呢，还是你主动和别人沟通不够？
他们的一些看法是不是因为你的性格特点造成的？

如果想了解一个人的家庭关系，往往也不适合正面提问，侧面提问比较适宜，例如：

听说你写书的材料都是你爱人给你准备的，你爱人一定支持你吧？
听说大衣是你爱人从国外给你买回来的，你们关系挺融洽吧？

三、反问

有些问题正面提问难以得到答案，不妨试一试从反面提问。

反问的方法往往是从相反的角度设问，探询对方解释性的想法。

比如：

采访对象：我当时真恨不得退学了！
记者反问：那你怎么没退学呢？
采访对象：我真恨不得和他一刀两断！
记者反问：你当时为什么把这关系维持下来了？
采访对象：我差一点就把这个箱子扔到车站了！
记者反问：那你怎么又带回来了呢？
采访对象：我一气之下差点把他给告了！
记者反问：为什么没到法院解决问题？
采访对象：我想以死相拼了！
记者反问：有那么严重吗？

资深记者郭梅尼曾去采访一个因救火而面部被毁容的青年人。这个小伙子本来长得眉清目秀，非常英俊，被烧伤之后，面目全非，走到哪里常遭人侧目。命运的巨大反差带给他巨大的痛苦。他原来非常爱美，讲究仪表。他认为，一个人活着，就应当给世界带来“美”。而现在他被烧得面目丑陋，不能给这个世界带来“美”了，为此他非常痛苦。

他向郭梅尼倾诉说：“像我们这样的人，活着比死难多了。”

这位老记者深知这位青年心中深刻的痛苦，但是她没有用鼓励的问话，而是反问了一句：“那么你为什么没有想到去死呢？是什么想法支撑你活到今天？”于是这位接受了很多记者采访，侃侃而谈自己身残志坚的“心态很平静”的人终于敞开了心扉，他跟记者讲了自己一次一次跟死亡的念头作斗争，坚持活下来的信念：“一个人生在这个世界上就对社会负有责任。”当一个人的责任还“没有尽完”的时候，他没有权力选择死亡。

正是这些震撼心灵的话语给了记者创造的灵感，记者郭梅尼将这篇通讯的标题定为——《烧不毁的美》。

四、激发式错问

激发式错问法是一种典型的质疑性提问，这是记者在采访对象不愿说出真相的时候使用的一种提问方式，即借用一些不准确的传闻，甚至明知是错误的信息，故意激起对方解释辩白的冲动。记者错问的时候往往是明知故犯，给对方设一圈套，或者故意把事实讲错，或者故意把责任归咎于采访对象，这种过激的手法常常使采访对象的态度从“要我谈”转变成“我要谈”，为澄清事实而拿出真实的信息。

曾有记者去采访一个消防安全很过硬的单位，但由于记者所在的媒体名声不显赫，那个单位的接待人员想搪塞一下把记者打发走。记者想见负责安全生产的科长，对方说“开会去了”。想见一下主管安全的副厂长，回答说“出差去了”。

面对这种采访的僵局，记者灵机一动，马上问：“我怎么听说你们单位几月份出了个安全事故，死了一个人？”

那个接待人员一下子愣在那里：“你说什么？我们单位?！出安全事故？怎么可能?!”

没等记者开口，这位接待人员马上把“正在开会”的负责人叫来了，打开了他们厂整齐有序的安全工作的档案，逐一介绍，而刚才所说的“出差了”的副厂长也很快来到现场，非常郑重地向记者介绍他们厂如何重视安全生产以及新的安全生产措施。

记者通过这种错问式的激发提问完成了采访任务。当然，这也是在迫不得已的情况下使用的一种方法。

当年，美国著名记者斯诺前往陕北采访时，坐在开往西安的慢车上，和几个旅客聊天。

一个要去四川老家的青年人说家乡附近有土匪活动，担心究竟能不能到家。一心要探索红军真相的斯诺抓住机会采访那个青年人：

"你是说红军吗?"

"哦，不，不是红军，虽然四川也有红军。我是说土匪。"

"可是红军不也就是土匪吗?"我出于好奇心问他。"报纸上总是把他们称为'赤匪'或'共匪'的。"

"啊，可是你一定知道，报纸编辑不能不把他们称作土匪，因为南京命令他们这样做……"

"但是在四川，大家害怕红军不是像害怕土匪一样吗?"

"这个么，就要看情况了。有钱人是怕他们的……可是农民并不怕他们。有时候还欢迎他们呢。①"

斯诺用错问法获得了生动的材料。

斯诺通过错问印证了两个问题：

(1) 红军不是土匪。

(2) 农民不仅不害怕，而且欢迎红军。

例如要访问在校大学生：

大学生的学习任务重吗?

是不是很紧张?

这个问题可能引不起学生们的兴趣，也可能学生们不知道该如何回答。

但如果用另一种激发的方式提问：

别人都说大学生特别悠闲，听说你们不是上网就是谈恋爱，轻松得很?

这样的问话很可能激起大学生的激烈反驳：

什么？轻松？我们现在每天学习十几个小时，考试的时候都是连轴转，一个星期 33 节课，还要做实验……

记者用错问激起了谈话的冲动，可以获得很多丰富素材。

还有一个记者访问一个已经戒毒成功的吸毒人员，劈头就是一句：

---

① ［美］埃德加·斯诺：《西行漫记》，10～11 页。

我听别人说，“一朝吸毒，十年戒毒，终身想毒”，你真的戒了？

记者的提问明明是在质疑戒毒者成功的事实，这就激起了这位戒毒成功人士强烈的谈话欲望，于是他特别仔细地讲述了自己从吸毒、戒毒、复吸、又戒、又吸，直到戒毒成功的痛苦又辛酸的经历。

五、追问

追问是提问中运用最广泛的手法，记者针对采访对象的回答不断地就某些疑点“追究”提问，中国俗话叫“打破砂锅纹（问）到底”，盘问最细小的事实，了解最根本的原因，一直到答案满意为止。

为了弄清一个重要的问题，记者要追寻着对方的谈话线索刨根问底，这常常需要一系列的追问。

例如在中央电话视台《新闻调查》栏目2002年的节目《与神话较量的人》中，记者与新闻人物——中央财经大学的财经学者刘姝威进行了以下的对话：

记者：这（指刘姝威在《金融内参》中发表了600字的文章后受到蓝田公司的威胁）对你的心情有什么影响？**——追问**

刘：对我的心情，当然是我知道了我面临的危险是什么了，所以当时，我已经做了最坏的打算了。

记者：什么打算？**——追问**

刘：以死相拼了，这是我真实的想法。

记者：有那么严重吗？**——追问**

刘：有那么严重！

（解说）从2002年1月10日开始，刘姝威陆续收到了来历不明的恐吓信，这更给她的生活蒙上了一层阴影。

刘：（2002年）1月10号晚上8点多钟的时候，我才打开我的信箱——他以电子邮件的形式给我发过来的——打开信箱之后呢，我就收到了四封恐吓信，就是“1月23号是你的死期”。

记者：1月23号是什么日子？**——追问**

刘：1月23号也就是我开庭的那一天，这一封是2002年1月11号的，再继续发，是21点16分发出来的，就是“2002年1月23号就是你的死期，你死了我给你烧一炷香，不，三炷香，三炷香!!”然后就是“将死之人，难免胡言乱语”，就是这个：“你应该把她的肠子从肚子里拉出来，然后在她脖子上绕几圈，再用力一拉，整个世界都安静了，临死前，她吐出收别人的100块黑钱，全是一元硬币……”然后我立即拨了110，拨了110以后几分钟，负责我们这个地区治安巡逻的110的队长，到我家来了。来了之后呢，我就把全部情况跟他说了，他临走的时候，说了一句话。

记者：什么话？**——追问**

刘：他说，“正义终将战胜邪恶，你不要怕，我支持你。”这个是从12月13号我接到传票以来第一次得到的，公开的、并且付诸行动的保护和支持，我会永远记住他的，我会感谢他一辈子。因为他是在我最困难和最危险的时候站出来的。然后第二天一上午，负责我们这个地区治安的警察就到我家来了，对我说，“谁敢伤害我们管辖地区的居民!”当时我特别特别的感动。真的，我特别特别的感动。

记者：那么你当时在这个过程当中，反反复复，你真的很害怕吗？**——追问**

刘：我当时，实事求是说，我当时一点都没有怕，我怕也没有用。现在只是想起来后怕，后怕，就是说，如果1月12号有关部门和公安机关不采取行动的话，一旦1月23号开庭的话，后果是什么？

记者：当时都在做什么样的设想？**——追问**

刘：我当时就是想，我跟你死拼了！我这结论是对的，绝对没有错！我绝对不会说，在任何时候，任何条件下，我绝对不会说我这篇文章是错的。

记者：你担心发生什么事吗？**——追问**

刘：我担心可能会有生命危险，因为以前出现过这样的事情。我现在经过了“蓝田”这件事，我才知道有的朋友为什么会死，为什么会自杀，因为当时他不论怎么做，必死无疑。

记者：你只是一个学者，而你所做的只是把你的研究结论在一个不公开的、属于机密的内参上发表了，为什么会让你的生活陷入另外一个世界？**——追问**

刘：这是非常不正常的，按我的一位律师的话说，你这个案子，将成为中国法律史上的一个大笑话，用一个不好听的话，这是一个丑闻。

记者：你这样认为？——追问

刘：你不这样认为吗？

记者：为什么说它是一个丑闻？你的观点？——追问

刘：它玷污了法律！①

在记者的层层追问下，学者刘姝威将自己通过正常渠道反映某公司财务问题所受到的恐吓和威胁一步一步展现出来，那些故事个个惊心动魄，发人深省。

第八节　提问中的倾听

倾听是交谈的前提条件。只有认真倾听，采访对象才有更大的兴趣接受采访。倾听的作用除了给采访对象必要的反馈，以营造气氛、激励兴趣之外，更是记者吸收材料、整理材料、设计新问题的最佳时机和方法。

一、倾听的任务

有效的倾听要做到以下四点：

（1）关注对方所谈的信息，试图理解这些信息，发现新的事实和新的看法。当然，进入到对方所谈的事实逻辑中也有可能“颠覆”自己访问前的设想。

（2）在大脑短时记忆的空当，对获取的材料和尚未问及的问题做一个全面的审观，看看哪些已经谈过了，哪些没有谈，材料中有哪些新的发现点，有哪些敏感点，用倾听的时间进行迅速的整理和总结。

（3）用眼神和头部动作保持与采访对象的交流状态；随时填补空白，提出新问题。

（4）把自己的理解和信息空白及时地反馈给采访对象，在一些关键点上与对方展开探讨，使自己更确切地了解事实的意义。

优秀的倾听者在访问的过程中会不断地接收事实→探索意义→回顾总结→发现新问题；笨拙的倾听者则可能完全是被动的，他们被动地记住事实，记录事实，缺乏对事实的理解和思考，缺乏对新苗头的观察。

一个记者习惯于主动采访还是被动采访，在他倾听的过程中就可以看得出

① 引自中央电视台《新闻调查》2003年3月23日节目《与神话较量的人》。

来。采访对象常常借此判断记者的水平，从而决定自己的态度。

二、倾听的要点

（1）事实的关键词（图 13—2）。

（2）骨干事实的新闻要素。

（3）那些隐性的、类似于“冰山”的问题（只露出问题的一角）。

（4）反面的观点。

（5）事实中前后不一致的地方。

采访对象是事实的见证者和知情者，他很能判断一个记者对他所谈事实的理解程度和内行程度。记者倾听的眼神、记者的反馈提问，都能够反映记者的理解程度和兴趣程度。如果采访对象认为记者根本没有理解他谈的事实，或者仅仅是很表层的理解，那么他就会丧失谈话的兴趣，并且对记者的报道很不放心。

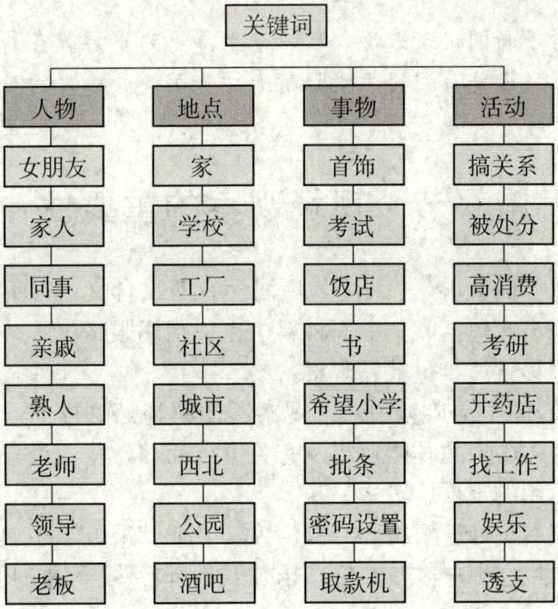

图 13—2　注意倾听关键词

记者要在倾听中，捕捉到事实的关节点、转折点、疑问点、新奇点，充分关注这些要点，并将其准确记录下来。

第十四章 现场观察的作用和方法

CHAPTER 14

对于新闻记者来说，眼睛就显得更为重要。在新闻史上，记载着许多因为善于眼睛采访而获得成功的范例。

——南振中

第一节 现场观察的重要性

从字面上讲，“采访”一词含有两重含义：采集和访问。采集，包括收集书面材料，也包括用眼睛、耳朵等感官去采集素材，也就是观察。

《新闻学词典》中对“观察”的解释是这样的：采访中对新闻事件的耳闻目睹及有关思维活动，是记者采访活动中运用的重要手段之一。

观察，用记者的话来说，叫做“用眼睛采访”，它是记者必须掌握的采访基本功之一，在采访中有着举足轻重的作用。

一、获得第一手材料，核实第二手材料，力争新闻报道的准确性

第一手材料，是指记者通过自己的感官直接获取来的

材料。也就是说，在新闻事实与报道者之间，没有经过任何中间环节。而第二、三手材料，则是记者从别人那里听来的材料，中间经过一道甚至几道环节。

采访过程中，第一手材料占有得越多，报道的独家性和准确性越有保证；而第二、三手材料，经过的中介越多，失实的可能性也会越大。根据很多记者的经验，亲自到现场去观察，去采访，总能发现很多与提供的线索中不一样的东西，甚至完全相反的东西。中国的新闻报道每年出现不少的假新闻，绝大多数的假新闻出现的原因，就是记者拿到的是第二手、第四手甚至是第五手的材料，却不到第一线去采访，有时仅靠坐在办公室里打打电话，问一下大致的情况就发稿，给假新闻和失实报道留下了很大的空间。因此，记者现场观察首要的作用，就是可以获得更多的第一手材料，并将第二、三手材料和自己的观察结果进行核实。很多假新闻，大多是记者根本没到现场采访，仅仅凭线人的报料或直接改一改公关稿就发了报道而造成的。所以说，现场观察和现场访问是防止新闻失实的重要环节。

20 世纪 90 年代初，《湖北日报》一位记者接到一篇来稿，内容是表扬湖北省松滋县一位叫罗远利的农村党员，把自己办的一个小絮棉厂当作党费交给组织。稿件的基调是表扬他大公无私，对党忠诚。如果按这个调子编发上版面，也是一个不错的新闻。但是，这位记者当时就产生了质疑，因为稿件上没有说清楚，在当时个体私营经济还十分弱小的背景下，罗远利为什么要无缘无故地把本来办得很好的厂子交出去?

我（《湖北日报》的这位记者）带着稿子跑了好几百公里路，来到罗远利所在的小镇上。通过采访，终于弄明白了，罗远利的这个举动，是在巨大的传统观念压力下，出于无奈作出的选择。由于受“左”的思想影响，当地一些干部群众，甚至包括罗远利本人，都把“党员”与个体私营业主放在对立面上，似乎二者必居其一，不能两全。出身贫寒、感情质朴的罗远利在这种思想的重压下，只好作出了交厂的选择。

我把采访到的情况写成了通讯《罗远利现象的反思》。稿件以敢于承担风险的态度表明了记者的观点：作为党员，虽然任何时候都有把财产当作党费上交的自由和权利，但是，在特定的此时此地，个体私营经济还十分弱小，而党中央和国务院又正在大力倡导和扶持个体私营经济发展的大背景下，这个举动不应该在党报上予以宣扬，以避免对群众形成“办了厂日后总是要交厂”的误导。稿件还建议地方党委政府应该从这个事件中看出，当地一些干部对党和国家的个体私营经济政策的认识还很模糊，还有思想解放的大量工作要做。

稿件发表后，收到了很好的社会效果。不仅罗远利放下了包袱，而且当地党组织和政府因势利导，借党报宣传的观点，去扫除当地个体私营经济发展的思想障碍，使个体私营经济获得了更加适宜的发展氛围。几年后，罗远利也成长为了全省优秀个体私营户标兵，为当地经济作出了更大贡献。他一直非常感谢党报在关键时刻对他的指点和帮助。①

这个报道案例说明，“跑了好几百公里路”到一线去访问观察，是提交报道准确性的关键环关。

二、加深记者对新闻事件和新闻人物的理解，激发创作灵感

记者到了现场，就进入了事实发生的特定情境，不仅可以观察到事实的现状，而且可以观察到周围的环境和气氛，这使记者加深了对新闻事件和新闻人物的理解，有助于记者对事物本质的把握。

报道一个事实是这样，报道一个人物也是这样。

著名记者彭子冈 1945 年采写毛泽东到重庆谈判的新闻时，面对如何打破国民党长期以来的歪曲宣传，使毛主席在国统区人民中树立起可亲而又可信形象这一任务，她觉得，一定要把这篇报道写得朴实自然。于是，她没有舍弃采访中看到的这样一个细节：

当毛主席被张治中接到他家有着讲究的广漆地板的客厅时，他由于拘束而打碎了一只盖碗。这个常人都会出现的动作细节，使得毛泽东与读者的距离一下亲近起来，使人感到“他好像是一位来自乡野的书生”。②

为了这个动作细节，从 1957 年到“文化大革命”，这位著名记者受到不少次批判。但事实证明，写下这一细节不仅符合历史真实，也蕴含了记者当时对毛主席的诚挚感情。这样写，打破了国民党污蔑共产党青面獠牙、不近人情的谰言，使毛主席在广大国统区中赢得了民众的好感。

《三联生活周刊》记者李菁，在《人道主义者高耀洁》（2004 年 1 月 2 日发

---

① 转引自江作苏：《记者心语》，20 页。

② 转引自上书，278 页。

稿）的报道中有这样的描述：

她有一双被裹过的脚，从5岁一直裹到11岁，1.60米的身高配上这双只能穿34码鞋的小脚，走起路来总是让人担心。于是，跟她在一起你不自觉地会伸手去扶她。有时候，她也会用手紧紧拉着你——那略显干枯、粗糙的老人的手给你的感觉温暖而踏实。而更多时候，她会轻轻却很坚决地推开你的手——她不需要帮助，她要一个人走。①

高耀洁1954年毕业于河南大学医学院，长期从事妇产科临床及科研工作，是河南省第七届人民代表大会代表。退休后自发开展艾滋病防治宣传活动，并对艾滋病患者遗留的孤儿实施救助，被誉为“民间防艾第一人”。2000年被世界卫生组织授予“Jonathan Manm 健康奖”。联合国秘书长安南评价高耀洁是“第一位在中国农村从事艾滋病预防宣传的女性活动家”。

李菁对高耀洁的采访，不仅仅是交谈，而且是观察、体验。她和高耀洁在一起生活了三天，看到这位70多岁的孱弱老专家，拼尽生命最后的力气，为救助艾滋病患者和艾滋病孤儿奔走呼号。

李菁在讲到这篇报道时说：

我去她家待了三天，每天像上班一样，早上去晚上走，真正地跟她生活在一起。在这种近距离的观察中我发现，如果从一般的生活角度看，高耀洁是一个非常不可亲的老太太，比如对丈夫不是很关心，也遭到子女的抱怨，这是她的不为人知的另一面。但是，也正可以说，正是因为特别需要全力投入事业，所以她才在生活中显得那么不近人情。看到了这些表面上的与她的光辉形象不一致的地方，实际上正是发现了真实可信、丰富饱满的人性的东西。

你问我“裹小脚”这个细节对文章有什么贡献，我觉得，那就是还原了一个活生生的人，一个我们身边的人。为什么那么多人物报道，你觉得不可信呢，因为她不是你生活中的、身边的人。②

后来李菁在导语中写道：

---

①② 转引自张志安：《记者如何专业》，232页，广州，南方日报出版社，2007。

> 这双小脚曾是旧世界的一个象征，但在这一刻，高耀洁，这位勇敢的老人，却成了中国民间抗击新世纪人类共同面临的新灾害——艾滋病的伟大象征。①

采访一个人物和一个事件，到现场与不到现场的最大的区别就在于，到现场可以增加记者对事件和对人物的全方位的理解，对于认识事实本质、确立报道主题和报道风格、激发记者的创作激情、激活创作灵感都十分有益，能令记者进入想写、想说、非写不可、非说不可的创作状态之中。所以说，现场采访是记者写作必不可少的激发环节。

三、典型细节可使新闻作品具有现场感

新闻报道中的典型细节，常常是具有震撼人心的力量，这类细节多指的是典型的情节，典型的场景，典型的人物表情、人物动作、人物语言。这些是最容易激起人们注意的材料，并长久留在人们的记忆中难以抹去。在报道中，典型的细节有时像金币一样难以寻找，在现场观察中，记者的眼睛就是要去捕捉这些典型的细节，赋予报道某种特殊的色彩。

2006年春节之后，一位名叫老旗的网友在无意间发现了一个细节：温家宝总理10年间两次来到山东，穿的却是同一件羽绒衣。他将自己的发现在大众论坛上发帖，而后被一些新闻网站转发，“温家宝总理的羽绒衣”由此成为一条新闻，迅速在传统媒体和网络媒体间传播，成为当年年初中国新闻的一个热点：2006年3月6日，用百度搜索“温家宝一件棉衣穿10年，感动数十万网民”，可以找到相关文章约25 700篇，可见传播面之广。这条新闻的热传，一方面表明总理朴素的人格魅力和百姓对总理的爱戴，另一方面也说明新闻细节在叙事上的影响力。

下面的几个报道片断中都有令人难忘的典型细节。

在报告文学作家方军所写的亲历式报道《我认识的鬼子兵》中，有这样一个细节令人印象特别深刻。当时方军去采访一个叫山田的侵华日军老兵：

---

① 转引自张志安：《记者如何专业》，232页。

老鬼子山田已经病入膏肓，鼻子上插着氧气管，说一句话要喘上三喘。 ………… 我问他当年最怕谁？他说： “我所在的部队最怕民团。这些人和我们有杀父灭子之仇，辱妻之恨，烧家之绝望，他们身上涂有草药，说是刀枪不入。这些人狂呼呐喊着向我们冲来，前赴后继，令人心悸……” “第二怕八路。八路训练有素，英勇顽强，夜战如神，行军如风……” 我告诉他我父亲就是八路。 “什么?！你爹也是八路?”他瞪大眼睛大声喘息着，右手竟下意识地往边上摸了两把，本能地想起身坐起来。这是军人才有的防卫动作。[①]	细节。 典型细节。

许多读者都对这个摸枪的细节印象深刻。一个已经病入膏肓，鼻子上插着氧气管，说一句话要喘上三喘的侵华老兵，听到“八路”两个字仍心惊胆战，挣扎着在腰间摸枪，足见当年八路军之神勇在“鬼子兵”心中的震撼力。

2008年初，特大冰雪灾害席卷中国南方。在《南方周末》的《目击：京珠高速公路贯通前的45小时》这篇现场报道中，展现了普通士兵们在瘫痪的京珠高速上英勇抗冰的一幕：

其中的11位士兵，2月1日晚饭后接到紧急命令，到指挥部以南近7公里处的路段执勤，给他们的命令是：除冰，保持该路段畅通。 陪伴这11名士兵的只有11把镢头和铁锹。 他们的队长嘴唇乌紫，干裂，微微发颤，手肿得比半个脸还大，眼睛红肿，布满血丝。 1日整晚，队长带领着队伍不停地铲冰，“不能停，一停下来就结成厚厚的冰。”	经典细节——士兵在冰雪一线的脸和手。 细节——被冻成硬壳的军装。

① 方军：《我认识的鬼子兵》，72页。

凌晨2点开始下雨，队长的军外套很快结上了五六厘米厚的冰。“咔嚓”一声，棉质军外套裂开了。

2月2日16时，这11名已经连续工作了十几个小时的士兵，还没有喝过一口水、吃过一口饭。

经典细节——在冰雪世界中，士兵们靠嚼冰充饥解渴。

“渴了，就嚼点冰。”

队长告诉《南方周末》记者，

“饿了，也嚼点冰。”

记者拿出一些拳头大小的面包给士兵们，他们一口一个。其中一名士兵把面包塞进了大衣，似乎想用体温把它捂热。①

细节——把面包塞进怀里捂暖。

以下是1991年12月17日，《今日美国报》记者杰克·凯利从莫斯科发回的目击式报道：

莫斯科老妇的辛酸泪

苏联经济危机的严重程度，从64岁的马洛费耶娃老泪纵横的脸上看得再清楚不过了。

细节。

这位瘦小的孀妇一连4小时站在地铁通道里哭哭啼啼，想把她最好的朋友——一只瘦弱的牧羊犬“恰帕”卖掉。

像她这样的人并不罕见。数十名饥饿的妇女，不顾大雪和严寒，站在过道两旁出卖从子女的小三轮车到自己的结婚戒指之类的物品。

细节。

这些人都在设法凑够维持下星期生活的钱。

沃洛塔娃说：“我们每星期都不得不从家里拿些东西出来卖。”她手上拿着一本照相簿寻找买主，以前那是放她的结婚照片用的。

她说：“我们拿走孩子们的玩具时，他们大

细节。

① 载《南方周末》，2008-02-04。

哭，我们告诉他们，这是迫不得已。”	
不远处，有些乞丐，其中包括抱小孩的母亲在地铁通道寻求施舍。	细节。
苏联民航机由于汽油短缺无法飞行，乘汽车旅行也受到了限制，地铁和火车成了最好的旅行工具。近几周，儿童也加入了乞讨或在街角演奏乐器以讨取食物和赏钱者的行列。演奏小提琴和吉他的孩子随处可见，有时父母陪着他们，负责收钱。	
13 岁的娜塔莎说，是母亲要她出来的。她一边拉琴，一边兜售母亲手工制的小布垫。她说：“我宁愿去上学，这里太冷，手都被冻疼了。”	
马洛费耶娃仍然抱着她的狗。	细节。
傍晚，她央求过路人给她点吃的和钱，把那只狗带回家去。	典型细节。
她说，每月的养老金 240 卢布，只够买几个面包、一些胡萝卜和一块熬汤用的骨头。	
那只狗是在她丈夫 4 年前患癌症病逝后朋友们送给她的。	
“它一直是我最好的朋友，我知道它将成为你们的朋友。”	
马洛费耶娃对一对年轻的衣着考究的夫妇说：“求求你们啦，我自己今晚都没吃的，更没东西给它吃了。”	典型细节。
经过 20 分钟的讨价还价，这对夫妇终于同意了，并给马洛费耶娃 50 卢布——够买几个面包的钱。	

报道以 64 岁的马洛费耶娃在地铁中被迫出卖自己的牧羊犬“恰帕”为核心，再辐射到其他人的遭遇：饥饿的妇女出卖婚戒，抱小孩的母亲寻求施舍，儿童靠演奏乞讨，最后转到主人公好不容易卖掉狗却只够买几个面包的结果。这些细节事实，再清楚不过地反映出当时苏联经济危机的严重程度。

四、现场观察不受条件限制，是记者随时随地都可使用的武器和方法，有时是采访的唯一方法

只要注意使用眼睛、耳朵，在访问前、访问中、访问后，都可以有效收集事实信息，这便是观察的长处。当有的场合不允许提问，或者无人可问的时候，观察便成了采访的唯一方法。

比如一些重要会议，记者往往没有提问的机会，眼睛就成为采访的重要手段。1960年9月20日联合国大会上，苏联国家元首赫鲁晓夫的脾气大发作，发言时脱下鞋子敲桌子的场景，被一些外电记者看到，报道后，引起很大反响。人们未必记得住他讲了什么、抗议的又是什么，但却记下了这一画面。

还有一些采访，往往在记者赶到现场后，已经时过境迁，记者只能靠观察、靠细节描述来"还原"事件发生时的情况。

2002年6月22日，山西省繁峙县义兴寨金矿发生矿难。矿方为了掩盖事实、逃避责任，竟然将数十具遇难矿工遗体抛于荒郊野外，甚至焚尸灭迹。

事情被曝光后引起广泛关注，许多媒体纷纷前往金矿做进一步采访。然而，当时矿难已经过去数天，矿难发生前、发生时的情况如何？尸体被遗弃的情况又是怎样的？这一个个问题，除了访问当时的见证者，记者的观察也显得至关重要。

《中国青年报》记者6月29日发回的报道中写道：

> 今天上午10时，记者赶到发生爆炸事故的义兴寨金矿现场，发现昨天还热火朝天的生产场面已经消失，一些矿工蹲在山梁上晒太阳……
>
> 记者看到，这里的山间密布着简易房，许多要"猫腰"才能进入，但门面上却写着饭店、医院、发廊、台球、录像等。一位安全监察专家指着一处裸露的电闸说，这不符合要求，没有达到安全标准。①

新华社7月2日的报道中说：

> 6月30日，记者闻讯赶到发现尸体的现场、距事故发生地10公里

---

① 载《中国青年报》，2002-06-30。

处——繁峙县柏家庄乡的路边山沟。几具遇难者尸体被埋藏在紧挨一条土路的山沟里。现场情景惨不忍睹，一具矿工尸体的脸部朝下，后背已经露在土外。除了尸体外，就在附近还有几处被焚烧过的痕迹，尽管几天前下过大雨，但是许多黑色的灰烬还是遍布在山坡上。

在另一个距事故发生地10公里左右的繁峙县金山堡乡下浪涧村的现场，记者看到，6具尸体被分作两堆抛在一个废弃砖窑的窑洞里，外面用尼龙袋堵住了洞口。在另一处同样距事故发生地10公里处——繁峙县柏家庄乡的路边山沟里，同样埋着6具尸体。①

"猫腰"才能进入的简易房、裸露的电闸、脸部朝下后背露在土外的尸体、用尼龙袋堵住洞口的抛尸体现场……记者观察到一个个细节，不仅"还原"了矿难现场，而且揭示了矿难发生背后的原因和矿方令人发指的罪行。

第二节　现场观察的内容

新闻报道的篇幅一般都比较短，容不得记者在描述上过多的铺陈，另外，现场采访时间紧，且具有不可重复性，因此，记者在观察时，要独具慧眼，抓住那些最能说明问题、最有特色的事实。

那么，在新闻现场，记者究竟该观察些什么呢?

一、观察新闻人物的相貌、动作和语言

相貌、动作和语言往往最能表现一个人的性格。因此，在采访中，特别是人物采访中，记者首先要抓住人物的相貌特征、有特色的动作和生动的语言。在这一点上，许多记者有纯熟的基本功。

打开《西行漫记》，我们可以看到在著名记者斯诺的笔下，毛泽东、徐海东、周恩来等人的形象生动传神。斯诺对这几位红军领袖的外貌、身体、吃、穿、住、行等方面的观察更是细致入微，极富个性化色彩。

毛泽东给斯诺的印象是：

---

① 刘诗平、鄯宝红、谭旭：《死不瞑目的控诉 山西省繁峙县"6·22"矿难追踪》，新华社太原7月2日电。

面容瘦削，看上去很像林肯的人物，个子高出一般的中国人，背有些驼，一头浓密的黑发留得很长，双眼炯炯有神，鼻梁很高，颧骨突出。我在一刹那间所得的现象，是一个非常精明的知识分子面孔……

他有着中国农民质朴纯真的性格，颇具幽默感，喜欢憨笑。[①]

斯诺笔下的周恩来：

个子清瘦，中等身材，骨骼小而结实。尽管胡子又长又黑，外表上仍不脱孩子气，又大又深的眼睛富于热情。

他谈吐缓慢安详，深思熟虑……

一般所描绘的赤匪……

他似乎一点也不像显得真的很轻松愉快，充满着对生命的热爱……

似乎很像在南开大学时期演戏时饰演女角的那个青年——因为在那个时候，周恩来的面目英俊，身材苗条，像个姑娘。[②]

红军十五军团司令徐海东看到斯诺时：

面露笑容，脸涨得通红，嘴里露出掉了两颗门牙的大窟窿，使他有了一种顽皮的孩子相……

羞怯地长在一对宽阔的孩子气肩膀上的却是南京的悬赏不下于彭德怀的脑袋。[③]

从以上富于个性特征的勾勒中，我们可以看到既憨厚又精明的知识分子毛泽东；头脑冷静、温文尔雅的文弱书生周恩来；质朴善良的徐海东等。

看着这一张张乐观豁达、善良温和、朴实率真、充满人情味的面容，你无论如何也不会把他们与那些凶神恶煞、杀人不眨眼的“匪首”、“强盗”联系起来。斯诺用观察到的事实揭穿了国民党的谎言。

意大利女记者法拉奇，特别擅长展现新闻人物的个性形象。在她对埃塞俄比亚皇帝海尔·塞拉西的专访中，对这位“末代皇帝”的描述如同雕像一般：

---

① ［美］埃德加·斯诺：《西行漫记》，61～65页。

② 同上书，43～47页。

③ 同上书，266～267页。

这个十分矮小，古板透顶的老头。他有多大岁数？真像传记上所说的80岁吗？我看，他有90岁，100岁。他的脸已经干瘪，没有一点肉，上面只盖着一层布满着棕色斑点的木头似的皮肤，仿佛是躺在开罗博物馆里僵硬地沉睡了几千年的法老的一张脸。与其说是一张脸，还不如说是一个鼻子和一双眼，他的脑袋像鸟头。鼻子又硬又长，长得无法形容，活像兀鹰的嘴。眼睛圆圆的，好像蒙着一层薄膜，目光呆滞无神。眉毛、胡须和头发梳理得像鹅毛笔那样整齐。带着法老面容的鸟头下面的躯体异常孱弱，像由一个幼童化装成的老人一样。只有胸部显得宽些，因为陛下外衣里面穿着紧身的防弹服，这是尽人皆知的事。

…………①

这样的一张脸，这样的人生经历，同时呈现给读者，真是“相得益彰”，让人印象深刻。

在这种描述的背后，表达了法拉奇对这位顽固又老朽的当时世界上唯一的专制君主的鄙视和厌恶。

与相貌一样，每个人都有自己的动作特征，有些常常与他的职业是分不开的。作家黄钢在报道我国著名地质学家李四光时，特别提到了李四光的步伐：每一步的跨度，总是0.85米——这是他多年从事地质工作、长期在野外考察养成的习惯：步子成了他测量大地、计算岩层距离的尺子。

新华社记者朱玉在采访“杂交水稻之父”袁隆平时，也特别描述了这位科学家的顽童性格：

在开会时，我就紧紧盯着他，听到某领导说袁是“伟大科学家”时，他突然伸了伸舌头，本来就黑的脸变成了紫红色。这个人既是科学家更是个老顽童，在接受献花时，别人都规规矩矩地把花束摆放在座位前桌面的一侧，可袁隆平却把花束拿起来，像放一捆大葱一样一下子戳在座位旁。②

---

① [美] 奥里亚娜·法拉奇：《风云人物采访记》(续集)，248页，北京，新华出版社，1985。
② 引自朱玉2007年12月在中国人民大学新闻学院的讲座发言。

二、观察新闻事件的现场过程

新闻事件特别是突发性事件的现场和事件发生的经过，往往是读者关注的热点。尽管电视新闻在抓拍这些突发事件时有传播的优势（图像、声音、色彩），但电视记者的拍摄目标大，在危急状况中的拍摄也是相当艰难的。而一些文字记者却可以贴近现场，用他们的眼睛和耳朵为我们记录下这些历史事件的真相。

2004年9月1日，俄罗斯北奥塞梯共和国别斯兰市第一学校发生了劫持人质事件，恐怖分子在学校大楼内引爆炸弹，共导致331人遇难，其中有186名儿童。此外，还有包括639名儿童在内的958人受伤，123人落下残疾，26名儿童父母双亡。

在这次灾难事件中，《纽约时报》驻莫斯科分社记者克里斯·奇弗斯亲临劫持现场，用准确的语言描述了这个事件的恐怖现场：

> 空气在大爆炸下震颤，冲击波袭击着第一中学周围的人，使邻近南边警察路障的一群妇女极度紧张。一位老年妇女眼中充满了泪水，她开始用手掌拍她的头。另一位妇女在号啕大哭。
>
> 她尖叫着“不不不……”倒了下去。
>
> 大火从一开始就没有停息，但有那么几分钟，大火来了个暂停。白色的伏尔加沿着与警戒线平行的方向疾驶，它的发动机发着高音，似乎在抱怨，但它还是尽可能快地在路上行进。
>
> 汽车经过在砖墙后躲避的人们，可以看得见一个孩子的面孔。他坐在一个男人的膝上哭泣。那个男人把他抱得很紧。汽车飞快行驶。人们在传播消息。
>
> 有人说，孩子逃出来了。这话在不断地流传。
>
> 越来越多的车朝着人群加速前进。这些车中有临时的救护车，有的车里面装着五六个孩子。许多孩子脱得只剩内衣，身上很脏。一些人笔直地、镇定地坐着，其他人则露出惊恐的眼光。一些喝水的人双手在颤抖。一辆货车靠边停下。一个男人闭上青紫的左眼，鲜血顺着脸的一边流了下来，一个看起来有14岁、骨瘦如柴没穿衬衣的孩子坐在他的身边。
>
> 司机在喊，医院在哪里？
>
> 人们都在指着，这里。汽车颠簸着行进。

停尸间放满了尸体。孩子们和恐怖分子的尸体成排地停放在草地上。

有一排放着13个血迹斑斑的孩子，年龄从4岁到16岁。最年幼的一个男孩无人认领，他没穿衬衣，双手合拢放在肚子上。一些尸体被床单和毛巾盖着，当一群母亲经过时，有人揭开遮盖物供她们辨认。有个女孩是被枪击致死的，子弹从她的眼睛里穿过。

这些被覆盖着的遗体中还有一位妇女，她的遗体从医院里被搬出来，放在院子里。她裸露的脚伸出来，脚底都是新的伤口和划痕，仿佛在临死前，她还一直在跑着。①

记者通过目击把这一幕幕惨剧呈现在世人面前：哭泣的妇女、流血的男子、巨大恐惧中的孩子和那一具具孩子的尸体……“最年幼的一个男孩（尸体）无人认领，他没穿衬衣，双手合拢放在肚子上。”记者的记述再现了最真实的、令人震惊的镜头，也记录了历史。

三、现场捕捉精彩引语

所谓精彩引语就是人们所说的有代表性的、有个性色彩的原话，这些原话往往是最精彩的新闻素材，常常能入木三分地刻画出事实发生的特定环境，表达出人物的特定性格，增强报道的可读性。所以，精彩引语是记者要下大力气捕捉的报道元素。

《中国青年报》《冰点》栏目曾经发过一篇亲历式报道，题目叫《搬家》，讲的是《中国青年报》记者蔡平父母一家乔迁新居的故事。蔡平是一位极擅长“用眼睛采访”的记者，她用眼睛和耳朵忠实地记录了一家人搬家的过程，其中大量的镜头和精彩引语让人忍俊不禁：

几个子女抱着东西就往楼下跑，对着几个收破烂儿的就喊：“谁要？”这根本就不是卖，而是送。一会儿工夫，收破烂的车上已经堆满了台灯、笔筒、花瓶、锅碗瓢盆儿…… 几个人正送得高兴，没想到老太太在后面大	场景＋细节。

① 转引自［美］塞缪尔·G·弗里德曼：《媒体的真相》，104～105页。

叫一声："别给我扔呀！"二话没说，上来就掀她的褥子。老太太脸都急红了，一转头又发现了车上那么多东西，就放开手走过去，嘴唇动了动，没有说出话来，只是依次地用手去摸。

"妈，你别舍不得，我们都给你换新的。"弟弟搂着老太太上楼去了。

引语。

过了一会儿，老头儿又冲进来："谁干的？这是谁干的？"他用手里的老式台灯，敲着怀里的几口旧锅："我花五块钱从楼下收破烂那儿买来的。"

典型细节＋引语。

又一看床上："褥子呢？"

引语。

"放楼下了。"弟弟头也不抬。

引语。

"你怎么不把爸爸妈妈给扔了呢，嗯？"老头儿咬着牙问。

精彩引语。

"你怎么知道这锅是咱家的？"弟弟避开话头。

精彩对话。

"用了几十年，我能不认识？"

"你是医生，不知道长期用铝锅有害？"

"那你就扔？你知道这台灯跟了我多少年？"

"我给你们买新的。"

"买、买、买。什么都买，你有多少钱，你再买个时髦的爹妈来好不好？都是钱烧的。"

"你知道咱们国家不发达为什么？不消费，没法儿促进生产。"

精彩引语。

"嘿，听见了吧，老太太，咱俩有事儿干了。"老头儿大叫起来，"国家指着咱俩促生产哪！"

"都像你这样，国家没法儿进步。"

精彩对话。

"像你这样好？国家都让你给败光了！"

父子二人吵得不亦乐乎。

典型场景。

姐姐把老头儿老太太哄下楼去，弟弟又把旧家具一股脑儿用最低价卖给收破烂儿的。

搬入新家，逐个打开老头儿老太太自个儿装好的纸箱，又出了一场戏。老太太犯了心绞痛，躺在新家的大客厅里一声不吭。弟弟不知道从哪儿找来个小保姆，在那儿命令着："这些，扔！那是什么？扔！"

老太太睁开眼睛，有气无力地对蔡平说："熬药的砂锅扔了，炒菜锅也扔了，旧毛巾扔了，拿新毛巾当抹布，刚才还嫌塑料盆儿多，让我给抢回来了。"说完又闭上了眼睛。

引语。

蔡平出去劝弟弟："你收拾东西是不是征求一下父母的意见，这日子还得他们自己过啊！"

引语。

"听他们的，这个家就别想变。我们花这么多钱为什么，还不是为他们好，黑糊糊的炒菜锅有好几个，光熬药的砂锅就有五个，毛巾硬得像铁皮似的还留着。"他又从纸箱里拿出几瓶咖啡和果珍："都过期几个月了，还宝贝似的藏着呢！"说着，顺手就扔到垃圾桶里去了。

精彩引语。

姐姐来了，煞有介事地查看锃亮的地板，对老太太说："以后出来进去都要换拖鞋，不能穿那种塑料的，我今天都买好了，都得穿软底儿的，地板要经常打蜡，时间长了就不亮了。我雇保姆就是为了这地板。"

引语。

"你把地板起下来拿走吧！"老太太睁开眼睛说，"你看这房子，墙上的柜子做得像百叶窗，还不进土吗？厨房那个不锈钢水池连锅都放不下，这客厅不让踩，垫着个纸板儿，我们像走独木桥，你还是让我多活几年吧！待会儿我就把那柜子拿纸糊上。"

引语。

一会儿，老头儿得知姐姐把他的那些发黄的书刊扔了一些，登时就急了："啊？扔哪儿啦？"

引语。

"垃圾堆啊！"

引语。

"快！快给我手电。你们啊，不把爸爸妈妈气死不会罢休的。"老头儿气得直跺脚。

动作细节＋引语。

晚上，老太太还想做饭。她问老头儿："味

引语。

精呢?”	
“垃圾堆里。儿子嫌作料盒难看,扔了。我给你捡点回来?”	引语。
“糖呢?”	引语。
“儿子说过期了,都扔了,让重新买!”	引语。
“我的黄花、木耳也扔了?”	引语。
“找不着就是扔了。”	引语。
“唉,这日子可怎么过啊。不做了不做了。老头儿你快想想还要买什么,让他把钱花个够,省得在这儿闹革命。”	引语。
弟弟带全家出去吃饭。见到一个饭馆儿老太太就往里走,被弟弟一把拉出来。“你这不是丢我的人吗?我哪儿能进这种小店啊!”	
进了一家漂亮的饭店。弟弟张口就是海参虾球,这下把老头儿气得嘴直哆嗦。“你知道你妈一个月的退休金有多少?你姐姐当记者一个月的工资是多少?还不够你一顿饭钱。你要是我儿子,就回家跟我们过普通人的日子,要不是,就回你的外国去!”	动作细节+引语。
这顿饭算是没吃成。	典型细节。
晚上,回到家里,老太太怕在溜光水滑的地板上滑倒,扶着墙站起来,一步一步挪到床边,躺下。	
老头倒在沙发上,长叹:“这不是搬家,是‘文化大革命’,是第二次抄家!”①	典型引语。

在这次普通人家的乔迁过程中,生动地反映出整个社会的变迁,以及两代人的价值观、生活观所出现的巨大鸿沟。乔迁新居本来是件喜事。这家人父母节俭,儿女孝顺,却由于不同的观念打得不可开交,演绎出一幕幕人间喜剧。这个记者亲历的故事一波三折,高潮迭起,尤其是其中的引语非常精彩。据《中国青

① 转引自李大同著:《冰点故事》,121～124页,桂林,广西师范大学出版社,2005。

年报》的编辑说："编辑部里人见人笑，都说是太生动了。"

四、捕捉现场细节

经典细节是最能表达现场感的素材，是记者在现场观察中的重要搜寻目标。

一般来说，图片报道、电视新闻节目和广播新闻节目是最容易收集和表达细节的，图片、影像和声音往往就是由一个个细节组合成的，能让受众产生"身临其境"的感觉。比如在"9·11"事件的报道中，最让人难忘的就是电视新闻所展示的一个个惊心动魄的细节：

飞机撞向双子塔楼的瞬间；

从高楼上纵身跳下的人影；

坐在窗口艰难抉择着"跳还是不跳"的人们；

还有大楼轰然倒塌和人群四散逃离的现场……

电视报道的每一个细节都让受众"目睹"了当时的恐怖与悲惨。

但文字记者对细节的捕捉和表达，也完全可以传达出事实发生时特定的环境和特定的意味。

1996年《工人日报》刊发的《北京有个李素丽》，几乎完全是用典型细节镜头加"蒙太奇"手法结构的通讯。记者连续5天跟车，积累了大量目击素材，从中挑选了16个典型细节，写成一连串的"文字镜头"。以下节选两个镜头片段：

其一：

北京。西直门站。

大雨滂沱。一幢幢巍峨的高楼隐现在一片烟雨朦胧之中。

雨幕中，挂有"工人先锋号"标志的21路1333号公共汽车缓慢进站。

乘客朝汽车蜂拥而去。男的、女的、老的、少的，有的扛着行李，有的拎着提包，争先恐后，步履匆忙。在各种各样的雨伞下、雨衣里藏着一张张焦虑的面孔。

"哗啦"一声，车门打开了，紧靠车门的窗口探出女售票员半截身子，她打开一把花格伞，遮在车门口。

雨点如断线的珠子砸在雨伞上，她的脸上，胳膊上都溅上了雨水。她招呼乘客们上车。

拥挤的人群变得有序了：他们一个个在雨伞下跺脚，脱下雨衣，折好雨伞，抖去雨水，依次上车……

她就是李素丽。中等身材，30 多岁。海蓝色的套装整洁得体，淡妆轻抹的脸上，闪动着一双笑眼。

这主要是抓住了下雨时照顾乘客上车这个典型场景，李素丽的形象和动作细节分外引人注目。

其二：

车厢里。人头攒动。

一位戴墨镜的乘客摸着朝售票台挤去。

他从挎包里掏出一个纸包，放在售票台上。

“同志，你……”李素丽莫名其妙。

“姑娘，我就爱听你说话。这几天，我觉得你的嗓音有点哑，这点胖大海是我专门给你买的，泡着喝吧。”

车到站，乘客被扶着下车了。原来他是盲人。①

记者抓住了第二个细节：一个盲人乘客对李素丽的感谢和心意——送来一包胖大海。

正是这些细节镜头，放大了人的外貌、行动、心理、语言或环境的细微特征，带给人们一种“视觉化”的体验，使人如临其境，将这位“真情为他人”的普通劳动者以及乘客对“真情”的渴望和回报都逼真地展示在读者眼前，从而使并不好写的“正面报道”，显得内涵丰富又生动感人。

第三节　怎样进行现场观察

到了现场就一定能抓到典型素材吗？不一定。

① 载《工人日报》，1996-10-04。

西方有句俗语："看的人不少，看见的人不多。"

不少人以为到现场就必然可以观察，或者说看到了就等于观察到了，这常常是观察的误区。

严格地来说，看≠观察。

不懂观察的人即使到了现场也常常对重要事实和有趣镜头"视而不见"，或者对看到的一切，事无巨细都收入囊中。

常常有这种情况，两个记者同到基层采访，一个带着记满了精彩细节、线索的小本子，满载而归。一个则可能两手空空，写稿时仅能勉强成篇。

这种情况说明，不是每个记者都善于使用眼睛采访的。

观察，是一种技巧，一门学问。观察者需要注意以下五个方面：

一、尽量贴近现场

记者到现场观察的时候，要尽量下到基层，尽量贴近事发现场，尽量找到当事人，这在现场访问中是一个最重要的原则。

有些记者到基层去采访，往往只跑到乡里的招待所一住，然后把要采访的当事人一个一个地叫到宾馆或乡镇政府办公地来谈话。或者是坐着汽车下去走马观光一圈，就认为是到现场采访过了。这样的现场观察，看得不细致，访得不到家，肯定是看不到真实材料的。

对这样的记者采访，老百姓中曾流传着一首打油诗：

坐着小车下去转，隔着玻璃往里看，中午乡里吃顿饭，晚上回到电影院。

如果多往前迈一步，多往下走一层，尽量地贴近现场，就可能得到最原始的材料。

新华社记者黄正根、傅上伦20世纪80年代初采写了横贯我国东北、华北、西北长达数千公里的绿色长城——"三北"防护林。在写出一些报道之后，原新华社社长穆青亲自给这些记者诊"病"。他说："病根就在采访不深入，材料只有轮廓，没有典型场景，因而，构不成感染读者的具体形象。"

几位记者记住社长的话，一头扎进我国西北的风库——吐鲁番地区，坚持在风暴中实地观察，获得了丰富的素材。在他们撰写的通讯《一次造福人民的伟大工程》中，一些典型场景的描述，给人们留下了深刻的印象：

> 4月10日……路上突然遇到了大风雪。刮过来的雪成了黄色，白雪世界眨眼间竟变成了"黄海"。黄色的风暴把我们的小车刮得像怒海中的小舟，

……第三天赶到火焰山下的吐鲁番县时，发现这里的风灾比北疆还要严重。公路两旁的高压线杆，有的刮斜了，有的竟刮断了；遇灾的汽车，窗玻璃、车灯全被飞沙走石打光，车身的漆皮也被飞沙擦掉，村庄房屋的土墙，好像被锉刀来回锉过一样……但是走进绿洲之后，却看到了奇迹：道路依然畅通；坎儿井依然淌着清水；麦田重灾面积也只占十分之一；著名的无核白葡萄，依然舒展藤蔓，长出了绿叶。是什么力量在12级特大风暴袭击下保护了绿洲免受重灾？原来正是这里早就建起的总面积为两万余亩的一条条、一行行林带组成的林网，以及林带前沿的7万多亩灌丛草带。①

看到了上面这些现场画面，读者理解“三北”防护林的重要性就不必多费笔墨了。

《盐阜大众报》记者束方群一次到基层去采访，就因为多往前走了一步，便看到了他意想不到的情景：

一次，我在青蒲角采访一个叫刁焕秀的女人，她含辛茹苦供养两个儿子上大学，自己却患了癌症。采访完她的家人，我提出跟她本人再谈谈，家人说：“她已不能说话了。”我迟疑一会儿，走进房间里去。这时，一个意想不到的情景出现了：她伸出枯瘦的手，在床头摸出两块带“喜”字的糖，举起递给我。

两块糖包含多么深邃、丰富的内容，我敢说，就是作家写小说，也编不出这样的情节。②

只因记者多走了一步，就接受了这位苦难又坚强的母亲提前送来的儿子的“喜糖”。这两块糖所传递的不久于世的母亲的心愿和期盼，胜过许多平庸的材料。

贴近现场的另一层意思，是要求记者具有“捕捉的意识”，要随时随地“跟踪”目标，“等待”目标事实的出现。否则，经典的现场素材甚至可能在眼皮底下溜走。

曾有一个记者，受命去采访一位以擅长处理棘手商业纠纷著称的仲裁人。记

---

① 转引自黄区根等：《新闻的“实”与现场观察——“三七”防护林体系工程采访札记之二》，载《广播电视业务》1980（6）。

② 转引自孙富忱、黄振声、雷明德主编：《知名记者谈新闻采写》，509页。

者与采访对象谈了很长时间，了解到不少事实，但这些事情发生在长达几年的时间内。记者心里有点儿犯愁，害怕写成一本流水账。正在此时，采访对象出去接了一个电话，回来后即匆匆说道：某公司有急事请他去面商，必须马上走，只好告别了。等这位记者回去靠老材料写出稿见报后不久，他才知道，那天采访对象接电话走后，成功地处理了一宗金额巨大的商业纠纷。

记者后悔不已，当时自己要是跟着走一趟（这是完全可能的），岂不有许多新鲜材料到手？至少，如果报道的开头，从采访对象如何放下电话匆匆动身，如何斡旋于对峙双方的言谈举止入手写起，那这篇稿子的新鲜感、细节、现场气氛不是都出来了么？①

二、观察要有明确的目的

到现场观察有一个难点，即信息太多，太广泛。一到现场，记者面对的是千变万化的大千世界，无数动态和静态的形象向你扑来，如果记者没有明确的观察取材的目的，就可能变得很茫然。有时记了一大堆材料，回去写作时又没有用。有时记者仅仅被有趣的镜头所吸引，但到写作的时候，才知道这些镜头是游离于主题之外的，虽然有趣却用不上。因此，在观察的时候，必须有明确的目的，也就是说必须有一个中心观察点。你可不能事事都看、都听、都记，你必须根据目的去选择观察什么？材料要求怎样的细致程度？从什么角度观察？等等，这首先决定于：

（一）你的受众是谁？

写新闻时，每个记者都应当从受众的角度去探索。以不同读者群为报道对象对观察有不同的要求。是老年人或青年人；成年人或儿童；农民或知识分子；……首先需要对读者群有透彻的了解，才能知道他们喜欢什么。一般来说，年纪越轻、文化程度越低的读者，对形象性的要求越高。

（二）写什么题材？什么主题？

不同的题材和主题，对观察也有不同的要求。政治新闻、经济新闻，内容本身新闻价值较高，因此，对现场观察的要求低一些；而社会新闻、体育专题，则是读者渴望看到画面的领域。

观察要服从主题的需要，例如观察一个学生食堂，是去采访管理者，还是去

---

① 参见江作苏：《记者心语》，228页。

采访炊事员、洗碗工？是去观察饭菜的品种和价格，还是去观察学生们吃饭时候的情绪和话题？是去看看留言板上学生对伙食的意见，还是盯住收碗工旁边的泔水桶，考察一下浪费粮食的情况？所有这些，都必须要在观察前想清楚，使自己有一个大概的观察范围和观察重点，不至于到现场无目的地取材，浪费采访时间。

（三）准备写什么体裁？

体裁对观察的要求更直接。消息要求概括、简短，即使是描写性导语，所用的细节也不可能过多，陈述常常是主要的写作方式，细节描写要求少而精、粗线条、点到为止。而通讯和特写，篇幅较长，“表现”是主要的写作方式之一，可以容纳较多的画面描写。因此，对观察提出了更高的要求。特别是特写，可以说是直接观察的文字记录，记者需紧张地盯住现场最精彩的瞬间，集中精力捕捉那些人物的神情、关键动作、精彩引语和现场气氛。稍一松懈，便会坐失良机。

比如说去采访一位校长，如果仅仅是写消息报道，那么，校长的“老式的皮鞋”和“双鬓的白发”完全不必写进去。如果是写特写，校长的这些衣着和相貌特征就成了必不可少的富有个人色彩的材料了。

观察时就要想到写作。读者群、题材、主题、体裁等，决定了观察的内容。目的性明确，观察起来才能“有的放矢”，既不贻误战机，又不浪费精力。观察不同于访问，很难事后补救。条件允许的话，可以补充访问当事人，但对新闻事件的观察却是不能补救的。

相比起来，那些到现场却“熟视无睹”的记者，往往缺乏明确的观察目的，因此取材时不得要领，“看”而不见，脑子里收集的素材是模糊的轮廓，含混的印象，这种素材对于新闻描写是价值不大的。

三、选好观察点

到现场观察的时候，一定要设法选择一个最佳的观察点。比如：

（1）选择现场的制高点，以便可以看到全景。

（2）选择贴近事实发生的地方，如体育记者、摄影记者往往选第一排的位置，以便看得清楚、准确。

（3）选择一个合理的观察视角，注意校正观察误差。

角度对于观察的准确性至关重要。站的位置太远或太偏，观察要受到视角和光线的限制。一个人站在讲台上，靠窗口的人看到他“脸上发光”，远离窗口的人则认为他“脸色灰暗”，这是迎光和逆光的不同效果造成的影响。因此，当自己拿不准时，不妨变换一下观察的位置，可以有效地校正视觉误差。

如看一场演出，听一场讲座，前面的观众可能彬彬有礼，而记者如坐到后排，那些热烈的、五花八门的评论，就会传到你的耳朵里。只有全面观察，才有可能纠正认识上的片面性。

（4）选择靠近关键知情人的地点。如在体育报道的时候，记者常常坐在裁判和教练的身旁，以便及时询问，核实材料。一般来说，摄影记者对现场最佳观察点的判断，往往非常准确。

2000年7月，《羊城晚报》摄影记者赵世龙得知，湖南省嘉禾县高考舞弊风猖獗，决定亲临现场拍摄取证，予以揭露。他先后联合了湖南经济电视台记者和中央电视台《焦点访谈》记者组，成功地拍到了嘉禾考场舞弊的现场镜头。报道一出，震惊全国。

这次用暗访方法拍摄之所以非常顺利，是因为赵世龙事先做了周密的准备，找到了一个绝佳的拍摄地点——紧邻嘉禾一中高考教室的一座洗脚城的五层顶楼：

> 这里是一个绝佳的拍摄点。从平台上俯视，仅凭肉眼，就可以清楚看到对面的考场，在306考场，里面20多个课桌清晰可见，当考试开始之后，绝大多数考生的表现可以一览无余。而其他的六个考室，都能够看见其中一角。对面的考场楼房，最高只有四层，按照人们的一般习惯，视线总是平投或者往下，很难会想到就在对面不远处，会有架摄像机正盯住他们。而且，就算有人会往上看，视线被楼房挡住，也根本看不到什么。为了更好地隐蔽，他们又想了一个法子：找来几根木条，搭了一个晾衣架子，第二天再找块床单晾上去，这样，躲在后面，就更不容易被看出其中玄机了。①

准备妥当后，赵世龙又带着一行人来到了洗脚城，一边掏钱消费，一边跟老板套瓷，力争得到洗脚城老板的信任。就这样，赵世龙等人在洗脚城楼顶拍摄了两天，同时在下面的洗脚城洗了两天脚，终于顺利完成了采访任务。

---

① 转引自叶成群编：《记者档案》，141页。

四、粗细结合，追踪典型细节

观察一个场面，既要有一目了然的、大致轮廓方面的材料，又要有一个个细致的镜头。所以，又有人把观察分为鸟瞰法、细察法和步移法。从不同角度观察得来的材料越丰富，表现的场面、事件、人物也就越有立体感。粗察看面，细察看点，缺一不可。但细察的难度更大，需要记者有精细的观察力。

以下的两篇现场特写，是2001年我国申办2008年奥运会成功时，中国新闻社和《中国体育报》分别发自北京和莫斯科的现场报道，从中可以看到记者在现场观察时，注意了粗细镜头的搭配。

申奥快讯：天安门成欢乐海洋

北京人正从四面八方向这座城市的心脏——天安门广场聚拢，似乎在一瞬间便将能容纳百万人的广场充满了。这是北京市民表达他们喜悦的传统方式，这座城市刚刚获得了奥运会的主办权。	粗镜头——写出了现场的画面和声音。
长长的车流在经过广场的时候发出长鸣，这声音很快就被广场里欢乐的人群发出的欢呼声淹没。广场上似乎像变戏法似地出现了龙腾虎跃的火热场面，数十面代表各高校的旗帜迎风招展，在震耳欲聋的威风锣鼓声中，人们高呼着一个声音：北京，北京，北京!	
在宣布结果之前，在广场苦候结果的人们曾遭遇了一场大雨。不过，大雨并没有浇灭人们的热情，人们很快在雨中聚拢起来，执著地等候最后的结果。	相关背景。
一名姓王的女士是坐着轮椅由丈夫推到天安门的，他们大约7点钟就守候在这里，并被大雨淋透了。王女士说，我就觉得北京一定会赢，我一定要在中国的心脏——天安门来欢庆胜利。	细镜头——真名真话真感情。

有十几个大学生骑车从洛阳到北京，行程近千公里，历时9天。今天他们也到广场庆祝。二年级大学生王涛说：我从来没有为我们民族那么自豪过。

细镜头。

54岁的马景全一家4口用了7个月的时间，以剪纸的方式制作了5幅挂笺马，画面是中国传统体育项目，如武术、太极，以及中国在世界上最强的体育项目，如乒乓球等。老人今天将它们带到天安门亮相。当听到北京申奥成功时，老人一下子跳起来，高呼“中国万岁”。

细镜头。

截至记者发稿时，人流仍不断地向天安门广场涌动。①

粗镜头。

历史铭记这一刻

——莫城触摸申办成功

为了这一刻，北京申奥代表团成员有太多的故事要诉说，此时此刻只有喜悦的泪水是最好的表达。

细镜头。

当地时间上午，代表团的领导就来到了世贸中心，一群记者蜂拥上去采访。官员们一言不发。后来实在让一名香港记者缠住了，一位高级官员终于开了口：“我先说三件事，这三件事是……你们一会儿就知道了……”话音未落，人已脱身而去。

在北京陈述之前，气氛十分紧张，大考到了。进场前领导们反复地相互间检查着装。万嗣铨多次提醒大家关掉手机。

细镜头。

北京陈述刚完，就有委员在坐席上大声叫

粗镜头。

① 引自中国新闻社2001年1月14日现场报道。

好了。

当萨马兰奇宣布当选城市是北京的时候，在记者大厅里两名中国人当场打出横幅，上书：“永远的北京，永恒的奥运，百年企盼，梦想成真。”这幅字在中外记者的镜头下将传递到全世界。

此时此刻的兴奋和狂呼是在全世界的媒体关注之下进行的，在场的每一位中国人或看似中国人的人都被镜头对准了。

事后刘璇说，当时就像做梦一样，和奥运会上的感觉一样，眼泪止不住地流。

细镜头。

郎平哭得最动情，直到出场后 20 多分钟时，在接受记者采访时还在流泪。

细镜头。

“中国男子汉”袁伟民的泪水一直在眼眶里打转。

细镜头。

而巩俐则相对平静，她在接受采访时说，“到第二轮投完的时候我就意识到北京成功了。”

细镜头。

在来莫斯科的飞机上杨澜曾说，1993 年我作为记者参加了申办，申办失利时我流泪了。现在我成熟了，遇到任何事我都会平静对待，不会再流泪。但是此时此刻，她再也无法平静，双眸闪动，泪光莹莹。

杨澜的脸上还留着一个口红印痕，当记者问是谁亲吻了她，她对此全然不知，说：“我不知道怎么回事，高兴坏了。”

细镜头。

申奥团原来安排在胜出后，让刘淇和袁伟民在一楼大厅接受中央电视台的采访。当他们走下陈述台时，记者们狂扑上去。他们费劲地闯过人群，但一行人却全被挤散。只听着一楼大厅里乒乓一阵响，不知什么器材给碰翻了。

细镜头。

像这样疯狂的采访，记者也是第一次碰上。

细镜头。

刘淇和袁伟民被挤散了，刘淇接受了电视采访，他说：“这次我们申办成功是全国人民共同努力的结果，是党中央、国务院亲切关怀和指导的结果，是全国人民最大的喜事，向全国人民表示祝贺。”他一边讲话，一边被采访的人们挤来挤去。

北京申奥代表团成员张秋萍插空招呼记者，晚上到我这里来喝酒。今夜到处都会有酒，记者问你是什么酒？张秋萍说，1993年她到蒙特卡罗参加申办，在那里买了一瓶法国红酒，准备在申办成功后庆祝。不料当时申办未果，她就将酒带回了北京。8年后，她又将这瓶酒带来莫斯科，现在可以畅怀痛饮了。8年了，好酒啊！

细镜头。

当人们走出世贸中心时，天下起了大雨，闷热的天气顿时凉爽。①

在这两篇现场报道中，记者悉心捕捉了申奥成功时两个现场中的人和事的多组粗细镜头，将其巧妙穿插于报道中，成功地记录下了这个历史时刻。

五、观察与询问相结合

新闻作品往往是观察、访问得来的材料和收集的背景材料的结合体。一种武器再好也有局限性，多种武器的配合使用，才能取得全面的效果。

在观察的时候，对看不懂的东西要随时询问，随时弄懂，对现场中的人物也要随时采访。

观察和询问要密切配合使用。观察可以为询问提供线索，询问可以深挖、印证、核实观察到的东西。同样，询问也可以为观察提供方向，观察也可以印证、核实听到的东西。

有位记者到一个县去采访，看到县委办公室的桌上放着一捆大麻，认为这个异常现象中肯定有文章。于是立即向别的干部打听，才知道有个乡违反党的农村经济政策，不准农民搞多种经营，强迫一些农民拔掉了正在生长的大麻。有个农民一气之下，扛着一捆大麻到县委告状。记者得知这个情况后，立即赶到那个乡

① 载《中国体育报》，2001-07-14。

去采访，抓住这个典型采写出一篇反映问题的报道。[①]

第四节　如何培养记者的观察力

一、高度的注意力

注意是指人们的认识活动指向某事物，并集中精力思考它。要在新闻发生的瞬间，像摄像机一样准确无误地用眼睛“摄”下画面，用耳朵“录”下音响，没有高度的注意力是不可能做到的。这如同学生考试，战士射击，最需要全神贯注。

有了高度的注意力，才能在短时间内把事实的特点和细微之处观察清楚。新闻报道要求真实、具体。“大概”、“可能”、“差不多”等，不应当成为观察的标准，观察不具体，必然导致写作时的含糊其辞。

一些新闻事件的发生过程，常常只有几分钟甚至几秒钟，并且不可能重演，记者只能在这短暂的时间内，施展自己善于观察的才能。如：足球决赛中的决胜球，排球决赛中的关键扣杀，跳水决赛中的高空动作以及突发新闻中的瞬间镜头等等。这些事实只在一瞬间便发生了，消失了，因此，要求记者的观察和捕捉也只能在一瞬间完成。

有了高度的注意力，才能调动全身的各种感官协同作战：眼睛要看、耳朵要听、鼻子要嗅、手脚要触摸、大脑要记。“眼观六路，耳听八方”，既要观察局部的细节，又要纵览全局的概貌；既要捕捉转瞬即逝的动态事物，又不能放过默默无闻的静态事物。兼顾微观与宏观，动态与静态的观察要求，需要注意力有一定的广度，能同时追踪几个画面而非顾此失彼。

有了高度的注意力，才能有效地记忆。注意和记忆的关系是至关紧密的。从某种意义上讲，没有注意便没有记忆。不少记者常常采用心记的方法，记忆观察到的素材。记忆法表明，高度注意能将观察来的信息有效输入大脑，有效输入才能保证大脑有效储存。而漫无目的的“看”，注意力不集中，自然也做不到有效记忆。

二、过硬的观察基本功

俗话说：“外行看热闹，内行看门道。”观察既然是一门技巧，就需要扎实的

---

① 参见孙世恺：《观察的重要性及如何进行观察》，载《新闻爱好者》，1986（4）。

基本功，即敏锐的观察能力。何为敏锐？在短时间内能捕捉到关键的镜头，对于客观事物有精细的辨别能力。一般人只知道北京香山红叶是一景，但这红叶的颜色究竟是大红还是金红，是肉红还是银红，这问题能难倒不少人，却问不倒画家，因为画家对颜色有精细的辨别能力。这如同音乐家对于旋律，军人对于枪炮声，猎人对于兽迹都有着敏锐的观察力一样。

记者的观察力是综合的，虽然不能用各行专家的水平来要求，但也能应对最常报道的事物如人物、建筑、景物、天气、气氛的观察，有丰富的经验和扎实的基本功。观察的敏锐程度越高，得到的材料就越真实、具体、生动。

资深的军事记者阎吾曾纠正过一些记者的观察误差。他说，年轻记者总爱写“炮弹击起缕缕青烟”，其实，那是从远处看的效果。如果炮弹打到近处，只能见满目烟尘，足以蔽日，不存在“缕缕青烟”的景象。因此，观察依赖基本功，也依赖相关的知识和经验。

三、观察力的训练

精细的观察需要训练和积累经验。否则，即使是“亲眼所见”也是靠不住的。

下面这个观察的心理测验结果经常被新闻研究者提起：

一次，40 位心理学家集中于某地开会，忽然，有两个人冲进会场，其中一人手持短枪。他们在会场上展开了夺枪斗争，忽然手枪响了，两个人一起跑了出去。事情发生经过，前后不过 20 秒钟。与会者惊魂未定时，会议主持人宣布这是一次实验，请所有与会者立即写下他们目睹的经过。结果，心理学家们交上去的 40 篇报告，竟然错误惊人。只有一人的回忆中，错误少于 20%，而有 25 人的回忆中，主要错误竟超过 40%！

这个测验的结果是有说服力的。事实上，因为记者的观察失误而造成报道失实在国内外新闻界屡见不鲜。观察是一门学问，也是一种技巧。因为是学问，就需要研究，找出其规律；因为是技巧，更需要训练，方能熟练运用。培养敏锐的观察力，需要做到以下几点：

（一）掌握观察的规律

无论是观察人，还是观察事态，一般的秩序是：

先动后静。动的事物稍纵即逝，需要高度注意，及时捕捉，牢牢记住。动态的事物最能打动读者。例如人物的典型手势、关键的动作、精彩引语、事件戏剧性的情节变化，等等，要首先抓住，然后，再顾及静态的事物。

先大后小。这是人们观察事物的习惯：先看到大的、轮廓的东西，再留心小的、局部的事物。

先近后远。从人的感知心理来看，大多是对近的事物首先做出反应，其次，再看远的事物。

先上后下。这是人们的视觉习惯，也是阅读习惯。

观察人物，一般的秩序是：面部、体态、服饰、语言、举止，一些有关记忆法则的书，将人的面部分为："头、脸、眼、鼻、嘴、胡、发、耳"，这种顺序也可借鉴。当然，先动后静的原则是不可动摇的。如果一个人处于行动中，应当首先抓住其面部神情变化、关键动作和刚刚出口的话。

对于建筑物，可按概貌观察（形状、建筑风格、色调）、数量统计（高度、宽度、门窗数量）、细节观察（柱子、台阶、装饰、门窗设计）及内部观察的顺序来进行。

（二）进行观察训练

没有训练和锻炼，感官会迟钝，缺乏对事物形象的细微的分辨能力。比如观察人物的脸型，是椭圆形，还是长方形？是瓜子形，还是国字形？头发的颜色是黑色还是栗色？是花白还是灰黄？脸色是铁青还是黝黑？是蜡黄还是菜色？总之，要锻炼自己对各种事物的形状、颜色、声音的识别和描述的能力，并坚持总结这种观察的结果。

（三）记观察笔记

作观察笔记，能促使人的思维敏捷，是培养观察力的有效途径。

新闻观察，初学者最大的毛病在于观察笼统，不善于分辨形象、声音、色彩的细致的层次，不善于抓取最有特色的语言，不会捕捉典型的情节和细节。

《空军报》记者陈乃文曾记录了两位同行观察实验的结果，观察的目标是一个开饭秩序不好的食堂：

第一个人这样描述：

> 哎呀！真是太乱了。炊事员抬着面条盆一进门就被包围了。放面条的地方被围得里三层外三层，挤得一塌糊涂，面条掉到地上不少……食堂里也太吵……

另一个人的观察则细致得多：

有个人的筷子好像是专门为捞面条准备的，比别人的长出足有10公分。他站在中间一层人里，将筷子从前面两个人的脑袋中间探到面条盆里，一筷子就捞起一大碗。因为太挤，他不小心将两根面条挂在别人的耳朵上。有一个饭桌，就餐时九个人没有一个不是边吃边说的。我记了一下，整个开饭时间，饭堂里有七种不该有的声音：敲碗声、敲桌子声、唱歌声、说话声、跺脚声……

显然，第二位同行的观察技巧较高，他抓住了那个使长筷子捞面条的人的特写镜头，还分辨了七种“不该有的声音”。

如果能经常做一些观察训练，将自己看到、听到的随时记下来，写出特点，写出细节，这将使观察力得到明显提高。

四、几种有助于观察的技能

（一）目测

如：

（1）会场的大小，参加会的人数，要力争能估算出个大概数。不要总用“许多同学”、“不少人”这些不确定的估计。

（2）人的年龄、身高等，要能通过目测估计出来。不要只说“中年人”。到底有多大？三十出头？四十五六岁？还是年近花甲？

（3）物与物之间的距离，物的体积。大约有几米宽？十几米远？几十米高？一堆货物，约有多少斤？一堆白菜，约有几大车？

这些目测的技能，都可使你的报道具体、不空泛。

（二）速写

为了记住地形、物体轮廓和人的相貌，可以用速写式的绘画方法大致勾画出来，以便写作时帮助回忆现场情景。

（三）录音

因为现场观察时常常来不及用笔记录，录音机就成了最方便的工具。把看到的画面，特别是复杂量大的文字资料，如墙上的对联、诗词、文字介绍，当场念下来录进录音机，后期写作时就比较方便。

（四）拍照

有些记者的摄影不是为了拍新闻照片，而纯粹是为了帮助记忆。照片可以当作现场的记录。写作时拿出来，立即有身临其境之感。往事历历在目，写起来也容易生动、详细。

第十五章 采访的记录与核实

CHAPTER 15

不惜一切，保证你的报道准确。

——［美］谢丽尔·吉布斯、汤姆·瓦霍沃

第一节　采访的记录

一、采访记录的必要性

新闻的真实性决定了采访时准确记录的必要性。因为人们的瞬时记忆能力一般只能保持数分钟到几小时，而一般记者的采访可能常常需要一两个小时或者是更长的时间，从采访到写作期间这个阶段的延续时间更长。也就是说，记者不可能完全靠瞬时的记忆力将采访的内容写进新闻稿，因此，采访时的记录就成为非常必要的一个环节。

如果采访很深入而记录能力不过关，就会导致所记的内容不完整、不准确，或者漏掉了重点，特别是那些人物原话、单位名称、具体数字，如果出现记录中的漏洞，采访就可能前功尽弃。因此，记录环节的疏漏，可能导致失实报道。

《辽河石油报》一位记者曾讲过她的一次采访经历：

毕业不久，她第一次接受人物报道任务，采访一位公司经理。这位经理当时被评为当地的优秀青年。为了不把人物报道写成“工作篇”，记者在采访前做了大量准备工作，采访了和这位经理接触过的不少人，了解到这位年轻经理不但在企业管理方面有独到之处，而且本人也很有个性：虽然文化不高，家里却有一间像图书馆一样的屋子；他的公司在全集团以管理严出名，员工却个个和他称兄道弟；他抡着菜刀和人打架，他老婆却说他打得好，还说“你进监狱我给你送饭”；另外，他的孝顺也闻名乡里。

整个采访过程中，记者不但提问，而且和被采访者交谈，双方互相补充、互相启发，可谓“酒逢知己”，记者满意而归，准备写一篇真正的人物报道。

可真要坐下来写稿的时候，这位新记者傻眼了——没做记录！对方讲的，她只记住了意思，原话一句没记下来！硬着头皮把报道写出来，虽然事例不少，可读起来干干巴巴，一点都不生动，更甭说感人了。

这位记者经历的问题其实是好多初当记者的人都会碰到的：采访时谈的挺好，写作时才发现缺东西，对方讲的不是没记下来，就是记得不细、不全。

这都是在采访记录环节出了问题。

怎样把辛辛苦苦搞到手的材料，如实、准确、完整又迅速地收集在自己的笔记本、录音带和录像带上，作为我们写作编辑报道的原始材料，这一常常被人视作“雕虫小技”的本领，却是记者必备的基本功。出色的记者常常具备出色的记录能力。

二、采访应当记录的内容

采访时应当记录的内容是：

(1) 访问中采访对象叙述出来的事实信息。

(2) 记者在现场观察中捕捉到的事实信息。

(3) 记者在访问和观察中产生的感想和写作灵感。

(4) 收集到的资料性信息。

(一) 访问中采访对象叙述出来的事实信息

一般来说，记者在访问时，需要记录以下内容：

(1) 采访对象谈出来的事实，包括时间、地点、人物、经过、情节、结果和具体数字，即通常所说的新闻要素。这些要素的内容一定要准确，不能有丝毫出入。

（2）采访对象谈出来的事实的背景和原因。

（3）采访对象谈出来的观点和看法。这也是新闻事实中不可缺少的一部分。

（4）在访问时记者想到的内容，包括对材料的质疑点，对新的线索的判断、感觉和联想，对报道的主题和体裁的思考等。这些内容往往是记者在交谈过程中突然激发出来的，有时候是一闪而过，当时不记下来，过后就会忘掉。

（5）采访对象提供的素材类事实，即可以用作新闻作品材料的事实，包括故事、情节、细节，这类记录难度比较大，因为它是感性材料，采访对象谈出来的时候，速度一般也比较快，细致的部分很容易被忽略。

（6）采访对象有特色的原话。即我们通常所说的“引语”。记住采访对象的原话很难。原话记不住，就像前面提到的那位记者那样，只好由记者代言，不仅失色很多，而且容易重复某些“套话”。

以上六点，前三点是初学者比较重视、也比较容易掌握的，而后三点则是很多记者经常出现疏漏的地方。

美国著名记者斯诺充满历险色彩的陕北之行，成就了他的传世名作——《西行漫记》。他在到达陕北苏区的路程中历尽艰险，而到达陕北苏区之后的采访过程也同样不轻松。

斯诺在自传中回忆，他在安塞的一个村庄里初遇周恩来时的情况：

> 周在他画的草图上给我指出了一条路线，标出了每个地方我要访问的人名和机构的名称。行程（步行和骑马）一共要 92 天——事实上，我后来花费的时间比预计的长。[①]

到达延安后，斯诺立即投入紧张的采访。但不舍昼夜的谈话与记录，似乎要比每日不停奔波更为艰苦。斯诺在 1957 年整理他在延安的笔记本时，还这样感慨道：

> 我把听到的一切几乎都记录下来，手中的钢笔或铅笔经常从清晨不停地写到深夜。接连几个星期，毛泽东几乎每晚都同我谈话。这些谈话经常在晚

---

① 转引自张功臣：《外国记者与近代中国》，222 页。

> 饭后大约9或10点钟开始，一直持续到凌晨两三点我睡着了为止。
>
> 白天，我总是带着一两个袖珍笔记本，匆忙地在上面写点评论。对一些正式的约会，我用较大的本子记载。那上面我还记日记，大都是详尽记录我一天中的所见所闻。我为每本从50页到100多页不等的16个本子编了索引，通常用工整的字迹写在纸的两面——因为书写纸在那里是难得的商品。[①]

从斯诺的回忆中可以看出，他当时的记录，除了采访对象谈出来的事实外，还记录了他个人的观察和评论，最可贵的是，斯诺将采访记录及时地整理成一篇篇的采访日记，把当天收集的材料和他对事实的消化、感想都记在上面。陕北采访结束之后，斯诺带回了"一束束、一包包"的笔记和照片。在回到北平的数周时间里，他便以《毛泽东访问记》为起始，于1936年11月14日在《密勒氏评论报》发表了一系列有关陕北苏区见闻的报道。第二年的下半年，他的《西行漫记》也很快交付书稿，由英国兰戈茨公司在10月份出版。

斯诺的高效写作，和他采访时出色的记录能力是分不开的。

（二）记者在现场观察中捕捉到的事实

记者在现场观察到的事实，主要是现场环境、重要细节以及有代表性的人物引语。这些材料都应当及时准确的记录，但难度较大。

因为，当一个记者置身现场的时候，有千千万万个看到的、听到的和感受到的信息扑面而来，使记者"目不暇接"，很难用文字把这些信息记下来。因为，哪些镜头和声音值得记录，哪些应当舍弃，需要一个快速的选择过程。这对新记者来讲难度尤其大。另外，在现场观察的记者往往不可能拥有一个适合书写的平台，记者们只能把记录本放在自己的膝盖上写或干脆端着本子写字，很难提高记录速度。所以，目前不少记者在现场观察中都是用录音机，当场录下自己用语言描述出来的现场画面，可以大大加快记录速度。

现场细节的记录也很难。首先细节需要寻找，有时需要等待。而寻找和等待的前提是，你要判断细节的"生长点"和"临产状态"，即知道什么时候、在什么地方可能有那些经典细节出现。捕捉到了细节之后，还要尽快地或者用照相机、录音机或者用笔把它记录下来。

现场最难记录的就是引语，因为直接引语要求完整、准确，而现场中人物说话的时候，速度往往很快。能把它准确地记下来，用录音机是一个比较好的方

---

① 转引自张功臣：《外国记者与近代中国》，222～223页。

法，用笔记的方法可能只能记下大意。失去了人物原话中的情绪、语调、特定的用词，也就失去了原话的现场感和风采。

2008年伊始，在席卷半个中国的大雪灾中，《南方周末》记者做的一系列目击式报道十分出色。在其中一篇《目击：京珠高速公路贯通前的45小时》中，有一处细节描述使人印象深刻：

> 司机崔静林一直在发抖，驾驶室的座位跟着一起抖动，“哐哐”作响。
>
> 他的棉鞋湿透又结冰，他只能在袜子外面套了一个塑料袋，以隔开冰水。
>
> “车窗看不到外面。我下车看见别人在吃盒饭，才知道刚刚有村民来卖饭了，赶紧去追，但是追上的时候，人家早已经卖完了。”崔静林说。
>
> “我只要一壶开水！一壶开水就够了！一壶开水！”他让《南方周末》记者转告前方的指挥部。想了想，他又说：
>
> “再问问指挥部能不能给一双干的鞋……不敢给政府添太多麻烦。”
>
> 说完，他突然哭了起来。

在这场冰雪灾害中，记者的眼睛瞄准了这位被冻得发抖的司机崔静林，他是成千上万被冰雪和严寒折磨的人之一。记者看到了他的发抖的状态和响声，看到了他冻成冰坨的鞋和袜子，并且记录下了他的急切求助的原话“我只要一壶开水！一壶开水就够了！一壶开水！”看到了一个五尺男儿“突然哭了起来”……从这一个小小的镜头，读者可以感到冰雪灾害给人的生命带来的巨大威胁和对人心理带来的巨大冲击。而这篇目击记给读者带来的“眼球”冲击力依仗的是记者的现场记录能力。

（三）记者在访问和观察中产生的感想和写作灵感

记者在访问和现场观察的过程中，常常产生评论的冲动，产生对某个事实的评价、质疑和感受，或是对采访对象的行为和动机的感受和判断。在记录的过程中，记者应当及时地将这些评论、质疑和感受记录下来（最好记录在记录本页面辟出的边栏上）。因为这些评论、质疑和感受，是记者在面对现场和新闻人物的时候所激发出来的，带有最真实和感性色彩的思想，如果不记录下来，脱离了这个现场可能就“时过境迁”，对事实的理解和评价就可能会很快产生隔膜，不利于在写作和编辑时的思想积累。

另外，记者在访问和现场观察中所激发的创作灵感，包括作品的主题、脉络、角度，特别是对新闻作品的结构设计、特定素材的确认和分配，都是应当及时记录下来的，这不仅可以帮助采访以后的写作和编辑，而且直接作用于记者在采访过程中对事实的理解，有利于报道思路的形成。

（四）收集到的资料性信息

记者在采访过程中，一般都会涉及大量的资料性信息，如文件、档案、各种文字材料及相关的影像资料。对于这些资料，应当尽量地加以收集和记录，使之在后期的写作和编辑过程中发挥作用，增加新闻作品的厚度。

目前，由于采访通讯设备的发展，对资料的收集比以前大大方便了，如对一些档案资料，可以用翻拍、复印、电脑扫描等方式记录下来。

三、采访记录的方式

传统的采访记录方式有三种：笔记、心记与借助工具记录。

（1）笔记，就是在现场访问或观察时，用笔或电脑将听到的、看到的记录下来。其中，电脑记录多见于新闻发布会等多对一的采访场合。在面对面的访问中，记者如果在采访对象面前不停地敲打键盘记录，会干扰采访对象的谈话，影响访问的气氛。因此，面对面的访问还是用笔记录比较合适。

（2）心记，则是在采访时，不做笔记，将所见所闻硬记在心中，待采访结束后，追记出来，或是凭记忆直接写作。

（3）借助工具记录是指在采访中利用录音机、录像机等设备，将采访对象所说的话、现场的情况记录下来，这也是目前许多记者常使用的记录工具。借助工具记录固然可以更加完整和全面，而且记者可以全身心地投入到与采访对象的交谈中，避免用笔记录分神。但这样一来，就会加大采访之后的工作量——你不得不再从头听一遍录音，从中挑选你想使用的材料，而这可能比你在采访中用笔记录所花的时间还要长。所以在做录音记录的时候，最好拿一张纸，做一个临时“场记”，遇到重要的引语时，快速记下计数器上的数字，以便事后查找。

对于采访中是否应该当场做笔记或录音，不同记者向来有不同的看法。

赞同者认为：“好记性不如烂笔头。”采访记录是桩极严肃的事情，要求准确性第一，而记忆力常常是靠不住的，特别是那些人名、地址和数字，笔记和录音更准确，而且不易遗忘，可随时备查。

反对者认为：当场笔记或录音，会干扰被采访者的情绪，使之紧张、拘谨，不能放开谈，影响采访的质量。在这种情况下，记者往往仅能得到表面的材料，反而不利于新闻报道的真实、生动的要求。美国著名记者斯诺采访我国老一辈革命家谢觉哉时，当场就未做笔记，但报道写出来后，谢老认为比较准确。这也说明一些老记者有着心记的硬功夫。

还有些记者认为：当场笔记或录音，与不动声色的心记，各有利弊。前者准确，后者可以不影响采访对象的情绪，有利于记者全身心投入采访。合适的做法，应该是因人而异，对不同的采访对象采用不同的方法。

比如，采访某些官员时，当场记录较好，因为官员习惯于与记者打交道，不容易紧张，不仅如此，他们往往还担心记者会误记、误报他们的谈话内容，因此，当场记录反而会让他们放心。而普通群众接受记者采访容易紧张，当面记录往往会增加他们的紧张程度甚至会让他们存有戒心。所以记者可采用聊天的方法，当面不作记录，采访过后再用补记、追记的办法，来弥补心记容易遗忘的部分。即使如此，在谈及一些数字或人名时，还是应当设法当场用笔记下来，这中间有些技巧：有些记者用铅笔头偷偷写在口袋里事先备好的硬纸片上；有些记者会随手记在桌上的小纸条或报纸上，总之只有一个目的——不影响对方的谈话情绪又要力争报道准确。

不过，无论是用笔记还是借助工具记录，心记都是记者应当努力掌握的一种技巧。这一方面是因为有相当多的采访对象，见到记者记录就会紧张，这时候，记者的采访就不适于记录；另外一方面还因为采访的环境复杂多变，很多时候不允许记者记录，比如某些重要的政治活动，路上临时碰上新闻事件，记者没有记录准备；或是在颠簸的车船上无法记录，还有隐性采访，更是不能当场做笔记。

当然，心记毕竟容易遗忘，难免不准确，因此，不少记者采取了一些修正的方法：

（1）只用笔记下最重要的名称、地址和数据以及所需要的有特色的引语，其余内容用心记。

（2）当场不记，事后立即补记。为了及时补记，有些记者甚至会在采访中途借口去卫生间而进行补记。

（3）锻炼自己的记忆力。

记者应该具备什么样的记忆力？至少在采访结束后的一个小时内，要能回忆起采访对象所有的重要言论。凡是想逐字逐句引用的警言妙语，如果当时没有笔录，那么，记者应该随时默记，并且在之后的采访中反复记忆，以求准确。

至于如何锻炼自己的记忆力，许多记者有自己专门的方法，比如：让一个朋友用一定时间谈话或朗读，自己把这些谈话录下来，同时尽可能聚精会神地听他讲。然后，凭记忆写出下的话，再与录音对比等等。

四、笔记的技巧

（一）选择性记录

记者在记录时，不可能记下每一句话，所以，必须使用选择记录的方式，重点、关键点的地方要详记，不重要的地方要略记或不记。事实的具体要素，如名称、数字和人物经典引语要详记，而不重要的信息可以略记。记者是一个主动的采集者，而不是一个被动的记录员，切忌让记录占去所有的时间和精力，而没有时间挑选材料、消化材料和组织新的提问。在重要的材料没有记下来的时候，尽可能要求对方重讲一遍，以便能准确地记录下来。

（二）笔记本的页面

笔记的页面要适当留空，不能记得太满，页面的一侧要留出三分之一宽的边栏，以便随时把补充的材料、记者的想法、新的提问，还有采访对象的表情、态度等记者观察到的东西记录在边栏里。另外，记录时最好多分段，每个要素之间都要分段，不要连成一大篇，段与段之间最好空一行，以便随时作补充。

（三）要控制采访的进度，使之利于笔记

采访中的通常情况都是对方说得快、记者记得慢，有时实在跟不上记了，可以插问些与主题有关的其他话题，以便争取时间追记自己认为重要的内容。也就是说，记者要善于控制谈话的进度，以便记录更加从容。

（四）提高笔记速度的方法

第一种是土法速记。

写字速度赶不上讲话速度，这是记笔记的难点。记者在采访过程中，要记下完整的内容和语言，又要跟着采访对象的思路走，还要主持谈话，及时组织提问，防止因只顾低头记笔记而冷落了对方。所以说，边说话边笔录是一项极为紧张的工作。

在很多西方新闻教科书中，是要求记者学习速记的。对于中国记者来说，学习速记是一个不小的难题，因此，有些记者发明了自己的土法“速记”，即根据自己的采访领域，将最常用的词汇，用自己能看懂的符号、缩略语和图画来记。

如：

经济—— EC

市场—— M（mark）

问题——？

增加——＋

减少——－

群众——m

戴眼镜——66

生气了——VV

…………

要注意的是，这种自编的符号在采访结束后须马上“翻译”过来，否则，时间一长，自己也会难以辨认。

第二种是补记。

有时采访对象说得很快，记者跟不上记录，可以将有关内容只写一提示，如：“××年上马时……”然后空下几行，在边上打上记号，等空闲时再补上。

第三种是简记。

不是每个字都记，而是一边记录，一边整理归纳，把材料用简练的语言写出。这样可以减少记录字数，但要注意在归纳时抓重点、抓主要问题。

第四种是对重点处、精彩处，请对方重复一遍。

遇到重点的问题或精彩的引语，不能简记又怕瞬间忘记，可以提醒对方讲慢些，或请对方重复一遍，争取记录时间。

（五）笔记的整理

（1）做笔记时，应随时将你认为重要的内容划出来，或是做上标记，如把可做直接引语、小标题的内容特别标识出来。

（2）采访结束后，要尽快把笔记变成写作提纲。

这里所说的“尽快”，是“立即”的意思。

为了保持笔记手稿的完整，可以将笔记复印一份，然后阅读复印的材料，标出报道中打算采用的材料，再把所有可用的材料剪下来，便可组成一个粗略的提纲。也可把几次采访的材料这样集中起来，统一使用。

（3）笔记手稿要妥善保存。

这样做，一可以防止采访对象对报道真实性提出质疑时查阅；二可作为记者今后进行同类报道时研究或写作的资料。

第二节　材料的核实

一、核实是采访不可缺少的一环

记者对公众负有信息责任，必须保证采访来的事实准确无误。因此，核实就是采访中不可缺少的一环。对于访问和观察得来的材料，记者应当有充分的质疑意识，也就是说，不能轻信采访对象提供的、甚至是记者亲眼看到的材料，这是因为：

（1）被采访者所提供的信息有可能是真实的，也有可能是片面的，甚至是虚假的。究其原因，可能是采访对象认识有局限性，也可能是采访对象的调查不深入，还可能是采访对象的有意隐瞒甚至是欺骗。

（2）信息在传播的过程中很可能变形。有些采访对象可能是见证者、当事人，但有些采访对象只是信息传播的一个中间环节，那么任何信息在传递的过程中，都可能发生有意无意的变形或完全扭曲。

（3）记者现场观察来的材料，排除了所有的中间环节，按理来说是最真实的材料。但是，由于记者观察的视角、准确性或对事实背景的了解不足，可能使其观察成为“盲人摸象”，即出现了片面性，甚至仅仅看到了假象。所以说，现场观察的材料也极有可能出错。

（4）报道中所引用的一些文字材料和背景材料，由于撰写者的水平和视角不同，或者粗心大意、以讹传讹，也可能出现诸多错误。

以上这些可能性，都是在新闻实践中屡屡发生的，也是很多假新闻产生的原因。所以说，核实是采访中必不可少的一个环节，是确保新闻真实性、准确性的一道必要工序。

2000 年，英国牛津大学的中国留学生吴杨成为国内媒体的新闻人物：

2000 年 12 月 19 日，黑龙江日报社所属的《生活报》首先报道了这个女孩的“杰出”事迹：《中国少女改写牛津大学 800 年校史》。

2001 年 1 月 23 日，《扬子晚报》以《20 岁鹤城姑娘穿上牛津博士服》为题进行了报道。

2001 年 2 月 2 日，《中华新闻报》就此题目刊登了1 900字的人物通讯。

2001 年 4 月上半月号《家庭》杂志又将此事进一步放大，刊发了长篇通讯《与母亲拔河，她赢得牛津大学第 73 号校长令——一平凡母亲眼中的聪明少女成长实录》。

2001年7月12日，新华网发表通讯《中国天才少女打破800年校史纪录》。

《人民日报·海外版》2001年10月12日以《“我是中国人”》为题予以报道，同日，人民网予以转载。

2001年11月18日，中新网也予以报道，并称消息来源是英国的《太阳报》。

至此，经过不同媒体的不断确认和放大，使之成为轰动全国的特大新闻。

这些报道中说：

> 英国牛津大学颁发校长令，把博士学位和最高奖学金的荣誉授予来自中国齐齐哈尔第一中学的留学生吴杨。
>
> 颁发给她6万英镑的最高额奖学金。
>
> 这是牛津大学建校800年来第一次。
>
> …………

而当事人吴杨后来则发表声明说，她并没有获得博士学位。而这么多媒体的报道，没有一名记者采访过她本人或核对过材料。[①]

于是，这么多的报道全部背上了失实的名分。

究其原因，就是因为记者们犯了一个共同的错误——没有对材料进行核实。

二、需要核实的内容

（一）采访对象谈出来的信息

如事实要素、事实背景、相关的观点、故事和引语等，都需要进行核实。

新闻作品的特点是“笔写真人”，“笔写真事”，容不得半点的含糊和误差：报道中的事实是刚刚发生的，人们记忆犹新；报道中的人物绝大部分都健在，报道一出，真假立“辨”，每个人皆是报道真实性的权威“检验者”。因此，报道中的时间、地点、当事人的姓名、职务、级别、事实中的专业名称、具体数字、故事情节、人物原话、因果关系等，哪怕一个很微小的信息，都没有给记者留下任何可以蒙混过关的“空间”。为了保证报道的准确性，记者必须懂得核实环节的

---

① 参见吴谷平：《警惕，虚假新闻愈演愈烈——析虚假新闻在当前的主要特点及成因》，载《新闻记者》，2005（10）。

重要性并习惯于核实。

（二）记者观察得来的材料

虽然记者观察得来的材料是第一手材料，没有经过任何中间环节，但是，有时候新闻观察也会出现“眼见”不“为实”的现象，比如记者仅仅看到了表面现象，或者只看到了偶然出现的现象。如果记者仅仅相信眼见为实，有时可能会被假象蒙蔽。

湖南攸县电视台的一位记者用自己的经历讲了“眼见”未必“为实”，对亲眼看到的材料也要注意核实的道理：

> 有一次，我乘坐公共汽车路过一农户门口时，一幅感人的镜头映入眼帘：一位年轻妇女给一位瘫痪老太婆擦脸洗脚。出于职业习惯，我连忙请司机“踏一脚”，直奔现场拍了一张新闻照片。一了解，原来是媳妇正在侍候婆婆。这位年轻妇女的丈夫还一个劲儿地赞扬其老婆对娘如何如何好。我连忙将这些生动事实记录下来。当照片洗出来后，我怎么看也不顺眼。画面上的老太婆一脸不高兴，围观的群众似乎有点满不在乎和冷笑。当时我想，这照片是我从现场中抓拍来的，加之又出自其爱人之口的事实，这难道还有假吗？于是旋即写好说明词，将稿件投入了邮箱。回来的路上，不知何故，画面上人物的表情又呈现在我眼前，心里总是不怎么踏实。“宁愿少见报，不愿错见报。”强烈的政治责任心驱使我又迅速返回邮局，请值班的同志打开邮箱，将照片稿取了回来。为了慎重起见，第二天我又搭上班车找到了新闻发生地的主人公家。调查结果，同样出自其爱人之口，事实完全两个样。当时真把我吓了一大跳。倘若此稿发出去，会给本人的记者形象和党报声誉带来多大的损失啊！原来这位儿媳妇，一贯虐待婆婆，在该村及亲友间引起了强烈的不满。那天是在村干部和这家亲友的压力下，迫其当众“改正错误”，演出了一场啼笑皆非的闹剧。当时这位年轻妇女的爱人对我说其老婆的“优点”，原来是讥讽她的。
>
> 通过这件事，使我深深懂得：作为一名新闻工作者，光“身入”到现场还不够，必须“心入”到事情发生的全过程。①

---

① 转引自孙富忱、黄振声、雷明德主编：《知名记者谈新闻采写》，286 页。

（三）引用的材料

对于报道中引用的文字材料或者是影像资料，也要加以核实。比如弄清楚这些材料的来源是否权威，并尽可能地将一些关键性信息与原始出处进行核对。如某些数字和比例，要找到权威的统计部门发布的材料进行核实；事实的背景材料，如史料和故事，要尽量找到权威出处进行核实；某些伟人或名人语录的引用，也最好找到原著进行核实。

特别值得一提的是，目前互联网上的海量信息，给记者获取采访线索或事实的背景信息提供了很大便利，但网络信息，尤其是大量的“链接”信息，往往是二手、三手信息，不准确甚至谬误甚多。如果不加核实就贸然引用，可能会以讹传讹。因此，记者在使用这些信息时，一定要找到原始出处或与当事人进行核实，切实地担负起新闻传播中的信息责任。

三、核实的方法

（一）与当事人核实

采访时没有听清楚的关键点和重要事实，要边采访边与当事人核实。虽然核实有时会打断采访谈话的流畅性，但是为了材料的准确性，不得不停下来与当事人核实，如：

“对不起，刚才你讲的×××，我没有听清楚，能不能再讲一遍？”

或者是在采访现场给当事人看一看你记的笔记，看看数字和专用词汇是否正确。

《陕西日报》一位记者讲述了自己采访中的一次教训：因为懒于找到当事人追查核实，仅仅根据二手材料写新闻，导致报道失实：

> 10年前，有个县请我去宣传他们的养牛事业。县领导带我乘车看了几个专业户，有关部门给我一份全县养牛综合材料。我特意询问了写材料的人所引用数字的出处，回答说是一级一级上报的统计数。但消息见报后，不少做商品牛生意的贩子驱车前去买牛。事实根本不是什么“户均两头牛”，根本没有商品牛可卖。买牛人扑了空，回来就写信骂记者。信上说：“杜先生，拜读了你的《宣传转观念　养牛大发展》大作，觉得您更适合去做牛皮生意，一天收几张牛皮吹鼓了晒着，还算是个干正经活儿的，总比您在报上说假话害人强……”

读者把我骂醒了，我发誓今后再不用二手材料写新闻。类似这样的受邀采访产生的虚假信息的新闻误导已成为新闻界存在的一大弊端。而造成这种虚假和误导的主观原因就在于记者懒于调查，懒于深入实际。①

（二）找他人核实

对于重要的事实，不能听当事人的“一面之词”，要找到了解这一事实的对方或是第三方进行核实。

比如一个人搞了一项技术上的发明，他自称是“利用业余时间”、“自筹资金”所做的发明，且“填补了××方面的空白”。记者在采访的时候，就要留心去找了解这个发明的其他人，来核实他所说的这些关键信息——

是否是“业余时间”?

是否属于“自筹资金”?

成果是否达到了“填补××方面的空白”的水平?

当然，这个“他人”应该是比较权威、比较公正的人士。

（三）到现场核实

记者亲自奔赴事发现场，是核实某些事实信息的最重要的方法之一。当然，这样做的成本比较高，但这种方法避免了不少假新闻的出现，是保证新闻真实性的重要的核实方法。

《湖北日报》资深记者江作苏曾经谈到他到基层的一次核实结果：

有一年春天，我到竹溪县的泉溪镇采访一位干部，据介绍他采用“三扶”的办法（扶钱、扶物、扶技术），帮助最贫困的一户农民掌握了地膜玉米栽培技术，这个做法比起过去只搞单纯粮食救济更有利于稳定脱贫，我听了很感兴趣，详细采访了他，记下了素材。最后，我想起“踏实”二字，于是提出要去看一看。那个干部说：很远的。我说，不怕。结果他陪我走了十几里山路，来到那个贫困户所在的村。可是到地里一看，天哪，一棵苞谷苗也没有！那位干部气呼呼地找来户主，大声喝问：我亲自给你们送来了50斤苞谷种、80斤尿素，还有地膜，哪去了！主人不好意思地说：“拿去换酒赶人情了。”原来这个贫困户家缺少明白人，对用新法种苞谷根本不相信，加上农村人情大似虎，所以干部前脚走，他后脚就拿物资去换了酒，使干部

① 转引自孙富忱、黄振声、雷明德主编：《知名记者谈新闻采写》，146页。

的好愿望落了空。[1]

对于这件事，江作苏说："当记者的人没有什么太深奥的学问要掌握，但有一条要守住：千方百计尽最大可能接近事物的本来面目，这样才能充当社会清醒的耳目。"[2]

《北京晚报》记者刘一达，从不轻信旁人介绍的情况，凡事一定要亲自到现场采访，一定要找到当事人核对。比如，为了搞清楚八宝山火葬场火化尸体后的骨灰是不是本人的，照常规，只要采访一下殡葬处的领导或采访一下火化工就可以了，但刘一达不愿意轻易采用别人介绍的情况，便一头"扎"到现场——到火葬场跟班当了几天火化工，亲眼目睹了事实真相才放心。这种深入的采访作风和谨慎、质疑的态度，使他采写的几百万字的社会纪实报道，内容丰富、材料扎实，受到读者普遍好评。

刘一达说："当记者就要'潜入深水捕蛟龙'，准确把握社会生活真相。"

①② 江作苏：《记者心语》，165～166页。

第十六章 记者应当具备的素质

CHAPTER 16

笔下有财产万千，
笔下有毁誉忠奸，
笔下有是非曲直，
笔下有人命关天。

——新华社前社长郭超人

一、追求正义的责任感和使命感

20 世纪 30 年代初，老报人张季鸾曾经向燕京大学新闻系的学生提出过这样一个问题：你们为什么想做新闻记者？为什么入新闻系？

张季鸾认为，在成为新闻记者之前，有两点必须明白：

第一，或者有人想，做记者可以得到物质上优厚的享受，这是错误的。中国经济发达以后，经营报业的人可以获利，但是单纯做一个记者，靠薪水吃饭，我想在二三十年内，恐怕很难有得到优厚酬报的……所以从平凡而正当的途径上来讲，做记者大概要一世穷。

第二，或者以为记者这种职业好玩，有兴趣，这话不假……不过诸君要知道，有兴趣的另一面，是格外劳苦。任何职业，办事时间都有一定，记者生活，独没有一定。而且夜间工作多，满天下的人类，都在黑甜乡的时候，新闻记者还拿着秃笔，写稿子，听电话……所以新闻记者生活的兴趣，只能是在紧张兴奋忽歌忽泣之中找兴趣，绝不是舒适享乐的生涯。

张季鸾先生所谈到的这两点，正是记者这一职业的本质特征：报酬不高、工作辛苦、起居不定，并且有些采访（如对战争的采访、监督类报道的采访等）甚至带有一定的危险性。

那么，究竟是什么让那么多人甘心投身记者工作？理由很简单，是记者这个职业对社会正义的推动，以及由此给从业者带来的尊严和荣誉。

中央电视台《焦点时刻》记者李媛媛曾经讲过她的经历：

> 一次去山东采访，回京的列车十分拥挤，李媛媛和摄像只能挤在车厢过道里。李媛媛手里拎着话筒，话筒上挂着《东方时空》的明显标志——那个大眼睛。一位列车员从李媛媛身边经过，看了一眼话筒，对李媛媛说：“你是《东方时空》的吧？”李媛媛受宠若惊，问她为什么能认出自己，列车员说：“我认识你们的标志，我很喜欢看你们的节目。”李媛媛问她是否能补买卧铺票，列车员热情地说：“卧铺票是没有了，不过你们那么辛苦，就到我们列车员的休息室里睡觉吧。”①

李媛媛给她的同事讲述这段经历的时候，脸上始终有一种幸福的表情在洋溢着。

因为自己的工作得到受众的认可和尊重，尽管辛苦，但很满足、很幸福，并因此更加热爱这份工作，这是很多有志于记者这一职业的人的共同感受。中央电视台《东方时空》节目创立之初，吸引了全国各地许多新闻界的精英加盟，但由于体制所限，一些人的实际困难难以解决，于是在他们的内部刊物《空谈》上，就有了这样一段话：“……我丢了很多东西，连同稳定的工作和户口，现在我的枕头下面除了一堆获奖证书就没有什么值钱东西了……我来到这里是要寻找几样最昂贵、最值钱的东西：正义、尊严、公理和未来……”

---

① 转引自孙玉胜：《十年——从改变电视的语态开始》，187页。

实践表明，正义和公理这几样“最昂贵、最值钱的东西”是所有优秀记者共同的追求，而为了这个追求，他们无不有着对社会很强的责任感和使命感。

当年，范长江为了寻求救国之路，苦苦追求真理，在十分险恶的环境下，只身深入中国西北采访，向国人报道了西北中国灾难深重的真相。尔后他又骑骆驼穿越大沙漠，到内蒙古西部进行深入调查，揭开了日本军国主义妄图吞并中国西部的险恶用心，用各种确凿的严酷事实警示国人。

中国当代的新闻工作者，亦有不少范长江式的佼佼者，他们心怀追求社会公正的激情，追求新闻理想，认真履行主流媒体的信息责任，对官场弊端、制度缺陷、社会黑暗进行了百折不挠的斗争。

因为采写《兰州证券黑市狂洗“股民”》、《公选“劣迹人”引曝黑幕》、《揭开北京出租车业垄断黑幕》等力作而被业界称为“中国的林肯、斯蒂芬斯”（美国著名揭黑记者）、“平民斗士”的《中国经济时报》记者王克勤，曾经这样解释他冒着生命危险去采写这些报道的原因：

> 因为我的母亲是一个农民，直到今天还在田间劳作；我的妹妹是一个下岗工人，正在历经着失业的痛苦。作为她们的亲人，当看到一些像她们一样的弱势人群受到不平等待遇时，我无法也不能无动于衷，而正是这样的心态支持着我多年来揭黑不止……记者不仅仅是一个社会的记录者还应该是一个守望者，随时警惕着前方可能出现的暗礁。一篇报道的发表，可能会帮助几个人，做一些善事。但更重要的是，一个记者能通过对事实的客观报道和深入剖析，找出那些还存在着的弊端，推动我们的社会更加完善。[①]

同样是出于对正义、公平的追求，《中国青年报》著名记者卢跃刚，为陕西咸阳惨遭恶势力毁容的农妇武芳伸张正义，不仅深入调查和报道案情，还多次助其诉诸法律追讨公道，因此多次受到恶势力的威胁。

有人讥讽道：不值啊！为一个弱女子。

卢跃刚却不这样看。他说：

> 当我在黄河岸边面对武芳的时候，我便知道，我必须拔剑了。我无可选择。

---

① 转引自中央电视台编：《讲述：首届中国记者风云榜》，83 页，北京，中国大百科全书出版社，2004。

我面前这个女人被硫酸毁得面目全非。她一面痛哭，一面诉说。8年了，没有一个人敢坐在她面前，没有一个人能坐在她面前，静静地听她诉说。她把她以前的照片给我看。何啻是"面目全非"，简直是由人变成了"鬼"！太惨了。以前，我只是在电影《夜半歌声》中看见过被硫酸毁容的女人。那毕竟是电影。现在是活生生的人！她就坐在你的面前！①

新华社记者朱玉，因为报道和披露龙胆泻肝丸的危害以及红顶商人问题而成为中国记者中的风云人物。对于"新闻记者的背后是什么？责任是什么？"这个问题，朱玉曾经这样回答：

觉得支持我的就是责任，尤其在看到一些非常弱势的群体，当时面临非常悲惨的状况的时候，每一个有良知的人，不单是记者，都会产生义愤，我作为记者有义务、有责任把这个东西写出去，所以有一种力量就是责任。职业道德应该有正义、无私、责任感，悲天悯人的情怀，包括俯仰天地的胸怀，以及大彻大悟的智慧。②

无数事实表明，记者本身所具有的这种强烈的责任感和使命感，是保证新闻工作维护社会正义、推动社会公平最大也是最根本的力量。

二、尊重事实的工作态度

追求正义是新闻的力量，尊重事实是新闻的生命。因此，尊重事实、探究真相，是记者必须具备的一种基本的工作态度。

美国著名记者埃德加·斯诺当年冒着极大的政治压力和生命危险采访中国陕北苏区，体现了他作为一个优秀记者对事实负责的态度。斯诺在《西行漫记》一书中写道：

我那样做，确实是有危险的，不过后来报上发表我的死讯，说是"已遭土匪杀害"，那又太夸张了。但是多年来关于共产党暴行的恐怖故事层出不穷地充斥于中国那些领津贴的本国报纸和外国报纸，在这种情况下，我在旅

---

① 卢跃刚、罗强烈：《本报今日出击——追寻正义》，129页，广州，南方日报出版社，2001。

② 引自朱玉2007年12月在中国人民大学新闻学院的讲座发言。

途上很少有什么东西可以叫我感到放心的。说实在的，除了带着一封给苏维埃政府主席毛泽东的介绍信，确实没有什么东西可以叫我感到放心。我只要找到他就行了。这要经过怎样的冒险呢？我不知道。但是，在这些年的国共内战中，已经有千千万万的人牺牲了生命。为了要探明事情的真相，难道不值得拿一个外国人的脑袋去冒一下险吗？我发现我同这个脑袋正好有些联系，但是我的结论是，这个代价不算太高。①

当时，国民党报刊把中国共产党及其领导的红军描绘成堕落、愚昧、无知的土匪，光知道烧、杀、掠夺；而斯诺用自己的经历告诉世人，中国共产党及其领导的红军是中国走向民主富强的救星，并对“中国的红军是不是一批自觉的马克思主义者，服从并遵守一个统一的纲领，受中国共产党的统一指挥?”“中国共产党人究竟是什么样的人?”“他们是社会先知，还是不过是为了活命而盲目战斗的无知农民?”等问题做出正确的判断和回答。直到今天，长达30多万字的《西行漫记》，仍被一致公认为了解现代中国的必读之书。

尊重了事实，也便维护了正义。

以敢于揭露贪污腐败、善写内参闻名的新华社记者慎海雄，对于监督类报道所面临的困难，曾经说过这么两点：

第一，你报道的这个事实能不能经得起推敲。从事舆论监督报道，我觉得记者自己要过堂，自己首先当一回被告，你的行为，你的措辞，你调查过程的细节是否经得起考验，我们很多同志等到稿子发出来以后，人家找过来以后，才千方百计找理由，千方百计找材料，这时候已经晚了。我们从事舆论监督报道，必须以事实为依据，事实是舆论监督的生命力。

第二，以事实为生命。

能够坚持这两条的话，任何困难的条件下都能站住脚，不用担心，不用怕。②

然而，在现实世界中，尤其新闻报道的大部分事实——社会类事实，具有价值非中立的特点，这就决定了，记者要报道的“新闻”，并不是一个个是非清楚、黑白分明地摆在那里等着我们去取、去拿的事实。一则事实是动态的、不断变化的，今天这样，明天就可能是那样；二则很多社会事实，不同的人对它会有不同

---

① ［美］埃德加·斯诺：《西行漫记》，7页。

② 转引自叶成群编：《记者档案》，59～60页。

的价值评判，需要记者去判断；另外，很多情况下，尤其是一些负面事实，其当事人——即记者可能的采访对象往往极力掩盖事实真相。

新闻事实的这些特点要求记者要尊重事实，必须具有不偏听、不轻信的质疑精神。美国《财富》杂志的记者贝萨妮·麦克莱恩（Bethany McLean）在美国“安然事件”的报道过程中就体现了这种精神。

20世纪90年代末到21世纪初，美国著名能源贸易公司——安然公司的舆论美誉度很高，许多人都在为其吹喇叭、唱颂歌，都在讲同样的故事：安然是一个有着富有远见的领导和高涨的股价的创新型公司。《商业周刊》把安然的前董事长肯尼恩·莱（Kenneth Lay）和前CEO杰弗里·斯基林（Jeffrey Skilling）列入了美国的高级企业领导人之中。《价值》、《福布斯》、《红鲱鱼》、《商业2.0》也加入了合唱。由于这个缘故，麦克莱恩的雇主——《财富》杂志也加入其中。

但是，在对安然的一片吹捧声中，麦克莱恩履行了一个商业记者的基本职能：她阅读了安然的财务报表。因为在大学主修的是数学，毕业后又在一家投资银行当分析师，所以自己就能解释它们。在安然的报告中，她发现了金融灾难的迹象：高涨的负债和资本的比率，以及近40亿美元的负债的发布，迟缓的现金流，公司一个主要部门利润的明显下降。与此同时，当她向安然的主管提出有深度的问题时，主管们却飞到纽约，表面上是要回答她的问题，实际上是向编辑部施加压力，要他们撤下这篇文章。

一个个真真实实的数字，加上安然高管的态度，使得麦克莱恩对安然公司的判断与当时的“主旋律”很不合拍。

在2001年3月《财富》杂志发表的题为《安然公司被过高标价?》的文章中，她写道：

> 尽管外界对安然公司十分关注，但对外人来说，这个公司仍然是难以参透的。它的一些崇拜者也承认这一点。我们以一个直截了当的问题开始——安然究竟是怎么挣钱的？由于安然出于“竞争原因”保守了许多机密，所以细节很难得到。安然提出的数字也常常是极端复杂的，以审查这个公司为生的精于数字的华尔街人也这样认为。标准普尔信用评级机构的分析师托德·希普曼（Todd Ship-man）笑着说：“如果你算清楚了，请让我知道。”“你有一年的时间吗？”惠誉国际（Fitch）信用评级公司的分析师拉尔夫·佩莱乔（Ralph Pellecchia）对这个问题这样回答。[①]

① 转引自［美］塞缪尔·G·弗里德曼：《媒体的真相》，53～54页。

麦克莱恩的质疑，让她的报道尊重了事实，也推动事实真相的暴露：不到7个月之后，安然的股票从90美元跌到不到40美分，公司破产了，雇员和退休人员的养老金和退休金荡然无存。而事实的真相是，安然多年来一直在夸大它的收入。它控制了加州的电力供应，强制实行全州的灯火管制，迫使电力价格上升。而在麦克莱恩之前，没有记者透露过有关安然公司的此类信息。

三、无私无畏的行为准则

我国实践还表明，私心、私欲，是维护新闻真实、追求正义的大敌。一些记者在种种诱惑面前出卖新闻客观公正的原则，无不是因为这个"私"字。

《北京青年报》2003年9月16日的一篇报道《11名记者被金元宝击倒》说的就是这方面的一个典型：山西省繁峙县义兴寨金矿区"6·22"特大爆炸事故调查中发现，11名新闻记者在采访事故过程中，收受当地有关负责人及非法矿主贿赂的现金、金元宝。"拿了人家的手软"，被现金、金元宝击中的记者，封闭信息，对灾难的真相不作报道，使违法矿主得以从容地瞒报死亡矿工数字，毁灭证据。

对于这一点，新华社记者慎海雄曾有过精到的分析：

> （监督报道首先要看）你是不是出于公心。我对自己的要求是无私才能无畏，如果你有私的话，你的报道肯定丧失公心的，即使你反映的问题是事实的话，最终也有其他的因素把你打败的。
>
> 我认为我既然要把这个事情公正地写下来，如果有点私心介入进去，你永远也叫不响，吃了人家的饭总归嘴是软的。①

无私，可以让记者的采访和报道更加公正客观，但要真正在采访中为了尊重事实而无所畏惧，记者还需要有很强的承受挫折的能力。

追求正义与公平、探求事实真相的职业特性，决定了采访过程的艰难，在这个过程中，记者遇到挫折是在所难免的：错过了采访现场、找不到采访对象、当事人推三阻四敷衍采访、甚至提供虚假信息掩盖事实……而更糟糕的是：你吃尽千辛万苦采访来的报道，却因为某种等原因而被告知"不能刊播"！所有这些情

---

① 转引自叶成群编：《记者档案》，59页。

况，如果记者不能坚持下去，那就不可能采访到事实真相，不可能形成高质量的报道，甚至会影响到记者对以后职业生涯的态度。

另外，好记者还需要不惧伤害的勇气。

记者是个辛苦的职业，记者同时也是个危险的职业。除了战地采访给记者造成的生命危险，“无冕之王”还经常会受到各种原因的伤害。据中国记者协会统计，1998 年至 2002 年，他们受理的关于记者受害的投诉就有 300 多起，其中包括很多非法拘禁和殴打记者等恶性案件，而且记者权益受侵害事件的发生呈逐年上升趋势，有媒体在报道这一问题时用了这样的词：“没完没了，愈演愈烈。”

用网络搜索引擎搜索“记者被打”一词，5 万多条新闻立即显现，其中在 2008 年 4 月 1 日到 20 日发生的就有 4 起：

《新京报》记者被殴事件已立案；

长春记者采访时遭到十余男子围攻；

正常采访时被 8 人殴打《半岛都市报》记者受伤住院；

《南方都市报》记者采访被警察反铐。

某报曾登过一个曾经打了记者的人的话：你们记者要是不批评就没事，一批评就有事，并且打了记者也没事。这话不仅让人听了气愤，也显示了一种极坏的社会心理：为了私利，可以对正义和良知予以藐视，当然也不怕对代表正义与良知的记者动拳头。然而，我们不得不承认，这种流氓式的社会心理，还有不小的市场。

怎么办?《中国青年报》一位记者说过这样一段话：如果你畏惧了，发生在被打记者身上的事，都有可能发生在我们的身上。

诚然，记者需要法律保护，这是大家的共识。与此同时，记者必须相信自己从事的职业所具有正义的力量，在伤害面前不畏惧、不退缩，要学会拿起法律和舆论的双重武器与之斗争——要知道，新闻维护社会正义和公平的职责，包括对威胁记者人身安全的不法权势的揭露。

四、合理的知识结构

记者的知识结构要求既要“专”，更要“杂”。

“专”，是从媒体管理的角度来说，不同的记者采访报道的领域往往有一定的分工，比如工业、农业、文化、社会、体育等不同方面的报道，要求记者熟悉和掌握自己所负责领域的一些专业知识。如果单从职业角度来说，一个记者，任何新闻，不管是政治、经济还是文化领域，都是他报道的对象。正是因为如此，记者也被称为“杂家”，知识面越宽越有利于开展工作。

一般来说，记者应当具备几个方面的知识：

（一）基础知识

这里所说的基础知识包括我们在学校所接受的书本和理论知识，以及社会科学和其他基础知识。记者的知识越广博，对其发现新闻就越有利。

美国著名记者索尔兹伯里曾说过：“对一个记者来说，学无止境特别重要，知道的事情越多越好。”

我国著名报人邓拓先生也曾说：“报纸是古今中外，天文地理无所不包的。因此，新闻工作者一定要有广博的知识，知识的范围越广越好。”

在新闻实践中，许多记者的成功就在于他有着广博和扎实的知识基础。比如著名记者艾丰，就被认为是“学者型”记者的典型。1978 年艾丰参加全国科学大会，以及后来和一些研究尖端问题的自然科学界的学者对话，用的都是中学时代学的基础知识。除此之外，艾丰的学习触角还涉及哲学、经济等领域，而且有相当深入的研究。而正是这点成就了其改革开放后，在经济报道方面的巨大成功。

（二）与报道任务相关的专业知识

这种知识指的是记者在自己从事的报道领域中的知识。正所谓跑农村的记者要懂农业知识；搞经济报道的记者要有一些经济方面的知识积累；对于一些专业性强的报道领域，如财经、科技、医药等，离开必要的专业知识，甚至会寸步难行；而专业知识掌握过硬，又极容易在这些领域发现独家的新闻，而且有助于把报道写得有声有色、声情并茂。

2004 年被中央电视台《讲述》栏目评为中国记者风云人物的《成都晚报》记者傅艳，就是一个善于运用专业知识去发现新闻的记者。

傅艳之所以被评为中国记者风云人物，是由于她几年来关于白血病和骨髓移植的报道，直接推动了四川骨髓库的建立。2001 年 7 月 1 日《成都晚报》改版第一天，就刊登了傅艳采写的大篇幅报道《我要活下去，骨髓在哪里》，报道首次倡议建立四川省自己的骨髓库。

就从那时起，傅艳开始了推动宣传建立四川骨髓库的艰苦努力，《白血病患者父亲报名捐骨髓，切盼四川骨髓库早日启动》以及《17 岁少女看到太多残酷》、《成立骨髓库给我机会》等等一系列报道印证了傅艳的足迹。正是在这些报道的推动下，2001 年 11 月 24 日，四川骨髓库正式启动，并于 2004 年 1 月，首次实现生命救援。

作为记者，最大的成功莫过于自己的报道能推动政府部门的决策。傅艳做到了，而这一切，与她的专业知识有着密切关系。

傅艳毕业于川北医学院临床医学专业，在参加新闻工作之前，曾有过8年的临床医务工作经验，在四川地质医院担任内科医生，并取得主治医师中级职称。在当医生期间，傅艳就非常关注血液病的治疗。傅艳自己在《采访手记》中写道：

> 回溯两年多的见报新闻稿件，除了一些医院口子发布的常规新闻外，我做得最多的也是刚开始当记者时就特别计划过的两大类稿件。
>
> 第一类是与四川骨髓库、白血病人有关的（以前血液科一度是我工作过的地质医院的重点科室，虽然我对此专业不熟，但在我当医生的时候就非常关注这件事情）……
>
> 第二类是能够通过报道帮病人筹集费用的……非常想动员起一批有钱人成立个专门的慈善基金会，在真正没有私心的人或机构监管下，帮老百姓出点救命钱……
>
> 其实在我过去所做的全部报道中，最让我有“成就感”的并不全是新闻稿。曾经给健康专版写的关于自杀干预、心理健康、医患关系、防病常识等等。那些文章的内容更贴近我的“老本行”，而且那些稿件也篇篇都是面对面采访得来的，由于专业性太强甚至还需要到科技情报所查有关资料才能完成……①

由此可见，正是傅艳特殊的专业知识和特殊的从业经历，增强了她在医疗健康领域发现新闻的能力。

除了上述两类知识，新闻记者还必须掌握一定的新闻专业理论知识，包括新闻理论、新闻采访写作知识、新闻编辑知识等等，因为这些知识有助于记者缩短新闻发现过程，创造出更符合传播规律、更符合受众接收规律的新闻作品。

五、广阔的生活空间和丰富的人生阅历

与广博的知识相对应的，优秀记者往往还具备一个共同的特点，那就是广阔

---

① 引自中央电视台《讲述》栏目2004年11月8月节目《第二届中国记者风云榜》。

的生活空间和丰富的人生阅历。

新华社总编辑南振中强调："新闻记者的发现力与他的生活空间成正比例。生活空间越大，他发现新闻的机会就越多；反之，发现新闻的空间就越少。"

其实这点很容易理解，记者的视觉、听觉触及的范围越广，接触的人群越广，其发现新动向、新问题的可能性越大，也更易于掌握受众需求、舆情脉搏。与此同时，记者越接近生活，所写的报道才更贴近真实。

著名记者范敬宜曾用现身说法证明了这一点：

> 当年刚做记者时，我虽然整天坐在办公室里，但认为自己文字不错，自视甚高，写文章很花哨。看完芭蕾舞演出，用力写了一篇报道。同事看了说："范敬宜形容词可真多!""擦粉太厚，未必是美。"把我气得哟。后来再回头干新闻工作时，就不一样了，因为我在基层待了20多年。[①]

但是现在，记者的生存空间有逐渐变小的倾向。不少记者迫于时效性和任务量的规定，不愿意下基层、"抓活鱼"，而是越来越多的游弋于各政府机关之间，靠"新闻发布会"找点子、攒材料，靠电话采访，甚至网上"荡"新闻，一方面致使新闻报道同质化日趋严重，更严重的是使得新闻与现实生活距离拉大。

记者的素质中还有一点应当引起注意，那就是人生阅历。

这是因为记者采访报道的大都是社会事实，包括人的精神生活和心理状态。这些事实的最大特点，就是人们的有意识、有目的的行为的结果。因此，了解社会事实的难点就在于，它不能仅仅靠分析自然事实的说明的方法，更主要靠理解和解释的方法。一个记者阅历丰富了，就极大地增加了他对社会事物（事件）的感知力和理解力。正如俗话说的："站着说话不腰疼"、"养儿方知父母恩"。丰富的人生经验，特别是酸、甜、苦、辣的人生阅历，对于记者了解社会状况，理解民情民意，发现其中的新鲜点和闪光点，都有很大的意义。

上述记者应该具备的五种素质，都是从采访的角度来说的。无论是追求正义的责任感和使命感、尊重事实的工作态度、无私无畏的行为准则、合理的知识结构，还是广阔的生活空间和丰富的人生阅历，都是为了能更好地发现新闻、获得最有价值的新闻素材。

---

① 转引自刘鉴强：《如果有来世，还是做记者——范敬宜谈新闻记者的修养》，载《新闻记者》，2002 (6)。

新闻工作是实践性很强的一项工作，仅仅具备了相关的知识是不够的，记者还应具备各种新闻工作需要的能力：

（一）走路的能力

采访又称“跑新闻”。好新闻都在生活的海洋中，靠记者去跑、去找、去挖掘。一个新闻工作者，要回答实际中提出来的问题，就必须深入实际，深入群众，而“深入”就意味到基层去采访，需要记者能奔波、能跑路、能吃苦。经过长期锻炼的记者，视一天走几十里路、倒数趟车船、连续数天昼夜兼程为平常事。正如新华社总编辑南振中所说：“采访是记者的生活。”而到处奔波正是记者的工作特色。一个记者要练出一副铁脚板，因为“脚底板底下出新闻”，这是新闻工作者的特殊素质。

（二）与人打交道的能力

采访就是与人打交道。因此，要求记者有较强的交往能力，善于与各种职业、各种年龄、各种文化背景、各种性格的人接触、谈话、交朋友。采访对象的繁杂性决定了对记者交往能力的高要求。另外，记者还要求有较流利的口齿，较强的口头表达能力，掌握谈话的艺术，才能适应采访工作的需要。

（三）观察能力

观察是记者的一项采访基本功，是一项必不可少的采访手段。有人形容记者应具有“慧眼神笔”，所谓“慧眼”，就是出色的观察力。记者要看到别人看不见的东西，要捕捉到读者感兴趣的细节、色彩、引语、戏剧性的镜头，以求报道的准确和生动。“眼观六路，耳听八方”。记者观察的面要广、要准确、又要迅速。这种能力需要在采访中长期锻炼培养。

（四）过硬的文字表达能力

采访的目的是写成报道传播出去。因此，需要记者有较强的写作能力，不仅能写消息，而且能写通讯、特写、评论等各种新闻体裁，方可以适应各种报道的工作需要。另外，新闻工作对写作还有一个特殊要求：倚马可待。特别是写消息，为了赶上截稿时间，常常只有一两小时，甚至几十分钟的写稿时间。这就要求记者有熟练驾驭文字的能力。文字水平的提高不是一日两日训练可以见效的，需要勤学苦练，方可由熟到巧。另外，掌握各种新闻文体的写作技巧，还可以促进采访的科学化，使记者在取舍材料时更有目的性。

对于记者的写作能力和素质这个问题，英美一些著名报刊的主编都曾做出过自己的回答：

《泰晤士报》主编罗伯特·汤姆森说："想出富有独创性的点子，并以漂亮的文笔写出来。"

《卫报》主编阿兰·鲁斯布里杰说："追求准确性，这是第一位的。再就是聪明、敏捷、能写文章，这是最起码的条件，你非得能写文章不可，而且要写得机智、容易理解，让大家有兴趣读下去，文笔不能糟糕。"

《经济学人》杂志主编比尔·艾默特说："思路必须清晰，表达必须清晰，也就是高质量的思考，然后是高质量的写作，再有就是非常好奇，总想知道这是怎么一回事，为什么会这样，这样会有什么后果。"

《财富》杂志执行主编里克·科克兰谈到用人哲学时说："我们相信'你不仅要说得确切，还要说得好'。（1930 年代《财富》的创办者）亨利·刘易斯由于招聘作家担任财经杂志记者而受到质疑，因为当时的普遍看法是他应该从华尔街寻找财经专家，他却说'我可以教诗人学会计，却没法教会计师写文章'。这句话奠定了《财富》杂志的基础。"

"漂亮的文笔"，"写得机智、容易理解"，"高质量的写作"，"说得好"，这些名主编们其实是用不同的文字表达了一个共同的意思：一名好记者的基本能力是"会写"，也就是善于表达。

当然，做一个合格的记者还应当具备其他方面的能力，如：思考的能力、洞察的能力、探究的能力以及尽快掌握采访技能、操作各种现代化设备的能力。但是下面的这四种能力：腿能跑路、嘴善谈话、眼睛锐利、手能写文章，是对一个新闻记者最基本的要求。

有了高度的责任感和事业心，有了广博的知识，加上新闻工作需要的特殊的能力，记者就可以在新闻的广阔天地里自由驰骋、大有作为。

图书在版编目（CIP）数据

新闻采访教程/张征著．
北京：中国人民大学出版社，2008
（21世纪新闻传播学系列教材）
ISBN 978-7-300-09371-0

Ⅰ．新…
Ⅱ．张…
Ⅲ．新闻采访-高等学校-教材
Ⅳ．G212.1

中国版本图书馆CIP数据核字（2008）第072735号

21世纪新闻传播学系列教材
新闻采访教程
张 征 著
Xinwen Caifang Jiaocheng

出版发行	中国人民大学出版社		
社　　址	北京中关村大街31号	**邮政编码**	100080
电　　话	010－62511242（总编室）		010－62511770（质管部）
	010－82501766（邮购部）		010－62514148（门市部）
	010－62515195（发行公司）		010－62515275（盗版举报）
网　　址	http://www.crup.com.cn		
	http://www.ttrnet.com(人大教研网)		
经　　销	新华书店		
印　　刷	北京东君印刷有限公司		
规　　格	170 mm×228 mm　16开本	**版　　次**	2008年12月第1版
印　　张	25	**印　　次**	2019年12月第15次印刷
字　　数	444 000	**定　　价**	49.80元

版权所有　侵权必究　　印装差错　负责调换